뉴로사이코테라피

Unlocking the Emotional Brain

Bruce Ecker · Robin Ticic · Laurel Hulley 공저
김유미 · 이혜미 · 황예린 공역

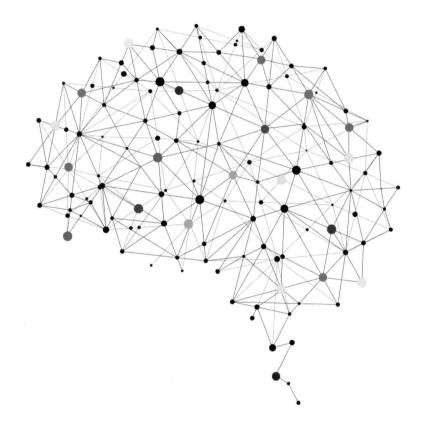

학지사

| 역자의 말 |

오래전부터 정서기억은 좀처럼 제거하기 힘든 것으로 여겨져 왔다. 이에 대해 뇌과학자들은 정서학습이 공고화 과정을 거쳐 장기기억으로 저장되면 해당 신경회로가 영원히 유지되기 때문이라고 보았으며, 이를 전제로 임상 가들은 정서기억을 무시하거나 억제하는 심리치료를 실시해 왔다. 그러다 보니 심리치료 후에도 다양한 요인이 정서적 암묵기억에 인출 단서로 작용하여 증상이 재발하기 일쑤였다.

이와 같은 오랜 임상 분위기 속에서 Ecker, Ticic과 Hulley는 증상의 근원인 정서적 암묵기억을 제거하는 탁월한 방법을 담아 『뉴로사이코테라피 (Unlocking the Emotional Brain)』를 출판하였다. 사실, 이 책에 담긴 전제와 치료절차는 2004년 무렵에야 규명된 뇌과학계의 획기적인 발견과 Ecker, Ticic과 Hulley의 오랜 임상 경험을 멋지게 수렴한 결과다. 이 책은 다음과 같은 두 가지 전제에 바탕을 두고 있다. 첫째, 정서적 암묵기억이 저장된 신경회로를 열어 기존의 정서기억을 완전히 제거할 수 있다. 즉, 정서적 암묵기억을 활성화하여 기존의 기억을 모순된 새로운 기억으로 대체할 수 있으며, 이는 정서적 암묵기억을 무시하고 억제하던 기존의 반작용적 접근과 대조된다. 둘째, 내담자가 겪는 증상은 기존의 정서기억을 유지하려는 기능적인 작용이다. 따라서 기존의 정서기억을 제거하면 증상 자체가 사라질 수 있으며, 이는 증상을 편도체의 과잉 활성화와 전두엽의 조절기능 부족으로 보던 기존의 역기능적 관점과 대조된다. 이들 전제를 바탕으로 뇌과학자들은 피험자에게 정서기억을 학습시킨 후 이를 제거하는 일련의 실험을 통해 정서기억의 재공고화 절차를 도출하였다. 즉, 정서적 암묵기억을 인출한 후에 모순된 새로운 경험과 병치시켜 증상의 원인이 되는 정서적 암묵기억을 완전히 제거하는 구체적인 방법을 도출한 것이다. 이러한 뇌과학계의 실험연구를 바탕으로 Ecker, Ticic과 Hulley는 실제 임상 상황에서 증상의 원인인 정서기억을 파악하기가 어렵다는 점을 고려하여 증상을 확인하고 표적학습을 인출하며 불일치 지식을 확인하는 '접근단계'를 추가한 후, 접근단계-제거단계-검증단계에 이르는 일련의 과정을 '치료적 재공고화 과정(Therapeutic Reconsolidation Process: TRP)'이라 명명하였다.

이 책은 뇌과학 및 임상과 관련된 재미와 지적 호기심을 자극할 뿐만 아니라, 임상 장면에서 치료적 재공고화 과정을 적용하는 방안을 체계적이고 구체적으로 제시하고 있다. 가령, 3장에서는 치료적 재공고화 과정에 대한 단계별 설명과 함께 각 단계를 적용하는 방법을 맛볼 간단한 사례를 제시하고, 4장에서는 변형적 변화의 순간인 병치경험을 적용하는 과정을 소개하며, 7~10장에서는 장별로 다양한 증상을 치료하는 전 과정을 제시하여 치료적 재공고화 과정의 전반적인 흐름을 파악할 수 있게 하였다. 또한 5장에서는 치료적 재공고화 과정을 통해 애착 접근의 지평을 확대하는 방안을 제시하는가 하면, 6장에서는 다양한 접근으로 치료적 재공고화 과정을 구현하는 사례를 제시하면서 임상 접근의 통합 가능성을 시사하고 있다. 저자들 역시 여행지는 안내하나, 교통수단은 상담자의 스타일이나 창의성에 따라 좌우될 수 있다는 말로 이를 강조하고 있다. 결국, 뇌과학과 임상실제의 수렴이 낳은 창조물인 치료적 재공고화 과정은 다양한 상담이론의 통합을 지원하는 동시에 각 접근이나 상담자의 개성이 발휘될 여지를 제공하는 메타적 관점을 취하고 있다는 점에서 아주 매력적이다.

　이 책의 지적 재미에 취해 번역을 시작한 역자들은 이제 풍부한 사례를 담은 이 지침서를 바탕으로 또 다른 재미, 즉 상담자로서의 경험적 재미를 맛볼 것을 기대한다. 독자들 역시 역자들과 함께 지적·경험적 재미를 만끽하기를 바란다.

김유미·이혜미·황예린

| 심리치료의 새 지평을 열 '뉴로사이코테라피' |

지난 세기만 해도 정신질환을 완전히 제거하는 심리치료는 미래에나 가능한 상상에 불과했다. 그러나 오늘날 임상 지식과 신경과학의 현저한 발달로, 이는 엄연한 현실이 되었다. 『뉴로사이코테라피(Unlocking the Emotional Brain)』에서 Ecker, Ticic과 Hulley는 연구자들이 기억 재공고화를 유도하기 위해 발견한 방법을 활용하는 집중적 공감치료 방법을 소개하고 있다. 아주 최근에야 발견된 기억 재공고화는 시냅스 수준에서 정서기억을 여는 유일한 과정으로 알려져 있다. 정서기억의 집요함은 심리치료자들에게 아주 익숙한 골칫거리라서, 오랫동안 연구자들은 정서기억을 지울 수 없다고 믿어 왔다. 그러나 기억 재공고화로 인해 이러한 믿음이 바뀌었다. 그 덕분에 아동기에 어려움을 겪으며 형성되어 많은 증상을 유발하는 무의식적인 심각한 정서학습을 단순히 억제하는 정도가 아니라 아예 제거하는 새로운 학습이 가능해졌다. 이 책을 통해 당신은 원치 않는 근원적 정서반응(기분, 행동 및 사고 패턴)을 완전히 제거하는 동시에 평범한 서술기억을 유지하고 내담자의 행복을 되찾는 방법을 배우게 될 것이다. 많은 사례에서는 가속-경험적 역동심리치료(Accelerated Experiential Dynamic Psychotherapy: AEDP), 일관성치료(Coherence Therapy), 정서중심치료(Emotionally Focused Therapy: EFT), 안구운동 둔감화 · 재처리(Eye Movement Desensitization and Reprocessing: EMDR), 대인관계 신경생물학(Interpersonal Neurobiology: IPNB)을 통해 이런 과정을 기발하게 활용하는 모습을 보여 줄 것이다.

| 추천사 |

Freud 이래 대부분의 숙련된 심리치료자는 내담자가 갑자기 자각한 후, 오랜 문제를 용기 있고 솔직하게 재조명하고 성찰하여 문제를 해결하는 짜릿한 순간을 경험했을 것이다. 대부분의 심리치료자는 이러한 순간을 예측할 수 없어 좌절하기도 하고, 이를 우연히 만나 신비를 맛보기도 하며, 통찰력을 보였다가 바로 무너져 내려 문제가 재발하는 허무함을 겪기도 한다. 심리치료자는 엄청난 미지의 영역을 헤쳐 나아가며 오랫동안 고투하기도 하고, 가끔 명확성과 방향성을 제시하는 등대를 발견하기도 한다. 그렇기에 일부 심리치료자는 심리교육학적 거리나 해석학적 거리를 보이기도 하고, 아니면 추후 길이 생길 것이라는 막연한 믿음으로 내담자와 함께 방황하기도 한다. 그로 인해 전자의 경우에는 적절한 공감이 부족한 주지적 개입을 하고, 후자의 경우에는 관련성이 애매한 정서조율치료를 한다. 이 두 가지 경우에 필요한 것은 심리치료자와 내담자의 깊은 동료의식과 확실한 방법을 결합하는 것이다. 즉, 상호 존중적이고 효율적인 치료적 관계 속에서 내담자의 문제인 핵심 사고와 행동을 내담자가 표현하여 수정할 수 있도록 촉진하는 것이다. 최근까지 이렇게 행복한 결합은 항상 나타난다기보다 가끔 우연히 나타나는 듯했다.

Ecker, Ticic과 Hulley는 이러한 치료의 핵심 사항(문제와 관련된 내담자의 상태를 신속하면서도 정중하게 바꾸는)을 『뉴로사이코테라피』에서 아주 격조 있게 다루고 있다. 저자들은 변화를 촉진하는 오랜 임상 경험과 최첨단 신경과학이라는 두 축을 바탕으로 그동안 심리치료에서 불가능하게 여겨졌던 것을 실현할 비전과 방법론을 제시하고 있다. 즉, 가능한 한 최소의 상담회기로 증상의 근원을 완전히 제거하는 것이다. 그런데 어떻게 이처럼 어려운 목표에 도달하게 되었을까? 한 가지 답은 최근에 발견되어 널리 연구 중인 기억 재공고화에서 찾을 수 있다. 이는 정서학습에 다가가 이를 활성화시켜 제거하는 것이다. 또 다른 답은 심리치료 도중에 큰 변화를 보이는 상담회기에 대한 면밀한 과정분석에서 찾을 수 있는데, 실험실에서와 마찬가지로 상담실에서도 동일한 현상이 나타날 수 있다. 이 책은 이들 두 영역을 확실히 연결한다는 점에서 아주 탁월하다. 즉, 풍부한 사례를 통해 내담자가 의식적으로 분개하고 저항하는 문제가 어떻게 변연계 수준의 일관성학습에서 비롯되는지를 생생히 보여 주고 있다. 이때 양립 불가능한 경험을 찾아 병치해서 더 이상 아무 반응이 나타나지 않으면 일관성학습이 제거되는 것이다. Ecker 등은 과학적이고 임상적인 설명으로 독자들을 능숙하게 안내하면서, 매우 효과적인 심리치료 지침을 선별적으로 제공한다.

이것(삶을 바꾸는 참신한 심리치료 지침서)만으로도 이 책을 읽을 만한 가치가 충분하지만, 저자들과 사례자들은 훨씬 더 많은 것을 제공하고 있다. 이처럼 저자들은 심리치료에서 중요한 애착 논쟁을 아주 명확하게 재구성함으로써 친밀한 관계임에도 유발되는 내담자의 문제와 애착관계 자체를 반영하는 문제를 구분한다. 여기에서 애착관계를 반영하는 문제는 문제해결로 인해 위협받을 중요한 유대를 문제의 기존 적응방식이 유지시킬 가능성이 높은 경우를 일컫는다. 더욱이 이 책에서는 공통요소에 대한 새로운 접근을 설득력 있게 제시하여, 공통점이 거의 없어 보이는 다양한 치료절차의 효능을 설명하고 있다. 기본적으로 몇몇 경험적 접근은 문제를 유지시키고 증상을 유발하는 학습에 다가가 이를 변화시키는 대안적 방법으로 제시된 것 같다. 마지막으로, 치료 사례를 담은 몇몇 장에서는 복잡한 우울, 약물 남용, 강박적 섭식, 정신병을 통해 암묵적 정서학습의 깊은 일관성에 초점을 둔 치료 영역과 그 영향을 보여 준다. 저자들은 이러한 주제들을 피상적인 방식으로가 아니라 설득력 있고 매력적으로 다루고 있다. 다시 말해, 효과가 거의 없던 개입에서 삶을 바꾸는 임상활동으로 전환하기 위해 뇌 자체의 규칙에 구체적 형태를 부여하고 있다. 나는 이 멋진 책 덕분에 더 신중하고 목표가 분명하며 꾸준한 성과를 내는 심리치료자가 되었다. 나는 이 책이 독자들에게도 강렬하고 유익하며 고무적인 영향을 줄 것이라 확신한다.

2012년 3월

Robert A. Neimeyer 박사(멤피스 대학교)

| 저자 서문 |

　우리는 2년 동안 머릿속으로 이 책을 그려 보고 설계하고 그 설계도를 계속 수정한 후에 1년간의 집중적인 집필을 거쳐 완성하였다. 이 기간은 우리에게 매우 소중한 시간들이었으며, 이 책이 심리치료 실제에 기여할 것을 생각하면 매우 행복하다. 정말로 이 책의 출간은 심리치료 발전에 멋진 계기가 될 것으로 기대한다.

　우리는 신경과학에 대한 독자의 필요에 따라 선택해서 읽기 좋게 책을 구성하였다. 가령, 어떤 심리치료자들은 심리치료의 신경과학적 측면을 제대로 이해하기 어려울 수도 있고, 또 어떤 심리치료자들은 그 내용에 관심이 별로 없을 수도 있다. 그래서 우리는 독자들이 필요할 때 읽을 수 있도록 이 책의 2장에 신경과학과 관련된 내용을 집중적으로 담았다. 그밖의 장에서는 신경과학보다 오히려 완벽한 치료를 위해 정서 뇌를 열어 가는 예술(art)에 초점을 두고, 독자들에게 예술의 기본적인 과학적 근거를 제공하는 수준의 '가벼운 신경과학 정보'만을 담았다.

　이 책에서는 어떤 한 가지 심리치료 이론에 얽매이지 않고, 다양한 심리치료에서 적용 가능한 방법론[가속-경험적 역동심리치료(AEDP), 일관성치료, 정서중심치료(EFT), 안구운동 둔감화 · 재처리법(EMDR), 대인관계 신경생물학(IPNB) 등의 사례연구에서 제시된 바와 같은]을 절충하여 소개하였다. 이 책에서 교차적인 체계로 활용할 일관성치료는 상세히 설명하였다. 이는 Ecker와 Hulley(1996)가 쓴 『심층지향 단기치료(Depth Oriented Brief Therapy)』에서 처음 소개되었으며, 2005년에 이 접근의 명칭이 일관성치료로 바뀌었다. 『심층지향 단기치료(DOBT)』는 이 책의 주요 출처다. 물론, 그 책의 많은 사례연구와 그에 따른 심리치료자의 자세와 발견전략 등 모든 치료과정을 이 책에 담지는 않았다. 그러나 이 책의 일관성치료 부분, 특히 4장의 근본적인 변화의 순간과 5장의 애착 논쟁을 검토할 때에는 그 책을 많이 참고하였다.

| 차례 |

제1부
●
정서 일관성: 행동 · 정서 · 시냅스
변화의 통합체계

제1장 임상실제에서 효과와 만족도를 극대화하기　　　　21

제2부

임상에서의 일관성치료

제1부

정서 일관성:
행동 · 정서 · 시냅스 변화의 통합체계

제1장 임상실제에서 효과와 만족도를 극대화하기

모든 인간은 살아 있는 동안 자신이 어디서 와서 어디로
가고 있으며, 왜 그런지를 깨닫기 위해 노력해야 한다.

– James Thurber

심리치료자들은 내담자가 오랫동안 지녀 왔던 부정적 정서 패턴과 증상을
떨쳐 내고 의미 있는 변화를 겪는 결정적 회기에 가장 성취감을 느낀다. 내
담자가 자유로워지는 결정적 순간에 이르는 것이야말로 심리치료자들의 존
재 이유이기도 하다. 그러나 이처럼 삶을 바꾸는 변화를 이끌기는 쉽지 않아
서, 치료를 시작한 후 몇 개월 혹은 몇 년이 걸릴지 예측하기 어렵다.

사실, 정서학습(치료에서 다루는 부적절한 행동, 기분, 정서 및 사고를 유발하
는)의 집요함은 매우 강력해서 약 100년간의 연구가 누적된 1990년대까지도
신경과학자들은 확고한 정서학습이 평생 제거되지 않는다고 결론지었다. 강
렬한 정서가 개재된 학습은 아동기에 형성된 주요 신념이나 사고와 마찬가
지로 매우 공고한 시냅스에 의해 뇌에 갇혀 있어서, 마치 뇌가 시냅스를 열
수 있는 열쇠를 버린 것처럼 보였다. 따라서 심리치료자들과 내담자들이 보
이지 않는 집요한 세력과 싸우고 있는 것처럼 느낄 만했다.

정서기억 열기

그러던 중 최근 들어 정서기억의 작동방식에 대한 획기적인 연구결과가 나왔다. 즉, 2004년 이후의 연구에서는 뇌가 닫힌 시냅스를 열 수 있는 열쇠를 가지고 있다는 사실이 밝혀졌다. 이는 기억 재공고화로 알려진 일종의 신경가소성으로, 어떤 일련의 경험이 시작되면 표적(target) 정서학습의 시냅스가 열려 새로운 학습이 표적 시냅스에 우선하는 정도가 아니라 아예 표적 시냅스를 제거해 버린다. 이 연구에서는 뇌가 언제나 정서학습의 시냅스를 열어 제거할 수 있다는 사실을 보여 주었고, 놀랍게도 이제 우리는 필요한 일련의 경험에 대해서도 알고 있다. 심리치료자들이 기억 재공고화를 통해 뇌에서 정서학습을 제거하는 규칙을 확실히 파악한다면, 해방을 주는 강력한 변화를 위해 더 이상 사변적 이론이나 직관 또는 행운에 의존할 필요가 없다.

이 책에서는 다음을 통합하는 설명이 제시된다.

- 정서학습과 정서기억: 적응적이고 일관적인 특성이 있으며, 증상을 유발하는 암묵적 정서학습의 구체적 내용 및 구조를 중요시한다.
- 암묵적 정서지식의 탈학습 및 제거: 기억 재공고화를 위해 뇌에서 필요로하는 일련의 경험을 통해 암묵적 정서지식을 탈학습시키고 제거할 수 있다.
- 치료적 재공고화 과정: 심리치료에서 요구되는 일련의 경험을 실행하는데 필요한 모든 절차다.

우리는 이렇게 통합된 지식체계를 정서 일관성 체계(Emotional Coherence Framework)라 일컫는데, 우리의 성과에 비추어 볼 때 이 체계를 통해 당신의 아주 소중한 임상적 안목과 능력이 확장될 것이다. 사실, 우리는 이 체계를 활용하는 심리치료자들이 그러한 성과를 거두는 것을 이미 목격하였다. 이 책의 2부에서 그 사례들을 제시할 것이다.

치료적 재공고화 과정은 심리치료자가 개인적 스타일을 발휘할 여지가 많은 절차들로 구성되어 있다. 이 과정에는 정서적 조율기술을 활용하는 많은 경험 작업이 포함되며, 이때 내담자가 호소하는 증상의 근원인 정서학습에 다가가 이를 제거하는 뇌의 규칙을 충실히 도우려면 심리치료자의 공감 활용이 중요하다. 이 책의 많은 사례에서 나타난 바와 같이, 계속되는 주요 증상들은 이를 지지하는 기반이 사라지면 바로 사라질 수 있다. 이 접근에서는 최고의 대화치료에서 나타나는 깊이, 친밀함, 인간애가 다 유지되는데, 그 이유는 치료에서 이러한 특성들이 내담자의 뿌리 깊은 부정적 반응, 오랜 애착 유형, 무의식적인 핵심 스키마 및 정서적 상처를 없애는 치료적 재공고화 과정을 성공적으로 적용하는 데 필요한 핵심요소이기 때문이다.

새로운 학습은 항상 새로운 신경회로를 만들지만, 이전의 학습이 제거될 때에만 비로소 변형적 변화가 일어나며, 이는 곧 치료적 재공고화 과정의 성과다. 이 과정은 새로운 학습이 이전의 학습을 억제하거나 그와 겨루는 정도가 아니라, 아예 제거하고 다시 하는 데 필요한 뇌의 요건에 부합한다. 그 결과로 변형적 변화가 나타나며, 이는 점진적 변화나 지속적인 증상 관리와 전혀 다르다.

이 과정을 실행할 때 아주 다양한 기법이 활용되는데, 그 이유는 이 접근에서 치료자의 창의성과 개인적 스타일이 아주 폭넓게 발휘되기 때문이다. 치료적 재공고화 과정은 뇌에 내재된 보편적 과정이기 때문에 어떤 한 가지 심리치료 이론의 전유물이 아니다. 기존의 심리치료 중 상당수가 이 과정을 실행하기에 적절하고(〈표 1-1〉 참조), 그동안 우리 자신의 임상경험과 이 과정에 대한 치료자 연수에서 나타난 바와 같이 이 과정을 의도적으로 실행할 경우에 임상가들이 강력한 치료성과를 거두는 빈도가 크게 증가할 것이다. 당신은 이 책의 후반부에서 AEDP, 일관성치료, EFT, EMDR, IPNB 등 다양한 임상 접근을 적용한 사례를 통해 치료적 재공고화 과정의 단계들이 각 치료법에 존재하고, 나아가 어떤 종류의 치료를 통해 오래된 정서적·행동적·관

〈표 1-1〉 심리치료자들이 치료적 재공고화 과정을 실행하기에 적절한 집중적 · 경험적 · 심층적 심리치료

심리치료	참고문헌
가속-경험적 역동심리치료(AEDP)	Fosha(2000, 2002)
일관성치료(이전의 심층지향 단기치료)	Ecker & Hulley(2008a, 2011)
안구운동 둔감화 · 재처리법(EMDR)	Parnell(2006); Shapiro(2001)
정서중심치료(EFT)	Greenberg(2010); Greenberg & Watson(2005)
집중치료	Gendlin(1996)
게슈탈트치료	Polster & Polster(1973); Zinker(1978)
하코미	Fisher(2011); Kurtz(1990)
내면가족체계치료(IFS)	Schwartz(1997, 2001)
대인관계 신경생물학(IPNB)	Badenoch(2011); Siegel(2006)
신경언어프로그래밍(NLP)	Vaknin(2010)
외상사건감소치료(TIR)	French & Harris(1998); Vokman(2008)

념적 증상이 완전히 사라질 경우에는 이러한 단계들이 존재할 것이라고 기대할 만한 확고한 근거가 있음을 알게 될 것이다.

정서학습, 일관성 및 증상 발생

이 책의 개념적 · 방법론적 심리치료 체계인 정서 일관성 체계는 정서 학습-탈학습 패러다임이다. 이는 암묵기억으로 존재하는 기존의 학습으로 인한 다양한 증상과 문제를 없애기 위해 적용된다. 암묵학습이 원치 않는 행동, 기분, 정서 또는 사고를 재활성화하고 강하게 유발함에도 불구하고, 당사자는 정작 그런 학습을 인식하지 못한다.

당신은 이 책의 각 사례들을 보면서 암묵적 정서학습의 타고난 정교성에 놀랄 것이다. 흔히 정서 뇌(특히 피질하부의 정서 뇌 또는 변연계)는 '원시적'이

고 '비합리적'으로 묘사된다. 물론, 이 부위에서 일어나는 원치 않는 문제반응이 보통 '부적응적'이고 '실조적(失調的)'이긴 하지만, 이처럼 병리적이고 경멸적인 용어들은 연구자들이 정서학습에 대해 제시한 결과(우리가 이 장의 뒤에서 살펴볼 주요 내용)와 크게 상충된다. 정서 일관성 체계는 암묵적 정서학습의 일관성과 적응적 기능을 최대한 인정하고 활용할 것을 강조한다. 왜냐하면 그로부터 얻은 치료적 영향력이 사례를 개념화하고 방법론을 고려할 때 매우 중요하기 때문이다. 정서 일관성 체계의 의도는 뇌 자체의 강력한 변화과정을 도울 역량을 극대화하는 방법을 배우려는 데 있다.

이후의 장들에서 상세히 다루겠지만, 정서학습은 보통 인간의 감각계에서 등록한 '원자료' 기억과 개인이 원경험 동안 느낀 정서기억 그 이상이다. 그래서 세상이 어떻게 기능하는지에 대한 정신 모델, 즉 개인의 감각계에서 원자료인 지각과 정서를 일반화하는 템플릿(template)이나 스키마(schema)도 학습되어 암묵기억에 저장된다. 이 모델은 그런 과정을 인식하지 못한 채 형성되고 저장된다. 그런 까닭에 이 모델은 언어로 존재하지 않으나 일관성이 대단하다. 정서 뇌는 자기방어를 위해 미래의 유사한 경험을 예측하고, 실제로 그 일이 일어나면 이 모델이나 스키마를 활용하여 바로 인지한다. 정서기억은 우리가 인식할 겨를도 없이 과거를 미래에 대한 예측으로 전환하는데, 이는 우리에게 축복이자 저주다. 우리는 일상적으로 암묵적 정서기억에 의지하여 모든 상황을 헤쳐 나가기 때문에, 어떻게 해야 할지를 개념적·언어적으로 파악하느라 더디고 힘든 과정을 거칠 필요가 없다는 점은 축복이다. 즉, 우리는 어떻게 해야 할지를 그냥, 그것도 바로 안다. 그리고 방대한 암묵지식에 접근하여 그 안내를 받는 이 놀라운 효율성과 속도를 당연시하기 쉽다. 그러나 우리의 암묵적 정서기억은 저주이기도 한데, 이는 과거에 겪은 최악의 정서경험이 현재와 미래에 계속 정서적 현실로 느껴지기 때문이다.

비교적 간단한 예로, 사회불안으로 심리치료를 받은 한 남성을 살펴보자. 어떤 것에 대해서든 다른 사람과 의견이 다르면 창피하거나 거부당할 것이라고 예측하며 살아온 이 남성은 처음으로 사회불안을 인식하여 말로 표현하였다. 이런 무의식적 예측은 그의 일생 동안 세상이 어떤지를 무언으로 규정해 왔다. 아니면 그런 예측이 그에게 와 닿은 것은 그의 정서 뇌가 아동기의 가족 상호작용에 대한 지각을 바탕으로 인간에 대해 그런 암묵적 모델을 형성했기 때문일 것이다. 그의 사회불안은 그에게 이해할 수 없는 고통으로 여겨졌으나, 그의 불안을 의식 수준으로 끌어올리자(암묵지식에서 외현지식으로), 그의 불안은 사람들이 어떻게 반응하는지에 대한 그의 생생한 지식에 동반되는 정서로 이해되었다. 하지만 그 불안에 대한 그의 선행경험에서 학습된 구인이 전혀 드러나지 않았다. 즉, 불안이 실제로 과거에 대한 기억임을 보여 주는 것이 없었다. 우리가 눈 바로 앞의 컬러 렌즈를 볼 수 없는 것과 마찬가지로, 우리가 형성한 구인은 보통 의식경험 자체로 나타나지 않는다. 이러한 현상학적 · 구성주의적 지식을 포괄적으로 이해하려면, Mahoney(1991, 2003)의 연구와 Neimeyer와 Raskin(2000)의 연구를 참고하기 바란다.

우리는 이 남성에 대해 논의하면서 그가 현실로 생각하고 느끼는 세계가 결코 외부 현실이 아니며, 그의 정서기억 안의 암묵적 구인에 의해 유지되는 생생한 착각일 뿐임을 바로 알 수 있다. 결국 변연계의 영향이 대단해서 개인은 변연계에서 구성한 정서적 현실을 절대적 현실로 느끼고 평생 이를 지속시키는 강력한 마법에 빠져 버린다. 그러나 다행히도 발달한 임상지식과 신경과학의 융합에 힘입어, 이제 우리는 정서 뇌에서 이전에 만든 정서적 마법을 깨는 정서 뇌 활용법을 알게 되었다.

세상에 대해 철저히 비언어적이고 암묵적이면서도 매우 구체적인 정서 뇌의 의미 형성과 모델링 능력은 인간이 타고난 것으로, 매우 어릴 때부터 시작된다. 예를 들어, 3개월 된 영아도 만일의 사태에 대비한 기대 모델을 만들어 그 모델에 따라 반응한다(DeCasper & Carstens, 1981). 또한 18개월 된 영아는 자기 자신과 다른 것을 원하는 타인에 대한 정신 모델을 만들어 타인이 원하는 것을 제공하며(Repacholi & Gopnik, 1997), 의도적 행동과 우연한 행동을 구분하는 모델을 만들 수 있다(Olineck & Poulin-Dubois, 2005).

이 책에 나오는 16개의 사례를 통해 우리는 정서 뇌의 지식을 피질이 직접 인식할 때의 치료효과(암묵지식을 외현지식으로 전환했을 때의)를 알게 될 것이다. 인출된 학습은 항상 구체적이고 아주 일관된 것으로 나타났다. 즉, 실제의 생활경험에서 그런 학습은 충분히 이해 가능하며 해를 피하고 행복을 확보하려는 개인의 노력이 구체화되는 방식을 보면 아주 적응적이다. 이러한 근원적 학습을 인식하게 되면, 그 증상이 적응적이고 일관적인 노력의 일환으로 존재한다는 사실이 깊은 정서 수준에서 내담자에게 와 닿는다. 실제로 그런 학습의 일관성 덕분에 증상을 유발하는 정서학습을 매우 쉽게 발견하여 인출할 수 있다. 임상 분야에서는 생활 경험에 대한 개인의 의식적인 서사구조에서 일관성이 중요함을 이미 잘 알고 있다. 그러나 그것은 신피질의 일관성이다. 정서 일관성 체계에서는 정서 뇌의 일관성(피질하부와 우뇌의 일관성), 즉 암묵적 정서학습에 내재되어 있다가 의식으로 인출되어 매우 의미 있고 믿을 만한 새로운 자전적 일관성으로 이어지는 일관성을 강조한다.

증상을 유발하는 근원적 학습은 그 학습을 일으켰던 원경험이 사라지고 한참 지난 후에도 수십 년 동안 계속 남아 있기 때문에, 그런 학습을 부적응적으로 보거나 그로 인한 증상을 정서 뇌의 조절장애로 여기곤 한다. 그러나 개인의 실제 생활경험에서 그런 증상들이 충분한 근원적 일관성이 있고, 긍정적이고 적응적이며, 긴급한 목적을 지녔음이 밝혀진 지금, 그러한 병리적 개념화는 근거가 없어 보인다(Ecker & Hulley, 1996, 2000b; Neimeyer & Raskin, 2000). 게다가 앞에서 언급한 바와 같이, 기억 연구에서는 강한 정서를 동반한 학습은 보통 평생 유지될 정도로 피질하부에 매우 견고한 암묵기억 회로를 형성함을 확인하였다. 형성된 지 수십 년 후에 이 암묵적 정서지식이 현재의 지각 단서에 의해 인출되어 원래의 적응적 학습에 따라 행동과 정서를 유발할 때, 뇌는 분명히 진화를 통해 형성된 대로 작동하는 것이다. 사실, 이처럼 충실한 인출현상은 뇌의 정서학습 센터가 이상이나 조절장애로 인해 잘못된 것이 아니라 오히려 적절히 기능하는 것이다.

따라서 기억 연구에서는 증상이 정서기억에 의해 유발되는 많은 사례를 통해 증상 발생의 비병리적 일관성 모델을 지지하고 있다. 이것이 바로 정서 일관성 체계의 핵심 관점이다. 물론 어떤 증상은 학습과 기억이 아니라, 갑상선기능저하로 인한 우울 등의 생화학적 원인이나 자폐 스펙트럼과 같은 유전적 원인에 기인할 수도 있다. 그런 사례들은 증상 발생을 조절장애로 보는 것이 정확할지 모르지만, 사실 심리치료자들이 만나는 사례 중 극소수에 불과하다.

원치 않는 기분, 행동 또는 사고가 무의식적인 정서학습이나 조건화에 의해 유발된다는 관점은 Freud 이후의 많은 심리치료에서 중요시하였다. 그러나 이 책의 접근은 첫째, 그런 정서학습을 신속하고 정확하게 인출하여 바로 직면한다는 점과, 둘째, 그렇게 인출한 학습을 정서적·신경적 뿌리까지 바로 제거하는 연구중심 방법론(어떤 한 가지 이론에 국한되지 않는)이라는 점에서 새롭다.

정서 일관성 조망하기

정서 일관성 체계에 매료된 임상가들은 그 과정을 이끌어 갈 방법을 찾느라 머리를 쓰지 않고, 회기 중에 주로 감(feel)으로 이 체계를 활용한다. 만약 이 체계가 낯설다면, 처음에는 그것을 계속 신경 쓰기보다 오히려 개념적·절차적 흐름을 따라야 한다. 이는 낯선 언어의 문장을 말할 때 어느 정도 경험이 쌓여 능력이 제2의 천성처럼 자연스러워질 때까지 처음에는 심사숙고해서 조금씩 경험해 보는 것과 마찬가지다.

이후의 장에서 다룰 내용을 간단히 요약하면 다음과 같다.

2장에서는 재공고화의 발견으로 인한 멋진 과학적 전환점을 다루면서, 이런 현상이 심리치료에 엄청난 의미를 주는 이유를 제시하고 몇몇 임상연구 결과를 소개할 것이다. 변형적 변화(문제의 정서학습이 실제로 제거되어 증상이 재발하지 않는)와 점진적 변화(증상에 대한 꾸준한 관리와 수고스러운 대응

이 필요한)에 대해서도 분명히 구분할 것이다. 이어서 이 연구를 어떻게 임상
적으로 적용할지를 구체적으로 계획하고, 치료적 재공고화 과정으로 불리
는 일련의 조작적 절차를 밝힐 것이다. 2004년 이후에 밝혀진 재공고화 연구
의 임상적 시사점이 그 이전에 제시된 신경과학 연구의 임상적 시사점을 얼
마나 확장했으며 어떤 측면이 서로 다른지를 확인하면서 2장을 마무리할 것
이다. 또한 최근 뇌와 관련된 후성유전학적 지식이 이 책의 심리치료 체계와
관련해 어떤 의미가 있는지도 살펴볼 것이다.

　3장에서는 어떤 호소 증상에 치료적 재공고화 절차를 적용하려면 심리치
료를 어떻게 개념화하고 진행해야 할지에 대해 다룰 것이다. 또한 이 장에
서 독자들은 기억 공고화의 기본 원리를 숙지할 수 있기 때문에 아주 상세
한 2장을 군이 읽지 않아도 재공고화 체계를 이해하고 활용할 수 있을 것이
다. 즉, 실험실에서 신경과학자들이 검증한 변화과정을 따르느라 내담자-심
리치료자의 풍부한 인간관계나 내담자가 느낀 심오한 개인적 의미를 희생할
필요가 없음을 알게 될 것이다. 이 책의 2장이 과학적 기반이라면, 3장은 치
료를 위한 과학적 통찰의 핵심, 즉 정서 일관성 체계에 따른 치료적 재공고
화 과정의 적용이라 할 수 있다. 치료적 재공고화 과정은 현상학적인 과정으
로 이론 위주의 해석을 지양하며, 내담자에게 필요한 일련의 경험을 안내할
때 특정 기법을 강요하지 않는다는 점에서 통합적인 개방형 방법론이다. 그
러므로 치료자 연수를 위해 그 과정을 시범할 때에는 일련의 경험을 위해 특
정 기법이나 치료체계를 어떻게 활용할 수 있는지를 보여 준다. 연수에서 우
리는 특정 치료 형태인 일관성치료를 활용하는데, 이는 이 접근의 주요 단계
가 치료적 재공고화 단계와 유사해서 명쾌하고 이해하기 쉽기 때문이다. 다
시 말해, 일관성치료 사례의 치료적 재공고화 과정을 보면 매우 쉽고 분명하
다. 이 장의 사례연구에서는 직장 내 역할에 대한 한 남성의 만성적인 자기
회의, 불안 및 자신감 부족을 다룬다. 이들 증상에는 그 원인인 근원적 핵심
정서학습이 전혀 드러나지 않았지만, 전문적인 마음챙김 과정을 통한 인출
작업에서 내담자가 곧 잠재학습(hidden learning)을 인식하였다. 그리고 문제

의 학습을 인출하여 제거하자, 곧 직장에서의 자기회의와 불안도 사라졌다.

4장에서는 세 가지 사례를 중심으로 변형적 변화의 주요 순간을 훨씬 더 면밀히 검토한다. 이 과정에서 당신은 어떤 내용이 포함되는지와 필요한 경험이 얼마나 명확하고 적용하기 쉬운지를 바로 알게 될 것이다. 실제로 강박적 애착, 만성적 학습부진, 무대공포증(실제의 '외상 후 스트레스 장애') 등은 모두 각 내담자와의 협력적 여정을 보여 주는 동시에, 각 내담자를 결정적 경험으로 안내하는 방법을 찾아가는 심리치료자들의 창의성도 보여 준다. 이처럼 여정에 비유한 것은 매우 적절한데, 이는 치료적 재공고화 과정에 대한 지식이 내담자의 무의식적 정서학습 분야에 효과적으로 작용할 나침반과 지도 역할을 하기 때문이다. 그러나 어떤 단계에서 다음 단계로 어떻게 나아갈지(여정의 경우에는 교통수단 선택)는 심리치료자가 선택한 방법에 따라 다르다. 일관성치료에서는 치료자가 즉흥적으로 변화를 주고, 다른 치료의 기법을 수정할 뿐만 아니라, 각 내담자와의 치료과정에 적합한 새로운 기법을 고안하기를 항상 격려하면서, 치료적 재공고화 단계에 특화된 일련의 기발한 기법을 제공한다.

5장에서는 치료적 재공고화 과정을 활용해 애착 유형을 다루고, 정서 일관성 체계 안에서 애착 작업을 개념화하는 데 초점을 둔다. 어떤 증상의 근원인 정서학습을 경험적으로 충실히 인출(치료적 재공고화 과정에 필요한 것으로, 암묵지식에서 외현지식으로의 전환)함으로써 그 학습이 애착과 관련되는지, 무관한지 혹은 그 두 가지가 혼합되어 있는지가 분명해질 것이다. 이를 통해 어떤 호소 증상이 애착학습과 관련되는지를 비사변적·비이론적으로 판단할 수 있는데, 이는 임상가들과 연구자들 사이에 상당한 논쟁거리가 되곤 한다. 결과적으로 근원적인 학습의 특성이 명료해지면, 해당 내담자에 맞게 내담자-심리치료자 관계의 적합한 역할과 활용이 분명해진다. 이에 대해서도 팽팽한 주장들이 맞서고 있다. 정서 일관성 체계는 여기에서도 비이론적 특성을 강조하는 관점을 제시한다. 왜냐하면 이 체계는 증상 발생 및 중단과 관련된 학습 모델을 포함하고 있으며, 아예 해석하지 않고 현상학적으로 체계를 적용하기 때문이다. 이는 심리치료에서 좀 더 복잡하고 곤란한 문제들을 다룰 때 치료자의 이론적 편견을 없애는 데 도움이 된다.

1부를 마무리하는 6장에서는 몇몇 심리치료(AEDP, EFT, EMDR, IPNB)의 대표 사례를 통해 치료적 재공고화 과정의 각 단계가 존재함을 제시함으로써 이 과정의 통합적이고 교차적인 특성을 보여 준다. 물론 각 치료법의 주요 특징이 꼭 치료적 재공고화 과정과 명확히 일치하지는 않는다. 우리는 이 과정이 학습된 기존 반응을 완전히 제거하는 확실한 보편적 템플릿이라고 본다. 이 책에 제시된 것처럼, 이 가설은 기억 재공고화가 닫힌 시냅스를 열어 암묵기억에서 정서학습을 제거하는 유일한 형태의 신경가소성이라는 사실에 의해 지지된다. 6장의 서두와 말미에서 우리는 치료적 재공고화 과정의 단계가 학습된 기존 반응을 변형적으로 바꾸는 데 필요한 특수요인이라고 본다. 우리는 치료적 재공고화 과정에서 일반적인 공통요인이론에 제기한 문제뿐만 아니라, 그것이 공통요인이론에 근본적인 관점 변화를 가져올 수 있는 이유에 대해서도 기술한다. 또한 심리치료 과정 연구에서 이런 가능성의 증거에 대해서도 논할 것이다.

이 책의 2부는 일관성치료를 적용한 심리치료자들이 제공한 사례들로 구성된다. 1부에서 다루어진 치료적 재공고화 과정의 예를 다양하게 보완하고 확장한 사례들을 선정하였다. 제거된 증상이 다양하고(차례에 제시된 바와 같이), 치료자의 스타일과 선택도 다양하며, 대부분의 사례에서 많은 치료회기가 소요됨을 알 수 있다. 또한 내담자의 저항과 그에 따른 즉흥기법의 필요성을 비롯해 심리치료자들이 저항이나 장애로 줄곧 얼마나 고심하는지에 대한 솔직한 고백도 담겨 있다. 이를 통해 우리는 당신도 우리와 마찬가지로, 치료과정에서 겪은 모험과 극복을 담은 진솔한 이야기에 매력을 느끼고 고무될 것으로 기대한다.

정서 일관성과 임상가로서의 자기개발

1993년부터 이 접근에 대한 연수를 진행하면서, 우리 자신을 비롯해 대부분의 심리치료자와 상담자가 이렇게 도전적이고 어려운 직업에 끌리게 된 원래의 영감과 의미를 유지하기 위해 자기 업무에서 특정의 만족감을 추구하고 있음을 알게 되었다. 이 장을 마무리하면서 우리는 동료 심리치료자들과 연수생들이 임상 작업을 하는 동안 스스로 활기를 불어넣을 방법을 모색할 동기를 유발하는 몇 가지 딜레마를 제시하고자 한다. 이 책이 전문가들의 고민 해결에 어떤 도움이 될지를 딜레마별로 간단히 제시하면 다음과 같다.

- 나는 심리치료자로서 내담자의 증상을 제거할 개입방법을 미리 알고 있어야 한다고 생각하는데, 그것이 부담이다. 증상을 유발하는 일관적인 암묵적 정서학습이 내담자마다 각기 다르다는 사실을 이해하면 그러한 생각과 그로 인한 불안이 사라진다. 내담자에게 적합한 방법이 어떤 것인지를 미리 모를지라도, 심리치료자가 이 접근을 통해 내담자의 문제해결 방법을 협력해서 찾을 수 있다는 사실을 알게 되면 편안해질 것이다.
- 내담자의 증상이 마치 살아 있는 것처럼 상당히 강력하고 종잡을 수 없는 힘에 의해 유지되는 것 같다. 내담자와 심리치료자는 원치 않는 상태와 행동을 일으키는 힘의 근원을 쉽게 찾아 철저히 밝힐 수 있다. 암묵적 정서학습으로 구성된 미지의 '부분'은 고통을 피하고 행복을 보장하는 전략에 크게 기여한다. 당신이 이 '부분'과 실랑이하는 대신, 오히려 환영하고 소중히 여기며 협력하면 변형적 변화가 일어날 수 있다.
- 내담자의 과거에서 적절한 정보를 찾기가 건초더미에서 바늘 찾기처럼 느껴질 때가 많다. 그런 목적을 위해 고안된 일관성치료의 경험적 방법을 활용하면 더 쉽고 빠르며 정확하게 내담자의 과거에서 적절한 정보를 찾을 수 있다.

- 나는 내담자의 저항 때문에 자주 헛수고한다고 생각한다. 겉보기에 부정적인 다른 반응과 마찬가지로, 저항은 일관적이고 접근 가능한 정서적 의미로 가득 차 있어서 저항을 존중하고 섬세하게 '분석'하여 이해하면 치료과정에 매우 유익할 수 있다.

- 나는 내담자들이 자기 증상의 원인을 충분히 이해하도록 돕지만, 실제적 변화는 일어나지 않고 그들의 고통이 지속된다. 이 접근을 통해 당신은 문제의 원인에 대한 내담자의 인지적 통찰이 어느 정도 변화로 이어질 것이라고 막연히 기대하지 않고, 경험적·정서적 수준에서 실제적 변화를 촉진할 수 있다.

- 나는 상담회기 동안 임상기술과 임상지식의 성장을 위한 학습경험이 많이 주어지기를 바란다. 이 접근에서 내담자가 암묵적 정서학습을 인출하도록 안내하는 것은 매 회기에 내담자의 경험을 꾸준히 추적하는 것이며, 이를 통해 당신은 당신의 임상적 선택에 대해 지속적인 피드백을 받는다. 이는 매 회기 초기에 이전 회기의 결과와 회기 간 과제에 대해 내담자의 피드백을 유도하는 것과 마찬가지다. 기법을 창의적으로 활용할 범위를 넓혀 가는 것도 당신의 학습을 강화할 것이다.

- 나는 하루 업무를 마칠 때 내담자의 고통을 끝장내는 새로운 해결책을 찾았다는 만족감을 전혀 느끼지 못한다. 당신이 학습 가능한 몇 가지 절차와 사고방식을 통합해서 기존 기능을 새롭게 활용한다면, 매 회기에 효과적이고 강력한 영향을 줄 수 있다. 이 접근을 통해 우리는 기존의 핵심 정서학습을 크게 바꾸는 뇌의 선천적 과정을 알기 때문에 일상 업무에서 실제적인 해결책이 자주 나타날 것이다. 임상가들은 결정적 변화에 대한 내담자의 찬사 어린 보고를 들을 때 깊은 직업적 성취감을 느낀다. 매주 그러한 순간들을 즐기는 상상을 해 보자.

제2장   기억 재공고화

 오늘의 광기는 어제 준비된 것이다.

- Edward FitzGerald,

『오마르 하이얌의 루바이야트(The Rubáiyát of Omar Khayyám)』 중

  스스로에게 큰 만족감을 줄 뿐만 아니라 내담자에게도 소중한 작업을 모색하는 심리치료자들은 기존 기능을 바탕으로 좀 더 효과적인 방법을 찾으려 애쓴다. 2004년 처음 보고된 신경과학의 주요 발달 덕분에 그런 방법을 찾을 수 있는 비옥한 토양이 조성되어 심리치료의 효과 증진에 근본적인 긍정적 시사점을 주고 있다. 기억 재공고화(memory reconsolidation)라는 새로운 신경과학 이론은 정서기억에 부호화된 무의식적인 핵심 신념과 스키마를 비롯해 원치 않는 특정 정서학습을 뇌가 물리적·신경적 시냅스 수준에서 삭제할 수 있다는 놀라운 발견에 초점을 두고 있다. 특정 증상의 근원인 정서학습을 제거하면, 그 증상의 정서적 뿌리까지 완전히 제거된다. 이 장에서는 심리치료자들이 그렇게 강력한 변화를 이끄는 과정을 안내하기 위해 어떻게 공감적 조율을 활용하는지를 살펴볼 것이다.

1세기 후의 획기적 발견

약 100년간의 연구가 누적되었던 2000년까지도 신경과학자들은 기존의 확고한 정서학습을 기억에서 제거할 수 없다고 믿었다. 그렇기에 기억 재공고화, 즉 정서학습을 삭제할 수 있는 신경가소성 유형이나 시냅스 변화의 발견은 학습과 기억 분야에서 획기적 발견이자 전환점이었다. 2004년 연구자들은 삭제에 필요한 일련의 경험을 통해 행동적으로 재공고화를 유도하는 방법을 확인했지만(Pedreira, Pérez-Cuesta, & Maldonado, 2004), 그러한 발견과 임상적 활용은 2006년이 되어서야 심리치료자들의 주목을 받게 되었다. 심지어 이 글을 쓰고 있을 때에도 신경과학 분야에서 정서학습을 제거하는 다른 과정이나 신경가소성 유형은 등장하지 않았다.

이러한 새로운 연구결과는 심리치료자에게 엄청난 가치가 있는데, 그 이유는 문제의 정서학습이 내담자가 호소하는 증상의 주요 근원이 되어 증상을 일으키기 때문이다. 정서학습 표현을 제외한 애착 유형, 외상 후 스트레스 장애, 공동의존, 낮은 자존감, 완벽주의 또는 '미해결 정서문제'(여기에서는 명확한 몇 가지 예만 제시하고, 그 밖의 예들은 이 장과 다른 장의 사례에서 제시될 것이다)는 어떠한가? 그러한 학습을 제거하는 방법에 대한 믿을 만한 지식 덕분에 심리치료자가 내담자의 고통을 제거할 수 있는 범위가 훨씬 더 확장되었다. 재공고화 연구에서 표적 정서학습을 제거하는 체계적이고 경험적인 과정이 등장하였고, 연구자들은 이러한 과정이 자전적 기억이나 밀접한 다른 정서학습을 손상시키지 않음을 입증했다. 이후의 사례를 통해 보겠지만, 임상적으로 그 과정을 적용할 때에는 치료자와 내담자의 민감한 공감적 조율이 필요하다.

이 장에서는 재공고화와 관련된 놀라운 연구결과를 소개한 다음, 독창적이고 전문적인 연구논문에서 발췌한 재공고화 과정을 명료하게 설명할 것이다. 다음의 연구결과들이 확고함에도 불구하고 아주 최근의 결과라서, 이 책을 쓰고 있을 때에도 신경과학이 심리치료에 미치는 시사점을 다루는 주요 교재와 논문에서 재공고화가 거의 등장하지 않을 정도다(Arden & Linford, 2009; Badenoch, 2008; Cozolino, 2002, 2010; Folensbee, 2007; Fosha, Siegal, Solomon, 2010; LeDoux, 1996; Panksepp, 1998; Rothschild, 2000; Schore, 2003a, 2003b; Siegel, 1999, 2006, 2010; Siegel & Solomon, 2003; van der Kolk, 1994, 1996). 확실히 신경과학의 임상적 시사점은 빠른 속도로 발전하고 있다. 이 장의 말미에서는 재공고화의 시사점과 재공고화 이전의 신경과학이 주는 시사점을 비교해 볼 것이다.

암묵적 정서기억의 견고함

심리치료를 원하는 내담자의 다양한 행동, 기분, 정서, 사고의 근원에는 '암묵적 정서학습', 즉 의식적으로 인식하지 못한 학습으로 강한 정서 경험을 하는 동안 기억된 학습이 있다(Milner, Squire, & Kandel, 1998; Roediger & Craik, 1989; Siegel, 1999; Toomey & Ecker, 2007; van der Kolk, 1996). 암묵적 지식은 흔히 절차적 지식으로 일컬어지는데, 이는 절차적 지식이 행동을 수행하는 방법에 대한 지식(무사하려면 언제, 어떻게 상냥하게 행동해야 하는지에 대한 지식처럼) 혹은 세계가 어떻게 기능하는지에 대한 지식(사람들은 불쾌할 때 어떤 식으로든 부정하거나 공격적일 수 있음을 아는 것처럼)으로 이루어져 있기 때문이다. 그러한 지식은 경험에서 나오며 외현적 · 자전적 · '일화적' 지식과는 다른 기억체계에 저장되는 스키마(패턴, 템플릿, 정신 모델)로 구성되어 있다. 암묵학습에 의해 형성된 지식은 현재의 경험에 반응하여 행동, 정서 및 사고를 유발함에도 불구하고 우리는 이를 인식하지 못한다.

앞에서 언급한 바와 같이, 심리치료자들은 학습된 무의식적 정서기억이 표출되어 나타난 수많은 문제로 인해 날마다 고심하고 있다. 그 예로는 애착 유형, 원가족의 규칙과 역할, 미해결 정서 및 외상기억을 들 수 있으며, 그 외에도 안팎의 자극에 대한 강박 행동 및 정서 반응도 있다. 이러한 현상은 공황발작, 불안발작, 만성·급성 우울증, 중독 행동, 수치심, 자기비하, 격노, 성적 억제, 친밀감 공포로 나타날 수 있고, 때로는 과민성이나 강박 회피와 같은 외상 후 스트레스 장애나 그 밖의 많은 증상과 고통으로 나타날 수도 있다.

물론 정서학습에 기인하지 않는 심리·행동 증상(예: 자폐증, 갑상선기능저하로 인한 우울증 및 유전적 영향으로 인한 중독)뿐만 아니라, 유전적 성향과 암묵적 정서학습('양육'의 영향)의 상호작용에 기인한 심리·행동 증상도 많다. 이때 유전적 우울 성향이 발현되는 정도는 정서적 암묵기억에서 우울을 야기하는 학습 정도에 따라 달라질 수 있다["나는 정상이 아니야." "엄마와 아빠는 서로 미워해." "나는 사랑스럽지 않아." 등; 이에 대한 논의는 Toomey & Ecker(2009) 참조]. 그러한 유전-환경의 상호작용을 아무리 잘 이해한다 할지라도, 어차피 임상 현장에서 치료자와 내담자가 직면하는 것은 기존 정서학습의 영향이기 때문에 기억으로 인한 증상을 없앨 때 새로운 관점의 영향은 지대한 이점이 있을 것이다.

암묵적 정서학습의 영향과 편재성은 임상적으로 상당한 도전인데, 현실적인 문제는 암묵적 정서학습이 놀라울 정도로 견고하다는 점이다. 심리치료자들은 원래의 정서학습이 매우 견고함을 일상적으로 목격한다. 정서학습은 한번 형성되면 몇 십 년 동안 기분과 행동에 집요할 정도로 계속 영향을 미친다. 그래서 전통적인 심층 심리치료에서는 이러한 연결을 차단하려면 몇 개월, 아니 몇 년 동안 꾸준한 작업이 필요하다고 본다. 정서학습의 뿌리 깊은 견고함은 심리치료자와 내담자의 골칫거리지만, 이는 자연선택에서 생존에 유익한 결과로 보인다. 진화 동안 선택과정에서 뇌가 정교화된 결과로, 강한 정서 상태에서 일어난 학습은 견고성이 탁월한 피질하부의 전문화된 암묵적 기억회로에 저장된다(McGaugh, 1989; McGaugh & Roozendaal, 2002; Roozendaal, McEwen, & Chattarji, 2009).

사실, 20세기 내내 기억과 뇌 연구자들이 내린 결론은 정서학습의 신경회로가 공고화 과정을 통해 장기기억 저장소에 물리적으로 저장되면 변화 불가능하고 영구적이라는 것이었다(McGaugh, 2000). 공고화된 암묵적 기억회로를 유지하는 시냅스를 열 수 있는 신경가소성은 존재하지 않는 듯했다. 이러한 결론은 반복적인 역조건화를 통해 확고한 정서학습의 행동반응 억제를 관찰한 폭넓은 소거(extinction) 연구에 바탕을 두고 있다. Pavlov 이후의 심리학자들과 신경과학자들은 소거를 통해 정서학습 반응을 완전히 억제한 후에도 원래의 반응이 기억에서 근원적으로 사라지지 않고 일시적으로만 억제되어 다양한 방식으로 곧잘 재발된다는 광범위한 증거들을 축적해 왔다(Bouton, 2004; Milner et al., 1998). 연구에서는 소거훈련이 표적학습과 다른 기억체계에 별도의 물리적 학습을 형성하며, 소거학습은 표적학습과 경쟁할 뿐 이를 대체하지 않는다는 결과를 제시하였다(Bouton, 2004; Foa & McNally, 1996; Milner et al., 1998; Phelps, Delgado, Nearing, & LeDoux, 2004).

따라서 공고화된 정서학습은 이미 닫혀서 바꿀 수 없는 시냅스에 의해 신경회로에 부호화되어 있기 때문에 기억체계에서 삭제될 수 없는 것으로 여겨져 왔다. 삭제 불가능하다는 믿음은 신경과학자인 LeDoux, Romanski와 Xagoraris가 연구 학술지에 「삭제 불가능한 피질하부의 정서기억(Indelibility of Subcortical Emotional Memories)」(1989)이라는 소거 연구를 게재하면서 아주 확고히 자리 잡았다. 그 당시의 심리학자들에게는 선례의 연구체계를 따르는 것이 당연하고 적절한 것으로 여겨졌다. van der Kolk가 그의 독창적 논문인 「몸은 사실을 기억한다: 외상 후 스트레스의 기억과 진화하는 정신생물학(The Body Keeps the Score: Memory and the Evolving Psychobiology of Post Traumatic Stress)」(1994)을 『하버드 정신의학 리뷰(Harvard Review of Psychiatry)』에 발표했을 때, 그는 임상가들에게 심리치료 발전에 강력한 영향을 미칠 패러다임, 즉 암묵적 정서기억이 증상 발생의 원인이라는 관점을 소개했다. '삭제 불가능'은 이 논문에서 '정서기억은 영원하다'라는 절의 핵심 내용이었다. 그 후의 심리치료자들은 Schore(1994, 1996, 1997), Siegel(1999), Rothschild(2000), Cozolino(2002)에 힘입어 암묵기억 및 그와 관련된 신경과학의 관점에서 생각하게 되었다.

　암묵적 정서학습이 평생 유지된다는 결론은 인간이 평생 심각한 제약요인으로 작용할 수 있는 공포반응이나 불안정 애착 유형과 같은 아동기의 정서적 조건화에서 벗어날 수 없다는 것을 뜻한다. 또한 이는 진화를 통해 뇌의 변연계(암묵적 정서학습과 기억을 담당하는 피질하부)가 심리적 감옥이 되어 우리 각자가 종신형을 살고 있음을 의미한다.

　또한 삭제 불가능은 정서기억으로 인한 증상을 예방하는 유일한 심리치료 전략이 반작용적 방법[원치 않는 반응을 중단하고 억제하기 위해 선호하는 학습과 반응을 강화함으로써 원치 않는 학습에 대항하는 방법(소거훈련을 비롯해)]임을 시사한다. 원치 않는 반응이 비교적 쉽게 재발되기 때문에 일반적으로 반작용적인 노력은 끝없이 계속되어야 한다. 반작용은 일어나기 바라는 바람직한 상태를 계획하여 증상을 예방하려는 절차적 특성을 갖는다. 그 예로는 불안을 완화시키는 이완기법을 가르치고, 우울을 완화시키는 긍정적 사고와 내적 자원을 다지며, 정서적 유대와 공감을 높이기 위해 옥시토신을 사용하는 것 등이 있다. 반작용 전략은 심리치료 분야에서 널리 활용되는 방법으로, 인지행동치료(CBT), 해결중심치료, 긍정치료 등 아주 다양한 형태로 이루어진다. 물론 마음이 개방적이고 긍정적일 때 바라는 능력과 반응이 촉진되기 때문에, 반작용 전략이 원치 않는 반응과 학습을 확실히 억제했는지는 분명하지 않다. 그런 방법을 활용할 때 치료자의 의도나 태도가 꼭 억제한다고 확신할 수는 없지만, 그 태도나 의도는 기본적인 정서학습에 영향을 주는 경향이 있다[반작용적 변화 대 변형적 변화에 대한 논의는 Toomey & Ecker(2009) 참조].

　이와 관련된 우리의 이야기는 이후의 '재공고화의 발견'에서 전문적인 자세한 설명과 함께 계속될 것이다. 재공고화 연구에 대한 이 장의 설명이 다소 낯설게 느껴지는 독자라면 언제든 임상에 초점을 둔 3장으로 건너뛰어도 무리 없이 글을 읽을 수 있을 것이다. 이 장의 나머지 부분에서는 '엔진'을 살펴보고, 3장에서는 운전석에 앉아 기억 재공고화를 유도하는 일련의 경험을 구성하는 방법을 공부할 것이다.

재공고화의 발견

1990년대 말, 신경과학자들은 암묵적 정서기억을 재활성화시켰을 때의 영향을 다시 연구함으로써, 1982년 이래 도외시되었던 연구를 재개했다. 1968~1982년 사이에 몇몇 연구자는 '삭제 불가능'에 대해 설명되지 않은 예외 사례들을 보고했다. 학습된 정서반응을 제거하지 못했던 표준의 전기 충격 요법에서, 표적반응과 근원적인 암묵학습이 강하게 재활성화되도록 절차를 수정했을 때 몇몇 동물 연구와 인간 연구에서 아주 성공적인 결과가 나타났다(Misanin, Miller, & Lewis, 1968; Rubin, 1976; Rubin, Fried, & Franks, 1969). 이들 연구와 유사한 몇몇 연구(Judge & Quartermain, 1982; Lewis & Bregman, 1973; Lewis, Bregman, & Mahan, 1972; Mactutus, Riccio, & Ferek, 1979; Richardson, Riccio, & Mowrey, 1982)에서 정서·행동적 표적반응이 모두 사라졌고, 이후에 재발되지 않았다. 이처럼 특이한 결과는 그런 변화가 소거나 다른 억제기제에 기인한 것이 아니라, 암묵기억에서 원래의 학습이 완전히 제거되었음을 의미하였다. 잘 공고화된 지속적인 암묵기억이 재활성화되면, 저장된 정서학습이 제거되기 쉬운 상태가 되는 듯했다. 이는 그동안 지배적이었던 기억 공고화 모델에 대한 직접적인 도전이었다. 하지만 이런 소수의 이례적인 연구들은 기억 연구자나 심리치료자의 관심을 거의 받지 못했으며, 그 현상은 더 이상 연구되지 않은 채 암묵기억의 삭제 불가능에 대한 믿음이 계속되었다.

1997년, 연구자들은 암묵적 정서기억의 재활성화가 동물의 행동에 미치는 영향을 연구하기 위하여, 정교화된 새로운 기술뿐만 아니라 진보된 지식(특정 정서학습이 뇌의 어디에서 형성되어 암묵기억에 저장되는지에 대한)을 적용하기 시작했다. 그들은 이미 공고화되어 닫힌 시냅스에는 영향을 주지 않는 반면, 불안정하고 공고화되지 않은 새로운 시냅스를 파괴하는 화학작용제를 투입하였다. 연구자들이 공고화된 정서학습의 재활성화 전후에 바로 화학작용제를 투입하자, 한때 학습이 잘되고 공고화되었던 반응이 아예 사라져 재현되지 않는 몇몇 사례가 나타났다(Nader, Schafe, & LeDoux, 2000; Przybyslawski, Roullet, & Sara, 1999; Przybyslawski & Sara, 1997; Roullet & Sara, 1998; Sara, 2000; Sekiguchi, Yamada, & Suzuki, 1997). 이는 이전에 열 수 없는 것으로 여겨졌던 공고화된 시냅스가 열렸음을 의미한다. 즉, 공고화 이전의 시냅스 상태와 유사하게 시냅스가 물리적으로 탈공고화되어 '불안정하고' '가소성 있는' 상태로 전환된 것이다. 이렇게 시냅스가 열려 화학작용제가 시냅스를 물리적으로 파괴하고 학습된 정서반응을 담당하는 신경회로가 제 기능을 하지 못하여 마치 존재하지 않는 것처럼 보였다. Nader 등(2000)의 획기적인 연구에서는 "잘 공고화된 기억이라 할지라도 재활성화될 때에는 불안정하고 파괴되기 쉽다."(p. 724)라는 결론을 내렸다. 그러나 우리는 뒤에서 재활성화 자체만으로 시냅스를 열기에 충분하다는 신경과학자들의 초기 추론이 섣불렀음을 알게 될 것이다.

공고화된 기억이 탈공고화될 수 있다는 이러한 증거는 삭제 불가능하다는 기존 신념에 대한 중대한 반전이다. 연구자들은 다음과 같이 생각했다. 즉, 암묵기억은 일상(실험실이 아닌)에서 자주 재활성화되지만, 오랜 기간에 걸쳐서 보면 보통 닫혀 있는 것처럼 안정적으로 보인다. 따라서 재활성화로 인해 기억이 불안정 상태로 탈공고화될 수 있다는 새로운 지식은 불안정 상태가 일시적임을 시사한다. 또한 불안정 상태는 기억이 변화나 파괴에 더 이상 취약하지 않은 안정 상태로 돌아가는 재공고화와 더불어 끝나게 된다. 이렇게 일시적인 탈공고화 기간 혹은 '재공고화 기회'는 Pedreirra, Pérez-Cuesta와 Maldonado(2002)의 동물 연구와 다른 동물 연구 및 인간 연구(Duvarci & Nader, 2004; Pedreira & Maldonado, 2003; Schiller et al., 2010; Walker, Brakefield, Hobson, & Stickgold, 2003)를 통해 경험적으로 입증되었다. 5시간의 기회 동안 탈공고화된 표적학습이 새로운 학습에 의해 바로 수정되고 완전히 탈학습되기 때문에 더 이상 기억에 남아 있지 않으며, 인간의 경우에는 이러한 과정 대부분이 유해한 시냅스 차단제를 활용하지 않고 이루어진다.

따라서 이제 우리는 100년 동안 믿어 왔던 것과 달리, 기억에서 정서학습의 공고화가 일회적인 최종과정이 아니며 정서학습이 삭제 불가능한 것도 아니라는 사실을 알게 되었다. 연구자들이 제시한 다음의 설명과 같이, 정서학습은 일시적으로 탈공고화 상태가 되어 재공고화가 일어나기 전에 화학적 방법뿐만 아니라 새로운 학습에 의해 삭제 가능하다.

'재공고화'라는 용어는 신경과학자들이 두 가지 방식으로 사용한다. 첫 번째는 시냅스가 열렸다가 닫히는 자연스러운 과정의 '마지막 단계'에서 시냅스가 닫히는 것을 의미하고, 두 번째는 뇌에서 특정 기억을 부호화하는 시냅스를 열었다가 닫는 '전반적인 과정'을 의미한다. 이후부터 문맥상 마지막 단계가 확실한 경우 외에는 재공고화를 전반적인 과정으로 사용한다.

Przybyslawski 등(1999, p. 6623)은 재공고화란 "인출환경에서 기존의 기억을 기능적인 새로운 정보로 재조직화하는 것을 허용하는 것"이라고 설명한다. 이와 유사하게, Nader 등(2000, p. 725)은 "재공고화는 기존의 정보에 새로운 정보가 추가되는 과정의 역동적 특성을 반영할 수도 있다."라고 진술하였으며, Nader(2003, p. 65)는 "공고화된 기억이 재활성화되면 기억이 불안정하고 민감한 상태가 되어 공고화된 기억이 수정, 강화, 변화 또는 제거될 수 있다는 가설"을 확인하였다. Dudai와 Eisenberg(2004, p. 93)는 재공고화가 "기억 유지의 본질과 같은 기억 연구의 기본 주제뿐만 아니라 집요한 외상기억의 선택적 제거와 같은 잠재적 적용과도 깊은 관계가 있다."라고 주장했다.

특히 중요한 것은 행동적으로 관찰 가능한 독특한 정서학습의 제거 표식(marker)이다. 신경과학자들은 동물 및 인간 연구(Schiller et al., 2010)에서 이런 표식을 성공적인 제거의 주요 증거로 활용한다. 예전에 행동반응을 일으켰던 학습된 기억이 완전히 사라지면 다음과 같은 신호가 나타난다.

- 스트레스 상황에 의해서나 이전에 특정한 정서반응을 일으켰던 단서나 촉발제에 의해 그런 반응이 더 이상 재활성화되지 않는다.
- 그 정서반응의 표현인 행동, 정서, 신체 및 사고 관련 증상도 영구적으

로 사라진다.

• 어떤 노력이나 반작용적·예방적 조치 없이도 정서반응과 증상이 더 이
  상 재발하지 않는다.

현재의 신경과학에 따르면, 이러한 표식은 재공고화를 통한 기억 제거에
서만 나타난다. 이런 현상은 낯선 상황이나 스트레스 상황에서 쉽게 재발되
는 소거를 비롯한 반작용적/경쟁적 과정을 통해서는 나타나지 않는다. 또한
임상 작업에서 이러한 표식들이 관찰되고 확실할 때에는 재공고화를 통한
제거라고 보는 것이 타당하다. 그런 논리를 바탕으로 집중적인 심오한 정서
변화를 일으키는 몇몇 심리치료를 지지하는 연구자들은 재공고화가 다음과
같은 방법들에 의한 신경학적 변화기제가 확실하다고 생각한다. 그 예로는
일관성치료(Ecker, 2006, 2008; Ecker & Hulley, 2011; Ecker & Toomey, 2008),
정서중심치료(Greenberg, 2010), 경혈자극 방법(Feinstein, 2010), 안구운동 둔
감화·재처리법(Solomon & Shapiro, 2008), 대인관계 신경생물학(Badenoch,
2011), 정신분석치료(Gorman & Roose, 2011) 등을 들 수 있다. 그 외에 외상
후 증상을 제거하는 심상적 재현방법의 입증된 효과 역시 재공고화 덕분이
다(Högberg, Nardo, Hällström, & Pagani, 2011). 이 책의 3장부터 10장까지는
여러 치료법이 어떻게 뇌의 재공고화 유도조건에 부응하는지를 보여 주는
사례들을 제시할 것이다.

연구자들에 따르면, 재공고화는 습득된 기억의 변형적 변화를 일으키는
심리치료 전략으로, 반작용적 변화전략과 극명하게 대비된다. 우리가 이 책
에서 계속 보겠지만, 해방을 주고 삶을 바꾸는 지속적인 변화는 재공고화 연
구자들이 확인한 과정이 임상 장면에서 나타난 결과라 할 수 있다. 영겁의
진화사 위에 세워진 정서기억의 감옥에 열쇠가 있었는데, 이제야 그 열쇠를
발견한 것이다. 우리는 드디어 시냅스를 열어 변연계의 종신형에서 벗어날
수 있게 되었다.

재공고화는 어떻게 이루어지는가

재공고화는 선충, 꿀벌, 달팽이, 해삼, 물고기, 게, 병아리, 생쥐, 들쥐, 사람의 다양한 뇌 영역에 걸친 기억체계, 즉 비정서기억(즉, 운동기억과 사실기억)뿐만 아니라, 다양한 유형의 정서학습과 기억에서 나타났다(Nader & Einarsson, 2010). 그러나 이 책에서는 임상적 목적을 위한 정서기억에 관심이 있기 때문에 재공고화에 대한 논의 역시 이 영역에 집중될 것이다. 더구나 재공고화를 일으키는 일련의 경험이 모든 뇌 영역과 기억 유형에서 동일하기 때문에 뇌 해부와 관련된 사항은 상세히 다루지 않는다. 이는 정서 뇌와 관련된 주요 영역(피질하부, 변연계 또는 우뇌와 같은 용어를 사용하는)에 대한 설명마저도 주로 발견적이라는 말이다. 즉, 우리가 '피질하부'의 기능이나 기억이라고 언급했는데 나중에 실제로 우뇌의 기능이나 기억으로 밝혀지더라도, 이로 인해 우리 주장의 본질이 사라지는 것은 아니다.

탈공고화의 요건

2004년, 기억 재활성화만으로 기억의 신경회로가 불안정해진다는 재공고화 연구자들의 초기 추론은 동물 연구 결과에 의해 번복되었다. 즉, 탈공고화가 일어나려면, 기억이 재활성화되어 있는 동안 결정적인 추가 경험이 일어나야 한다는 동물 연구 결과가 제시된 것이다(Pedreira et al., 2004). 이 두 번째 경험은 재활성화된 표적기억이 세계의 질서에 대해 기대하고 예측한 것과 부조화된(크게 다른) 낯선 지식으로 구성된다. 적어도 이후에 10편의 연구(〈표 2-1〉에 제시됨) 역시 확고한 기억의 탈공고화를 위해 이러한 부조화 요건을 제시한다. 이러한 연구들에서는 부조화가 표적기억과 완전히 모순되거나 아니면 표적기억에 비해 신기하고 특이한 기억임을 제시하였다.

⟨표 2-1⟩ 기억 재활성화와 기억 부조화를 기억 불안정과 재공고화의 유도 요건으로 보고한 연구

연도	저자	실험 대상	기억 형태	연구 설계와 결과
2004	Pedreira 등	개	맥락적 공포 기억	시각적 위협에 대해 학습된 기대가 재활성화되더라도, 시클로헥사마이드에 의해 기억이 파괴되려면 뚜렷한 부조화가 필요하다.
2005	Galluccio	인간	조작적 조건형성	기억은 신기한 유관자극과 함께 재활성화될 때에만 제거된다.
2005	Rodriguez-Ortiz 등	쥐	미각 인지 기억	재활성화 이후의 신기한 맛 덕분에 단백질 합성 억제제(아니소마이신)에 의해 기억이 파괴된다.
2006	Morris 등	쥐	위험 도피를 위한 공간 기억	재활성화 후, 학습된 안전한 위치만 바꾸어도 단백질 합성 억제제(아니소마이신)에 의해 원래의 기억이 파괴된다.
2006	Rossato 등	쥐	위험 도피를 위한 공간 기억	재활성화 후, 학습된 안전한 위치만 바꾸어도 단백질 합성 억제제(아니소마이신)에 의해 원래의 기억이 파괴된다.
2007	Rossato 등	쥐	사물 인지 기억	새로운 사물과 함께 재활성화될 때에만 기억이 단백질 합성 억제제(아니소마이신)에 의해 파괴된다.
2008	Forcato 등	인간	서술 기억	재활성화 후, 수정된 새로운 쌍음절 학습이 뒤따를 때에만 시각적으로 학습된 쌍음절 기억이 불안정해지고 사라진다.
2008	Rodriguez-Ortiz 등	쥐	위험 도피를 위한 공간 기억	재활성화 후, 학습된 안전한 위치만 바꾸어도 단백질 합성 억제제(아니소마이신)에 의해 원래의 기억이 파괴된다.
2009	Perez-Cuesta & Maldonado	개	맥락적 공포 기억	시각적 위협에 대해 학습된 기대가 재활성화되더라도, 시클로헥사마이드에 의해 기억이 파괴되려면 뚜렷한 부조화가 필요하다.
2009	Winters 등	쥐	사물 인지 기억	새로운 맥락적 특징과 함께 재활성화되는 경우에만 기억이 MK-801에 의해 파괴된다.

　표적기억이 친숙한 단서에 의해 재활성화되더라도 부조화가 나타나지 않으면, 시냅스가 열리지 않고 재공고화도 일어나지 않는다. 몇몇 연구에서는 부조화 경험의 부재가 기억의 탈공고화 및 재공고화 유도 실패와 관련된 것으로 나타났다(Cammarota, Bevilaqua, Medina, & Izquierdo, 2004; Hernandez & Kelly, 2004; Mileusnic, Lancashire, & Rose, 2005). 또한 재활성화에 이어 부조화의 정반대인 기억 강화가 주어질 때에도 재공고화가 나타나지 않았다(Forcato et al., 2008; Pedreira et al., 2004). 하지만 많은 과학 저널리스트는(심지어 일부 신경과학자도) 이 글을 쓰고 있는 동안에도 여전히 재활성화만으로 기억이 불안정해져 재공고화가 시작된다는 글을 쓰고 있었다. 그들은 확고한 부조화 요건을 모르고 있는 듯한데, 이는 급속도로 발달하는 분야에서 연구결과가 널리 인식되기까지 시간 지체가 일어날 수 있음을 보여 준다.

　재공고화로 인해 어떻게 특정 정서학습의 갱신(수정 또는 제거)이 가능한지를 설명하기 위해 컴퓨터 유추를 널리 활용해 왔다. 즉, 기억의 재활성화는 컴퓨터에서 문서 열기와 비슷하며, 이때 문서를 재저장하거나 닫기 전에 문서의 내용을 수정하거나 삭제할 수 있다. 이 유추에서 문서 열기는 표적기억의 재활성화에 해당된다. 그러나 앞서 인용된 여러 연구에 의하면, 이러한 비유는 다소 오해의 소지가 있다. 컴퓨터 문서는 열기만 해도 수정 가능하지만, 표적기억을 재활성화하는 것만으로는 기억을 불안정하게 해서 수정하기에 충분치 않다. 기억의 재활성화는 기억을 새로운 학습으로 바꾸는 데 필요한 두 단계 중 첫 단계일 뿐이다. 두 번째 단계로 아주 신기하거나 완전히 모순된 형태와 같이, 표적기억과 부조화된 경험이나 지식이 반드시 필요하다. 이러한 두 단계가 충족된 후에야 다음에 일어나는 학습경험에 의해 기억이 갱신될 수 있다.

　한 논평에서 Lee(2009, p. 417)는 뇌에서 재공고화 과정이 일어나기 위한 표적기억과의 부조화 요건에 대해 다음과 같이 언급하였다. "기억 재활성화가 어떤 면에서 조건화와 달라야 하는 것은 결코 아니다. …… 오히려 재공고화는 선행학습에 기초한 기대에 위반될 때 일어난다. 물론 이런 기대 위반

(violation of expectation)은 질적일 수도 있고 양적일 수도 있다." Lee에 따르면, "예측오류 신호(어떤 뇌 영역에서 나오는)는 재공고화 유발의 중요한 필수요건이다(p. 419)." 또 다른 논평에서 Wang과 Morris(2010, pp. 66-67)는 다음과 같이 요약했다. "기억 인출 상태에서 새로운 정보가 있어야 재공고화가 일어난다. …… 기억 재공고화 상황에서 새로움은 공고화된 정보와 현 정보의 부조화에 기인하며, 그때 다시 부호화 과정이 시작된다. …… 기억 재활성화가 일어난다 해도 항상 재공고화가 일어나는 것은 아니다."

앞서 〈표 2-1〉에 제시된 것과 같은 부조화 요건에 대한 충분한 재확인을 바탕으로, 우리는 다음 원리를 확인할 수 있다. 즉, 어떤 학습이 제거되었다는 표식이 관찰될 때마다, 그 학습이 재활성화되고 그 학습과 부조화된 정보가 있어야만 시냅스가 열리며, 그렇지 않을 경우에는 제거되지 않는다. 이 원리는 연구자들의 실험과 심리치료자들의 상담에서 재공고화 과정의 결정적 단계를 확인하는 유용한 지침이 될 수 있다.

제거의 정밀성

탈공고화된 기억이 제거될 때, 재활성화된 표적학습만 제거되고 그때 재활성화되지 않은 다른 정서학습은 손상되지 않는다. 이러한 결과는 화학적 제거를 통한 동물 연구(Debiec, Doyère, Nader, & LeDoux, 2006)와 행동적 제거를 통한 인간 연구(Schiller et al., 2010)에서 모두 나타났다. 게다가 Kindt, Soeter와 Vervliet(2009)는 인간을 대상으로 학습된 공포를 화학적으로 제거해도 외현적·자전적 기억이 손상되지 않음을 증명하였다. 학습된 공포반응이 제거된 후에 피험자들은 자신이 조건화된 공포반응을 했던 경험뿐만 아니라 공포를 느꼈다는 사실을 여전히 기억하고 있었으나, 그런 경험들을 생각하더라도 공포가 재발되지 않았다. 이러한 연구결과는 다른 유형의 기억이 뇌해부학적으로 확실히 분리되어 있음을 보여 준다. 이로 인해 정서적 암묵기억 네트워크에 저장된 특정의 암묵적 정서학습은 제거되지만, 원래의 동일 사건에 바탕을 둔 신피질의 외현기억 네트워크에 저장된 자전적·서사적 학습은 손상되지 않는다. 따라서 재공고화를 통해 제거된 학습의 범위는 아주 명확하고 통제 가능한데, 이는 임상 장면에서 제거과정을 안전하게 활용하기에 필수적인 요소다.

재공고화 연구의 다른 측면

우리의 관심사는 심리치료에서 약을 사용하지 않고 재공고화를 활용하는 것이기 때문에 이 장에서는 그와 관련된 연구들 위주로 다룰 것이다. 그러나 재공고화는 여러 측면을 지닌 복잡한 현상으로, 임상적 활용과 직접 관련되지 않더라도 신경과학자들이 발견한 학습과 기억을 근본적으로 이해하는 데 매우 중요하다. 여기에서는 기억을 성공적으로 탈공고화하는 데 필요한 재활성화의 최소 강도(세기/지속기간) 및 부조화의 최소 강도와 특성이 얼마나 연령, 기억 강도(원래 학습 경험의 강도와 양) 및 기억 유형의 영향을 받는지에 대해서는 다루지 않는다. 이러한 요인들 간의 복잡한 관계 또는 '경계 조건(boundary condition)'은 진행 중인 재공고화 연구의 주요 주제다(Lee, 2009; Nader & Einarsson, 2010).

연구 중인 또 다른 유형의 경계조건은 앞에서 언급한 적이 있는데, 이는 확실히 행동의 결과가 다른 두 가지 현상, 즉 재공고화와 소거의 경계조건이다. 이 두 가지 현상은 신경학적으로 다른 과정으로(Duvarci, Mamou, & Nader, 2006; Duvarci & Nader, 2004), 서로 완전히 독립적으로 발생하거나(Lee, Milton, & Everitt, 2006; Mamiya et al., 2009; Pedreira & Maldonado, 2003, Pedreira et al., 2004; Pérez-Cuesta & Maldonado, 2009; Schiller et al., 2010; Suzuki et al., 2004) 동시에 복잡하게 상호작용할 수 있는(Eisenberg, Kobilo, Berman, & Dudai, 2003; Nader, 2003, Pedreira & Maldonado, 2003; Pedreira et al., 2004; Pérez-Cuesta & Maldonado, 2009; Rossato et al., 2006; Stollhoff, Menzel, & Eisenhardt, 2005; Suzuki et al., 2004; Tronson & Taylor, 2007) 것으로

확인되었다.

　그러나 재공고화와 소거를 구분하는 또 다른 측면은 재공고화 기회 동안에 표적학습과 모순되고 이를 제거하는 새로운 학습으로 소거훈련과 동일한 행동절차를 활용한 연구에서 나타났다(Monfils, Cowansage, Klan, & LeDoux, 2009; Quirk et al., 2010, Schiller et al., 2010; Xue et al., 2012). 그 결과, 강력하고 지속적인 제거가 관찰되었는데, 결국 '소거훈련'을 이처럼 특별히 활용해서 나타난 신경학적 결과는 소거(경쟁하는 별도의 학습이 일어나는)라기보다 오히려 재공고화(모순적인 학습에 의한 표적학습 갱신)를 통한 제거임이 분명하다. 그러므로 특정의 행동학습 절차가 재공고화의 창이 열렸을 때 주어지는지 여부에 따라 아주 다른 신경학적 효과와 행동결과가 나타날 수 있다. Duvarci와 Nader의 연구(2004, p. 9269)에서는 "재공고화를 '개선된 소거'로 폄하할 수 없다."라는 결론을 내렸다. 재공고화의 창이 열렸을 때 전통적으로 '소거훈련'이라는 절차를 적용했는데도 분명히 소거되지 않았다면, 그런 경우에는 개념적 오류와 혼란을 피하기 위해 그 절차를 '소거훈련'이라기보다 '기억갱신 훈련'이라 명명하는 것이 더 적절하다. 실제로 재공고화 창의 묘미는 그 창이 열려 있는 동안 탈학습된 것은 제거된다는 것이다. 그러나 그 절차가 소거를 가져오지 않는 이처럼 새로운 상황에서도 그 절차에 100년 동안 '소거'라는 친숙한 명칭을 계속 붙여 왔으며, 연구자들(과학 기자들을 포함하여)은 보통 이러한 절차를 '소거에 의한 제거' '재공고화 중의 소거훈련' '기억 인출–소거 절차' '소거훈련을 통한 공포기억 제거' 등으로 부른다. 여기에서 우리는 이처럼 오해의 소지가 높은 상황을 설명해서 독자들의 불필요한 혼란을 면해 주려 한다. 소거훈련 계획은 간단하고 구조화된 틀이라는 점에서 연구의 요건에 잘 맞지만, 이 책의 사례들에 나타난 것처럼 심리치료에서 재공고화의 창이 열렸을 때 새로운 학습이 일어나는 수많은 형태 중 하나일 뿐이다.

　재공고화와 관련된 생체분자 및 유전적 과정은 또 다른 주요 연구 주제다(Tronson & Taylor, 2007). 신경과학자들에게 가장 흥미로운 관심사는 불안정한 시냅스가 부호화된 학습을 담당하는 회로인지, 부호화된 학습의 인출을 담당하는 회로인지 아니면 둘 다인지의 문제다(물론 이 질문에 대한 답은 임상적 시사점과 적용에는 영향을 주지 않는다; Hardt, Wang, & Nader, 2009; Matzel & Miller, 2009 참조). 심리치료를 위해 재공고화를 화학적으로 방해하는 연구도 진행 중이다(Kindt, Soeter, & Vervliet, 2009; Soeter & Kindt, 2011; Tronson & Taylor, 2007).

정서학습을 제거하는 행동 절차

이제 재공고화의 임상적 핵심을 다루겠다. 즉, 재공고화 연구에서 확인된 대로, 표적학습을 제거하려면 재활성화를 유도한 다음 새로운 학습을 활용하기 위하여 뇌가 필요로 하는 일련의 경험을 따라야 한다. 이에 관해서는 동물 연구와 인간 연구에서 모두 동일한 결과가 나왔다. 임상가들에게는 인간 연구가 아마 가장 믿을 만하고 안심이 되기 때문에, 우리는 자연스러운 행동기법을 이용해 새로운 학습을 재공고화해서 인간 피험자들에게 형성된 학습을 제거, 약화 또는 수정한 연구결과에 초점을 둔다. 신경과학자들이 종종 특정 학습을 '갱신'하거나 '다시 쓴다'고 말하는 것이 몇 가지 다양한 기억 유형에 대한 인간 연구에서 입증되었다.

- 절차적인 운동기능 기억(Walker et al., 2003)
- 조작적 조건화(Galluccio, 2005)
- 서술기억(Forcato et al., 2007, 2008)
- 일화기억(Hupbach, Gomez, Hardt, &Nadel, 2007; Hupbach, Gomez, & Nadel, 2009)
- 고전적 공포 조건화(Schiller et al., 2010)
- 단서에 의한 헤로인 갈망 기억(Xue et al., 2012)

이 목록에 서술기억과 일화기억을 넣은 것이 정서학습을 삭제해도 자전적 기억에 영향을 미치지 않는다는 앞의 연구결과와 모순되는 것처럼 보일지 모르지만, 실제로는 전혀 그렇지 않다. 재공고화는 매우 선택적이라서 어떤 유형의 기억이든 경험적으로 부조화되는 기억에만 영향을 미친다. 그래서 앞에 제시된 Galluccio와 Schiller 등의 연구와 심리치료 적용 사례에서처럼 정서기억이 구체적인 표적이라면 자전적 기억은 영향을 받지 않지만, 자전적 기억 자체가 표적이라면 그 기억은 결과적으로 영향을 받을 것이다.

이들 연구를 각기 살펴보면, 표적학습은 재활성화된 후 새로움이나 모순을 통해 부조화되는 두 단계에 의해 불안정해진다. 세 번째 단계에는 기억이 불안정한 5시간의 재공고화 기회 동안 표적학습이 새로운 학습에 의해 완전히든 부분적으로든 '갱신된다'. 수정된 기억은 자연스럽게 재공고화된다(화학적으로 재공고화를 파괴하여 기억의 신경회로를 제거하는 것과는 대조적임). 행동검사에서는 표적학습의 제거나 변화를 입증하였다. 이 증거는 재공고화 발견 직후에 신경과학자들이 기존 학습을 새로운 학습으로 갱신하는 뇌의 적응과정이라고 추측한 사실을 확인해 준다. 이러한 연구들을 검토하면서, Hupbach(2011)는 새로운 학습의 효과가 표적학습을 완전히 대체하는지, 약화시키는지 또는 통합하는지는 "새로 제시된 정보[재공고화 기회 동안]가 이전에 부호화된 정보와 경쟁[즉, 양립 불가능]하는 정도"에 달려 있다고 추론했다. 원치 않는 기존 학습을 갱신하기 위해 어떻게 새로운 학습을 적용하는지에 대해서는 미래의 연구들에서 명확히 설명될 것이다.

따라서 지금까지의 연구를 종합해 볼 때, 기존 정서학습을 변형적으로 바꾸는 자연스러운 행동과정(뇌에서 표적학습을 탈학습하고 제거하는 규칙)은 다음 세 단계로 이루어져 있음을 알 수 있다.

- 1단계: 재활성화시키기 - 원래 학습의 핵심 단서나 맥락을 제시함으로써 표적학습을 재활성화시킨다.
- 2단계: 부조화시키기/열기 - 재활성화되어 있는 동안, 표적학습 모델 및

세계가 어떻게 기능하는지에 대한 기대와 매우 모순되는 경험들을 제시
한다. 이 단계에서는 시냅스가 열리고 기억회로가 불안정해져 새로운
학습에 의해 쉽게 갱신된다.

- 3단계: 새로운 학습을 통해 제거거나 수정하기 – 시냅스가 다시 닫히기
전 약 5시간 동안 불안정한 표적학습과 모순되거나(제거할) 보충할(수정
할) 새로운 학습경험을 제시한다. (새로운 학습경험은 2단계의 부조화에서
사용된 경험과 같을 수도 있고 다를 수도 있다. 만약 같다면, 3단계는 2단계를
반복하는 셈이다.)

이 세 단계 후에 연구자들은 표적학습이 기억 내에 여전히 존재하는지를
확인하는 행동검사로 제거확인 단계를 거친다. 우리는 이를 V단계(검증단계)
로 부른다.

앞의 1-2-3단계로 구성된 제거절차는 연구에서 도출된 결과로, 심리치료
실제에 변형적 변화를 가져올 가능성이 있다. 재공고화 연구에서는 종종 임
상 증상의 근원인 암묵적 정서학습을 비롯해 기존의 학습을 부분적으로든
전체적으로든 제거하기 위해 새로운 학습을 활용하는 이 단계를 확인하였
다. 이 책에 언급한 바와 같이, 이 단계는 신경과학계에서 정서학습을 완전
히 제거할 수 있는 유일한 행동과정으로, 이는 기존의 학습을 유지하는 시냅
스를 여는 유일한 신경가소성 형태인 기억 재공고화를 통해 이루어진다.

이 책에서는 심리치료 상황에서 변형적 변화와 반작용적 변화의 차이를
강조하기 위해 제거절차를 변형절차로 언급한다. 우리의 임상 사례들은 기
본적으로 임상효과를 현 수준보다 훨씬 더 높게 이끄는 변형절차의 효과를
보여 주려는 것이다.

중요한 것은 세 단계의 제거절차가 그런 경험들을 구성하는 특정 기법과
무관하게 규정된 일련의 경험이라는 것이다. 이는 이 세 단계를 심리치료에
적용할 때 심리치료자들이 각자 아주 다양한 경험적 기법에서 선택하여 활
용할 수 있다는 의미다. 대신, 치료자의 독창성에 의해서만 제한을 받는다.

제거절차는 이론과 무관한 보편적인 메타과정(meta-process)이라서, 심리치료 분야에서 다채롭게 통합할 수 있다. 우리는 6장에서 서로 다른 방법을 사용하는 몇몇 경험적 심리치료를 알아보면서 이 주제를 다룰 것이다. 거기에서 각 심리치료를 적용할 때 세 단계의 제거절차가 모두 나타나며 그 효과 역시 제거절차로 인한 것임을 알게 될 것이다.

앞의 3단계에서 표적학습을 갱신하거나 제거하는 데 기여하는 '새로운 학습'에 대해 잠시 생각해 보자. 이 절의 앞부분에 제시된 연구들을 보면, 상당히 다양한 형태의 새로운 학습이 활용되었음을 알 수 있다. 그러나 연구자들은 새로운 학습의 형태, 지속성 및 강도가 표적학습을 갱신할 때 얼마나 영향을 주는지를 밝히지 못하였다. 분명한 것은 새로운 학습이 개인의 삶의 경험에 비추어 정말 절실히 느껴져야 한다는 점이다. 다시 말해, 새로운 학습이 개념적·지적 학습을 동반할 수는 있지만, 그런 학습과는 구분되는 경험적 학습이어야 한다. 이 책의 사례연구에서는 표적 정서학습을 성공적으로 없애고 영원히 제거하는 새로운 학습의 사례들을 많이 제시한다. 그중 몇몇 사례에서는 상상한 경험과 실제로 행한 경험을 잘 구분하지 못하는 정서 뇌의 특성을 활용하는 것이 매우 유용함을 보여 줄 것이다(Kreiman, Koch, & Fried, 2000).

임상실제에서의 기억 재공고화

이제 우리는 치료에서 제거절차를 활용하는 단계에 이르렀다. 신경과학자들이 조건을 잘 통제하고 단순화시킨 실험실은 상황적 특성상 심리치료자들이 절차를 통제하기 힘든 복잡한 상담실과 분명히 다르다. 제거절차를 실험실에서 상담실에 제대로 도입하는 주요 요건은 무엇일까?

우리는 심리치료자들이 임상 상황에서 실험실과 다른 두 가지 중요한 특징(표적학습의 내용을 모른다는 점과 표적학습이 복잡하다는 점)에 직면한다는 사실을 인식함으로써 이런 문제를 해결할 수 있다.

제거절차의 각 단계를 수행하려면 표적 정서학습을 자세히 알아야 하지만, 심리치료자들은 이런 면에서 새로운 내담자를 전혀 모른다. 이와 반대로, 신경과학자들은 재공고화 연구에서 그들이 제거할 정서학습을 설계하고 구성하기 때문에 처음부터 표적학습을 상세히 알고 있다. 어떤 실험실 연구에서든 첫째 날 피험자에게 정서학습을 시킨다. 그리고 둘째 날에는 3단계로 구성된 제거절차의 각 단계에서 표적학습에 대해 알고 있는 바를 상세히 활용한다. 즉, 표적학습을 재활성화시키고, 표적학습과 부조화된 경험을 유도하며, 마지막으로 표적학습과 모순되고 이를 수정하는 새로운 학습 경험을 유도한다. 연구자들이 구체적인 표적학습을 모르면, 제거에 매우 중요한 세 단계를 활용할 수 없다.

반면에, 심리치료에서는 처음에 치료자들이 내담자의 증상(원치 않는 반응)조차 모른다. 그래서 심리치료자들이 제거절차를 확실하고 단호하게 실행하려면 먼저 제거할 증상(A)과 그런 증상을 유발하는 정서학습(B)을 정확히 기술해야 한다. 이는 임상 상황에서 추가되어야 할 초기의 준비단계다. 일반적으로 내담자의 증상을 유지시키는 정서학습은 복잡하며 암묵기억과 암묵지식으로 구성된 매우 취약한 부분이라서 치료 초기에 알 수 없다. 이런 정서학습을 외현적 인식으로 인출하는 B단계는 대개 치료 작업의 중요한 부분이다. 다양한 심리치료(〈표 1-1〉 참조)에서는 이처럼 심층적인 인출 작업에 적합한 전문화되고 집중적인 방법을 개발해 왔는데, 이는 20세기 동안 대부분의 임상 분야에서 필요하다고 가정한 것보다 훨씬 더 적은 회기 내에 가능하다. 이후의 장들에서는 B단계에서 암묵적 정서기억을 외현적 인식으로 어떻게 집중적이고 효율적으로 유도하는지에 대한 사례들을 제시할 것이다. 사례의 복잡성과 심각성에 따라 필요한 회기 수가 늘어나겠지만, 보통 인출 작업에 필요한 상담회기는 얼마 되지 않는다.

인출 작업에서는 재공고화 연구에서 드러난 표적학습보다 훨씬 더 복잡한 표적학습이 드러난다. 이는 임상과정에서 유용한 것으로 나타났는데, 그 이유는 어떤 정서학습에서든 부조화와 제거의 대상인 강력한 표적요소가 여러 개라서 그 요소 중 어느 하나만 성공하면 되기 때문이다. 우리는 3장과 4장에서 정서학습이나 스키마의 풍부한 구조를 소개해서, 정서학습의 복잡성을 다루도록 명확히 안내할 것이다. 현재의 논의와 관련지어 보면, 일단 인출된 근원적 정서학습의 특정 구조가 심리치료자에게 알려지면 심리치료자는 제거절차에 활용될 적절한 부조화 자료를 찾을 수 있다는 것이다. 이는 C단계의 준비단계로, 4장에서는 이 과제를 다루는 여러 가지 방법 중 일부를 보여 주는 사례들을 소개한다. 부조화 자료 찾기는 내담자가 이용 가능한 과거나 현재의 경험 중 표적학습과 모순되어 이를 제거하는 새로운 학습으로 활용할 생생한 지식을 찾는 것을 의미한다. C단계에서 모순된 요소들이 확인되면 바로 제거절차를 실행할 수 있다.

그러므로 임상 상황에서는 재공고화 연구에서 규정된 제거절차를 실행하기 전에 다음과 같이 3단계로 구성된 준비과정이 필요하다.

- A. 증상 확인: 내담자에게 호소 증상(내담자가 제거하고 싶은 특정 행동, 신체, 정서 및 사고)을 무엇으로 보는지, 그 증상이 언제 발생하는지, 즉 그 증상을 일으키거나 강화하는 대상과 맥락을 적극 확인하라. 많은 사례에서 첫 회기에 얻을 수 있는 이러한 정보는 B단계를 효율적으로 시작하는 데 필요하다. 이후에 심리치료자가 제거절차의 1단계인 재활성화를 수행할 때에도 도움이 된다.
- B. 표적학습 인출: 호소 증상의 근원이자 이를 유발하는 정서학습의 세부사항을 강한 정서경험을 통해 외현적 인식으로 인출하라. 이 과정 덕분에 이후에 심리치료자들이 불일치 지식을 확인하는 C단계를 수행하고, 제거절차의 1단계인 재활성화를 철저히 실행한다.
- C. 불일치 지식 확인: 내담자에게 B단계에서 인출된 표적 정서학습의 실제 모델과 근본적으로 양립 불가능한 생생한 지식(두 가지가 동시에 사실일 수 없음)이 될 만한 강렬한 경험(과거든 현재든)을 확인하라. 불일치 자료는 내담자에게 더 '긍정적'이거나 선호되는 것으로 끌릴 수도 있고

아닐 수도 있다. 오히려 중요한 것은 그것이 표적학습과 존재론적으로 상호 배타적이어야 한다는 것이다. 그것은 이미 내담자의 개인적 지식의 일부일 수도 있고, 새로운 경험에 의해 형성될 수도 있다. 그것은 제거절차의 2단계(표적학습을 불안정하게 하는 부조화)와 3단계(모순된 지식이 표적학습을 제거하는 새로운 지식으로 작용하는 부조화의 반복)를 실행할 때 활용될 것이다.

우리는 제거절차인 1-2-3단계를 의도적으로 확실히 실행하기 위해 필요한 접근절차로 A-B-C라는 준비단계를 설명하였다(어떤 치료에서는 내담자와 상담자도 모르게, 심지어 우연히 A-B-C단계 없이도 1-2-3단계가 암묵적으로 일어날 수 있다.). 우리는 A-B-C-1-2-3-V로 이어지는 일련의 단계를 **치료적 재공고화 과정**이라고 부른다(〈표 2-2〉 참조).

〈표 2-2〉 **임상 장면에서 기억 재공고화 적용단계**

치료적 재공고화 과정	
Ⅰ. 접근단계	A. 증상 확인하기 B. 표적학습 인출하기(증상을 요하는 스키마) C. 불일치 지식 확인하기
Ⅱ. 제거단계	1. 증상을 요하는 스키마 재활성화시키기(B) 2. 불일치 지식 활성화시키기(C), 증상을 요하는 스키마와 부조화시키기(B) 3. (B)-(C) 단계 반복하기
Ⅲ. 검증단계	V. 다음 사항 관찰하기 - 정서적 재활성화 부재 - 증상 중단 - 노력 불필요

* 주: 본문에서 언급한 바와 같이, 1-2-3-V단계는 특정 정서기억을 암묵기억에서 제거하기 위해 재공고화 연구를 통해 확인된 과정을 따른다. 임상 상황에서는 심층의 스키마 인출을 위해 치료 초기에 A-B-C단계가 필요하며, 이를 통해 심리치료자들은 1-2-3단계를 수행하는 데 필요한 정보를 얻는다.
* 이 책에서는 1-2-3단계를 일컫는 제거절차를 변형절차와 상호적으로 활용한다. 신경과학적 맥락에서는 제거절차로, 임상적 맥락에서는 변형절차로 사용하기로 한다.

대개 접근절차는 몇 회기를 필요로 하는 반면, 이후의 제거절차 자체는 몇 분을 필요로 할 뿐이다[Schiller 등(2010)은 인간의 피질하부에 고전적으로 조건화된 공포기억을 제거하는 1-2-3단계를 15분 만에 수행하였다]. 그러나 접근절차나 제거절차 혹은 둘 다에서 다양한 유형의 복잡한 문제들이 발생할 수 있으며, 그럴 경우에는 소요 회기가 늘어나게 된다. 우리는 3장에서 이러한 문제들을 다룰 것이다.

신경과학자들은 1-2-3단계에 이어 검증단계를 넣는다. 검증단계에서는 이전에 표적학습으로부터 분명한 행동반응을 강하게 유발했으나, 제거절차 후에 아무 반응도 일으키지 않을 것으로 알려진 단서나 촉진제를 제시하여 표적학습 상태를 확인하는 검사를 실시한다. 가능하다면 제거 직후와 그 후에 간격을 두고 임상적으로 확인하는 것도 중요하다. 내담자에게 기존의 문제반응이 사라졌다는 것은 심리치료자와 내담자 모두에게 추구했던 변화가 이루어졌다는 명확한 표식이다. 또한 경험적 연구목적을 위해 단일 사례연구를 입증할 때에도 V단계를 명백히 검증할 필요가 있다.

〈표 2-2〉에 요약된 7단계의 치료적 재공고화 과정은 기억 재공고화 연구결과를 바로 심리치료에 옮긴 것으로, 기법이나 이론과 전혀 무관하다. 치료체계들마다 이 과정을 실행하는 원래의 적합성 정도는 아주 다양하지만, 이 과정은 어떤 단일체계, 즉 어떤 한 가지 심리치료 이론이나 성격이론에 속하지 않는다. 심리치료자들이 7단계를 수행할 때 활용 가능한 경험적 기법과 작업방식의 범위는 아주 광범위하다. 즉, 구두로 유도하는 경험적 기법(예: 게슈탈트의 의자작업, 집중기법,[1] 내면의 아이 작업, Jung의 적극적 상상, 유도된 시각화 등), 신체와 에너지 치료 기법, 부부와 가족 체계기법, 외상 치료기법, 예술치료와 모래놀이 기법, 드라마치료 기법, 양측성 자극기법[2] 등에 적용 가능하다. 1부 이후의 모든 장에서는 치료적 재공고화 과정을 수행하는

----

1) 역자 주: 몸(토르소 부분) 안에 초점을 맞추어 몸 느낌(bodily felt sense)을 통해 자각과 치유에 이르는 기법.

2) 역자 주: EMDR에서 우뇌와 좌뇌의 활동을 활성화시키기 위해 사용하는 기법.

다양한 측면, 즉 일관성치료(3~5장)와 가속-경험적 역동심리치료, 정서중심
치료, 안구운동 둔감화·재처리법, 대인관계 신경생물학(6장)을 설명할 것이
다.

심리치료의 신경과학적 근거

이 책을 쓸 무렵, 재공고화와 그 심리치료적 시사점은 신경과학으로부터
임상 분야에 새로운 내용이 도입되었다는 점이었다. 당시 임상 분야에서는
재공고화 이전의 신경과학을 대거 수용하고 있던 터라 재공고화와 관련된
신경과학을 받아들이기까지는 긴 준비기가 필요했다. 그런 까닭에 많은 심
리치료자가 심리치료에 대한 신경과학의 시사점에 대해 알고 있던 지식은
대부분 재공고화 이전의 신경과학적 지식이었다. 그러나 특정 측면에서 기
존 지식과 상당히 다른 새로운 변화 유형과 과정이 추가되면서 재공고화에
대한 지식이 급속도로 늘어나 그림이 확장되었다. 여기에서는 치료적 재공
고화 과정이 독특한 유형의 심리적 변화를 가져오는 방법과 이유에 대해 독
자들이 분명한 안목을 가질 수 있도록 재공고화 이전의 신경과학 이론을 다
룰 것이다.

재공고화 이전의 신경과학이 임상 분야의 주목을 받게 되면서, 심리치
료 발전이 확실히 가속화되었으며, 이는 주로 van der Kolk(1994, 1996),
Schore(1994, 2003a, 2003b), LeDoux(1996), Panksepp(1998), Siegel(1999),
Rothschild(2000), Cozolino(2002)의 저술 덕분이다. 이후 Folensbee(2007),
Badenoch(2008), Arden과 Linford(2009), Cozolino(2010), Fosha 등(2010)의
저술에서는 '뇌기반' '뇌에 적합한' 또는 '뇌를 잘 아는' 심리치료자가 되어 치
료효과를 높이는 방법에 대한 재공고화 이전의 통찰을 계속 발전시켰다. 이
처럼 임상 분야에 재공고화 이전의 신경과학이 유입되면서, 임상가들은 다
음과 같은 연구결과를 알게 되었다.

- 뇌는 기본적으로 평생 뇌 가소성이 있다. 뇌는 언제나 스스로 '재구성'될 수 있다.
- 뇌의 신경회로는 인지적 통찰뿐만 아니라 새로운 경험을 통해서도 치료적으로 변화될 수 있다.
- 피질하부의 정서 영역이 외부 지각과 내부 지각을 구분하지 못하기 때문에 상상을 통한 새로운 경험이 새로운 신경회로와 새로운 반응을 형성하는 데 효과적일 수 있다.
- 뇌의 각 영역이나 하부체계는 여러 가지 다양한 학습, 기억 형성 및 저장을 비롯해 각기 다른 유형의 심리적 기능을 담당한다. 이러한 하부조직 간의 통합 정도와 정보 공유는 가소성이 대단하다. 피질, 피질하부, 뇌간과 같은 수직적 구조(삼위일체의 뇌)와 좌우 뇌 기능 분화는 기능 편재화를 설명하는 거시적 접근이며, 좀 더 미시적으로 보면 극도로 복잡하다.
- 개인의 역동적인 무의식(Freud의 무의식)은 대개 피질하부의 변연계와 피질 우반구에서 형성되고 저장된 정서학습과 같은 암묵기억으로 이루어져 있다. 암묵적 정서학습은 다른 피질 영역에 기반을 둔 의식적 인식과 무관한 반응을 유발한다.
- 주요 애착관계에서 초기 경험은 암묵기억에 강력한 정서학습을 일으켜, 뇌체계, 대인관계 반응, 성격 및 주요 기분의 통합에 지대한 영향을 미친다.

앞에 나열된 사항들은 대체로 '뇌에 대한 진실'로서 심리치료 발전에 소중한 기여를 해 왔으며, 이후에 등장한 기억 재공고화 연구에서도 그에 대한 이의를 제기하지 않았다. 그러나 재공고화 이전의 신경과학에서 얻은 다음의 세 가지 시사점은 재공고화 연구에서 더 이상 존재하지 않는 한계라는 도전을 받아 재고할 필요가 있다.

- 피질하부의 정서센터에서 발생하는 감정에 사로잡힌 원치 않는 반응들은 피질하부를 조절하는 다른 뇌 영역(예: 피질)의 주요 학습과 반응이 일어나야 비로소 조절·억제될 수 있다.
- 절차상 원치 않는 반응을 원하는 새로운 반응으로 대체하려면, 장기간에 걸쳐 매번 새로운 반응을 선택하려는 세심한 관심을 가지고 새로운 신경 연결을 만드는 데 필요한 새로운 반응을 자꾸 반복해야 한다. 여러 번 반복할 필요성은 '함께 발화한 뉴런은 서로 연결된다'는 원리를 반영하며, 이는 유명한 Hebb의 법칙이다.
- 치료를 통해 부정적 애착 유형을 바꾸려면, 내담자-상담자 관계에서 긍정적인 새로운 애착경험이 형성되어야 한다.

반작용적 변화의 패러다임을 나타내는 이 세 가지 사항은 치료적 재공고화 과정을 통한 변화를 촉진할 때에는 적용되지 않는다. 예를 들어, 반작용적 방법은 오랜 기간에 걸친 많은 반복을 통해 새로운 신경 연결을 형성하는 Hebb의 법칙에 주로 의존하는 반면, 제거절차를 통한 변형적 변화는 장기간에 걸친 많은 반복에 의존하지 않는다. 치료적 재공고화 과정(혹은 이를 구현하는 치료법)을 통해 일어나는 깊고 확실하며 지속적인 변화의 신속성은 주요 치료효과를 위해 시간이 필요하다는 전통적 개념에 이의를 제기한다. 애착 유형의 변형적 변화를 어떻게 치료적 재공고화 과정으로 이해할지에 대해서는 애착이라는 중요한 주제와 함께 5장에서 자세히 다룰 것이다.

치료에서 모색하는 변화는 대부분 오래된 기존 학습을 대체할 새로운 학습을 배열하는 문제와 관련된다. 반작용적 변화과정과 치료적 재공고화 과정 모두 원하는 변화를 위해 새로운 학습을 사용하지만, 각기 방식이 다르며 결과 또한 다르다. 〈표 2-3〉에 제시된 바와 같이, 재공고화 이전의 반작용적 체계는 이미 잘 알려지고 배운 명칭인 정서 조절(감정 조절 및 인지 조절과 함께)이다.

〈표 2-3〉 치료적 재공고화 과정과 정서 조절의 치료효과 비교

치료적 재공고화 과정	정서 조절
문제의 근원을 제거한다: 문제의 학습을 삭제하기 위해 새로운 학습을 활용한다.	문제의 근원과 경쟁한다: 원하는 상태를 가져오기 위해 새로운 학습을 활용한다.
증상 제거가 빠르고 완벽하다.	증상 감소는 느리고 점진적이다.
재발하지 않는다.	재발되기 쉽다.
노력하지 않아도 증상 부재가 유지된다.	원하는 상태를 유지하려면 계속 노력해야 한다.
통합된 자아인식과 전체성이 증가한다.	분열된 자아인식과 내적 갈등이 지속된다.
증상 발생을 정상적으로 보고, 암묵기억의 발현으로 이해한다.	증상 발생을 병리적으로 보고, 뇌체계의 조절장애처럼 병리적으로 이해한다.

　물론 어떤 종류의 새로운 학습이든 새로운 신경 연결과 같은 뇌 변화를 일으킬 수 있다. 하지만 반작용적 변화가 아닌 변형적 변화가 일어날 때에만 새로운 학습이 기존의 학습을 제거하며, 이는 바로 재공고화 과정에 의한 것이다. 이러한 측면에서 반작용적 변화와 변형적 변화는 근본적으로 서로 다른 유형의 학습과정임을 알 수 있다.

　반작용적 변화 혹은 정서 조절의 경우에 새로운 학습은 이전의 원치 않는 학습으로 인한 기존 회로와 신경해부학적으로 별도의 회로와 기억을 형성한다. 이처럼 새로운 별도의 학습은 이전의 기존 학습과 경쟁하고, 성공적일 경우에는 새로운 신경회로가 기존의 신경회로를 억제하고 무력화시켜 원치 않는 반응 대신 원하는 반응이 나타난다. 이전 학습과 새로운 학습은 계속 기억 속에 존재해서 이전 반응이 여전히 나타날 수 있으며, 항상 성공적이진 않을지라도 새로운 반응이 우세하려면 지속적인 노력이 필요하다. 예를 들어, 「자기조절 실패의 인지신경과학(Cognitive Neuroscience of Self-Regulation Failure)」이라는 논문에서, Heatherton과 Wagner(2011, p. 132)는 "인지신경과학 연구에서 성공적인 자기조절은 전전두피질이 보상 및 정서와 관련된 피질하부를 하향식으로 통제하는 정도에 달려 있다고 주장한다."라고 말했

다. 이는 재공고화 이전의 뇌과학이 신경생물학적으로 세련된 심리치료를 실천하려는 임상가들에게 주는 시사점을 보여 준다.

앞서 언급한 바와 같이, 치료적 재공고화 과정을 통한 변형적 변화에서는 새로운 학습이 기존의 학습회로에 직접 영향을 미치고 이를 수정해서 갱신한다. 기존 학습의 시냅스 부호화는 기억 재공고화라는 신경학적 과정을 통해 새로운 학습의 시냅스 부호화로 대체된다. 이렇게 형성된 새로운 학습 덕분에 증상을 유발하던 기존의 원치 않는 학습이 더 이상 기억에 존재하지 않는다. 그러므로 기존 학습에 의해 유발된 원치 않는 반응이 영구적으로 사라진다.

재공고화 연구와 임상경험 모두에서 뇌는 항상 치료적 재공고화 과정을 통해 기존 학습을 갱신하고 제거할 준비가 된 것으로 나타났다. 기존 학습이 더 이상 존재하지 않기 때문에 그 결과로 나타난 심오한 변화는 일단 일어나기만 하면 별도의 노력 없이도 그 변화가 유지된다. 현재의 신경과학적 지식에 의하면, 기존 학습회로는 제거절차(〈표 2-2〉 참조)라는 특정 조건을 따를 때에만 삭제된다. 이와 반대로, 반작용적 방법은 뇌에서 기존 학습을 제거하는 데 필요한 조건을 충족시키지 못한 상태에서 바라는 새로운 학습과 반응을 일으킨다.

정서조절치료를 비롯한 반작용적 방법은 기본적으로 모든 임상 상황에 적용 가능하다. 반대로 치료적 재공고화 과정의 적용 범위는 매우 넓지만(원칙적으로 정서학습에서 발생하는 원치 않는 모든 반응을 포함함), 위기개입, 기능형성, 자원 활용, 약물치료 등과 같이 반작용적 방법을 통한 주요 치료에 부수적으로만 활용해야 하는 임상적 상황도 있다.

- 긴급한 위기, 위험 또는 긴급 상황
- 근원적인 정서학습에 기인하지 않은 질환(자폐스펙트럼장애, 갑상선기능 저하로 인한 우울증, 유전으로 인한 중독 등)
- 근원적으로 미해결된 정서적 취약성이나 고통을 직접 체험하면 안정성

이 손상될 수 있는 사람 또는 자신이 주관적으로 경험하는 내용을 인식하는 데 관심을 갖기 어렵거나 이를 유지하기 어려운 사람

• 실제로 심층적인 정서 작업과 자기인식이 애당초 불가능한 심각한 성격 유형

• 심층 작업이 꺼려진다고 분명히 말하거나 문제 내면의 근원을 그대로 둔 채 원하는 상태나 행동을 형성하기 바라는 내담자

가령, 정서적으로 취약한 외상 후 스트레스 장애나 극단적 회피 성격을 보이는 내담자에게는 주요 치료법으로 이완기법과 같은 반작용적 방법을 활용하면서, 특정 외상기억을 없애기 위해 자율적 재연을 통한 치료적 재공고화 과정을 점차 부가적으로 보충하는 것이 이상적이다(그 예는 4장에 포함되어 있다). 반대로, 외상 후 스트레스 장애, 우울증 그리고 기타 여러 증상을 보이지만 위에 제시된 반작용 조건 범주에 속하지 않는 내담자에게는 치료적 재공고화 과정이 주요 치료법이 될 수 있다. 〈표 2-3〉에 제시된 바와 같이, 이러한 접근의 치료적 이점을 고려할 때 이러한 사례에서는 치료적 재공고화 과정을 적용하는 것이 최선의 방법일 것이다.

물론 반작용적 조절방법의 원형(prototype)은 소거훈련으로, 이 방법은 다양한 형태의 노출치료에서 임상에 직접 활용되고 있다(Foa & Kozak, 1986; Foa & McNally, 1996; Tryon, 2005). 그러나 조절방법에는 여러 가지 다양한 방법이 존재하며, 이는 원하는 새로운 반응을 형성하는 데 활용되는 경험이나 자원 유형에 따라 다르다[가령, Ochsner와 Gross(2005)가 설명하고, Toomey와 Ecker(2009)가 재검토한 인지적 정서조절 유형과 같이 다양하다]. 반작용적 조절전략은 인지행동치료(Brewin, 2006; Dobson & Dobson, 2009; Hayes, Strosahl, & Wilson, 2003), 해결중심치료(Miller, Hubble, & Duncan, 1996) 및 긍정심리체계(Gable & Haidt, 2005)와 같은 형태로, 심리치료 분야에서 주를 이루고 있다. Arden과 Linford(2009)는 인지행동치료를 정서조절 방법으로 보았고, 신경과학을 인용해서 그런 견해를 입증하였다. 마찬가지로, Brewin(2006, p. 765)

은 "인지행동치료가 기억의 부정적 정보를 직접 수정하지는 않지만, 긍정적 · 부정적 표상의 상대적 활성화를 바꾸어 긍정적 표상이 인출 경쟁에서 우세하도록 돕는다."라고 기억 인출 연구를 논평하였다.

　정신역동(psychodynamic) 심리치료와 같은 심층치료들도 대개 조절적 범주로 개념화된다. 지지자들은 새로운 학습을 위해 치료자가 내담자의 경험을 활용하여 애착장애에 집중하는 치료체계를 정서조절치료로 본다(예: Badenoch, 2008; Fosha, 2002; Della Selva, 2004). 이러한 치료법에서 활용된 방법들은 경험적으로나 정서적으로 매우 깊이 들어가는 경향이 있으며, 치료자들이 그 방법을 어떻게 실행하느냐에 따라 반작용적 변화가 나타날 수도 있고 변형적 변화가 나타날 수도 있다.

의미 수준과 분자 수준의 상호작용

　학습과 기억(사고, 감정 및 행동뿐만 아니라)의 신경적 · 분자적 과정에 대한 지식이 증가하면서 마음과 물질의 관계에 대한 오랜 질문이 새롭게 제기되었다. 여기에서 우리의 의도는 이 매력적인 주제의 특정 측면만을 간단히 살펴보고 미래를 예측하려는 데 있다.

　신경과학 연구자들은 확인된 신경생물학적 · 생체분자학적 과정이 '보조적인' 주관적 심리과정 또는 그러한 과정들의 '기질(基質, substrate)'이나 '상관요인'이라고 꾸준히 주장하고 있다. 이들은 주관적 · 행동적 반응이 신경생물학적 과정을 '보충한다'고 보았다. 이러한 용어들은 기본적으로 한 가지가 다른 것의 원인임을 시사하기보다 '상하' 영역이 복잡하게 상호 의존적으로 작용함을 제시한다. 물론 한 영역이 명백히 다른 것에 영향을 미치는 특정 사례들도 있다. 그 예로는 특정의 주관적 영역을 파괴하는 뇌졸중이나 뇌 화학적 특성, 시냅스 발화, 유전자 발현의 후성유전학적 변화 등 측정 가능한 변화를 일으켜 심각한 개인적 피해를 주는 만성적 절망이나 우울증(신경과학자들이 '경험에 의한' 신경 영향이라 부르는 것)을 들 수 있다. 이 책에 소개된 임상방법을 통해 증상의 하향적·의미 중심적 인과관계를 규명하려 한다. 더욱이 일관성이 드러나는 암묵적 정서기억의 내용을 인출하는 임상능력이 그러한 기억의 지속성에 대한 연구기반 지식과 결합되어, 우리는 증상으로 여겨지는 반응이 유발될 때마저도 개인의 뇌는 오작동한다기보다 진화에 의해 준비된 대로 기능한다는 사실을 알게 되었다. 이는 기억에 바탕을 둔 증상의 인과관계는 상향식 과정이 아님을 시사한다.

이러한 이슈는 학습, 기억 및 증상 발생에 대한 과학적 이해에 매우 중요한 신생 분야인 후성유전학적 맥락에서 보면 더 의미 있다. 이 용어는 유전자 자체가 변이되는 것이 아니라, 경험에 의해 유전자 발현이 수정되는 복잡한 분자조직 체계를 일컫는다. 유전과 양육의 복잡한 상호작용에서 후성유전학적 기제는 우리 유전자에 양육의 영향을 전달한다. 즉, 환경 속의 경험에 반응하여 유전자나 근처의 구조에 붙거나 거기서 제거된 분자단위나 꼬리표 형태로 유전자 활동에 영향을 준다. 연구자들은 우울증이나 애착 불안과 고통을 야기하는 경험으로 인한 구체적인 후성유전학적 표식과 그에 상응하는 유전자 발현 변화를 상당히 규명하게 되었다(Franklin et al., 2010; Tsankova, Renthal, Kumar, & Nestler, 2007).

의미가 이끄는 모든 행동, 정서 및 사고(임상 증상으로 여겨지는 것들을 포함해)는 틀림없이 신경적·분자적 특성을 지니는데, 그러면 중요한 인과관계는 어떤가? 우리는 우울증이나 불안을 유발하는 경험들이 후성유전학적 분자에 직접 꼬리표를 붙인다기보다 지속적인 부정적 의미와 개념을 통해 이런 경험이 암묵기억에 저장될 수 있다고 생각한다(심지어 동물의 경우에도). 우리는 이처럼 만성적으로 작동하는 암묵적이고 주관적인 의미가 정서적·행동적 반응을 유도하기 때문에 결국 후성유전학적 꼬리표는 하향식으로 붙여진다고 주장한다. 이러한 관점에서 볼 때, 후성유전학적 연구는 '엔진' 이상의 것을 우리에게 보여 주고 있다. 그러나 엔진의 구체적인 분자 상태를 안다고 해서 하향식 인과관계에 대한 우리의 인식이 논리적으로 바뀐다는 의미는 아니다. 자동차 유추에서 좌회전하는 차는 엔진의 기계 부품들이 움직여서라기보다, 운전자의 주관적인 바람이자 의지에 의해 움직인다고 볼 수 있다. 그 이유는 그러한 움직임이 운전자의 주관적 의미체계에 의해 선택되며 이를 보조하기 때문인데, 우리가 움직임이 어떻게 일어나는지를 자세히 안다고 하더라도 마찬가지다.

많은 임상 증상의 근본 원인이 암묵적인 정서적 의미에 있으며, 그러한 의미가 분자 수준의 변화를 유도한다는 점에서 볼 때, 우울증을 유발하는 사건으로 인한 후성유전학적 꼬리표를 화학작용제로 제거한다면, 화학작용제 투입을 중단할 때 그 꼬리표와 그에 따른 기분 및 행동과 관련된 증상이 재발할 것임을 예측할 수 있다. 이는 암묵기억의 인과적 의미가 화학작용제에 의해 제거되지 않아서 그것의 투입이 중단될 때 꼬리표와 증상이 재발하기 때문이다. 이러한 예측은 항우울제인 이미프라민이 우울증과 관련된 후성유전학적 꼬리표의 일부를 제거하거나 막을 때에는 우울 기분과 우울 행동이 사라지지만(Tsankova et al., 2007), 이미프라민의 투입을 중단하면 증상이 재발한다는 연구결과에 의해 지지된다. 동일한 예측에서는 증상을 유발하는 학습된 의미를 기억 재공고화를 통해 제거하면 유도된 분자 꼬리표가 아예 사라질 것임을 시사한다. 이러한 주요 예측을 검증하기 위해, 신경과학자들은 학습된 공포를 제거하는 데 있어 이미 입증된 방법(Monfils et al., 2009; Schiller et al., 2010)을 후성적 모니터링을 통해 보완할 것이다.

결론

이 장에서는 최근의 주요 신경과학 연구들을 바탕으로 어떻게 기억 재공고화가 일어나는지와 재공고화가 표적 정서학습을 담당하는 신경회로를 어떻게 열어서 새로운 학습으로 표적학습을 제거하는지를 살펴보았다. 정서학습은 매우 견고하며 보통 평생 계속된다. 이러한 연구결과를 바탕으로, 우리는 학습된 반응을 정서적·신경적 근원까지 제거하기 위해 심리치료에서 재공고화를 활용하는 일반적 틀로 치료적 재공고화 과정을 규정하였다.

1950년대 이후, 증상의 원인에 대한 심리치료자의 신념은 심리적 원인에서 점점 더 멀어졌고, 그 대신 근거가 약하거나 불완전함에도 불구하고 생화학적·신경학적·유전학적 원인에 대한 관심이 증가하였다(가령, 항우울제인 SSRI의 등장을 둘러싼 경험적 증거 미흡과 우울증이 신경전달물질 불균형에 기인한다는 견해에 대한 검토는 Toomey & Ecker, 2009 참조). 그러나 재공고화와 기억 제거 방법이 임상가들의 사고와 실제에 점차 도입되면서, 치료자들이 정서학습을 제거하는 과정을 적용하여 장기적 우울증이나 불안장애와 같은 증상이 영원히 제거될 수 있음을 자주 목격하게 되었다. 이처럼 여러 가지 다양한 증상에 대한 효과가 관찰되면서 심리적 인과관계가 주목받는 것은 당연하였다(〈표 3-1〉과 증상별로 출판된 사례연구의 추가적인 온라인 목록 참조).

물론 우리는 이쪽으로 치우쳐도 안 된다. 이 장의 앞부분에서 언급한 것처럼, 심리적 원인이 아닌 유전적·신경생물학적 원인으로 인한 증상들도 존재한다. 대부분의 우울증 사례가 심리적 원인(암묵기억 속의 정서학습)에 기인하지만, 미래에는 일부 우울증 사례는 심리적 원인이 아닌 신체적 원인일 수도 있다는 사실이 밝혀질 것이다. 종합해 볼 때, 정서기억의 제거를 임상에 적용한 재공고화 연구의 결과로 증상의 심리적 인과관계가 그 어느 때보다 심리치료자들에게 명료해졌다.

이 책의 나머지 부분에서는 이러한 원리들을 바탕으로 깊은 변형적 변화를 촉진하기에 적합한 여러 가지 임상적 방법, 기능 및 절차를 제시할 것이다. 정서학습 제거를 위해 뇌에서 분명한 절차가 요구된다는 사실을 아는 심리치료자들은 그런 과정을 실행하기 위하여 자신이 선호하는 방법을 활용하고 있다. 이 책의 많은 사례에 제시된 대로, 이들은 이전에 임상 분야에서 가능할 것이라 여겼던 것보다 훨씬 더 해방을 주는 특별한 치료를 하고 하루하루의 치료에서 그 효과를 즐길 것이다.

지금은 심리치료가 한창 발전 중인 최고의 순간이다. 그 이유는 생의 초기

에 형성되어 우리를 구속하는 정서학습에서 벗어나는 방법을 진화사상 우리
가 처음으로 알게 된 순간이기 때문이다. 우리는 이러한 지식을 심리치료 분
야에 널리 알리기 위해 이 책을 집필한 것이다.

제3장 정서학습을 제거하는 일관성치료

감성은 이성이 이해하지 못하는 나름의 이성을 지녔다.
– Blaise Pascal

한 세기 동안 심리치료와 임상심리 분야에서는 다양한 임상 증상의 근원으로서 매우 견고하고 뿌리 깊은 부정적 정서학습이 새로운 학습에 의해 어떻게 완전히 제거될 수 있는지에 대한 확고한 지식을 모색해 왔다. 이는 바로 내담자의 행복과 심리치료자들의 직업 만족 및 생계 유지를 위해 가장 필요한 지식이다.

2004년 이후 신경과학자들은 과거의 경험에 대한 자전기억을 손상시키지 않고 표적 정서학습이나 스키마를 신경학적으로 삭제하는 확실한 행동절차를 제공해 왔는데, 이 지식은 심리치료 분야에 매우 중요하다. 이제 우리는 기억 재공고화라는 뇌가소성을 통해 뇌에 완벽한 탈학습 과정이 내재되어 원치 않는 특정 정서학습을 기억에서 제거할 수 있음을 알고 있다. 이러한 탈학습과 제거 과정 덕분에 기존 정서반응의 강력한 힘이 영원히 사라질 수 있다.

동시에 이러한 연구결과들은 동일한 행동과정에 대한 두 필자(Ecker &

Hulley, 1996, 2000a)의 임상적 발견을 지지해 준다. 기억 재공고화와 제거에 대한 실험실의 연구결과와 이를 응용한 상담실의 결과가 수렴되어 정신건강 전문가들이 뇌에 내재된 과정을 활용할 수 있을 정도로 이미 많은 임상경험 과 노하우가 존재한다. 우리는 이 장에서 당신이 개인적 의미의 핵심에 있는 심층적 경험을 드러내는 치료적 재공고화 과정을 자세히 살펴보기 바란다.

치료적 재공고화 과정 구현하기

다음에서는 실제적인 치료적 재공고화 절차를 설명할 것이다. 여행을 할 때 지도에 여행방식이 정해지지 않는 것처럼, 과정의 절차는 그런 경험을 구 성하는 기법을 명시하지 않고 내담자가 따라야 할 필수적인 경험들만 규정 한다. 이로 인해 심리치료자들은 뇌에서 표적 정서학습을 제거하는 데 필요 한 일련의 경험을 실행할 때 자신이 선호하는 방법을 자유로이 선택하여 활 용할 수 있다. 6장에서는 널리 알려진 몇 가지 심리치료 체계가 이러한 목적 에 얼마나 적합한지를 보여 줄 것이다.

치료적 재공고화 과정의 임상적 활용방법을 가르치려면 몇 가지 구체적인 방법을 선택하여 구현해야 한다. 일단 단계를 명료하고 이해하기 쉽게 실행 하는 치료가 임상 활용방법 연수에 가장 적합할 것이다. 실제로 이러한 과정 에 적합한 심리치료(〈표 1-1〉 참조)는 다양하지만, 단계의 명료성 정도는 상 당한 차이가 있다. 다시 말해, 우리가 성공적으로 진행되는 치료법을 관찰해 보면(6장에서처럼), 대부분의 치료법에서 치료적 재공고화 과정이 일어나는 단계를 인식하기가 쉽지 않다. 심지어 내담자가 뇌에서 필요로 하는 과정의 핵심인 특정의 내적 경험 순서를 실제로 따르는 경우에도 마찬가지다.

우리가 알고 있는 범위에서는 Ecker와 Hulley가 개발한 일관성치료 (Coherence Therapy)가 치료적 재공고화 과정의 모든 단계를 필요로 하고 이 를 안내하는 방법론을 지닌 유일한 심리치료다. 그런 까닭에 이 장과 다음

장에서는 치료적 재공고화 과정으로 정서 뇌를 열기 위해 비이론적인 일관
성치료를 활용할 것이다.

〈표 3-1〉은 치료적 재공고화 과정의 단계로, 이것이 일관성치료의 단계
와 일대일 대응관계인 이유를 보여 준다. 이 장에서는 특정 호소 증상의 근
원인 정서학습을 제거하는 단계들(내적 경험 순서)을 이해할 기본 지식을 제
공할 것이다.

일관성치료(원래 심층지향 단기치료)는 Ecker와 Hulley가 1986~1993년에
개발하였다(1996, 2000a, 2008a, 2011). 이 과정의 임상훈련은 재공고화 연구
자들이 실험실에서 제거절차에 성공하기 약 11년 전인 1993년에 시작되었
고, 그 후 심리치료자들은 〈표 3-2〉에 제시된 것과 같은 다양한 증상을 없
애기 위해 이 치료를 사용해 왔다(Ecker & Hulley, 2000a, 2008a; Martignetti
& Jordan, 2001; Neimeyer, 2009; Neimeyer & Bridges, 2003; Neimeyer, Burke,

〈표 3-1〉 기존 정서학습의 제거를 위해 새로운 학습을 사용하는 임상단계

치료적 재공고화 과정		일관성치료
I. 접근단계	A. 증상 확인하기	증상 확인
	B. 표적학습 인출하기 (증상을 요하는 스키마)	발견단계
		통합단계
	C. 불일치 지식 확인하기	변형 순서: 병치경험
II. 변형단계*	1. 증상을 요하는 스키마 재활성화하기 (B) 2. 불일치 지식 활성화하기(C), 증상을 요하는 스키마와 부조화시키기(B) 3. (B)-(C) 반복하기	
III. 검증단계	V. 핵심 표식 관찰 - 정서적 활성화 부재 - 증상 중단 - 노력 없이도 증상 부재	스키마 제거 검증

* 변형단계는 1-2-3단계를 일컫는 제거단계와 상호적으로 사용한다. 임상적 맥락에서는 변형단계
로, 신경과학적 맥락에서는 제거절차로 사용한다.

〈표 3-2〉일관성치료를 통한 치료적 재공고화 과정으로 제거된 증상

• 공격행동	• 큰 슬픔과 사별 문제
• 광장공포증	• 죄책감
• 알코올중독	• 환각
• 분노와 격노	• 무기력
• 불안	• 우유부단
• 애착유형 행동과 고통	• 낮은 자존감
• 주의력결핍장애	• 공황발작
• 공동의존	• 완벽주의
• 복합적 외상증상	• 외상 후 증상
• 여러 종류의 강박행동	• 지연행동
• 부부문제-갈등/의사소통/친밀	• 심인성/심신 고통
• 우울증	• 성 문제
• 가족과 자녀 문제	• 수치
• 초조	• 저성취
• 음식/식이/체중 문제	• 목소리와 말하기 문제

* 증상별 사례 목록은 온라인 자료 참조

Mackay, & van Dyke Stringer, 2010; Neimeyer & Raskin, 2001; Thomson & Jordan, 2002, 증상별로 출판된 사례연구 목록은 온라인 자료 참조).

〈표 3-1〉에 제시된 일관성치료의 방법론에 따른 단계들은 수천 번의 회기를 통해 심층적인 지속적 변화의 표식이 있는 특별한 사례들을 택한 것으로, 이후에 정서학습 제거와 확실히 관련될 것이다. 사례들이 공유하는 절차의 필수단계를 확인하기 위해 다양한 증상과 내담자를 대상으로 이렇게 초강력 효과를 보이는 회기들을 연구하였다. 2장에서 검토한 바와 같이, 동일한 변화 표식을 활용하는 신경과학자들은 2004년 이래 출간된 기억 재공고화 연구에서 동일한 단계의 필수 절차를 확인하였다. 2장을 건너뛴 독자들은 재공고화 연구와 그 심리치료적 적용에 대해 간단하고 이해하기 쉽게 설명해 놓은 온라인 자료를 참고하기 바란다(Ecker, 2011; Van Nuys, 2010a). 연

구자들은 그런 표식으로 구성된 변화가 신경학적으로 시냅스 열기에 해당되고, 그 덕분에 새로운 학습으로 대체함으로써 신경 수준에서 부호화된 확고한 정서학습이 기억에서 제거될 수 있음을 발견했다.

동물 대상의 기억 및 학습에 대한 신경학적 연구와 심리치료 절차의 검토와 같이 독립적으로 실시된 서로 다른 접근이 동일한 절차로 수렴되었다는 사실은 신경생물학적(상향식)·전체론적(하향식) 지식이 통합을 지향하고 있음을 의미한다. 신경과학자 Eric Kandel(2001, p. 605)도 그의 노벨상 수상 연설의 말미에서 이러한 양방적 접근의 필요성을 강조한 바 있다. 그는 뇌과학에서 아직 밝혀지지 않은 다양한 도전 과제에 관해 언급하면서 다음과 같이 말했다. "뇌체계의 문제들은 분자생물학과 같은 상향적 접근 그 이상을 필요로 할 것입니다. 그래서 인지심리학, 신경학, 정신의학과 같은 하향식 접근을 요구할 것입니다. 결국 두 접근을 연결하는 통합을 필요로 할 것입니다." 이 장에서 설명한 수렴은 통합적 시각을 실현하는 과정에서 중요한 발판이 될 것으로 보인다.

일관성치료는 심리치료자들이 치료적 재공고화 과정을 실행하는 포괄적인 지침뿐만 아니라, 재공고화를 실행하는 기발한 기법도 제시해 준다. 그 내용은 1장의 정서 일관성 체계에서 정서학습 및 그 탈학습에 관한 연구기반 지식에 바탕을 둔 개념적 틀과 〈표 3-1〉의 방법론에 명료히 제시되어 있다. 여기에는 증상 일관성과 같은 주요 개념이 포함되며, 이는 다음에 설명된 것처럼 증상 발생 및 증상 박탈에 대한 일관성치료 모델에 적합하다. 치료적 재공고화 과정에서 일관성치료를 적용할 때의 한계는 2장에서 상세히 설명한 바와 같다. 일관성치료에는 내담자가 자신의 정서학습과 그 의미에 깊이 빠져들도록 안내하는 모든 과정이 존재하기 때문에, 이 치료는 문화, 성적 취향, 사회경제적 수준 및 연령대를 초월하여 적용 가능하다. 따라서 이 치료는 개인 대상으로든 부부와 가족 대상으로든 실시 가능하고, 아동, 청소년, 성인을 막론하고 누구에게나 적용할 수 있다.

다음 사례에서 일관성치료를 설명하면서, 우리는 심리치료자인 당신이 이미 경청, 확실한 공감적 이해 전달, 적절한 조율, 정서적 안정, 신뢰 형성, 좋은 협력관계 형성, 화해 등의 능력을 지녔다고 가정한다. 임상 분야에서 '일반적 공통요인'으로 알려진 이러한 관계기술과 자질은 일관성치료를 성공적으로 실행하는 전제조건이다. 그러나 일관성치료는 이러한 공통요인으로 규정되지 않으며, 심층적 변화를 가져오는 특수과정(치료적 재공고화 과정)은 어차피 공통요인에 내재되어 있지도 않고 공통요인만으로 나타나지도 않을 것이다(이 부분은 6장의 끝 부분에서 자세히 논의할 것임).

불안하고 자존감 낮은 남성의 사례

30대 후반의 온화한 성품으로 두 명의 동생을 둔 리처드의 사례는 일관성치료에서 치료적 재공고화 과정을 도입하기에 비교적 간단한 사례였다. 리처드는 기업의 홈페이지 제작업체에 다니는데, 직장에서 만성적으로 불안해하는 자기회의, 능력 부족 및 자신감 부족을 호소했다. 이러한 자기회의로 인해 그는 일상생활에서 심각한 불안을 겪고, 자신의 지식, 아이디어, 의견 등도 제대로 표현할 수가 없었다. 직장에서의 실제 수행과 성취를 살펴본 결과, 그는 꾸준히 성공적이었고 동료와 상사에게도 인상적일 정도였다는 사실이 드러나 수수께끼는 더욱 깊어졌다. 그러나 그는 근무 중에 자주 자신의 지식과 능력에 대한 심각한 회의에 빠졌다.

자신의 지식과 능력이 쓸모없고 부족하다고 자주 느끼는 것은 가장 흔한 형태의 낮은 자존감이다. 심리치료자들은 다양한 형태로 나타나는 낮은 자존감이 매우 견고하고 상당히 흔한 편임을 잘 알고 있다. 낮은 자존감은 대체로 반작용적 방법이나 '긍정적' 접근을 비롯한 전통적 심리치료 방법으로 효과가 적으며, 좋아지더라도 재발이 잦은 편이다. 앞으로 알겠지만, 일관성치료가 낮은 자존감에 효과적인 이유는 자신에 대한 부정적 사고와 감정을 유지하는 데 필요한 나름의 근원적 정서학습을 찾는 데 초점을 두기 때문이다. 그처럼 증상을 요하는 학습은 변형절차를 통해 제거할 표적이다. 리처드의 사례에서 알게 되겠지만, 증상의 근원적 필요성이 존재하지 않으면 자신에 대한 부정적 사고와 감정은 사라진다.

증상 확인(A단계)

첫 회기에 리처드는 직장에서 자신의 지식과 능력을 의심했던 최근의 증상을 선뜻 설명했다. 그는 "누가 도대체 내가 제대로 알고 있다고 생각하겠어?" "이건 틀렸을 거야." "조심해(목숨 걸지 마)." 등의 자기대화를 인용했다. 그러한 생각들이 떠오르면, 그는 매일 하는 전략회의에서 할 말이 있어도 하지 않는다.

어떤 반응이 문제이고 언제 문제가 발생하는지에 대한 리처드의 설명으로 증상 확인이 가능했다(일관성치료의 첫 단계이자 치료적 재공고화 과정의 A단계). 어떤 내담자들의 경우에는 이 단계가 리처드의 경우보다 훨씬 더 어렵다. 이 단계에 여러 회기가 소요되더라도, 어떤 경험적 요소가 문제인지를 내담자와 함께 꾸준히 성실히 밝히는 것이 매우 중요하다. 심리치료자가 특정 증상을 유지하는 정서학습을 찾을 정도가 되려면 개인의 증상으로 여겨지는 특정 사고, 감정 및 행동을 구체적·경험적으로 이해해야 한다. 내담자의 특정 증상을 명료화하고 계속 의식하는 것은 일관성치료에서 심리치료자의 방향키로서, 그 덕분에 치료자는 그 절차를 명확한 방향, 즉 증상을 유발하는 정서학습으로 이끌어 갈 수 있다.

증상의 일관성

일관성치료의 핵심 원리에 따르면, 정서학습에 의해 유발되는 증상은 흔히 알려진 것보다 훨씬 더 많으며, 정서학습으로 인한 증상은 적응적이고 강력한 필요에 의해 존재한다. 즉, 고통을 피하고 안전, 행복 및 정의를 추구하는 방법을 지지하는 적어도 한 가지 암묵적 정서기억에 따른다. 이는 증상 일관성 원리로, 일관성치료의 증상발생 모델이다. 이는 마음이나 성격에 대한 이론적 입장이라기보다, 학습과 기억에 대한 풍부한 경험연구와 실용적인 임상관찰에 바탕을 둔 것이다(Toomey & Ecker, 2007).

치료를 시작할 때 증상을 요하는 정서학습은 대부분 암묵적 스키마이지만, 일관적이며 명료하고 효율적으로 발견 가능한 것으로 입증되었다. 또한 정서학습은 리처드와의 작업에서 나타난 바와 같이 변형절차(치료적 재공고화 과정의 1-2-3단계)에 의해 제거 가능한 것으로 입증되었다. 증상 일관성은 증상을 유발하는 각 정서학습이 제거되자마자 증상이 중단되고 어떤 예방적 조치나 노력 없이도 재발하지 않는다는 의미다. 우리는 우리 내담자들을 대상으로 이런 현상을 수백 번 관찰하였다.

물론 일관성치료가 행동, 기분 및 사고로 인한 증상이 무의식적 정서학습과 일관된 적응적 표현임을 깨닫게 한 최초의 치료는 아니다. 가령, Bandler와 Grinder(1979), Bateson(1951, 1972, 1979), Dell(1982), Dodes(2002), Freud(1916, 1923), Gendlin(1982, 1996), Greenberg, Rice와 Elliott(1993), Johnson(2004), Jung(1964), Kegan과 Lahey(2001), Laing(1967, 1995), Mahoney(1991, 2003), Mones와 Schwartz(2007), Papp과 Imber-Black(1996), Polster와 Polster(1973), Rosenberg(1999), Satir(1972), Schwartz(1997, 2001), Shapiro(2001, 2002), Sullivan(1948), van der Kolk(1994, 1996)의 연구에서 제시된 바와 같이, 다양한 심리치료 이론과 방법론에서도 명시적이든 암묵적이든 그 정도는 다르나 그런 내용이 포함되어 있다. 이들 연구와 치료체계에 친숙한 독자들은 일관성치료가 일생의 무의식적인 정서학습을 정확히 인출하여 확실히 열기 위해 일관성 원리를 이례적으로 활용하고 있음을 깨닫게 될 것이다.

발견단계(B단계)

심리치료자가 증상을 인식하면 B단계의 시작인 발견 작업으로 나아간다. 발견 작업은 발견에 대해 대화하는 방식이 아니라 직접 발견경험을 하는 경험적 방식으로 진행되어야 한다. 발견경험을 할 때마다 내담자는 일관적으로 증상을 유발하는 암묵적인 정서적 의미와 지식에 주관적으로 직면하며, 그 내용을 사변, 해석, 이론화를 통해서가 아니라 직접적으로 정확하게 인식한다.

발견 작업을 진행하기 위해 리처드의 심리치료자는 그의 지침대로 다음과 같은 기본 질문을 마음속으로 생각하며 증상 일관성 원리를 적용했다. 무의식적으로 학습된 어떤 정서지식 때문에 리처드가 직장에서 자기회의를 느끼는가? 혹은 어떤 암묵적 학습 때문에 리처드가 직장에서 유능감과 자신감을 느끼지 못하며, 유능함을 강력히 보여 주는 이력마저도 인식하지 못하는가? 리처드에게는 이러한 질문들을 표현하지 않는데, 그렇게 할 경우에 그가 오해할 수 있고 현재의 '자기파괴적' 상태에 대해 자기비난하거나 병리적으로 여길 위험이 있기 때문이다. 오히려 이러한 일관성 중심 질문들은 심리치료자가 발견 작업을 위해 명확한 방향성을 제시하는 나침반 역할을 한다.

증상을 요하는 정서학습을 인식하기 위한 발견경험을 위해, 심리치료자는 리처드에게 매일 업무회의에 가서 간단하고 유용한 몇 마디 말을 하는 동안 자신의 지식에 대해 자신감을 느끼는 것을 상상해 보라고 하였다(심리치료자는 "이것은 직장에서 실제로 그렇게 하기 위한 예행연습이 아니에요. 이건 단지 여기에서 나랑 하는 연습일 뿐이에요. 그렇게 하면 우리는 중요한 것들을 찾을 수 있을 거에요."라고 덧붙였다). 이것은 발견 작업에 유용한 기본 전략 중 하나인 증상 박탈의 예다. 실제로 특정 상황에서 내담자의 증상이 부지불식간에 불가피하게 발생한다면, 내담자가 그 상황에서 그런 증상이 없는 것을 상상할 경우 특정 딜레마나 고통이 되살아날 가능성이 있다. 그러나 보통은 내담자가 무의식적으로 증상을 유발시켜 그 상황을 피한다. 증상을 박탈했을 때 생기는 이 딜레마 덕분에 그러한 특정의 고통을 피하려고 증상을 어떻게, 왜, 언제 일으키는지에 대한 내담자의 무의식적 지식이 드러난다.

리처드는 눈을 감은 다음, 업무회의에 참여하여 몇 마디 유용한 말을 하고 그가 나눈 지식에 대해 자신감을 느끼는 상황을 상상했다.

다음은 그 뒤의 상황이다.

> 내담자: 지금 정말 불편한 느낌이 들어요. 하지만 좀 달라요.
> 심리치료자: 좋아요. 그냥 그렇게 느끼세요. 그렇게 다른 불편함을요. [침묵] 이렇게 불편한 감정을 느낄 때 어떤 말이 떠오르나요.
> 내담자: [침묵] 이제 그들이 나를 싫어해요.
> 심리치료자: "이제 그들이 나를 싫어해요." 좋아요. 계속하세요. 이렇게 심각하게 불편한 감정은 왜 그들이 지금 당신을 싫어한다고 말해 주나요?
> 내담자: [침묵] 음. 맞다. 왜냐하면 이제 나는 거만해서 밥맛인 사람이고, 우리 아버지처럼 철저히 자기중심적이고 진짜 둔하며 잘난 척하는 인간이니까요.
> 심리치료자: 당신이 말한 대로 자신감을 갖는 것은 아버지처럼 거만하고 질색인 사람으로 보이게 한다는 뜻인가요?
> 내담자: 네. 정확히 그래요.
> 심리치료자: 그러면 이렇게 아버지처럼 될 때 어떤 기분이 드나요?
> 내담자: 끔찍해요! 저는 그렇게 되지 않을 거라고 항상 맹세해 왔다고요!

심리치료자가 경험의 정서적 특성뿐만 아니라 부여된 의미를 끌어내는 데 집중한 점에 주목하라. 해석된 의미가 암묵학습의 열쇠다. 이 시점에서 최초의 발견경험이 일어났다. 내담자는 안내를 받아 '직면하고', 알아차렸으며, 마침내 심리치료자에게 이전에 무의식적이었던 개념, 지식, 감정, 목적을 드러냈다. 이러한 요인들은 만성적인 자기회의와 그로 인해 불안하고 자신 없는 감정을 강하게 요구한다. 그래서 리처드가 자신 있게 말하는 것은 아버지처럼 몹시 둔하고 거만해지는 것이고, 그로 인해 다른 사람들이 싫어하기 때문에 자신감을 느끼면 절대 안 된다는 인식에 기반을 둔 학습된 스키마를 인출하기 시작했다(B단계). 그는 자신의 지식을 의심하고 없애서 자신감 있는 자기표현을 방해하려는 생각과 자기대화에도 불구하고 성공적으로 발견단계에 이를 수 있었다.

우리의 사례는 이미 몇 가지 다른 것들을 보여 주고 있다. 여기에서 일관성치료가 '경험적'이라는 특별한 측면이 자명해진다. 즉, 내담자가 여기에서 증상을 요하는 스키마에 내담자가 주관적으로 몰입하는데, 이는 일관성치료의 핵심이다. 심리치료자는 그 스키마에 대한 현재의 생생한 경험으로 그 경험 안에서 말하도록 안내한다. 이러한 방식으로 심리치료자는 내담자로부터 증상을 요하는 구인이 무엇인지를 정확히 파악한다. 이러한 구인은 내담자의 정서학습에서 핵심을 이루며, 이는 치료적 재공고화 과정으로 바꾸어야 할 표적이 될 것이다.

심리치료자들은 증상이 필요한 이유를 보여 주는 모든 지표를 면밀히 관찰하고 경청한다. 발견 작업 동안 심리치료자는 그런 선택기준을 따르며, 심리치료자는 발견 작업에서 정서적으로 더 깊이 들어가기 위해 그런 지표에 따라 선택하고 집중한다. 발견 작업의 각 절차에 대한 내담자의 반응을 면밀히 관찰하는 것이야말로 이 단계에서 효율적인 핵심과정이다. 많은 사례에서 나타나는 정서학습과 주제는 심리치료자들에게 익숙한 범위를 벗어나기 때문에 심리치료자들은 발견 작업 동안 '모른다'는 자세로, 내담자의 의미세계 속 구조를 알기 위해 진심으로 수용적이어야 한다. 심리치료자들은 인류학자처럼 작업하면서, 내담자의 증상 발생에 관여하는 구인(내담자가 현실을 규정하는)을 이끌어 내고 배우며, 해석적인 덧칠을 피하고, 가능한 한 가정(假定)을 줄이며, 뭘 바꾸거나 고치려 하지 않는다.

지금까지 기술한 발견 작업을 바탕으로, 치료자는 리처드의 자기회의 증상이 아버지처럼 거만하고 유해하며 미움 받는 사람이 되지 않도록 스스로를 보호하는 수단이었다는 점에서 나름의 기능이 있음을 확실히 알게 되었다. 물론 자기회의는 그 나름의 고통을 초래했지만, 리처드의 의미세계 속에서 자기회의로 회피했던 고통은 훨씬 더 끔찍했을 것이다. 증상 발생에 대한 증상 일관성 모델의 기본 특징은 기능적 증상으로 인한 고통이 실제로 두 개의 해악(더 큰 다른 해악은 증상이 없을 때 무의식적으로 예측되는 고통) 중 그나마 덜하다는 것이다. 이 두 가지 해악은 일관성치료에서 두 가지 고통으로 불린다. 즉, 내담자의 정서 뇌는 두 가지 고통에 대한 지식들로 가득 차 있으며, 증상이 없을 때 예측되는 훨씬 더 심각한 고통을 피하기 위해 증상 발생을 강요한다. 리처드의 학습된 암묵적 지식은 자기회의 증상이 없어지면 아버지처럼 가혹하고 잘난 체하는 사람이라고 미움 받는 훨씬 더 심한 고통이 따른다는 것이다.

치료 전에 리처드의 신피질에 있는 의식적 자아는 두 고통 사이의 이러한 관계를 모르기 때문에 그는 불안정한 자기회의로 인해 혼란스럽고 고통받으며, 자기회의가 평생 계속될 것처럼 느낀다. 그러나 일관성치료의 발견 작업 및 통합 작업이 진행되고, 신피질의 의식적 인식이 피질하부나 우뇌의 암묵적 지식에 접근하여 이를 공유하고 언어화하면서, 내담자는 최악의 고통을 피하려는 긍정적 목적을 위해 그 증상이 왜 필요한지(내담자 자신의 정서학습에 따른)를 바로 경험하게 된다. 리처드가 지금 막 경험한 것처럼, 이는 증상(일관성치료에서 내담자의 증상 친화 상태)을 가지려는 내담자 자신의 긴급한 목적에 대한 명확한 인식이다. 내담자는 증상의 정서적 진실(증상 친화 상태, 증상을 요하는 스키마 및 증상을 유발하는 학습과 거의 동의어인)인 학습된 정서적 지식을 인식하게 되었다. 이는 내담자의 삶에서 형성된 주요 주제에 대한 새로운 인식이며, 증상을 비병리적인 새로운 방식으로 이해하는 것이다. 내담자는 자신의 증상이 자기 스스로가 부족하고 비합리적이며 허약하다는 의미가 아니라, 오히려 삶에서 실제로 경험한 것과 일관된 합리적 반응의 일부임을 깨닫고 강한 안도감을 드러낸다.

그러나 모든 증상이 기능적인 것은 아니다. 일부는 발견 작업 과정에서 아무 기능이 없는 것으로 밝혀지기도 한다. 기능이 없는 증상은 기능적인(그러나 드러나지 않을 수 있는) 증상(버림받지 않기 위해 사람들과의 관계를 피하는 것처럼 드러나지 않는 기능적 증상인 외로움 혹은 사랑이 변하는 것이 두려워 경계를 정하지 못하는 것처럼 드러나지 않는 기능적 증상인 불안 등)의 불가피한 결과나 부산물로 발생한다. 일관성치료는 근원적 원인에 다가가기 때문에 나타난 증상이 아무 기능이 없는(여전히 충분히 일관성이 있지만) 부산물에 불과할지라도 내담자의 기능적 증상에 수렴시켜 그에 집중한다.

증상을 요하는 스키마는 학습된 것이지만, 나름의 구조와 구성이 확실하여 잘 지워지지 않는 정신적 대상이다(다음에서 더 자세히 살펴볼 예정임). 일관성치료를 하는 다른 치료자가 리처드의 발견 작업에 증상박탈 기법 대신 다른 경험적 방법을 활용하더라도 결과는 동일하게 나타났을 것이다. 이 책의 사례들에서는 다른 발견전략들이 소개되어 있다(자세한 연수 내용은 Ecker & Hulley, 2011 참조). 발견단계는 어떤 기법이나 정형화된 형식이라기보다 오히려 드러난 증상으로부터 그 원인이 되는 개인의 근원적 구인으로의 연결을 추적하기 위해 대개 암묵적 내용을 명시적으로 인식하는 어떤 경험적 방법이든(부분작업,[1] 의자기법, 집중기법, 꿈작업, 양측성 자극기법, 내면의 아이 작업 등을 비롯해) 활용한다.

리처드의 사례에서 알 수 있는 바와 같이, 이러한 발견과정에서 정서적으로 아주 취약한 영역에 들어간다. 내담자가 이런 과정에 마음을 열게 하려면, 심리치료자는 정서적으로 안전한 존재여야 하며, 증상이 필요하다고 느끼는 방식과 이유에 대해 밝혀진 정서적 진실을 진정성 있게 공감적으로 이해하고 이를 충분히 수용해야 한다. 그 내용에 꾸준히 공감적으로 집중하는 것은 일관성치료에서 공감을 활용하는 전문적인 방법이다. 물론 증상으로 인한 고통이나 그 증상을 제거하고 싶다는 내담자의 소망에 대한 치료적 공감 역시 일관성치료 과정에서 전달되어야 한다.

우리는 일관성치료를 실시할 때 대부분의 내담자가 작업과정에서 정서 경

1) 역자 주: '내면가족체계치료'의 작업으로, 왜곡된 부분들(소인격체들)의 생각과 감정, 신념을 바로잡는 작업

험을 떠올리는 데 문제가 없음을 발견했다. 그러나 일부 내담자에게는 정서 강도를 불안정하거나 압도적이지 않을 정도로 줄이기 위해 떠오르는 내용을 작은 단계로 나누어 점차적으로 진행하도록 배려해야 한다. 가령, 경험적 접근의 초기단계에 내담자의 분열(표정이 경직되거나 멍하거나 혼란스럽거나 호흡이 얕아지는)이 관찰될 때에는 대개 그런 추가적 배려가 반드시 필요하다. 각 내담자의 정서적 내성을 확인하고 어떤 불안정과 문제반응이 일어나는지를 탐지하며 안전과 안정을 보장하는 조치를 취하기 위해, 경험 작업의 세부 단계가 끝날 때마다 "이것을 접하니 어떠세요?"라고 물어보거나 회기의 후반부에 "오늘 여기를 떠난 후에 이것을 접한다면 어떨까요?"하고 물어야 한다. 회기 동안에는 심리치료자가 섬세하게 동행한다는 느낌 덕분에 내담자가 정서경험을 견딜 만하지만, 회기 후에 혼자 경험하기는 벅찰 수 있다. 내담자가 그러한 딜레마가 생길 것 같다고 내비치면, 치료자가 다음과 같이 말해서 걱정을 해소시켜 줄 수 있다. "이해합니다. 내가 당신에게 제안하고 싶은 것은 회기 사이에는 이런 것들을 모두 잊어버리고, 나와 함께 있을 때에만 다시 할 거예요. 어때요?" 이처럼 회기에서 인출한 것을 다시 억제하도록 내버려 둘 때, 선택권을 부여받은 내담자는 모두 이를 성공적으로 활용하였다.

통합단계(B단계가 계속됨)

리처드는 변성의식 상태(대개 새로 의식한 정서적 진실이 있을 때 흔한 것으로, 보통 의식적 인식과 무관한 정서경험 영역)에서 자신이 왜 자신감 있게 말하기를 회피하는지를 새롭게 인식했으나, 그런 인식을 일상적이고 지속적이며 안정적인 인식 상태로 통합하는 추가 조치가 없으면 그것이 사라질 것만 같았다. 그래서 심리치료자는 회기 동안과 회기 사이에 발견경험을 단순히 반복하는 통합경험을 통해 일관성치료의 다음 단계인 통합으로 나아갔다. 일상적으로 인식하는 안정된 통합 상태에서는 증상을 요하는 암묵적 스키마를 완전히 명시적으로 인식하게 된다(치료적 재공고화 과정의 B단계).

　심리치료자가 리처드를 위해 마련한 첫 번째 통합경험은 떠오른 것을 그저 공공연히 진술하도록 하는 것이었다.

> **심리치료자:** 그럼, 이 문장을 말하면서 진실로 느껴지는지 보세요. "자신감을 조금이라도 느끼면, 내가 아버지처럼 거만하고 자기중심적이며 완전히 둔하다는 의미이고, 그로 인해 사람들이 나를 싫어할 거야. 그래서 나는 절대 자신감을 느끼지 않을 거야."
> **내담자:** 자신감을 조금이라도 느끼면, 내가 아버지처럼 거만하고 자기중심적이며 완전히 둔하다는 의미이고, 그로 인해 사람들이 나를 싫어할 거야. 그래서 나는 절대 자신감을 느끼지 않을 거야.
> **심리치료자:** 그게 당신의 몸에 잘 맞는 진실처럼 느껴지나요?
> **내담자:** 진실로 느끼는지 내 몸에 생기가 느껴지는데요.
> **심리치료자:** 으흠. 몇 분 전에 당신은 이것을 접하자, 그러니까 당신이 자신감 비슷한 것마저도 느끼지 않으려는 강한 의도를 가졌음을 깨닫자마자 놀란 것처럼 보였어요.
> **내담자:** 네. [침묵] 하지만 그것도 일종의 안도인 거죠. 제 말은, 저는 직장에서 아주 혼란스러웠고, 제 자신을 그저 그런 사람이라고 생각했어요.
> **심리치료자:** 알겠어요. 지금 당신은 생활 속에서 자신감과 반대되는 것을 스스로 느끼려 하고 있음을 깊이 인식하고 있네요.

　통합 작업에서는 완전한 정서적 탐색이 일어난다. 이 부분에서 심리치료자가 일관적 공감을 표현할 때 자기회의 증상을 유발하는 리처드 자신의 의도와 방법을 반영한 점에 주목하라. 심리치료자는 정서적 진실에 대한 리처드의 인식을 앞서가거나 해석하지 않고, 이전의 발견경험에서 나타난 핵심요소를 명료화할 뿐이다.
　내담자가 증상 이면에 있는 자신의 의도와 방법을 경험적이고 명시적으로 인식하는 것은 통합단계에서 인출의 핵심 이정표인 동시에 통합의 핵심 표식이다. 리처드의 마지막 반응에서 우리는 자기회의의 근원적 일관성에 대한 리처드의 새로운 인식이 그 증상에 대한 이전의 병리적 이해방식을 신속히 떨쳐 버리고 있음을 알 수 있다.

리처드의 경우, 앞과 같은 명시적 진술을 하는 것 자체가 통합경험인데, 이는 그것이 증상을 요하는 정서적 스키마나 증상 친화 상태에 대한 반복적·명시적·주관적 경험이기 때문이다. 통합 경험의 본질은 내담자가 증상 친화 상태에 대해 느낀 정서적 현실 안에서 반복적으로 말하게 해서 그것을 자신의 정서적 진실로 표현하려는 데 있다. 중요한 것은 내담자가 발견된 내용의 정서적 현실을 반복해서 몸으로 체험(꼭 카타르시스를 느끼거나 극적이거나 강렬한 경험일 필요는 없으나, 명백하게 구체화되고 확실한)하는 것이다.

경험 작업을 제대로 안내하기 위해 인출된 정서적 진실을 특히 효과적으로 언어화하는 표현양식(앞에서 리처드에게 했던 명시적 진술에 사용된 양식)이 있다. 즉, "자신감을 조금이라도 느끼면, 내가 아버지처럼 거만하고 자기중심적이며 완전히 둔하다는 의미이고, 그로 인해 사람들이 나를 싫어할 거야. 그래서 나는 절대 자신감을 느끼지 않을 거야."와 같은 양식이다. 일관성치료에서는 무엇이 위태로운지, 어떤 점이 취약한지, 어떤 조치가 신속히 요구되는지에 대한 자신의 생생한 지식을 명명하기 위해 강렬하고 현재시제이며 1인칭인 동시에 정서적으로 솔직하고 구체적으로 표현된 양식을 변연계 언어(암묵적 정서기억을 담당하는 변연계를 참고해서 붙임)라 일컫는다. 이러한 표현양식을 정교화하려면 정서 뇌의 주관적 현실에 적합한 공감적 조율이 필요하다. 이러한 표현은 정서적 자료의 구체적 내용과 본래의 특성을 가장 완벽하게 충분히 경험하게 한다는 점에서 매우 중요하다. 이와 반대로, 일상적 대화나 사회적 표현은 관련된 생생한 정서적 취약성을 주지화하고 최소화하며 비인격화하는 동시에 그에 직면하거나 접하기를 피하는 경향이 있다. 예를 들어, 변연계 언어를 사용하도록 안내받지 않았다면, 동일한 사항에 대한 리처드의 일상적 표현은 "사람들은 네가 그들에게 자신감 있게 말하는 것을 좋아하지 않을 거야. 그러니 조심하는 게 좋아."와 같을 것이다. 이런 표현은 그의 실제적·정서적 지식에 제대로 다가가지 못하기 때문에 이후의 변형단계를 성공시키기에 한계가 있다.

정서적으로 심층적인 경험 작업을 위해서는 변연계 언어 외에 취약한 영역의 정서적 탐색을 촉진하는 부드러운 목소리, 느린 속도 및 침묵뿐만 아니라 내담자가 정서적 경험을 할 때 심리치료자의 위로가 필요하다. 만약 경험 작업 동안 심리치료자가 일상적인 목소리로 계속 말한다면 정서적 탐색은 제한되거나 심지어 어려울 수 있는데, 그 이유는 일상적인 목소리는 화자가 청자의 미묘한 경험에 민감하게 조율하지 않는다는 암묵적 신호이기 때문이다. 물론 전사 자료에는 이러한 요소들이 드러나지 않는다.

일관성치료의 심층적 인출 작업을 위해서는 심리치료자가 반드시 어떤 반작용적 반사(지속적인 변화를 가져올 수 있다는 믿음에서, 새로 발견한 증상 친화적 스키마를 수정, 반박, 무시, 회피, 차단, 관리하느라 가능한 모든 영향력을 바로 행사하려는 욕구)도 자제해야 한다. 그러한 선의의 반작용은 충분한 심층적 변화를 가져오지 못하는데, 그 이유는 반작용이 표면으로 드러난 사항을 다시 억제해서 분리된 암묵 상태로 밀어 넣어 변형적 변화를 위해 활용할 수 없는 상태가 되기 때문이다. 오히려 일관성치료에서는 반작용과 전혀 무관한 통합과정을 따른다. 즉, 심리치료자는 그저 내담자가 증상을 요하는 정서적 진실을 접하고 계속 경험하며, 스키마를 있는 그대로 수용하여 의식적 인식에 통합하도록 안내한다. 이 접근에서 통합의 모토는 "일단 증상의 정서적 진실에 도달했으면 거기 머물러라. 텐트를 쳐라. 바로 거기에 캠프를 세워라."다(Ecker & Hulley, 2011, p. 36).

이제 리처드와의 회기가 끝나가고 있어서, 심리치료자는 '바로 거기에 머물러' 통합경험을 계속할 간단한 회기 간 과제를 제시하였다. 심리치료자는 주머니 크기의 색인카드에 리처드가 명시적으로 진술했던 문장, 즉 '자신감을 조금이라도 느끼면, 내가 아버지처럼 거만하고 자기중심적이고 완전히 둔하다는 의미이고, 그로 인해 사람들이 나를 싫어할 거야. 그래서 나는 절대 자신감을 느끼지 않을 거야.'를 썼다. 심리치료자는 이 카드를 리처드에게 주면서 "이걸 하루에 한번 1~2분 동안 읽고, 당신이 그것을 얼마나 진실로 느끼는지 다시 체험해 보세요. 지금 그걸 느끼고 있는 것처럼요. 어떤 부분도 분석하거나 극복하려고 하지 마세요. 감정 수준에서 모든 것을 체험하는 데에만 카드를 사용하세요."하고 제안했다. 회기 사이에 작업을 유지하거나 진전시키는 과제를 안내할 때 색인카드를 사용하는 것은 회기 종료 시의 표준 관행이다. 리처드가 이 카드를 읽을 때마다 인출 내용을 인식하고 통합 경험을 반복하는 셈이 된다. 통합 작업은 새로 인식한 증상 친화적 스키마의 특정 영역에 초점을 둔 마음챙김 훈련이다.

일주일 후 두 번째 회기를 시작할 때, 심리치료자는 색인카드 과제가 정서적 진실의 통합에 기여했는지를 평가할 필요가 있어서 리처드에게 간단히 물었다. "카드에 있는 대로 생활해 보니 어땠나요?" 이때 구체적으로 묻지 않은 것은 의도적이었다. 그 이유는 그의 대답을 통해 그가 이제 쉽게 자신의 증상 친화 상태를 구체적으로 언급할 수 있는지가 분명해질 것이기 때문이다. 리처드는 자신이 처음에는 매일 카드를 읽었고 점점 덜 읽었다고 말했다. 그는 '아버지께서 얼마나 가혹하고 지배적이었으며, 여전히 그렇다는 걸 내가 알아차리지 못했다는 사실이 얼마나 엄청난 일인가?'를 알고 깜짝 놀랐다고 말했다. 또한 그는 그것이 얼마나 그에게 '흑백논리'인가를 알고 놀랐다고 말했다. "제 입장에서 어느 정도의 자신감이나 현실적인 자기표현은 제가 그것을 안다고 해도 바뀌지 않았다는 의미죠." 리처드가 카드의 핵심요소에 대해 구체적으로 언급한 것은 이 내용의 통합을 확인하는 표식이다.

이제 증상을 요하는 근원적인 정서적 주제와 의도에 이를 정도로 인식이 '깊이' 확장되었기 때문에 그 정서적 필요성을 새롭게 인식하여 구체적으로 나타난 증상들을 경험하며 귀환할 시점이었다. 통합단계를 마무리하는 이 귀환단계는 몇 분밖에 걸리지 않는다. 즉, 심리치료자는 리처드가 상상을 통해 직장에서 자기회의적이고 자기비하적인 자기대화를 했던 순간으로 돌아가게 한 다음, 그런 자기대화에 그가 지금 새로 의식한 요구 및 의도와 같은 명시적 진술(명시적 언어화)을 덧붙이게만 하면 된다. 이 경우에 자기대화는 "여기에서 나는 어떻게 옳은 것을 알 수 있을까? 나는 내가 누구라고 생각하

는가?"와 같다. 이 재현과정에서 심리치료자는 리처드에게 "이제 나는 침묵
을 지킬 것이고, 내가 아는 것을 자신 있게 이야기하지 않을 것이며, 아버지
처럼 거만하게 아는 체해서 미움 받는 사람이 되지 않을 거라고 혼잣말을 하
고 있다."와 같이 추가하도록 안내한다. 이렇게 의도와 증상을 명료히 연결
함으로써 그의 증상 친화 상태가 완벽히 통합되고 그 스스로 주도하게 된다.

그다음에 심리치료자는 "실제로 자기회의를 하는 깊은 의도의 이면에 있
어 보니 어떤 느낌이 드나요?" 하고 묻는다.

리처드는 "다소 공고해진 느낌이 드는데, 동시에 그것이 나에게 얼마나 큰
의미인지를 알고 다시 한 번 놀랐습니다."라고 대답했으며, 이로 인해 후기
통합단계에 있을 경험의 질이 확실해졌다. 회기를 마무리할 무렵, 색인카드
에 쓰인 회기 간 과제는 다음과 같았다.

> 만약 내가 자신감을 가지고 말하면, 나는 누구에게나 아는 체하는 아버
> 지처럼 보일 것이다. 그러면 내가 아버지를 싫어했던 것처럼 사람들이 나
> 를 싫어할 것이다. 따라서 나는 내가 아는 것을 표현하지 않을 때 불안하
> 긴 하지만, "내가 뭘 알아?"라고 생각하면서 침묵하는 편이 낫다.

이 표현은 리처드에게 진심을 느끼게 했고, 심리치료자는 자기회의적인
생각이 떠오를 때마다 바로 카드를 읽으라고 권하였다. 이 마음챙김 연습으
로 리처드의 증상 친화적인 정서학습이 확고히 통합되었다(치료적 재공고화
과정에서 B단계의 심화).

일관성치료에서 내담자의 통합 작업은 암묵적 배경에서 전경으로 인식된
특정의 정서학습을 안내하에 꾸준히 마음챙김하는 것이다. 심리치료자는 내
담자가 증상을 요하는 정서적 지식을 격의 없이 수용하고 마음챙김하도록
돕는다. 이처럼 문제를 야기하는 것을 포용하는 것은 곧 역설적 개입이 아니
라, 보이는 바와 같이 간단한 통합과정이다. Carl Jung이 관찰한 바와 같이,
"우리는 어떤 것을 수용해야 비로소 바꿀 수 있다. 비난은 해방을 준다기보

다 억압할 뿐이다." 여기 리처드의 사례에서 설명한 바와 같이, 증상 친화적 스키마를 비교적 완벽하게 인출하는 통합 작업을 유지하려면, 심리치료자는 증상을 필요로 하는 주제에 반작용하거나 저항하려는 욕구를 철저히 자제할 수 있어야 한다. 그리고 이는 반작용적 방법을 활용해 왔던 심리치료자들이 가장 많이 개발해야 할 능력이다.

증상을 요하는 스키마 분석

치료적 재공고화 과정의 B단계를 실행하기 위한 리처드와의 인출 작업에서는 그가 증상을 요하는 학습된 스키마에 충분히 노출되고 직접 접하게(정서적 · 신체적 · 인지적으로) 했다. 여러 임상가가 강조한 바와 같이, 심리치료자가 인출이 다 되는 시점을 알려면 암묵적인 정서적 스키마의 구조뿐만 아니라 내용도 이해해야 한다(Badenoch, 2008, 2011; Ecker & Hulley, 1996, 2000b, 2011; Ecker & Toomey, 2007; Schore, 2003a, 2003b; Siegel, 1999, 2006). 리처드의 증상 친화적 스키마를 이루는 다양한 요소는 다음과 같이 아주 유용한 스키마 맵(schema map)이다.

• 원경험에 대한 인지적 · 정서적 · 신체적 기억: 리처드는 아버지의 자기표현이 몹시 지배적이며 지나치게 자신만만한 데다 아버지의 사랑, 수용, 이해, 인정이 결핍되어 고통을 겪고 있다(이것은 '원자료'로, 현 상황에서 그런 특징은 전체 스키마의 촉발제임).
• 문제와 해결에 대한 생생한 지식인 정신 모델 또는 그와 관련되고 학습된 일련의 구인
  - 문제: 특정 고통에 대한 취약성 인식. 조금이라도 자신 있는 자기표현을 하면 타인에게 심한 압박을 주므로 미움을 받는다. 내가 내 지식이나 소망을 자신 있게 주장한다면, 아버지처럼 끔찍한 사람이 되고 다른 사람들에게 미움 받을 것이다(이는 세계가 어떤지에 대한 모델이며,

이 모델과 관련된 현재의 상황들이 전체 스키마의 촉발제다).

- 해결책: 고통 회피를 위한 긴급하고 광범위한 전략과 구체적인 방법에 대한 지식. 끔찍한 사람이 되거나 미움 받는 것을 피하려면 절대 자신 있게 자기표현을 하면 안 된다(일반적인 전략과 증상 친화적 목적). 이를 위해 내 안에 형성된 어떤 확실한 지식이나 의견도 조심해서 신경 쓰는 동시에, 자기회의적이고 자기비하적인 사고를 강하게 유발시켜 지식이나 의견을 절대 표현하지 않도록 하라(구체적인 방법과 드러난 증상).

정신 모델은 여러 학문 분야에서 인식·연구되고 있고(Held, Vosgerau, & Knauff, 2006), 진보적인 임상 현장의 핵심요소가 되었다. 임상 증상의 근원인 정신 모델은 원학습에서 겪은 고통을 적극 피하거나 보상을 유지하기 위해 자동적으로 스스로를 안내하는 역할을 한다. 그 증상은 그러한 모델이 일으킨 행동, 사고 및 기분이다. 이렇게 학습된 정신 모델은 증상 발생을 요구하고 유도하는 핵심 자료라서, 치료적 재공고화 과정을 통해 심리치료자가 제거하려는 표적이 된다.

뇌는 지식을 모듈 방식, 스키마 방식 및 위계적인 방식으로 조직하고 인출하는 특징이 있기 때문에(Eichenbaum, 2004; Rumelhart & McClelland, 1986; Toomey & Ecker, 2007), 내담자의 정신 모델은 다중요소를 지닌 전체로서 작동한다. 그래서 내담자가 모든 요소를 정서적으로 경험하고, 그런 경험을 언어화해서 일상적 인식으로 통합한 후에야 비로소 증상 친화적 스키마가 완벽히 통합된다. 리처드는 처음에 그의 정신 모델의 비언어적 요소들을 경험적 방법으로(지적 방법이 아니라) 느끼고, 인식하며, 언어화하도록 안내받았다. 이전에는 자기회의적인 사고와 그로 인한 직장에서의 불안하고 자신 없는 감정이 암묵적이라서 리처드가 이를 인식하지 못했으나, 이제는 그것이 명시적인 그의 문제, 즉 아버지를 닮은 자신 있는 어떤 자기표현도 미움 받을 것으로 예상한 문제에 대한 해결책이었음이 명확해졌다.

문제와 해결을 규정하는 부분에서 증상을 유발하는 정신 모델에 대한 우

리의 개념도는 다음과 같은 McLeod(2001, p. 40)의 결과와 마찬가지로, 심리
치료에 응용된 현상학 분야의 많은 저서 및 연구결과(Gendlin, 1996; Laing,
1995)와 크게 일치하는 현상학적 결과(Husserl, 2010)다.

> 핵심적으로 대부분의 심리치료자는 내담자가 자신의 문제에 대한 가정
> 을 드러내고, 경험을 상세히 설명하고, 경험에 대한 느낌을 새로운 언어로
> 표현하며, 대개 자아와 관계에 대한 지식을 '바꾸어 새로 구성'하도록 격려
> 할 것이다. …… '문제'와 '해결책'을 구성하는 경험적 자료를 밝히고 문제
> 의 '본질'을 드러낼 방법을 찾기 위하여, 심리치료자는 Husserl이 처음 규
> 정한 현상학적 원리를 스스로 적용하는 내담자를 가르치고 안내하며 코칭
> 한다고 볼 수 있다.

우리는 정서학습과 탈학습의 주관적 · 구조적 · 신경생물학적 과정에 대한
최신 지식과 확고한 현상학적 원리를 결합한 통합에 대해 설명해 왔다. 이
통합은 정서 일관성 체계의 중요한 특징으로, 일관성치료의 지침이 되는 개
념적 틀이다.

정서학습 제거는 정서 뇌에서 사용 중인 특정 구인을 제거하는 것으로, 정
서 뇌 자체에서 구인의 불일치를 인식 · 수용하는 새로운 생생한 경험을 통
해 이런 구인들을 직접 단호히 부정할 때에야 비로소 이루어진다. 불일치가
일어나는 순간, 실재로 여겼던 것이 자신의 잘못된 구인에 불과함을 깨닫게
된다. 경험적 불일치가 일어날 때에야 정서학습을 이루는 구인이 실재가 아
니라 개인에 의해 형성된 구인으로 인식된다. 구인을 제거하고 나면 세계에
대한 자신의 경험과 인식에 근본적인 변화가 일어난다. 세계에 대해 자명한
사실로 보였던 것이 더 이상 사실로 보이지 않는다. 다음에서 우리는 리처드
에게 이처럼 현저한 변화가 어떻게 일어나는지를 살펴볼 것이다. 학습, 의미
형성 및 변화에 대한 '구성주의적' 이해는 우리의 경험상 심리치료의 정신 모
델을 다룰 때 매우 중요하며, 이는 정서 일관성 체계의 또 다른 중요한 핵심
요소다(구성주의적 관점의 읽을거리로는 Guidano, 1995; Mahoney, 1991; 2003;

Neimeyer, 2009; Neimeyer & Bridges, 2003, Neimeyer & Raskin, 2001을 들 수 있다. 그리고 이런 관점을 지지하는 신경과학 연구를 리뷰하려면, Toomey & Ecker, 2007을 보라).

이전에 암묵적이었던 내담자의 증상 친화적 모델을 의식하고 명료화하여 내부의 특정 구인이 심리치료자와 내담자에게 드러나면, 치료적 재공고화 과정의 C단계(증상 친화적 모델을 예리하게 반박하고 내담자가 접근 가능한 생생한 지식을 발견하는 단계)로 넘어간다. 증상 친화적 모델(B단계)의 구조를 먼저 알아야만 모순된 지식을 확인(C단계)하여 일관성치료의 변형단계가 시작될 수 있다.

불일치 지식을 발견하면 변형단계가 시작된다(C단계)

2주 후의 3회기에서 리처드는 통합 과제를 무수히 수행했다고 보고하였다. 즉, 그는 자신의 구체적인 자기회의적 사고에 주목한 다음, 카드를 읽고 그러한 사고를 하는 의도를 정확히 인식하고 느꼈다. 그런 예들은 각기 또 다른 통합경험이었다. 리처드는 이제 증상 친화 상태나 스키마를 일상적으로 의식할 정도가 되었다. 그러므로 심리치료자는 이제 변형절차인 1-2-3 단계에서 활용할 모순된 지식을 찾는 C단계를 시작했다.

4장과 5장에서 제시되겠지만, 심리치료자가 모순된 지식을 찾기 위해 활용 가능한 방법은 여러 가지가 있다. 여기에서는 리처드에게 적용한 '정반대의 현 경험'에 대해서만 다룰 것이다. 일상 경험이 한 개인의 증상 친화적 모델과 모순되는 생생한 지식을 제공하는 경우도 종종 있다. 그러나 이 모델은 보통 무의식적이고 독립적이며 다른 지식과 차단되어 있기 때문에, 어떤 것과 상반되는 모순된 지식을 인식하지 못하여 제대로 활용하지 못한 채 순식간의 기회를 놓치고 만다. 그렇지만 리처드처럼 내담자의 증상 친화적 모델이 잘 인출되고 드러난 시점에서 그러한 기회가 생긴다면, 내담자는 모순된 경험의 의미를 느끼고 주목하며 심리치료자는 이를 매우 효과적으로 활용할 것이다.

리처드가 색인카드를 읽고 자기가 자신 있게 말하지 않는 의도를 인식하는 과제를 여러 번 수행했다고 보고한 후, 그는 그에게 일어난 일을 말하려 했다. 그는 "직장에서 전략회의가 있었는데, 논의 중인 문제에 대한 좋은 해결책이 생각났어요. 하지만 '내가 뭘 알겠어?'라고 생각하며, 침묵을 지켰지요. …… 그런데 잠시 후에 다른 사람이 제가 생각한 것과 똑같은 해결책을 제안했어요. 그는 매우 자신 있게 말했죠. 그걸 보고 난 깜짝 놀랐어요. 그래서 즉시 방 안을 둘러보았는데, 모든 사람이 그로 인해 좋은 해결책이 생겨 기뻐 보였어요. 내가 그렇게 자신 있게 말하면 어찌 될지 예상했던 바와 너무 달라 이상했어요."

리처드는 자신의 증상 친화적 모델을 인식하고 있었기 때문에 직장에서의 이런 경험이 불일치 감정을 강하게 불러일으켰다. 심리치료자는 모순된 생생한 지식이 이제 목전에 있어 C단계에 도달했음을 인식하였고, 그 덕분에 리처드가 치료적 재공고화 과정에서 변형절차인 1-2-3단계를 수행하도록 바로 안내하였다.

병치경험을 통한 변형(1-2-3단계)

절차에 들어가기 전에 심리치료자는 "마음속으로 직장에서의 장면을 떠올려 그 회의를 몇 분 동안 상상해 보시겠어요? 제가 당신을 안내할 테니 몇 가지만 해 볼까요?" 하고 물었다. 리처드가 선뜻 동의해서 심리치료자는 다음과 같이 부드러운 목소리로 상상경험을 안내하기 시작했다. "우리는 당신이 자신 있는 표현을 하는 것이 무조건 아버지를 닮는 것이라 생각한 나머지, 아버지처럼 미움받을까 봐 좋은 아이디어를 애써 억눌렀던 회의 장면으로 다시 돌아갈 거예요." 이것은 표적 정서학습을 재활성화하는 1단계다. 이는 '자신 있게 표현하는 것은 무조건 아버지를 닮는 것'이라는 핵심 표적구인을 재활성화하기 위해 심리치료자가 일부러 의도한 것이다.

심리치료자는 다음과 같이 이어 갔다. "느껴 봤나요? 좋아요. 그러면 이제 계속할게요. 당신이 회의적이었던 바로 그 해결책을 다른 사람이 자신 있게 말하네요. 그리고 당신은 회의실을 둘러보네요. 다른 직원들이 그가 자신 있게 제시한 해결책을 듣고 좋아하는 모습이 놀랍기도 하고 이상하기도 하고요. [잠시 침묵] 그 순간이 어느 정도 느껴지나요?" 이것은 2단계에 필요한 부조화되고 불일치한 지식을 병치하는 것이다. 신경과학자들이 제시한 바와 같이, 변형절차의 이 단계에서 표적학습을 유지하는 시냅스가 열린다.

리처드는 이러한 안내를 받는 동안 눈을 감고 있었으며, 이제 더 낮고 느린 목소리로 "음-흠." 하고 대답했는데, 이는 그가 중요한 주관적 경험에 몰입하고 있다는 표시다.

치료자는 "좋아요." 하고 대답한 다음, 3단계를 위해 동일한 병치경험을 반복하도록 안내하였다.

심리치료자: 거기에 머무세요. 당신이 둘러보고 놀라는 상황(당신은 살아가면서 다른 사람에게 조금이라도 자신 있게 말하면 항상 아버지처럼 아주 불쾌하고 잘난 척하는 사람이 되는 것이고 사람들이 그것을 싫어한다고 아주 확신하기 때문에)에 머무세요. 그것은 당신이 알고 있던 것이지만, 지금 당신은 조금이라도 자신 있게 말하는 것이 항상 아버지처럼 되는 것도 아니고, 사람들이 그것을 좋아하는 것을 보고 있어요. 그리고 그것을 알게 된 것은 매우 놀라운 일이에요. [이는 양립 불가능한 두 가지 지식을 동시에 경험하게 하는 또다른 명시적 단서였다. 이때 심리치료자는 두 가지 지식에 모두 공감을 표현하되, 어떤 한 가지를 선호하지 않았다. 심리치료자는 잠시 침묵한 후에 물었다.] 그렇게 말하고 있는 것이 사실로 느껴지나요? 이처럼 다른 새로운 지식과 동시에 경험한 예전 지식은 많이 다른가요?

내담자: [조용히 경험에 몰입한 것처럼 보이며] 네.

심리치료자: [부드럽게] 항상 당신에게는 조금이라도 자신 있게 말하는 것이 아버지의 지배적인 행동양식을 따르는 것으로 보였을 겁니다. 그

리고 이제 갑자기 당신은 조금이라도 자신 있게 말하는 것이 전혀 다른 행동일 수 있으며, 사람들을 기분 좋게 한다는 것도 알게 되었어요. [이는 동일한 병치경험을 의도적으로 다시 반복한 것이다.]

내담자: 네.

심리치료자: 음-흠. [약 20초간 침묵] 그렇다면 이 두 가지를 동시에 알게 되니 어떤가요? 하나는 조금이라도 자신 있게 말하면 아버지처럼 된다는 기존 지식이며, 다른 하나는 당신이 자신감을 표현해도 다른 사람이 괜찮은 느낌을 가질 수 있다는 새로운 지식입니다. [이 질문을 하면서 병치경험을 반복하게 되었으며, 그 외에 질문의 '어떤가요?' 부분 덕분에 리처드는 그 경험을 하는 동안 의식하면서 상위인지적 인식으로 그 경험을 바라보았다.]

내담자: 좀 이상하긴 해요. 전부터 있었음에도 이렇게 내가 미처 몰랐던 부분이 세상에는 존재하는 것 같아서요.

심리치료자: 당신이 그걸 받아들이는 방식이 흥미롭네요. 당신에게 중요한 변화인 것처럼 들려요.

내담자: 네, 그래요. 후.

심리치료자: 이제 당신은 세계의 이전 부분과 거기에 줄곧 있었으나 다른새로운 부분을 다 보고 있어요. [이 말은 약 30초 동안의 침묵에 이어 네 번째 병치경험을 유도했다.] 그러면 오래된 부분과 새로운 부분을 계속 보면서, 몇 초 후에 눈을 뜨고 이 방으로 돌아오세요. [리처드는 곧 눈을 뜨고 몇 번 깜박였다.] 당신은 계속 둘 다를 보고 있나요?

내담자: 네.

심리치료자: 이제 두 가지를 다 보고 느껴 보니 어떤가요? [변형절차가 완료되어 이 질문은 다음의 검증단계를 시작하는 것이다. 왜냐하면 그 단계는 표적학습이 여전히 정서경험으로 존재하는지를 확인하기 때문이다.]

내담자: [침묵, 이어서 갑작스러운 유쾌한 웃음] 재미있네요! 그런데, 뭐야? 내가 왜 그렇게 생각했지? [이는 변형절차에 의해 증상 친화적 스키마가 성공적으로 부정되고 효력을 잃었으며 제거되었음을 나타내는 초기 표식이다.]

심리치료자: 당신이 아는 내용이나 머릿속의 좋은 아이디어만 말해도 왜

아버지처럼 거만하고 둔하며 지배적인 사람이고, 그걸 다른 사람
들이 싫어할 것이라고 생각했을까 그런 뜻인가요?

내담자: [다시 웃으며] 네!

심리치료자는 공감하면서 자연스럽게 변형절차의 3단계인 병치경험을 4번이나 반복하도록 안내하였다. 이러한 병치경험들은 모순된 지식과 문제의 정서학습을 근본적으로 제거하는 깊은 변화가 일어나는 중요한 순간들이다. 각 병치경험은 증상 친화적 스키마를 완전히 그와 모순된 지식과 동시에 경험하도록 구성되며, 이때 두 지식은 현실처럼 생생하게 느껴지지만 둘 다 사실이 아닐 수도 있다. 내담자 입장에서는 완전히 모순되고 둘 다 현실처럼 느껴지는 개인적 진실을 동시에 느끼는 것이 특이한 경험이다. 그러나 기존 학습을 새로운 학습으로 대체하기 위해서는 반드시 이러한 경험이 필요하다. 이렇게 파격적인 경험적 부조화는 인지적 부조화 현상의 연장선으로 보일 수도 있다(Festinger, 1957). 재공고화 연구는 이렇게 반복되는 병치경험 속에서 모순된 지식이 증상 친화적 구인을 대체하는 새로운 학습의 역할을 한다는 사실을 보여 준다.

심리치료자가 두 가지 지식(자신 있게 말하면 리처드가 아버지처럼 불쾌한 사람이 될 것이라는 지식과 그런 결과가 일어나지 않는다는 지식) 모두를 똑같이 인식하고 공감했다는 사실에 주목해야 한다. 사실, 심리치료자는 이 두 가지 지식을 다 명시적으로 강조함으로써, 필요할 때마다 리처드가 자꾸 그 두 가지를 함께 인식하도록 안내하였다. 병치경험이 성공적으로 이루어지려면, 내담자는 서로 양립할 수 없는 두 가지 지식에 개방적으로 주의를 유지하도록 안내받아야 하고, 특히 두 가지 지식 모두를 기꺼이 수용하는 심리치료자의 태도가 매우 중요하다. 이와 반대로, 심리치료자가 증상 친화적 지식의 오류를 보여 주기 위해 모순된 지식을 활용하려 하면 증상 친화적 스키마를 반기지 않고 억압하게 된다. 그렇게 되면 진정한 병치, 시냅스 열림, 변형적 변화를 유도하기가 어려울 것이다. 그 이유는 두 지식을 사실처럼 경험하고,

서로 조화될 수 없다는 느낌이 강할 때에만 병치경험에 꼭 필요한 부조화가 일어나기 때문이다. 한쪽 편을 들면, 내담자가 사실로 생각해야 할 것을 스스로 판단하는 과정을 방해하는 셈이다. 병치경험을 마련할 때 심리치료자는 내담자의 뇌와 마음이 기존의 정서적 스키마를 수정하는 데 필요한 조건에 부응하도록 해야 한다. 심리치료자는 정서학습을 수정하는 내담자의 내적 능력에 협력하고 이를 신뢰하는 태도를 유지해야 한다.

Ecker와 Hulley(1996, 2000a, 2000b)가 초기에 병치경험을 기존의 학습된 반응을 변형적으로 바꾸는 마음과 뇌의 내적 요건으로 정의했을 무렵에는 신경과학자들이 변형절차를 확인하지 않은 시기였다. 이후에야 일관성치료에서 정의된 병치경험이 기억 재공고화 연구에서 확인된 변형절차를 제대로 구현한 것임이 분명해졌다. 몇 분간 지속되는 성공적인 병치경험만으로도 내담자는 증상 친화적인 정서적 스키마가 이전과 달리 정서적 영향력이 없음을 알게 된다. 증상 친화적 스키마가 형성되어 수십 년 동안 삶에 제약을 가해 왔지만, 그로 인한 구속이 갑자기 사라지고 지속되었던 증상들도 가볍게 사라진다(한 가지 이상의 증상 친화적 스키마가 있다면, 그런 경우에는 증상 박탈을 위해 각 스키마를 모두 제거해야 한다).

일관성치료의 병치경험은 인지적 재구조화 기법(인지행동치료의 주요 요소; Frojan-Parga, Calero-Elvira, & Montano-Fidalgo, 2009)이나 인지적 탈융합(Deacon, Fawzy, Lickel, & Wolitzky-Taylor, 2011)과 다르다. 인지적 재구조화와 인지적 탈융합에서는 모두 심리치료자가 내담자의 증상을 유발하는 신념을 '비합리적' '부적응적' '병리적'이라 말한다. 그리고 심리치료자는 내담자에게 신념의 내용(인지적 재구조화)이나 그 기능(인지적 탈융합)을 반대하거나 줄이려는 반작용적 의도를 전달한다. 그러나 앞에서도 강조한 바와 같이 병치경험은 절대 반작용적이거나 반박하는 멘트로 안내하지 않는데, 그런 멘트는 변형적 변화(증상을 유발하는 구인을 그저 억제하는 것이 아니라 실제로 제거하는)를 가져오는 데 필요한 정서적·신경적 과정을 배제하기 때문이다. 또한 인지적 재평가 기법과 마찬가지로 인지적 재구조화는 주로 기존의 신념을 인지적으로 반박하며 실행되는 경향이 있다. 정서학습을 변형적으로 바꾸는 병치경험에는 이와 정반대의 경험적 과정이 필요하고 활용된다.

스키마 제거의 검증(V단계)

3단계 이후에 "이제 두 가지를 다 알고 느껴 보니 어떤가요?"라는 심리치료자의 질문은 V단계의 시작으로, 증상을 유발하는 스키마가 제거되었는지를 확인하는 첫 탐색이다. 스키마가 제거되면, 그 장면에서 항상 나타났던 친숙한 정서적 통제가 아예 사라지고, 내담자의 반응에서도 그런 부재와 그처럼 놀라운 부재에 대한 내담자의 감정이 드러난다. 그 반응은 조용히 눈을 깜박이는 것에서부터 이제 '그렇게 느낀 것'을 상상하기만 해도 '어리석고' '우습고' '터무니없어' 보인다며 재미있어하는 모습, 갑작스러운 해방감과 행복감에 진정한 기쁨을 표현하는 유쾌한 웃음, 새로운 의미를 인식한 놀라운 탄성, 자신과 타인에 대한 연민에 이르기까지 다양하게 나타난다. 혹은 어떤 경우에는 변화에 수반되는 상실감이나 혼란으로 고통이 따르기도 한다.

회기가 끝나갈 무렵, 심리치료자는 "이 새로운 관점들 중 몇 가지를 카드에 적어서 당신이 그런 관점을 가질 때의 느낌을 계속 유지하는 것은 어때요?" 하고 물었다. 결국 두 사람의 노력으로 다음과 같은 카드가 만들어졌다.

> 내가 아는 것을 자신 있게 말하면 나도 아버지처럼 거만하고 둔하며 지배적으로 보일 것이고, 그로 인해 미움받을 것이라는 생각이 항상 확실해 보였다. 그런데 회의실을 둘러본 후 그렇게 보이지 않는다는 사실을 알고 매우 미묘한 기분이 들었다.

리처드는 매일 출근 전에 그 카드를 읽었고, 하루 일과 중 회의시간에 한 번 더 읽었다. 이를 통해 병치경험을 계속 반복하였고, 이는 매우 바람직하였다. 왜냐하면 몇 번만 반복해도 지속적인 제거가 가능할 때도 있지만, 일부 증상 친화적 스키마는 맥락 범위가 넓어서 다양한 맥락의 경험을 담당하는 몇몇 다양한 기억체계와 관련되어 기억에 광범위하게 존재하기 때문이다. 그러므로 회기 간 과제를 활용하여 가능한 한 오래 다양한 맥락에서 병치경험을 반복하는 3단계로 나아가는 것이 현명하다. 심리치료자는 "직장에서 당신은 이 카드에 쓰인 것을 보기만 하면 돼요. 자신 있게 말하거나 달리 행동하려고 할 필요가 없어요."라고 강조했다.

일주일 후의 네 번째 회기에서 리처드는 다음과 같이 보고했다. "정말로 무언가가 변했어요. 저는 직장에서 정말 달라진 느낌이 들어요. 하지만 내가 불안하지 않으면 어떤 느낌이 들지 생각했던 것과 달라요. 저는 제가 천재라도 된 것처럼 너무 자신만만할 것이라 생각했지만, 그렇지는 않았어요. 변화는 제가 더 이상 불확실성과 불안을 느끼지 않는다는 것뿐이에요. 그게 큰 안심을 주었지만, 그 이상은 아니에요. 정말 평범해요. 제가 말을 하거나 기여할 것이 있을 때, 저는 그저 말하죠. 별일 아니에요."

심리치료자는 "음-흠. 그건 매우 큰 변화네요. 그 말을 듣게 되니 정말 기쁘네요." 하고 대답했다. 이어서 그는 목소리를 더 낮춰 다음과 같이 덧붙였다. "그런데 말해 보세요. 당신이 말할 내용이 있어서 그걸 그냥 말했을 때, 아버지처럼 잘난 척하는 것으로 보이고 미움 받을 것 같은 위험이 느껴졌나요? 그런 위험에 대한 당신의 두려움은 어떤가요? 그리고 그것으로부터 당신 스스로를 보호하려는 마음은 얼마나 급하게 느껴졌나요?" 심리치료자는 의도적으로 V단계를 다시 실행하였고, 그 스키마가 남아 있는지를 확인하기 위해 이전에 리처드의 증상 친화 상태를 직접적인 정서경험으로 떠올리는 데 효과적이었던 단서를 활용하였다. 그 이유는 병치경험 이전에 증상 친화 상태를 활성화시켰던 단서나 맥락에 의해 그 상태가 더 이상 활성화되지 않아야 비로소 제거가 제대로 된 것이기 때문이다. 제거 표식을 확인하는 경험적인 변형 검증방식은 일관성치료의 방법론에서 중요한 마지막 단계다.

리처드는 이 질문을 받고 심리치료자를 조용히 몇 초간 응시한 후에 다음과 같이 대답했다. "글쎄요. 뭐라고 말해야 할지 모르겠어요. 그저 내가 말할 수 있는 것은 그것이 더 이상 나에게 문제가 되지 않는다는 것이에요. 그리고 당신이 그렇게 말하는 것을 듣고 나서, 예전에 제가 그랬다는 것이 좀 낯설게 느껴져요. '내 문제가 뭐였지?'와 같은 거랄까요."

　　이 대답은 증상 친화적 스키마가 이전의 정서적 영향력을 완전히 상실했음을 나타내는 중요한 특징을 한 번 더 보여 주었다. 증상 친화적 스키마가 약해져서 별다른 노력 없이도 증상에서 해방된 상태를 유지하는 것은 치료적 재공고화 과정의 전형적 특징이며, 성공적인 일관성치료의 주요 징후다. 해방적인 변화의 특성은 사회불안을 보인 또 다른 남성 내담자의 사례에서도 잘 드러났으며, 그는 사회적 상황에서 자신이 새로 느끼게 된 편안함에 대해 다음과 같이 말하였다. "정말 좋아요. 무언가가 변해서 가능한 거죠. 내가 자유의지로 뭘 하는 것도 아니고 용감해진 것도 아니에요. 내가 두려움을 극복한 것이 아니고, 그냥 두려움을 덜 느낄 뿐이에요."

변형적 변화 대 반작용적 변화

　　리처드와 첫 회기를 시작할 때를 생각해 보자. 지식, 기술 및 기여도 면에서 이미 동료들에게 존경받던 한 남자는 직장에서 자기회의와 불안을 멈추고 싶었다. 그의 불안정한 자신감 부족이 남에게 피해를 주거나 미움 받는 아버지를 닮지 않는 데 중요하다는 인식이나 신호는 전혀 없었다. 반작용적 치료에서는 치료자가 리처드의 '부정확한' 그리고 '비합리적인' 자기회의를 수정하려고 직장에서 증명된 지식과 기술에 대한 리처드의 자신감을 높이려 하기 때문에, 그처럼 긴급한 정서적 필요를 대개 인식하지 못한다. 근원적이고 열정적이며 긴급한 자기회의의 필요가 많이 남아 있으면 지속적인 변화가 일어날 수 있을까? 반작용적으로 덧씌울 경우에 일시적 효과를 볼 수 있으나, 그 방법은 대개 내담자의 아주 강렬하고 암묵적인 증상 친화 상태를 감당하지 못하여 결국 재발될 것이다.

　　리처드는 이후 6주에 걸쳐 2회기의 추가 상담을 했다. 심리치료자는 그에게 슬픔과 같이 오래 치료해야 할 다른 증상이 있는지를 물었다. 리처드는 이에 대해 생각한 후에 그가 방문해서 얻은 변화 외에 별다른 치료가 필요하지 않다고 말했다.

곤란한 문제와 저항

이 사례는 흔히 나타나는 간단한 일관성치료의 전개과정을 보여 주는 것으로, 일관성치료를 소개할 때 유용한 예다. 그러나 일부 내담자에게는 복잡한 문제가 발생하기도 한다. 증상 친화적 스키마를 인출하기 위해 몇 번씩 발견과 통합을 오가는 사이클이 필요할 수도 있다. 스키마에는 내담자가 처음에 너무 고통스러워 한 번에 다 인식할 수 없는 감정, 지식, 의미, 기억이 포함될 수 있기 때문에 작은 단계로 나누어 서서히 접근해야 한다. 마찬가지로 스키마는 극도로 해리될 수 있어서(가령, 외상기억으로 인한 사례에서), 꾸준히 인식하려면 통합경험 과정이 길어질 수도 있다. 증상을 유발하는 스키마가 하나 이상일 경우에는 스키마별로 발견, 통합 및 변형 단계가 필요하다. 혹은 어떤 단계에서 저항이 발생할 경우에는 저항을 없애기 위해 저항에 적합한 발견, 통합 및 변형 과정이 필요하다. 이런 경우에는 리처드의 사례에 비해 작업이 더 복잡해지고 회기 수가 늘어나겠지만, 일관성치료의 방법론은 이 복잡한 문제들을 다 다룰 수 있다. 이처럼 복잡한 문제들 중 일부는 2부의 사례에서 비중 있게 다뤄질 것이다.

저항은 종종 변형절차에 대한 반응으로 나타난다. 4장에서 테드의 사례를 통해 알게 되겠지만, 계획과 안내가 철저한 병치경험의 경우에도 증상 친화적 요소가 많이 남아 있을 수 있다. 이는 어느 수준에서 내담자가 실재에 대한 오랜 증상 친화적 모델을 제거할 때 나타날 것이라 예상하는 어떤 혼란, 상실, 고통, 두려움에 대한 저항 때문에 불일치 및 제거 과정에 문제가 생길 수 있음을 보여 준다. 실재로 여겼던 부분을 제거하면 상당한 정서적 적응이 필요할 수 있다. 개인적 구인을 제거하는 것은 하향식 처리과정이다. 즉, 의식적이든 무의식적이든 정서적 결과를 내담자의 정서 뇌에서 견딜 수 있다고 느끼는 정도에 따라 진척 여부가 달라질 수 있다. 그 과정의 본질은 결코 기계론적이거나 신경학적인 것이 아니다. 따라서 어떠한 저항이라도 민감하게 존중하고 다루어야 하며, 일관성치료에서는 저항 자체에 일관성치료를 적용하여 이 문제를 해결한다. 심리치료자는 저항을 새로운 '증상'으로 간주하며, 증상 친화적 스키마 제거를 허용하기에 너무 벅찬 특정의 상실, 고통, 두려움을 인식함으로써 저항의 근원인 일관된 욕구를 발견하도록 안내한다. 이 작업을 통해 스키마가 제거되더라도 모든 영역에서 견딜 만하다고 느껴질 때, 병치경험은 반복되고 그때야 비로소 제거가 순조롭게 일어난다. 적극적·집중적·경험적 방법을 활용하는 단일 스키마에 대한 변형적 저항 작업은 대개 몇 회기만으로 가능하다[일관성 치료에서 저항을 다루는 기법에 대한 연수자료를 보려면 Ecker & Hulley(2011) 참조].

작업을 연장시키는 또 다른 복잡한 문제는 맥락 범위가 넓은 표적 스키마다. 예를 들어, '어떤 분노 표현이든 나를 사랑스럽지 않은 사람으로 만든다'는 (새롭게 언어화된) 구인에 기반을 둔 한 여성의 인출된 스키마와 '모든 여성은 서로 지독하게 경쟁하며 위험하다'는 구인에 기반을 둔 다른 여성의 스키마를 비교해 보자. 두 번째 스키마는 첫 번째 스키마보다 훨씬 더 넓은 맥락에 작용한다. 즉, 여성이 존재하는 모든 상황(직장, 사회적 사건, 친구 방문, 가게 쇼핑, 수업 참여 등)에 작용한다. 다양한 여러 맥락과 관련이 높은 스키마는 각 맥락에 해당하는 각 신경기억 네트워크의 일부다. 치료적 재공고화 과정의 변형절차를 실행하는 병치경험에서는 한 번에 한 맥락만을 다룬다. 따라서 한 맥락의 스키마만 제거되고 다른 맥락에서는 여전히 유효하다. 모든 맥락에 걸쳐 스키마를 제거하려면, 스키마를 포함하는 각 기억 네트워크에서 스키마를 제거하는 맥락별 변형절차(〈표 3-1〉 참조)를 별도로 실행해야 한다. 회기 사이의 생활에서 다양한 맥락에 도움이 되는 유용한 상황을 접하겠지만, 사실 생활에서 관련된 모든 맥락을 접할 때까지 기다릴 필요가 없는데, 그 이유는 치료자들이 관련된 각 상황에서 과거의 경험을 재경험하거나 새로운 경험을 상상하도록 안내할 수 있기 때문이다.

과정 요약

리처드의 사례를 통해 우리는 이제 〈표 3-1〉에서 A-B-C-1-2-3-V로 명명된 치료적 재공고화 과정의 단계에 익숙해졌다. 우리가 지금까지 살펴본 것을 요약하면 다음과 같다.

과정의 단계는 명확하지만, 각 단계는 각 내담자에게 맞게 실행되어야 하며, 정서적 편안함과 임상기술이 요구된다. 이 과정에서 내담자는 삶 초기의 강력한 경험(현재의 증상을 비롯해 어떤 반응을 유도하는)에 적응하느라 형성된 핵심 정서학습을 깊이 느끼고 명료하게 인식하는 경험을 한다. 이어서 내담자는 이렇게 원치 않는 문제의 학습을 완전히 탈학습시켜 제거하는 경험을 한다.

이 과정은 구체적이며 경험적인 세부사항들로 기술된 내담자의 호소 문제나 증상을 확인하면서 시작된다(A단계). 다음 단계는 증상의 근원으로서, 이를 유지시키는 암묵적 정서학습을 명시적 인식 상태로 이끌어 내는 경험으로 구성된다(B단계). 이런 정서학습은 삭제와 제거의 대상이다. 이처럼 새로 인식한 표적학습의 구조를 이해함으로써 내담자에게 정서적으로 중요한 모순된 지식을 확인한다(C단계). 예비적 접근절차인 A, B, C단계에서는 심리치료자가 신경과학자들의 기억 재공고화 연구에서 나타난 바로 그 절차를 따라 표적학습을 탈학습하여 없애는 이후의 1, 2, 3단계(변형절차)를 수행하기 위해 필요한 정보를 수집한다.

변형절차에서는 먼저 증상을 유발하는 학습이나 지식을 재활성화한다(1단계). 이어서 양립 불가능한 두 가지 지식을 병치하는 부조화 경험을 위해 모순된 지식을 활성화한다(2단계). 이 단계에서 실제로 표적학습을 유지하는 시냅스가 열려 표적학습이 새로운 학습으로 대체될 수 있는 기회의 창

(약 5시간 정도의 재공고화의 창)이 열린다. 동시에 두 가지를 경험하는 병치경험(일관성치료에서 명명된 대로)을 반복하여 새로운 학습이 표적학습을 없애어(3단계) 변형절차가 마무리된다. 그다음에 이러한 핵심 표식들을 관찰하여 성공적인 탈학습과 증상 부재를 확인한다(V단계). 이러한 표식들은 다음 절에 요약되어 있다.

  A-B-C-1-2-3-V단계는 구체적인 기법과 무관하게 규정되는데, 이는 어떤 경험적 방법으로든 치료적 재공고화 과정을 촉진할 수 있고 심리치료자의 독창성과 스타일에 따라 달라질 수 있기 때문에 강력한 장점이다. 따라서 치료적 재공고화 과정 자체가 상세히 기술되어 있다 하더라도, 임상가들은 치료적 재공고화 과정을 실행할 때 선호하는 방식을 매우 자유롭고 창의적으로 활용할 수 있을 것이다. 여기서 우리는 각 단계를 구현하고 보여 주기 위해 일관성치료를 사용하였는데, 그 이유는 일관성치료의 방법론적 단계가 치료적 재공고화의 모든 단계와 잘 맞아떨어지기 때문이다. 다른 치료로 이 단계를 실행하는 전혀 다른 방법에 대해서는 6장에서 다룰 것이다.

증상 변화의 표식

  치료적 재공고화 과정의 성공적 수행은 다음과 같은 마지막 검증단계에서 관찰되는 여러 가지 뚜렷한 표식들에 의해 분명히 확인된다.

- 재활성화 부재: 이전에 영향을 주었던 신호, 촉발제 또는 기타 스트레스 상황에 의해 특정 정서반응이 더 이상 재활성화되지 않는다.
- 증상 중단: 정서반응의 표현인 행동적·정서적·신체적 패턴 및 사고 패턴도 영구적으로 사라진다.
- 노력 없이도 증상 부재 유지: 노력이나 어떤 반작용적·예방적 조치 없이도 정서반응과 증상이 계속 재발하지 않는다.

물론 이러한 표식의 중요성은 심리치료의 획기적 발견을 공표하려는 데 있다. 그러나 그게 전부가 아니다. 최근의 신경과학에 따르면, 이러한 표식들은 관련된 정서학습을 신경학적으로 잘 제거했을 때에만 나타나며, 그런 삭제는 기억 재공고화에 의해서만 가능하다는 사실이 중요하다. 따라서 이런 표식들은 심리치료자에게 치료적 재공고화 과정을 성공적으로 수행했음을 분명히 알려 주는 피드백 역할을 한다. 만약 이러한 표식들이 나타나지 않았다면, 이는 결국 치료적 재공고화 과정이 이루어지지 않은 이유를 조사하라는 분명한 신호다. 따라서 표식들은 심리치료자의 효과와 학습을 촉진한다.

변형절차의 편재성

물론 여기에서 다룬 변형적 변화(고통스러운 오랜 정서학습의 확실한 제거)가 병치경험으로 변형절차를 실행하려는 계획이나 의도가 없는 모든 종류의 심리치료에서도 종종 일어날 수 있다. 마찬가지로, 일관성치료 전문가들의 치료에서 병치경험이 일어났다는 분명한 신호가 없어도 이러한 변화가 종종 일어난다. 그런 경우에 내담자의 내면에서 일어난 과정을 탐색해 보면, 우연히 병치경험이 일어났음이 일관적으로 나타났다. 즉, 일어난 일을 엄밀히 검토할 때까지 내담자가 언급하지 않거나 치료자가 인식하지 못했을 뿐이다. 우리가 6장에 제시되는 다양한 유형의 치료 사례에서 순간순간의 과정을 면밀히 분석해 보면, 우리는 깊고 지속적인 변화가 관찰되고 확인될 때마다 치료적 재공고화 과정의 단계를 확인할 수 있었다. 이런 임상적 관찰은 신경과학의 최신 지식(2장에서 다뤄진)이 우리에게 말해 주는 것을 반영하는 것처럼 보인다. 최신 지식에 따르면, 변형절차는 정서학습의 신경학적 삭제를 유도하는 유일한 내생적 행동과정이다.

이는 어떤 형태의 치료과정에서든 심리치료자들이 심오한 변화가 일어난 이유를 확실히 모르더라도 다행히 제거 표식을 관찰했다면, 우리는 심리치료자가 깨닫지 못했을 뿐 병치경험이 일어났다고 확실히 추론할 수 있다는 의미다. 그다음에 우리는 개방적 질문을 던져서 내담자가 병치경험을 찾아 분명히 설명하도록 유도할 수 있을 것이다. 이는 내담자에게 큰 치료적 이점을 준다. 병치경험이 명료해지면, 내담자는 선행지식의 탈학습과 진보를 인식할 뿐만 아니라 그렇게 할 수 있다는 사실도 인식할 것이다. 게다가 어떻게 병치경험이 일어나는지와 이를 촉진하는 능숙하고 효율적인 방법을 직접 관찰하고 학습하는 과정은 심리치료자들에게 상당한 이점을 준다.

결론

이 장에서 우리의 목표는 실제적인 치료적 재공고화 과정을 제시함으로써 내담자와 심리치료자 모두에게 그 가치가 대단함을 보여 주려는 것이었다. 이를 통해 삶 초기에 형성되어 오랫동안 다양한 증상의 근본 원인이었던 문제의 정서적 실재를 없애기 위해 새로 인식한 뇌와 마음의 영향을 제대로 활용한다. 이러한 과정은 만성적인 핵심 고통을 철저히 제거하여 증상을 없애며, 그렇게 함으로써 증상과 내담자의 자아인식을 병리적으로 보는 대신 자신에 대한 근본적 타당성과 일관성을 심어 준다. 새로운 학습으로 기존 학습을 제거하여 얻은 그러한 해방감이야말로 치료에서 추구하는 이상이다.

우리가 이러한 변화를 대부분 경험적·신경학적으로 이해한 지금(하향식·상향식 렌즈를 통해), 이 정도의 획기적인 치료효과는 운이나 직관에 의해 가끔 발생하는 예측 불가능한 성공이 아니라 심리치료자와 상담자의 일상에서 자주 일어날 것이다. 내담자들이 "지금껏 나는 내가 문제가 있다고 생각했어요. 나는 처음으로 내가 경험한 것에 반응해 왔음을 알았어요. 그리고 지금은 그러한 방식으로 반응하는 것을 다 이해할 수 있어요. 나 자신이 괜

찮은 걸 알고 나니 얼마나 안심이 되는지 몰라요!"라고 말할 때마다 우리는
기쁨을 느낀다.

다음 장에서는 변형절차를 구현하고 문제의 정서학습을 없애는 데 매우
중요한 병치경험 구성기법을 중점적으로 살펴볼 것이다.

제4장 근본적인 변화의 순간

나를 과거의 나로 생각하지 말라.
– William Shakespeare, 『헨리 4세(King Henry IV)』, 2부

우리는 스키마나 정서학습이 호소 증상의 근본 원인일 때 스키마를 직접적이고 명시적인 경험으로 인출한 후 신경과학자들이 재공고화 연구에서 확인한 것과 동일한 일련의 경험으로 완전히 탈학습하여 제거할 수 있음을 알고 있다. 또한 증상의 근원인 동시에 증상을 필요로 하는 스키마가 사라지자마자, 그러한 증상들이 사라진다는 사실도 알고 있다. 〈표 3-1〉에 요약된 바와 같이, 이렇게 스키마의 인출과 제거를 가능케 하는 방법론을 치료적 재공고화 과정이라고 한다.

이 장에서는 확실한 변형적 변화의 중요한 순간들과 이러한 순간들을 가능케 하는 구체적인 방법들을 조명하고자 한다. 다음에서 우리는 당신이 완벽한 변화의 결정적 요소가 병치경험이라는 3장의 내용을 알고 있다고 가정한다. 또한 준비된 병치경험이 무엇을 요구하는지와 그 경험이 언제 작용하는지에 대해서도 알고 있다고 간주한다(접근단계 후에는 치료적 재공고화 과정의 A-B-C단계). 기억 재공고화를 통해 정서학습을 제거하는 일련의 경험이

나 과정들을 어떻게 구현할 것인지(변형단계인 1-2-3단계)와 완벽한 변화의 분명한 표식으로 나타나는 것에 대해서도 역시 마찬가지다.

이러한 전제를 바탕으로, 이 장에서는 내담자와 함께 병치경험을 이끌어 가는 기법과 방법을 공부할 것이다. 실제로 여기에서는 〈표 3-1〉에서 얼핏 본 아주 큰 그림의 좀 더 세세한 부분을 자세히 들여다볼 것이다. 이 장에서는 총 7단계로 구성된 치료적 재공고화 과정 중 특히 한 단계를 자세히 살펴볼 것이다. 이는 증상을 유발하는 스키마의 핵심 실재를 규정하는 구인과 극명하게 모순된 생생한 정서지식을 찾는 C단계다. 이 단계는 시냅스를 열어 구인을 제거하는 병치경험을 준비하는 단계로, 이를 반복하면 변형절차(1-2-3단계)가 마무리된다.

우리는 일관성치료를 계속 기본 틀로 활용할 것이고, 6장에서는 다른 심리치료 방법으로 병치경험을 이끌어낼 수 있음을 보여 줄 것이다. 이 장의 사례 중 하나에서는 병치경험 과정에서 나타난 스키마 제거에 대한 저항을 다루면서, 그런 저항을 어떻게 작업하여 제거할 수 있는지를 보여 줄 것이다.

당신은 치료적 재공고화 과정을 촉진하기 위해 자신이 구사할 수 있는 다양한 방법을 부담 없이 이용할 수 있다고 믿기 때문에 치료적 재공고화 과정에서 성공할 것이라는 자신감이 커질 것이다. 이 과정에서는 필요한 일련의 단계에 집중하는 인지능력과 더불어, 내담자의 미해결된 정서적 취약성에 공감적으로 조율하는 기능을 활용한다. 이 장에서 당신은 완벽한 변화를 위한 핵심단계가 얼마나 명료하고 효과적이며 확실한지를 알 뿐만 아니라, 이처럼 유연한 과정을 배우고 활용하며 확인할 수 있을 것이다.

탈학습을 위한 표적 확인

C단계에서 필요한 불일치하고 모순된 지식 찾기는 증상을 요하는 스키마에 담긴 내담자의 특정 정신 모델에 있는 구인을 이미 밝히고 확인한 B단계

를 바탕으로 이루어진다. 인출된 증상 친화적 구인에 익숙해져 치료자가 적
응하면, 결국 치료자는 드러난 모순된 지식의 징후를 찾는 데 아주 민감한
'안테나'와 의식이 생긴다. 따라서 이러한 맥락에서는 우리가 증상 친화적 스
키마에 담긴 정신 모델의 구조에 대해 3장의 내용을 간단히 검토하는 것도
유용할 것이다.

　모든 증상 친화적 스키마에는 심각한 문제(즉, 빨리 피하고 싶은 특정 고통)
를 규정하는 구인과 그 문제에 대한 내담자의 해결책을 규정하는 구인(고통
을 피하는 데 꼭 필요한 기술과 전략)이 포함되어 있다. 이 해결책을 위해서는
직접적으로든 간접적으로든 호소 증상이 발생해야 한다. 직접 필요한 증상
은 그 자체가 불가피한 전략이라서 기능적이다. 간접적으로 요구되는 증상
은 실행되든 아니든 필요한 전략의 불가피한 부산물이지만, 그 자체로는 기
능적이지 않다.

　문제와 해결책을 규정하는 모든 구인은 인식해서 정서적 진실로 느끼고
정확히 언어화할 때까지 암묵적이며 비언어적으로 존재하는 정서학습이다.
제거의 표적으로 선택된 구인은 증상을 필요로 하는 스키마의 문제나 해결
책을 규정하는 부분에 존재할 수 있다[증상 친화 도식의 구조와 그런 도식의 구
인 특성에 대한 자세한 설명은 Eecker & Hulley(1996, 2000b, 2011) 참조].

　한 예로, 3장에 나왔던 리처드의 사례에서 인출된 증상 친화적 모델을 고
려해 보자. 문제를 규정하는 구인과 해결책을 규정하는 구인에서 당신은 무
엇을 깨달았는가? 그가 보이는 증상은 직장에서의 자기회의, 불안, 염려, 자
기억제였으며, 그때 인출된 증상을 요하는 스키마는 다음과 같이 언어화되
었다.

　　나는 아무리 옳은 일에 대해서라도 자신 있게 말하면 모든 사람에게 잘
　난 체하던 아빠처럼 될 것 같았어요. 그러면 내가 그런 아빠를 싫어했듯이
　다른 사람들이 나를 싫어할 것만 같았죠. 그래서 나는 '내가 뭘 알겠어?'라
　고 생각하며 조용히 있는 게 낫다고 생각했어요. 비록 그로 인해 나는 아는

것도 표현하지 못할 정도로 자신감이 부족하고 불안을 느끼게 되었지만요.

당신이 심리치료자이고 이제 이러한 스키마에 익숙해졌으면, 당신은 이 사례의 문제를 규정하는 구인이 다음과 같음을 깨달을 수 있을 것이다. '나는 아무리 옳은 일에 대해서라도 자신 있게 말하면 모든 사람에게 잘난 체하던 아빠처럼 될 것 같았어요. 그러면 내가 그런 아빠를 싫어했듯이 다른 사람들이 나를 싫어할 것만 같았죠.'

또한 당신은 해결책을 규정하는 구인이 다음과 같다는 것도 알 수 있을 것이다. "나는 '내가 뭘 알겠어?'라고 생각하며 가만히 있는 것이 낫다고 생각했어요." 여기에는 문제를 해결하는 일반적인 전략을 규정하는 구인(나는 조용히 있는 것이 낫다고 생각했어요)과 그 전략을 실행하는 특정 전략을 규정하는 구인('내가 뭘 알겠어?'라고 생각하며)도 포함되어 있다. 그리고 당신은 해결책을 규정하는 구인에서 다음과 같이 언어화될 수 있는 암묵적 구인이 있음을 알 수 있을 것이다. '문제를 이렇게 해결하면, 나는 훨씬 더 나을 거야.' 이 구인은 해결책을 규정하는 어떤 구인에서나 항상 암묵적으로 존재하며, 그런 까닭에 간과하기 쉽다. 또한 이 구인은 이 장에서 소개될 샬럿의 사례에서처럼 인출 작업에서 명확해질 수 있다.

당신이 내담자의 증상 친화적 모델의 구인에 익숙해지면, 당신은 어떤 구인이 불일치와 제거의 표적으로 가장 적절할지를 고려할 것이다. 이를 위해 각 무리에 있는 구인을 각기 살펴보면서 스스로 다음과 질문들을 던지라. "다른 구인들은 어떤 구인을 바탕으로 존재하는가?" 이런 식으로 당신은 상위구인(master constructs)을 찾아낼 수 있을 것이다. 연습 삼아, 다음 문단을 읽기 전에 리처드의 사례로 그 질문에 답해 보기 바란다. 상위구인이 제거되면 다른 하위구인들도 제거되기 때문에 상위구인은 탈학습과 제거의 표적구인을 선택할 때 최적의 구인이 될 것이다. 병치경험으로 제거할 상위구인을 정하는 것이 치료에 가장 빠른 돌파구가 될 것이다.

우리의 생각에 리처드의 문제를 규정하는 상위구인은 표현된 자신감을 아버지와 동일시하는 그의 인식이었다. 우리는 이러한 흑백논리, 양자택일 구인을 그의 상위구인으로 보았다. 그 이유는 그 구인이 제거되면(즉, 리처드가 자기의 자신감은 아버지의 자신감과 달라서 미움 받지 않을 것임을 깨닫게 되면) 증상 친화적인 모델의 다른 구인들이 존재할 기반이 없고, 전체 스키마가 제거되며, 미움을 피하기 위한 자기억제가 더 이상 필요하지 않기 때문이다. 문제를 규정하는 구인이 제거되면, 해결책을 규정하는 구인 역시 더 이상 지지 기반이 없기 때문에 사라질 것이다. 그러한 연쇄적 제거는 다양한 유형, 다양한 수준에서 몇 가지 의미 있는 변형적 변화를 가져올 것이다.

표적구인을 '약간의 자신감 표현마저도 아버지와 동일시하는 것'으로 확인한 리처드의 심리치료자는 그런 특정 구인의 모순에 주목해서 직장에서 생긴 일이 리처드에게 모순된 지식에 대한 생생한 경험(바로 성공적인 병치경험으로 이어지는)을 제공하는 것임을 바로 인식하였다. '약간의 자신감 표현마저도 아버지와 동일시하는 것'을 제거하면, 문제가 사라져 자기억제나 자기회의와 같은 리처드의 증상 요구도 사라진다. 그는 이제 중요한 문제는 지식이나 자신감 부족(그는 그렇게 느껴 왔지만)이 아니라, 오히려 자신감이나 지식으로 인해 자신이 미움받을 것이라는 두려운 예측임을 알았고, 그런 예측이 이제 더 이상 존재하지 않음도 알았다. 리처드의 사례에서 문제를 규정하는 구인은 바로 제거할 표적이었다. 다음의 일부 사례에서는 해결을 규정하는 구인에 대해 살펴볼 것이다.

불일치 지식의 원천

당신과 내담자는 표적구인과 모순되는 생생한 지식을 내담자의 광범위한 지식 저장고나 회기 간 일상에서의 새로운 학습경험 혹은 회기 중 유도된 경험에서 발견할 수 있다.

많은 내담자가 증상을 요하는 스키마와 모순되는 생생한 지식을 이미 가지고 있다는 말이 역설처럼 들릴 수도 있다. 그러나 신경과학에서는 이러한 상황에 대해 바로 다음과 같이 설명하고 있다. 서로 상반되는 두 지식은 다른 기억체계에 별도로 저장되어 있다. 중상을 요하는 스키마는 항상 암묵적 정서기억에 존재하는 반면, 모순된 지식은 대개 최근에 형성되며 당연한 배경지식으로 의식기억에 저장된다. 결국 두 가지 지식은 불일치와 제거를 위해 필요할 때처럼 의식적으로 병치해서 경험하는 경우를 제외하고는 서로 접할 일이 없다. 임상 경험을 바탕으로, 우리는 모든 내담자의 1/2에서 2/3(일반적인 비전문적 치료 장면에서)가 이미 증상 친화적 스키마를 반박하는 데 활용할 수 있는 정서적으로 강한 개인적 지식이 있다고 판단한다.

두 가지 원천(기존 지식과 새로운 경험)의 이용 가능성 덕분에 치료적 재공고화 과정을 안내할 때 치료자들이 상당한 유연성과 창의성을 발휘할 수 있다.

사례연구와 기법

다음의 각 사례에는 치료적 재공고화 과정의 전개단계가 매우 뚜렷이 나타나 있다. 특히 내담자가 인출한 증상 친화적 스키마, 그중에서 심리치료자의 표적구인 선택, 모순된 지식을 찾기 위해 활용된 방법, 심리치료자가 병치경험을 위해 모순된 지식을 활용하여 변형절차인 1-2-3단계를 실행하는 방식이 명확히 나타나 있다. 당신은 이 단계들 속에서 내담자의 경험에 깃든 정서적 깊이와 의미를 알게 될 것이다. 이처럼 골치 아픈 핵심적 정서 주제를 탈학습시키는 과정은 매우 심층적인 작업이다.

일관성치료에서는 모순된 지식을 찾아내기 위해 많은 기법을 활용하고 있으며, 그런 기법을 담은 매뉴얼에는 이미 수십 개 이상이 소개되고 있고 (Ecker & Hulley, 2012), 틀림없이 심리치료자들은 더 많은 기법을 찾아낼 것이다. 3장에서는 현재의 정반대 경험을 활용하는 기법을 살펴보았다. 이 장에서는 2개의 다른 기법을 제시하며, 5장에서는 2개를 더 소개할 것이다. 이 장의 마지막 표에서는 사례를 발견된 호소 증상, 표적구인, 모순된 지식과 이 지식들을 찾는 데 활용된 기법에 따라 항목별로 정리하였으며, 5장의 말미에도 비슷한 표를 제시할 것이다.

참고를 위해 3장에서 언급한 변형절차의 3단계를 검토하면 다음과 같다.

- 1단계: 증상을 요하는 정서지식을 재활성화시키기. 특히 다음 단계에서 반박할 표적구인을 강조하기
- 2단계: 모순된 지식을 생생하게 경험하도록 환기시키기. 표적구인과 관련된 시냅스를 여는 초기 병치경험
- 3단계: 2~3회 이상 병치경험을 반복하도록 안내하기. 병치경험으로 표적구인을 제거하기

옛 애인에 대한 강박적 애착

불일치 발견기법

증상을 필요로 하는 스키마를 찾아 명시적 진술을 유도하는 경험적 활동만으로도 스키마의 통합을 촉진하는 데 아주 효과적일(3장에서 살펴본 것처럼) 뿐만 아니라 부조화 탐지가 시작된다. 사실, 많은 사례에서 기존의 모순된 지식을 효율적으로 찾는 부조화 탐지는 뇌의 선천적 기능이다.

뇌 속에는 현재의 경험과 의식 혹은 의식에 가까운 지식 사이의 모순을 찾아내는 특정 영역이 존재한다. 이는 당신이 우연히 지인을 만났을 때 그의 외모가 변한 것을 분명히 감지하면서도 정확히 어떤 것이 바뀌었는지는 잘 모를 때의 경험과 유사하다. 이때 당신은 마음속으로 뭐가 달라졌는지 계속 생각할 것이며, 마침내 그의 콧수염이 바뀌었음을 발견할 것이다. 신경과학자들은 이렇게 뛰어난 탐색기능을 '오류 탐지'라 한다. 그러나 보다 복잡한

심리치료 영역에서는 이를 불일치 혹은 부조화 탐지로 보는 것이 더 적합해 보인다.

내담자의 명시적 기억 네트워크는 명시적으로 인식된 증상 친화적 스키마를 새로운 정보 입력으로 파악하며, 부조화된 정보, 즉 기존의 모순된 지식을 자연스럽게 탐색하기 시작한다(사실, 2장에서 설명한 바와 같이 현저한 부조화를 인식하면 뿌리 깊은 정서학습을 유지하는 시냅스를 열어 새로운 학습으로 기존 학습을 제거한다). 내담자가 증상 친화적 스키마를 만들어 내는 무의식적인 구인을 인식하고, 느끼고, 언어화하는 순간, 내담자의 뇌에서는 각 구인들의 부조화를 탐지한다. 기존의 개인적 지식을 담은 거대한 저장고와 비교하여 인출된 구인들을 각각 점검하면서 말이다.

이 과정은 매우 강력하지만 완벽하지 않아서 증상 친화적 구인과 불일치하는 기존 지식을 놓칠 수 있다. 그런 상당수의 사례에서 이 과정은 성공적이며 내담자의 관심을 필요한 모순된 지식으로 유도하여 증상을 유발하는 증상 친화적 스키마를 탈학습하고 제거할 수 있다. 이렇게 내담자의 뇌에 내장된 부조화 탐지자는 모순된 지식을 찾는 아주 중요한 자원이다. 이 사례와 다음 사례에서 실제로 이 과정을 살펴볼 것이다.

증상 확인

'샬럿'은 37세의 미혼 여성이다. 비판적이고 과잉 집착하는 어머니와 알코올 중독자로 거부적인 아버지의 외동딸이었으며, 그녀의 부모는 그녀가 12세 때 이혼했다. 그녀는 옛 애인인 '니나'에 대한 고통스러운 강박적 '집착'을 끝내고 싶어 상담을 원했다. 사실 8년 동안의 연인관계를 끝내고   2년이 지난 지금까지도 이 고통이 지속되고 있었다.

첫 회기 초반에 샬럿은 "실제로 두 사람이 근원적으로 연결되어 하나인 것처럼 느낄 수 있던 관계였어요. 마치 자궁 속에서 엄마와 아이가 연결된 것과 같았죠. (웃음) 아시다시피, 그런 연결을 잃는 것은 너무 고통스러웠어요."라고 말했다. 곧 그녀는 다음과 같이 덧붙였다. "저는 오늘 아침 일어나서 그녀에게 전화를 걸었고 결국 주체할 수 없이 흐느꼈어요. 드문 일은 아니죠. 물론 내 말은 매일 그러지는 않는다는 뜻이에요. 하지만 그녀나 그녀와 관련된 감정 문제를 다룰 때면 나는 바로 소리를 질러요. 그녀가 나를 이해하지 못한다는 사실에 정말 화가 나요. …… 나는 그녀와의 연결에 너무 집착하고 있어요. …… 그런 근원적 연결 없이도 내 생활이 더 평화로워야해요."

증상 일관성 찾기

샬럿이 반복해서 언급한 '근원적 연결'은 심리치료자에게 샬럿의 강박을 일으키는 암묵적인 정서적 스키마가 애착 유형(안전을 위해 깊이 융합된 유대에 바탕을 둔)과 관련된 것으로 보였다. 스키마를 인식하도록 유도하기 위해, 심리치료자는 간단한 문장완성검사를 실시했다. 나는 그녀에게 '나는 이 관계가 끝나면, _____.'이라는 문장을 제시한 후 깊이 생각하지 말고 문장을 바로 완성하라고 말했다. 그동안 문장완성검사는 경험적·투사적 기법으로 다양한 분야에서 오랫동안 사용되어 온 기법이고, 일관성치료에서는 발견 작업을 위한 기본 기법 중 하나로 활용되고 있다(Lah, 1989; Rhode, 1957; Soley & Smith, 2008).

샬럿은 빈칸을 채워 문장을 완성하고는 눈물을 흘렸다. 그녀가 완성한 문장은 '나는 이 관계가 끝나면, 나를 잃는다.'였다. 이 문장을 보고 샬럿 자신도 놀랐으며, 심각하게 느꼈다. 심리치료자에게는 샬럿이 애착 융합에 의존하고 있음이 확실해 보였으나, 심리치료자가 그녀에게 그 문장이 무엇을 의미하는지 아느냐고 묻자, 그녀는 모른다고 대답했다. 그 회기의 후반에 그 말의 의미를 다시 한 번 묻자, 그녀는 "나는 (관계를 유지하는 동안) 내 삶을 제대로 볼 수가 없었어요. 왜냐하면 당신도 알다시피 나는 그녀의 주변을 맴도느라 정신이 없었거든요." 하고 말했다. 그러자 심리치료자가 '당신이 그녀가 되고 당신이 그녀를 잃는다면 ＿＿＿＿＿＿.'이라는 문장을 채워 보라고 말했다. 이 말에 그녀는 바로 공감하여 정신을 차리고 활기를 띠며 "맞아요. 좋은 관계예요!" 하고 말했다.

이렇게 새로운 인식을 통합하는 절차로, 심리치료자는 샬럿에게 그녀의 옛 애인을 상상해 보고 그 이미지에게 직접 공공연히 말해 보라고 했다. "내 중요한 부분이 네가 되기를 원하고, 이를 포기하려 하지 않아." 다시 눈물 고인 눈으로, 그녀는 그 말을 한 다음 "네, 네. 맞아요." 하고 인정했다. 심리치료자는 이 명시적인 진술을 문장카드에 써서 매일 읽으라는 과제를 제시했다. 그러면 매일 이 명시적 진술을 읽을 때마다 의도적인 융합 추구를 새롭게 인식하는 통합경험을 더 할 수 있기 때문이다.

샬럿이 융합에 대한 자신의 의도와 역할을 깨닫는 것은 일관성치료의 핵심단계이며, 이는 첫 번째 회기에서 증상을 요하는 스키마를 인출하기에 좋은 진전이었다. 그러나 증상 친화적 스키마는 문제와 해결책을 규정하는데, 그 회기에는 융합에 대한 샬럿의 해결책만 확인하였다. 융합으로 해결될 문제(그녀가 융합을 통해 급히 피하려고 하는 주요 애착관계에서의 특정 고통)는 발견하지 못하였다. 심리치료자는 두 번째 회기에서 발견 작업이 문제로 이어져 완전히 인출되기를 기대하였다.

불일치 찾기

그러나 2회기를 다음 대화로 시작함에 따라 샬럿은 명시적 진술이 담긴 문장카드를 읽는 회기 간 과제가 모순된 지식을 강하게 경험하게 한다고 보고했다. "내 중요한 부분이 네가 되기를 원하고, 이를 포기하려 하지를 않아." 확실히 그녀의 뇌에서 부조화 탐지체계가 작동하고 있었고, 그것이 그녀의 관심과 강한 부조화를 일으켰다.

심리치료자: 나는 문장카드가 당신에게 어떤 영향을 미쳤는지 듣고 싶어요.

내담자: 저는 음…… [긴 침묵] 우리가 헤어졌을 때 저는 때때로 제 안에 두
　　　　사람이 있는 듯한 느낌이 들었어요. 한 사람은 그저 오롯한 저 자신
　　　　이고, 다른 한 사람은 관계 속의 저였죠. 어쨌든 헤어졌을 때 때때
　　　　로 그런 생각이 강하게 들었어요. 그리고 그 감정이 다시 돌아온 것
　　　　같은 생각이 들었어요[침묵].

심리치료자: 마지막 회기 뒤에 그런 생각이 들었다는 건가요?

내담자: 네. 지난 2주 동안요. 그녀와 전혀 분리되지 않은 '저'인 것 같았어
　　　　요. 마치 그런 것 같았어요. [강조한다.] 아시다시피, 저는 이것을
　　　　'침묵은 곧 죽음이다'라는 말처럼 여겼어요. "경계가 없음은 죽음이
　　　　야."라고 여길 뿐이에요. 제 말은, 지난 2주 동안 그런 느낌이 들었
　　　　다는 거예요. 저는 '아냐, 이것[융합]은 아니야. 이건 좋지 않아.' 하
　　　　고 계속 생각했어요.

　　이 대화는 증상 친화적 스키마를 명시적 진술로 표현하는 간단한 경험적
실습만으로도 어떻게 뇌의 부조화 탐지활동이 일어나는지를 보여 준다. 심
리치료자는 샬럿의 의식적인 성인자아에 이미 '경계가 없음은 죽음이다'라는
모순된 생생한 지식(애착을 위해 다른 사람과 융합되어 자신을 잃는 일은 스스로
를 망치는 일이란 사실)이 존재한다는 사실을 모르고 있었다. 모순된 지식은
증상을 요하는 스키마를 효과적으로 제거하기 위해 반드시 필요한 것으로,
샬럿에게 단순한 지적 이해를 넘어 이미 정서적 현실이었다.

　　그녀의 증상 친화적 스키마에 담긴, 즉 '행복은 경계가 없는(엄마 자궁 속에
서처럼) 것이므로 나는 융합으로 훨씬 더 행복해진다'는 정서적 지식은 그녀
의 암묵기억에 있는 정서적 지식의 세계 속에서 오래되고 익숙한 것이다. 그
러나 그런 지식은 그녀의 대뇌피질에 있는 의식적인 성인자아(전혀 다른 명
시적 지식세계에 존재하는)에는 새롭다. 융합과 같은 그녀 자신의 적응전략
은 그녀의 의식적 자아에 새로울 뿐만 아니라 놀랍고 충격적이었다. 왜냐하
면 그녀의 의식에서는 융합의 대가를 자신의 자아에 치명적인 것으로 여겼
기 때문이다. 즉, 이는 '난 이 방법으로 더 행복해 질 수 있어.'와 같이 해결책

을 규정하는 구인, 즉 모든 증상 친화적 스키마의 해결책을 규정하는 암묵적 구인과 뚜렷한 모순이다. 따라서 구성된 병치경험에서는 정서적으로 생생한 두 가지 지식인 '난 융합될 때 더 행복해진다.'와 '나는 융합될 때 더 불행해진다.'를 동시에 경험한다. 우리는 이를 '해결책의 달갑지 않은 대가'가 따르는 유형의 모순된 지식과 병치경험이라고 부른다.

만약 샬럿이 아직 모순된 지식이 없다면, 심리치료자는 계획된 대로 증상 친화적 스키마의 문제를 규정하는 부분을 발견하기 위해 계속 노력했을 것이고, 그로 인해 제거할 효과적인 표적으로 다른 구인이 드러날 것이다.

일련의 병치경험 유도하기

내담자와의 대화에서 증상 친화적 스키마를 명시적으로 진술할 때(다른 어떤 통합단계든) 모순된 지식과 병치경험이 일어난 것으로 보이면, 이것이 초기에는 심리치료자에게 모순된 지식(필요할 경우에)을 더 완벽히 유도하는 단서가 되고, 이후에는 이렇게 모순된 지식을 정확히 이해함으로써 변형절차의 요건을 충족시키는 병치경험을 명시적으로 몇 번 반복하도록 유도하는 단서가 된다.

모순된 지식을 명확히 하는 것은 이 사례에서 심리치료자가 다음과 같이 말하는 것처럼 간단할 수 있다. "당신이 '경계가 없는 것은 죽음이다.'라고 말했을 때, 나는 당신의 전반적인 태도에서 당신에게 그것이 단순히 떠오른 생각 정도가 아니라 바로 현실임을 알 수 있었어요. 이런 경계 부족과 누군가와의 융합이 얼마나 가혹한 대가인지에 대해 알고 있는 사실을 좀 더 말해 주겠어요?" 이는 추가적인 말을 이끌어 냈다. "글쎄요. 제가 누군가와 연결된 느낌을 갖기 위해 전혀 경계가 없다면 저는 실제로 제가 누구인지를 다른 사람이 볼 가능성을 계속 포기하고 있었다는 게 분명한 거죠. 제 말은, 이것이 바로 '죽음'이라는 거예요. 제가 실제로 보여 주려고 하지 않는 한 다른 사람들이 절대 볼 수 없겠죠."

이러한 내용을 볼 때, 심리치료자는 이제 병치경험을 반복하도록 유도하기 시작한다. 양립할 수 없는 두 가지 지식에 대해 공감적으로 이야기하다 보면, 이 과정은 다음과 같이 간단히 이루어질 수 있다.

심리치료자: 그럼, 어떤 일이 일어났는지 살펴보기로 해요. 현재 당신이 겪고 있는 것들 말이에요. 우리가 살펴보는 동안 당신이 그것들을 정서적으로 느낄 수 있다면 정말 좋을 거예요. 제가 당신에 대해 이해하기로는 당신의 일부는 니나를 상상하며 매우 중요하고 기분 좋은 강한 유대를 느끼기 위해 당신이 그녀의 감정과 욕구를 살피느라 자신을 놓치게 된다는 사실을 알고 있어요. 당신의 이 부분은 정말로 근원적 연결을 갈망하고 있고, 그렇게 당신이 융합되는 것을 좋게 여겨요. 동시에 또 다른 당신은 전혀 다른 지식, 즉 그녀의 세계와 융합되는 것은 당신이 누구인지를 알 가능성을 포기하는 것이라는 분명한 지식을 가지고 있어요. 이러한 당신은 융합은 산송장이나 마찬가지며 당신에게 좋지 않다고 생각하지요. 이렇게 융합에 대한 두 가지 실재는 전혀 다르나, 당신은 그 둘을 현실로 느끼고 있어요. (침묵. 병치경험의 첫 번째 반복이 이제 완료된다.) 이렇게 다른 두 가지를 한꺼번에 느끼는 것이 어떻게 가능할까요? (이 질문은 두 번째로 반복하는 병치경험에 다시 관심을 갖게 했다.)
내담자: 그동안 내가 왜 나 자신을 잃는 방향으로 생각해 왔는지 모르겠어요. 내가 왜 그런 생각이 나에게 도움이 될 것이라 생각해 왔는지 지금 너무 혼란스러워요.

여기에서 심리치료자가 어떤 지식이 다른 지식에 비해 더 옳거나 타당하다고 일체 제안하지 않은 점에 주목하기 바란다. 이는 증상을 요하는 스키마 제거를 촉진하는 데 매우 중요하다.

우리는 3장에서 "이렇게 다른 두 가지를 함께 느끼니 어떠세요?"라는 심리치료자의 질문이 증상 친화적 스키마가 여전히 남아 있는지 혹은 이미 정서적 힘을 잃었는지를 탐색한다고 말한 바 있다. 앞에 나타난 샬럿의 반응은 후자(재활성화 부재)다. 스키마 제거의 첫 번째 표식이 있을 때, 적절한 과제는 문장을 쓴 카드로, 그 문장을 읽을 때마다 계속 병치경험을 하게 된다. 그런 문장을 협력하여 다듬어서 다음과 같은 문장카드를 만들었다. 문장을 정교하게 만드는 협력적인 과정(그 자체가 병치경험을 또 반복함)이 이 카드에 담겨 있다.

> 저는 근원적 연결이 저를 행복하고 안전하게 만들어 줄 것이라 확신했기 때문에 진심으로 융합을 원했어요. 마치 내가 엄마 자궁 속에 있을 때처럼요. 동시에 이러한 연결 속에서 성인인 내 자신이 얼마나 방황하고 은둔하며 비참함을 느꼈는지 이제 확실해졌어요.

성과

샬럿은 그 후 자신이 자궁 속 상태와 같은 융합에 끌리지 않는다고 보고했다. 그러나 그녀는 여전히 옛 애인과 정기적으로 연락하고 있었는데, 그 이유는 그렇게 해야만 하는 집요한 욕구 때문이었다. 이처럼 증상 친화적 스키마가 해소되어도 증상이 여전히 나타나는 것은 적어도 하나 이상의 증상 친화적 스키마, 즉 동일 증상을 요하는 다른 암묵적 정서학습이 존재한다는 뜻이다. 2주 간격으로 진행된 2~9회기에서 심리치료자는 샬럿이 전 애인과의 연결을 유지할 수밖에 없었던 전혀 다른 두 가지 증상 친화적 스키마를 인출하도록 유도하였다. 여기에서는 그중 한 가지에 대해서만 설명하겠다. 이 증상 친화적 스키마는 그녀가 12세 때 형성된 무의식적 문제와 해결책으로 구성되어 있었고, 이는 다음과 같이 문장화되었다. "엄마와 아빠의 이혼을 보며 저는 서로 사랑하는 두 사람의 관계를 계속 유지시킬 만큼 사랑이 강력하지 않다고 느꼈어요. 난 그렇지 않음을 증명하고 싶었죠! 저는 12세 때 이후로 이를 증명하기 위해 노력해 왔어요. 그리고 만약 내가 지금 이 관계를 놓는다면, 난 실패하는 것이라 여겼죠. 다시 말해, 사랑이 두 사람의 관계를 지속시키는 데 실패하게 된 거죠. 그래서 저는 이 관계를 놓지 않을 거예요!" 이 스키마에서 문제를 규정하는 상위구인은 '사랑만으로 두 사람의 관계를 지속시킬 수 있어야 한다. 만약 그럴 수 없다면, 세상은 끔찍해질 것이다.'였다. 샬럿이 그 견해를 명확히 느끼고 단언하자, 심리치료자는 연인관계를 끝낸 친구나 친척들을 많이 만나 보라고 했다. 샬럿은 안 맞아서 헤어진 후에도 많은 사람이 여전히 서로를 몹시 사랑하고 있다는 사실을 알 수 있었다. 이는 현재의 정반대 경험과 생생히 모순된 지식이다(3장의 리처드 사례에서처럼). 두 사람의 관계를 유지하려면 사랑뿐만 아니라 성격도 잘 맞아야 하며, 또 관계가 끝장난다고 해서 세계가 '끔찍'해지는 것도 아니다. 이어진 병치경험으로 사랑과 애착에 대한 그녀의 이상적 모델을 아예 수정하자, 관계가 끝난 것이 더 이상 사랑이나 현 세계가 끔찍하고 지겨운 의미가 아니라서 수용할 만하였다.

마지막인 10회기에 샬럿은 자신이 옛 애인을 만나지 않으며, 더 이상 연락이 없는 것(제대로 상호 이해가 되지 않아 진척은 없었으나)을 편안히 수용한다고 보고하였다. 그녀는 "이제 저는, 아니 우리가 모든 일을 다 해결할 필요는 없다고 느껴요. 우리는 그저…… 글쎄요, 저는 이제 너무 멀리 와 버렸고, 제가, 아니 우리가 이를 해결할 필요는 없어 보였죠." 하고 말했다. 재활성화 부재와 증상 중단의 표식이 꾸준히 나타난 것으로 보였다. 1년 후 그녀가 다른 문제로 다시 왔을 때, 그녀는 예전의 집착이 재발하지 않았다고 말했다.

심리치료자는 사고 중지를 가르치거나 사회적 지지체계를 만들거나 자존감 또는 불안감을 다루거나 관계회복치료를 실시하는 등으로 강박적 애착에 반작용을 가한 적이 한 번도 없었다. 작업은 강박 자체에 개입하는 데 초점을 두기보다, 오히려 다양한 고통을 피하는 불가피한 방법으로 강박적 집착을 요구하는 근원적 정서학습에 주목했다.

만연된 미성취

불일치 발견기법

여기에서는 복잡한 외상 사례에서 해결책을 규정하는 상위구인에 집중하면서, 내담자의 부조화 탐지를 위해 명시적 진술을 활용하는 간단한 전략을 살펴보려 한다. 이를 통해 기존의 의식적 지식에 비추어 구인이 아주 자연스럽게 고도의 진실 평가를 거쳐 심층적 해결책을 여는 불일치에 이르게 된다.

증상 확인

테드는 스스로 방랑자라 말하는 꾀죄죄한 33세 남자다. 그는 10년 전 직업훈련 과정을 그만두고 현재까지 직업이 없으며, 여자 친구를 몇 개월 이상 사귀어 본 적이 없다고 말했다. 그는 월세를 늦게 내서 집주인과 마찰이 잦았다. 그는 다음과 같은 이유 때문에 심리치료자를 찾았다고 말했다. "저는 아무런 진전이 없어요. 전 어떤 일도 계속하지 못하죠. 이게 왜 필요하지라는 생각이 드는 거예요. 그러면 저는 그 일을 포기하고 다른 일을 해 보려 하지만, 언제나 똑같은 일이 반복되죠."

증상 일관성 찾기

증상박탈 기법을 통한 초기의 발견 작업에서 테드에게 꾸준한 직업이 있다고 상상해 보게 하였다. 그는 아이러니하게도 "그러면 아마 아버지께서 나를 내버려 둘 거예요." 하고 말했다. 아버지에 대한 테드의 경험을 물어본 심리치료자는 테드가 아버지한테 당한 가혹하고 격분 어린 잦은 비판, 폄하, 수치로 가득 찬 어린 시절을 설명할 때 테드가 아버지에 대한 상처와 괴로움으로 힘들다는 사실을 알게 되었다. 테드의 기억에서 자애로운 따스함이나 사랑과 같은 표현은 찾아볼 수 없었다. 이 이야기를 들으며, 심리치료자는 아버지의 정서학대로 인한 테드의 고통과 미성취나 방황과 같은 호소 증상의 관계를 밝히는 발견 작업에 집중하기로 했다. 이를 위해 심리치료자는 증상 박탈 경험을 계속하면서, 다음과 같이 테드와 아버지의 관계에 대한 상상 경험을 진행하였다.

심리치료자: 괜찮으시면, 당신이 계속 직업이 있었다고 상상하면서 좀 더 나가 볼까요. 당신은 1년 이상 직장에서 훌륭히 잘해 내고 있고 연봉도 인상되었어요. (침묵) 그리고 당신은 아버지께 좋은 소식을 말해요. 실제로 아버지께 말한다고 상상해 보세요. 전화로든 마주보고든 어떻게든 상관없어요. "아버지, 제가 올 한 해 동안 일을 정말 잘해서 연봉이 인상되었어요. 제가 얼마나 잘하고 있는지 아버지께 말씀드리고 싶었어요." 아버지께 그렇게 말씀드리고 나니 기분이 어떤지 살펴보세요. 바로 아버지에 대한 기분이.

내담자: (조용히 바닥을 보다가 짧게 웃으며) 당신도 아시다시피, 저도 왜인지는 모르겠지만 당신이 제게 이런 것들을 물어보면 저는 무척 초조해져요. 당신이 뭐라고 말했는지조차도 기억이 안 나요. (이 과정에서 아버지께 성공으로 보이는 것을 싫어하는 느낌이 경험적으로 드러나기 시작했다.)

심리치료자: 초조하다고요? 당신이 잘 지내고 있다고 아버지께 말씀드릴 때도 정말 초조해져요?

내담자: 네, 그래요. 대화에도 집중이 안 돼요.

심리치료자: 좋아요. 아버지께 성공했다는 좋은 소식을 알리는 일도 매우 불편하게 들리는군요. 당신을 초조하게 만들고요. (침묵) 나는 당신이 아버지에 대해 이 문장을 완성하면 어떨지 궁금하군요. 다시 아버지를 상상하면서, '만약 아버지께서 제가 잘하고 있다고 생각하신다면 _____.'의 뒷부분을 말해 보세요. 이 문장의 앞부분을 읽은 다음, 밑줄 친 부분을 채워서 말해 보세요. 미리 생각하지 말고 문장을 완성한 다음 어떤지 보세요. "만약 아버지께서 제가 잘

하고 있다고 생각하신다면 _____."

내담자: 만약 아버지께서 제가 잘하고 있다고 생각하신다면, 그러면 (침묵) 당신은 항상 제 일에 간섭하는 것을 멈추셔야 할 거예요.

심리치료자: 좋습니다. 좋아요. 다시 한 번 해 볼까요. 그리고 그다음에 어떤지 살펴봐요. "만약 아버지께서 제가 잘하고 있다고 생각하신다면 _____."

내담자: 만약 아버지께서 제가 잘하고 있다고 생각하신다면, 그러면 제가 집에 갔을 때 무너지는 느낌을 받지 않을 거예요.

심리치료자: 좋아요. 한 번 더요.

내담자: 만약 아버지께서 제가 잘하고 있다고 생각하신다면, 그러면 그가 옳았음을 증명해 줄 거예요. 그건 마치 그의 방식 같은 거 말이에요. 그가 얼마나 모든 일에 성공했는지. 네, 맞아요. 저는 그게 뭔지 알고 있어요! 그가 부모로서도 성공했음을 증명하는 거겠죠! (침묵) 제가 원하는 것을 추구해서 얻었기 때문에 그건 아버지께서 훌륭한 부모였음을 증명하는 것과 같을 거예요. 마치 그가 괜찮은 사람이며, 그가 제게 한 일이 별일 아니었음을 확인시켜 주겠죠. 제가 집을 나와 잘해 냈기 때문에 아버지는 당당한 사람이 되는 거예요. 그는 말하겠죠. "봐라, 넌 결국 잘해 냈잖니."

심리치료자: 당신은 아버지께서 자신이 한 일에 대해 어떻게 느꼈으면 좋은가요?

내담자: (화난 목소리로) 저는 그가 자신이 얼마나 개자식이었는지 깨닫고 기분이 더러워졌으면 좋겠어요. 아버지는 제 기분을 더럽게 만들어 버리고, 아무 일 없었다는 듯이 나가 버리곤 했죠.

심리치료자: 알겠어요. 아버지께서 당신을 학대했군요. 끔찍한 기분으로 만들었고, 심한 상처를 줬군요. 그리고 당신은 아버지께서 이 사실을 알고 그가 아버지로서 실패자였다는 것을 깨닫고 기분이 더러워지길 원하고 있군요.

내담자: 네. 맞아요.

심리치료자: 그렇다면 만약 아버지께서 당신이 화가 나 있는 사실을 알고 있고, 당신이 일을 잘하고 있으면요?

내담자: 그럼 잊어버리겠죠. 그는 결코 자신이 끔찍한 아버지였다는 사실

을 깨닫지 못할 거예요.

테드의 마지막 세 가지 반응에서 그의 증상을 요하는 스키마를 이루는 문제와 해결책이 모두 드러났다. 그의 문제는 평생 아버지께 받은 상처와 매정함에 대한 부당함이나 무책임 때문에 그가 만성적으로 겪어 온 지독한 고통이었다. 그의 해결책은 그 자신의 삶을 아버지로 인한 거대한 상처의 확실한 증거로 만들어, 책임감, 후회, 사과를 끌어내겠다는 생각으로 비난의 메시지를 꾸준히 보내는 것이었다. 바로 이 시점에서 테드는 미성취를 향한 자신의 강한 의도를 정서적으로 깊이 인식하고 느끼게 되었다. 치료자의 다음 목표는 테드가 거기 그 자리에 머물러 통합경험을 해서 의도적인 미성취를 꾸준히 인식하도록 하는 것이다.

심리치료자: 그러면, 이 문장을 완성해 봅시다. "아버지께서 자신이 얼마나 끔찍한 아버지였는지 깨닫게 할 수 있는 방법은 _____." 이 말을 제게 크게 외친 다음에 어떤지 살펴볼까요.

내담자: 아버지께서 자신이 얼마나 끔찍한 아버지였는지 깨닫게 할 수 있는 방법은 _____. (문장을 완성하지 못하고 침묵에 빠져 바닥을 응시한다.)

심리치료자: 무슨 일이죠?

내담자: (강한 분노가 사라지고 목소리가 낮고 느려지며) 글쎄요. 당신이 제게 이걸 물어봤을 때, 제 머릿속에 들린 말은 '나를 엉망진창으로 만드는 것'이었어요. (침묵) 그리고 충격을 받았어요. (이때가 그의 미성취 증상과 관련된 자신의 느낌을 인식한 순간이었다. 그 느낌을 이렇게 경험적으로 인식하는 것은 일관성치료의 기본 특징이다.)

심리치료자: (침묵, 이어서 부드러운 목소리로) 그래요, 당신이 자신의 삶을 엉망으로 만들 수 있다는 걸 깨닫고 충격을 받았군요. 아버지께서 당신을 얼마나 끔찍하게 대했는지 깨닫게 하려는 이 중대한 목표 때문에 당신은 성공할 수도 없을 것이고요.

내담자: 네.

심리치료자: 그러면 다시 아버지를 상상해 보고 그에게 이렇게 말해 보면 어떨지 궁금하군요. "제게 가장 중요한 일은 당신이 아버지로서 실패자임을 깨닫게 하는 것이에요. 당신이 저를 정말 끔찍하게 대했기 때문이죠. 그것이 나에게는 너무 중요해서 당신이 이 사실을 깨닫게 하려고 제 삶을 엉망진창으로 만들었어요." (이런 명시적 진술과 함께 심리치료자는 통합경험을 끌어내기 위해 계속 노력했다.)

내담자: 아버지께 이 말을 하라고요?

심리치료자: 네. 이게 정서적 진실처럼 보이기 때문이에요. 아버지를 상상하고 그에게 이 말을 해 보세요. 그리고 이 진실을 말했을 때 어떤 감정이 느껴지는지 보세요.

내담자: 하지만 의도적으로 제 자신을 그렇게 엉망진창으로 만드는 일은 정말 말도 안 되는 일인 걸요.

심리치료자: 글쎄요. 저는 당신이 당신의 삶을 엉망으로 만들려 한다는 생각은 전혀 안 드는 걸요. 당신은 그런 걸 원하지 않아요. 당신은 아버지께서 진실을 깨닫고 당신이 얼마나 상처받는지 알아야 한다는 강력한 목적이 있었을 뿐이죠. 삶이 엉망진창인 것과 전혀 성공하지 못한 것은 당신이 그 목적을 이루어 내는 방법이었을 뿐입니다.

내담자: 맞아요. 맞아요. 그렇게 생각할 수 있어요. 좋아요. 제가 뭐라고 말해야 한다고요?

심리치료자: 당신이 이 말에서 갑자기 깨달은 것에 대해 어떤 단어가 사실이든 당신에게는 충격일 거예요. 바로 아버지의 이미지를 그려 보세요. 더 쉽게 상상하려면, '나는 이것을 인정하기 싫지만, _____.'으로 시작해 볼 수 있어요.

내담자: (웃음) 네. (침묵) 나는 이것을 인정하기 싫지만, (침묵) 만약 내가 잘 지내고 많은 돈을 번다면 (침묵) 당신이 자신을 괜찮은 아버지였다고 생각하고 나에게 얼마나 끔찍하게 대했는지 결코 모를 것 같아요. 그리고 당신이 아버지로서 얼마나 실패했는지도요.

심리치료자: 좋아요. "제가 성공하지 못한 것을 보고 무언가를 통해 아버

지께서 이를 깨닫기를 바라고 있어요."와 같은 말을 추가하고 싶나
요?

내담자: 네. 제가 바라는 것은 아버지께서 제가 성공하지 못한 것을 보고
깨닫게 하는 것이에요.

심리치료자: 말을 조금 바꾸고 싶으신가요?

내담자: 아뇨. 괜찮아요. 약간 어색하긴 하지만요. (침묵) 제 말은, 실제로
어떤 면에서 안심이 되네요. 제가 말했던 것처럼, 저는 항상 제가
뭘 하든 제대로 해내지 못하는 것을 보면서 제게 심각한 문제가 있
는 것은 아닌지 생각하고 있었거든요.

　미성취의 탈병리적 관점에 대한 테드의 안도감이든 미성취와 관련해 드러
난 그의 목적의식과 역할이든 증상 친화적 스키마가 잘 통합되었다는 주요
표식이다. 회기를 마칠 무렵, 심리치료자는 테드에게 문장카드를 주면서 회
기 간 통합과제를 제시하였다.

　　나에게 가장 중요한 것은 아버지가 나에게 실패한 아버지였다는 사실을
　　깨닫게 하는 것이에요. 인정하기 싫지만, 저는 아버지가 줄곧 얼마나 끔찍
　　하게 대했는지를 깨닫게 하는 것이 너무 중요했기 때문에 내 삶을 엉망진
　　창으로 만들고, 앞으로 나아가지 못하고 있어요.

　심리치료자는 카드 활용 방법을 알려 주면서, "다음 회기까지 매일 하루를
지내면서 이 문장을 가볍게 읽으세요. 문장을 보는 정도로만 하세요. 아직은
아무것도 바꾸려 하지 말고요." 하고 말했다.

　이처럼 생산적인 첫 번째 회기에서는 엄청난 정서적 상처를 가한 아버지
가 인정, 사과 혹은 책임감이 전혀 없었다는 문제와 관련된 정서적 스키마를
인출했다. 그리고 이에 대한 시급한 해결책으로 테드는 자기 삶을 아주 엉망
진창으로 만들어 버렸다. 그는 아버지가 아들의 이런 파멸을 보고 아버지로
서 자신의 잘못된 행동과 실패의 증거를 인정하기를 원했다. 애착 관점에서

작업하는 심리치료자들은 적절히 배상하게 함으로써 자신의 요구에 아버지가 부응하도록 하려는 시도인 테드의 해결책에도 불구하고, 이런 스키마를 애착 유형의 일종으로 바라볼 것이다. 5장에서는 애착 작업을 치료적 재공고화 과정과 일관성치료의 맥락에서 어떻게 이해하고 실행하는지에 대해 더욱 광범위하게 다룰 것이다.

테드의 중상 친화적 스키마에서 해결책을 규정하는 부분은 상상 속의 이상적인 행복한 결과로 구성된 전형적인 해결책이다. 즉, 무의식적으로 특정 취약점을 없애고, 극심한 상처, 상실감, 부당함을 치유하며, 행복을 되찾기를 기대한다(이는 특정 고통을 피하는 자기보호 전략에 불과한 해결책과는 구분된다). 다음에서 보면 알겠지만, 일단 의식하면, 이상적인 행복한 결말로 구성된 해결책은 내담자의 기존 지식에 의해 불일치에 쉽게 이르는 경향이 있다.

불일치 찾기

두 번째 회기는 다음과 같은 문장카드 과제로 시작했다.

> 심리치료자: 문장카드를 활용해 보니 어땠나요?
> 내담자: 글쎄요. 아시다시피 처음에는 이 카드를 보고, 이게 사실이긴 하지만 기분이 쳐지긴 하더군요. 하지만 며칠이 지나자 바뀌었어요. 오히려 화가 나기 시작했죠. 제가 얼마나 오래 기다려야 하나요? 제 아버지께서 알기를 바라면서요?
> 심리치료자: 아버지께서 알기를 바라면서요. 마치 아버지께서 이를 깨달을 수 있을 거라고 믿는 것처럼 들리는군요.

이 대화에서 심리치료자는 테드의 해결책 안의 상위구인을 인식하였다. 그것은 바로 그가 예전에 가지고 있던 무의식적이지만 뚜렷한 가정, 즉 아버지께서 그의 잘못된 행동에 마주하고 느끼며 인정할 수 있는 사람이라는 것 말이다. 어린 시절에 형성된 '바라는 이상적 결과'에 대한 마법 같은 상상이다. 만약 테드의 상상 속 가정(자기중심적이고 적대적인 성격의 아버지께서 후회하고 그에 대해 대가를 치를 것이라는)을 부정하고 제거하려면, 미성취가 의도한 결과를 가져올 수 없다는 사실이 테드에게 자명해지고 그로 인해 미성취라는 해결책에 대한 요구가 사라져야 증상이 중단될 것이다.

　우리가 강박 애착을 겪는 샬럿의 사례에서 이미 살펴본 바와 같이, 표적구인을 강력한 자석으로 바꾸어 기존의 모순된 지식을 끌어당기는 간단한 방법이 있다. 심리치료자가 구인을 명백히 진술하도록 내담자를 안내하면서 새롭게 인식한 지식을 개방적으로 지지하면, 내담자의 뇌에서 부조화 탐지 네트워크가 활성화된다. 그것은 심리치료자가 다음에 바로 테드에게 시도한 것이다.

> **심리치료자**: 이 문장을 제게 말해 보겠어요? 한번 해 보세요. 처음에는 그냥 기계적으로 느껴지겠지만, 당신에게 적절한 것인지 살펴보세요. "내 아버지는 자신의 큰 실수를 기꺼이 인정할 사람이다."
> **내담자**: 내 아버지는 자신의 큰 실수를 기꺼이 인정할 사람이다. (고개를 가로저으며 무릎을 내려다 본다.) 젠장!
> **심리치료자**: 아니면 이렇게 말해 보세요. "내 아버지는 자신의 실수를 솔직히 인정하고 나에게 상처 준 것을 기꺼이 사과할 사람이다."
> **내담자**: (계속 고개를 가로저으며 아래를 내려다 본다. 낮은 목소리로) 아, 제발! (후회하는 듯이 웃으며) 그러니까, 제가 뭘 생각하고 있었겠어요? 아버지는 어떤 사람에게도 그런 일을 한 적이 없거든요. 결코요. (침묵. 코웃음 친다.) 아이러니하죠.

　부조화 탐지는 이 사례에서 바로 나타났다. 테드의 반응에서는 아버지와의 애착문제에 대해 오랫동안 바라던 해결책이 이루어질 수 없는 환상에 불과하다는 것을 테드 역시 깊이 느끼고 있었음을 분명히 보여 준다(심리치료자는 아무 말도 하지 않음). 증상 친화적 구인과 모순된 지식 간의 첫 번째 불일치는 이러한 순간에 나타나며, 아마 학습된 해결책의 암묵기억 회로에 있는 시냅스가 열릴 것이다. 이때 테드의 고통은 필요에 의해 불일치를 경험하고 있음을 보여 주는 표식이다. 물론 부모의 배려 깊은 이해와 학대하던 부모의 책임에 대한 갈망이 너무 깊어서, 이 과정에서 테드의 고통은 자연스럽고 불가피한 과정이었다.

이상적인 상상 속 해결책은 그 핵심에 갈망하는 결과가 가능할 것이라는 확실한 암묵적 가정이 존재한다. 이러한 가능성과 같은 구인은 암묵적이고 근원적이라서 심리치료자가 간과하기 쉽다. 이러한 구인을 인식하면, 대체로 치료자는 바라던 결과가 가능할 것이라는 오랜 가정을 지지하는 명시적 진술을 하도록 내담자를 유도하기가 용이하다. 그렇게 되면 내담자는 즉시 모순되는 생생한 지식(기대한 결과가 실제로 불가능하다는 성숙한 지식)을 깨닫게 된다. 바라는 상상 속 결과를 얻을 수 없다고 제안하는 치료자의 반작용적인 메시지가 없어도 이런 병치경험은 일어날 수 있다.

일련의 병치경험 유도하기

잘 구성된 병치경험을 몇 번 반복해서 정서학습을 제거하는 변형적 절차로 이어지자, 테드의 심리치료자는 다음과 같이 말하면서 명시적인 병치경험을 반복하도록 유도하였다.

심리치료자: 당신이 방금 알게 된 것을 제게 말해 주겠어요? 아마도 '나는 아버지께서 내게, 내가 그토록 바라던 진정 어린 사과를 할 리가 없다는 것을 알게 되었다.'겠지요. (이렇게 말한 목적은 나타난 모순된 지식을 완전히 명시화하려는 것이다.)

내담자: (긴 침묵) 내 아버지는 내게, 내가 그토록 바라던 진정 어린 사과를 할 리가 없지요.

심리치료자: (침묵) 이 문장을 말해 보니 어떤가요?

내담자: 막 싸우고 싶네요! 젠장, 너무 화가 나요!

심리치료자: 네. 화가 나시는군요. 이를 직접 아버지께 말해 보세요. 아버

지를 상상하고 그에게 말하세요. "저는 당신이 제가 바라던 사과, 인정, 솔직함을 결코 선사하지 않을 거라는 사실을 부정할 거예요. 그리고 저는 당신이 그걸 할 때까지 계속 싸울 거예요." (이로 인해 오래도록 바라왔던 결과가 불가능할 것이란 모순된 지식에 대한 저항을 명시적으로 진술하게 된다. 이런 식으로 모순된 지식에 관심을 유지하고, 테드는 그에 저항하면서 병치경험을 유지한다는 점을 주목하라.)

내담자: (침묵하며 무릎을 바라본다. 이제 분노 대신 우울감이 나타난다.)

심리치료자: (침묵) 이제 기분이 어떤가요?

내담자: (한숨) 당신이 '사과와 솔직함'이라고 말했을 때······ 맞아요, 그게 제가 원하던 바로 그거였어요. 그리고 그건 아버지께서 절대로 하지 않을 일이죠. 제게든 다른 어떤 사람에게든요.

심리치료자: 당신의 목소리와 표정이······ 당신은 지금 기분이 가라앉아 보이는군요.

내담자: 음, 네. (깊은 한숨)

심리치료자: 음. (침묵) 이렇게 말해 보시겠습니까? "만약 아버지께서 내게 한 일을 깨달을 만한 감정적 솔직함이 전혀 없다는 걸 내가 진실로 깨달으면······." (문장 완성은 테드가 스스로 느끼기 시작한 비통함을 언어적으로 표현하도록 유도할 것이다. 그 전까지 테드는 슬픔 대신 화를 내며 이를 부정해 왔다.)

내담자: 그렇다면, 그건 아버지가 없어진 거나 마찬가지겠죠. 말하자면, 그렇게 느껴지는 거예요. 아버지가 없는 것처럼요. (침묵) 실제 그렇지는 않죠. (침묵) 그리고 그렇게 되지도 않을 거고요. 네, 그게 사실이에요. 결코 그렇게 되지 않겠죠. 그리고 그냥 저는 싸우고 싶어요. 아시죠?

변화에 대한 저항

앞의 회기 중 일부는 변형절차 과정에서 나타난 저항의 예다. 3장에서 논의한 바와 같이, 잘 유도된 병치경험에서도 내담자가 의식적이든 무의식적이든 정서적 결과를 견딜 수 있을 때 개인적 구인을 제거할 수 있다. 표적구인의 제거를 방해하는 저항이 일어나면, 심리치료자는 견딜 수 없다고 느끼는 부분을 완전히 명시화하기 위해 노력하고, 나아가 구인 제거를 견딜 만하다고 느낄 때까지 내담자가 그 부분을 검토하고 처리하도록 세심하게 유도해야 한다. 간단히 말해, 심리치료자는 일관성치료의 기본적인 방법을 적용하여 다른 특정 증상을 다루는 것처럼 저항을 다룬다. 테드의 사례처럼 변화에 대한 저항이 드러난 많은 사례에서 내담자가 구인 제거에 동반되는 고통스러운 상실과 슬픔으로부터 스스로를 보호하려는 장면들이 나타났다.

심리치료자와 테드는 핵심구인 제거를 부정하는 통합을 촉진할 뿐만 아니라 두 가지 지식을 병치할 수 있는 문장카드를 함께 만들었다. 마침내 다음과 같은 문장카드를 만들었고, 테드는 이를 매일 읽는 것에 동의했다. 특히 그가 아버지를 보거나 아버지와 대화할 때마다 이것을 읽기로 했다.

> 내 삶을 엉망진창으로 두는 게 나에게 정말 두려웠지만, 아버지께서 절대 변하지 않고 나를 어떻게 대했는지를 절대 알려고 하지 않으며 절대 사과하지 않을 것이란 사실을 받아들이기가 훨씬 더 끔찍할 것이다. 나는 이를 부정한다! 너무 화가 나서, 이러한 사람을 아버지라 부를 수 없다. 나는 아버지가 솔직히 털어놓고 사과할 때까지 계속 이 방법을 유지할 것이다. 나를 엉망진창으로 하는 일 말이다.

이 문장카드는 테드의 인식과 그에 대한 저항뿐만 아니라 병치경험이 담긴 것으로, 현재 작업의 핵심을 이룬다. 이는 이 사례에서 저항을 다루는 과정의 시작에 불과하다. 그가 아버지의 고집을 수용하길 거부하고 한탄하는데 필요한 특정의 정서적 주제와 목적을 모두 밝히고 바꾸는 데에는 6개월에 걸쳐 10회기 이상(저항 자체에 일관성치료의 방법론을 적용하는 과정)이 필요했다. 이 과정에서 테드에게 주어진 몇몇 문장카드에는 그가 다음과 같은 내용을 접했음이 담겨 있다.

- 아버지가 내 성공을 보며 자기 덕분이라고 생각할 것이기 때문에 나는 모든 성공을 부정한다. 아버지께서 어떻게 생각하고 느끼느냐가 내가 어떻게 살아가느냐보다 중요하다.

- 나는 아버지가 나에게 잘못을 인정하거나 죄책감을 느끼지 않는다는 사실을 수용하고 싶지 않다. 그렇게 되면 나는 내 삶을 헛되게 낭비해 온 꼴이 되기 때문이다. 나는 당연한 인정을 받기 위해 무력함을 철저히 감수해야 한다. 말도 안 돼!

- 내가 아버지와 연결되어 있다고 느끼는 길은 그가 나에게 얼마나 상처를 줬는지를 그가 이해하고 배려하도록 그와 싸우는 일뿐이다. 내가 싸우기를 멈추면, 나는 연결고리가 없다고 느끼고 홀로 남겨진 기분일 것이다. 마치 내 위가 꼬이는 기분일 것이다.

- 아버지가 마음을 바꾸고 사과하기를 기다리는 동안 아버지와 연결되어 있다는 사실로 인해 내 삶이 멈춘 듯하지만, 그래도 나를 지지하는 아버지를 버리고 나아가기가 훨씬 더 무섭다.

- 내가 아버지를 버리고 내 삶을 살아간다면, 나는 내 삶에 대해 책임을 져야 한다. 이는 정말 두려운 일이며, 그래서 나는 나아가지 못하고 있다.

테드는 아버지께서 사과할지도 모른다는 희망을 가지고 외로움, 슬픔, 부당함, 자기책임에 대한 두려움을 회피하였다. 이것이 바로 테드가 처음에 병치경험을 부정하고 상상 속 결과가 제거되는 것을 부정했던 이유다. 테드가 드러나는 저항을 각기 경험적으로 의식함으로써 저항과의 관계가 진전될 수 있었다. 그래서 일부 저항은 제거하고, 다른 저항은 삶에 내재된 불확실성으로 수용하기 시작하면서 말이다. 이런 저항에 대한 테드의 변화로 인해 자연스레 기존의 문제와 해결책을 제거하는 새로운 지식과 병치경험이 뒤따랐다.

모든 종류의 저항이 대부분 제거된 것처럼 보일 때, 심리치료자는 다음과 같은 명시적 진술을 하면서 테드가 다시 주요 병치경험으로 돌아가도록 유도했다. "이제 나는 내 삶을 엉망진창으로 만들어 아버지께서 깨닫기를 항상 기대했던 것과 달리, 아버지는 나에게 잘못된 행동을 했다는 사실을 인정하지 않고 사과도 안 할 것이라는 사실도 알고 있다." 테드는 비록 이러한 결과로 인해 그의 슬픔이 계속될지라도 이제 애써 노력하지 않아도 이러한 진술의 정서적 진실을 받아들일 수 있다. 테드가 아버지로부터 새롭게 분화되고 분리된 것은 사실 매우 씁쓸한 결과다. 테드는 자신이 이를 받아들였다고 말했다. "내 아버지는 죽을 때까지 이를 이해하지 못할 거예요. 그는 언제나 '내가 최고야!'라고 생각하며 살겠죠." 이렇게 변형절차가 마무리되었다.

우리가 테드의 사례에서 알게 된 점은 상상 속의 이상적인 해결책을 부정하고 제거하더라도 문제가 여전히 존재한다는 것이다. 그러면 심리치료자는 내담자가 다른 새로운 해결책으로 반응하도록 유도해야 한다. 문제와 실제로 관련되고, 이를 직접적이며 심층적이고 정확히 해결할 수 있는 방법(슬픔을 통해서와 같이) 말이다.

검증단계

몇 년 동안 테드는 전기 분야의 직업훈련 과정을 고려해 왔고, 최근에 다시 그 과정에 등록하려고 생각 중이었다. 심리치료자는 테드에게 그의 삶을 확실히 발전시키길 회피하려는 무의식이 남아 있는지를 구체적으로 체크하기 위해 이 직업훈련 과정에 대한 그의 지속적인 흥미를 활용하였다. 이 탐색에서는 테드가 그 과정을 성공적으로 마치는 모습을 상상하도록 유도하고 이 상상과 더불어 이전 회기의 문장카드에 있는 문장(성공하기를 피해야 하는 여러 논지를 표현한) 몇 개를 말해 보도록 하였다. 이런 명시적 문장들이 이제는 아무런 정서적 구속을 하지 않았다. 몇 가지는 여전히 유효한 실존적 문제들이지만, 테드는 이제 그런 문제들을 잘 다룰 수 있었다. 직업훈련 과정을 성공적으로 완수하는 모습을 상상하는 것은 모든 성공을 강력히 부정하던 몇 가지 스키마를 강하게 재활성화시켰던 단서였으나, 이제는 어떤 재활성화도 일어나지 않았다. 이는 테드의 사례에서 검증단계와 치료적 재공고화 과정이 잘 마무리되었음을 의미한다. 애착 관점의 심리치료자들에게는 이 사례가 심리치료자의 안정적이고 믿을 만한 공감보다 새로운 불일치 경험의 정서적 효과를 통해 애착 유형이 어떻게 변화될 수 있는지를 보여 준다고 말하고 싶다. 5장에서도 다루겠지만, 이는 애착 문제를 다루는 치료법의 선택 범위를 크게 넓혀 준다.

성과

물론 치료가 성공했음을 보여 주는 현실적인 척도는 회기 외의 일상에서 테드의 행동 변화다. 마지막 회기를 시작할 때 테드는 그가 마침내 전기 관련 직업훈련 과정을 등록했다고 이야기했다. 그로부터 2년 후, 테드는 또 다른 상담을 요청했다. 바로 그의 여자 친구와의 커플상담이었다. 그 둘은 1년간 함께 지냈으며 결혼을 약속한 사이였다. 그리고 관계상담을 받기를 원했다. 심리치료자는 테드가 전기 관련 훈련의 기본 과정을 이수했으며, 큰 제조회사의 품질제어점검 부서에 근무하고 있다는 사실을 알았다. 그는 "흥미가 떨어진 적도 몇 번 있었지만, 더 이상 나 자신을 망칠 정도는 아니었어요. 왜냐하면 나는 어떤 일이 일어날지 알고 있으니까요. 그 문장카드들 아직도 종종 꺼내 봅니다. 이제 분노로 이성을 잃는 일은 없어요." 하고 말했다. 이 말은 지속적인 변화의 표식이었다.

무대공포증

불일치 발견기법

이 사례는 내담자의 증상을 유발하는 지식과 모순되고 이를 제거하는 새로운 지식을 유도하기 위해 일관성체계를 외상과 외상 후 스트레스 장애

(PTSD)에 적용한 예다. 이 기법은 Kreiman, Koch와 Fried(2000)가 제시한 것처럼, 정서 뇌가 외부 경험과 상상한 경험에 대해 기본적으로 동일하게 반응한다는 사실을 적극 활용한 방법이다. 그러므로 재현 동안의 상상경험이 정서 뇌에는 모두 현실이 된다. 재현을 통해 내담자는 기존 자원을 새로운 방식으로 표현한다. 일관성치료에서 심리치료자는 인출된 증상 친화적 스키마의 표적구인과 모순되는 새로운 지식을 유도하도록 재현을 안내한다.

증상 확인

브렌다는 무대공연자가 되려는 30대 중반의 여성이다. 몇 가지 다른 문제와 증상으로 심리치료자와 1년 정도 작업한 후, 스물두 번째 회기에서 그녀는 처음으로 최근에 주연을 맡은 두 달 후 공연을 리허설하는 동안 강한 불안으로 리허설이 힘들고 잘 안 되어 어려움을 겪고 있다고 털어놓았다. 또한 그녀는 이러한 무대공포증이 오래되었다고 설명했다. 그녀는 13세이던 8학년 때 교내 연극에서 주연을 맡았으나, 공연 당일 아침 너무 무서워 학교에 가지 못하고 집에 있었다고 말했다. 고등학교 시절에 그녀의 무대공포증은 아주 심각해져, 절실히 원했음에도 불구하고 그녀는 무대에 올라갈 수 없었다.

증상 일관성 찾기

전날 밤에 브렌다는 운전 중에 갑자기 브레이크가 고장 나는 매우 불안한 꿈을 꿨다고 말했다. 3주 전 회기에서 그녀는 위태롭게 달리는 고속버스에 탑승했다가 죽는 끔찍한 꿈을 꿨다고 말했다. 심리치료자는 그녀가 공연을 준비하는 기간에 자동차에서 강한 공포를 겪는 꿈을 꾼다는 사실을 포착했다. 그리고 그 꿈들이 무대공포증의 근원적 일관성에 대해 중요한 무언가를 보여주는지를 알고 싶었다. 그래서 심리치료자는 브렌다를 게슈탈트치료의 경험적 꿈작업(눈을 감고 경험적으로 꿈 장면에 완전히 재몰입하는)으로 유도했다.

이 작업과정 중, 브렌다는 갑자기 어떤 이미지(바로 그녀가 8세 때 술 취한 아빠가 엄마, 언니 그리고 브렌다를 태우고 멀리 보이는 다리를 향해 이리저리 휘청거리며 위태롭게 운전하던 장면)가 떠올라 몰입이 잘 안 된다고 말하였다. 심리치료자는 이것이 외상기억의 표면화라 판단하고, 즉시 그 떠오른 생각으로 초점을 옮겨 이를 가능한 한 명확히 떠올리도록 적극 도왔다.

외상 장면에 이미 몰입한 브렌다는 신기할 정도로 최선을 다해 자동차의 움직임을 통제하느라 온몸에 느껴지는 긴장과 필사적인 노력을 설명했다. 자동차는 도로 옆을 스치며 지나갔으며, 그녀는 자신이 죽을 것 같았다고 말했다. 이런 기억 내용을 들으며 심리치료자는 무엇이 이 사건을 외상으로 만들었는지를 알 수 있었다. 그것은 바로 이 상황에서 브렌다가 자신을 보호하기에 무력하고 속수무책이라는 점이었다. 따라서 심리치료자는 정서기억에 남아 있고 브렌다의 두 가지 꿈에 재현된 그녀의 무력함을 부정하고 제거할 표적으로 정했다. 심리치료자는 자동차와 관련된 브렌다의 외상기억이 어떻게 그녀의 리허설에서 무대공포증으로 재촉발되었는지가 궁금했지만, 이 시점에서는 알 수 없었다. 심리치료자의 계획은 브렌다가 치료적 재공고화 과정을 통해 이처럼 굳은 기억을 제거하여 무대공포증이 감소될지를 살펴보는 것이었다.

불일치 찾기

제거하려고 선택한 표적이 문제를 규정하는 구인('저는 저를 죽음으로 이끄는 차에 무력하게 갇혀 있어요.')이기에, 심리치료자는 외상 심리치료자들에게 널리 활용되는 자율적 재현(Ogden, Minton, & Pain, 2006)이 이 임상 사례에 적합할 것으로 판단했다. 왜냐하면 재현 작업에서는 내담자가 처음에 아예 무력하다고 느꼈던 상황에서 자신을 보호할 힘을 갖는 생생한 경험을 구성할 수 있기 때문이다. 8세였던 브렌다가 좀 더 적극적으로 자기를 보호할 수 있었는지에 대해서는 전혀 고려할 필요가 없다. 왜냐하면 이 기법은 그녀 자신의 지속적인 본래의 정서지식(무력하게 갇혀 있는)을 그 지식과 완전히 모순되는 현재의 반대 경험과 병치시키는 전략이기 때문이다.

다리를 향해 휘청거리는 자동차의 뒷좌석에 앉아 있던 원래의 장면에 이미 몰입하여 재경험 중인 브렌다에게 심리치료자는 다음과 같이 말하면서 자연스럽게 재현 작업에 들어갔다. "나는 완전히 새로운 방식으로 이 상황에서 당신을 도와주려 합니다." 재현 작업에 소요된 시간은 4분도 채 안 되었으며 다음과 같이 전개되었다.

> 심리치료자: 그 상황에서 나는 당신이 아버지께 소리를 질렀으면 좋겠어요. 만약 필요하다면, "자동차를 당장 멈추세요! 전 내릴래요! 저는 이 차에 계속 있을 수 없어요!"라고 외치세요.
>
> 내담자: (큰 소리로) 차를 멈춰요! 아빠, 차를 멈춰요, 전 내릴래요! (초기에 재현이 부자연스럽고 아직 정서적 현실처럼 느껴지지 않은 것처럼 다소 경직된 목소리였다.)
>
> 심리치료자: 아버지께서 자동차를 멈추도록 해 보세요.
>
> 내담자: (더 크게) 차를 멈춰요! 멈춰요! 전 내릴래요!
>
> 심리치료자: 이건 너무 위험해요.
>
> 내담자: 이건 너무 위험해요! 저는 내릴래요! 멈춰요!
>
> 심리치료자: 그가 아직 차를 멈추지 않았나요? 아직도 그가 당신 말을 진지하게 받아들이지 않나요?
>
> 내담자: 네.
>
> 심리치료자: 계속하세요! 당신이 해야 할 일을 하세요!
>
> 내담자: (매우 크게) 멈춰요! 차를 멈춰요! 문을 열 거예요! 이 말을 했더니 그가 차를 멈췄어요. (목소리로 볼 때 이 행동은 그녀에게 정서적 현실로 느껴지는 것처럼 보였다.)
>
> 심리치료자: 좋아요. 잘했어요. 당신은 해냈어요! 계속하세요.
>
> 내담자: 멈춰요! 저 내릴래요! 그는 멈췄고, 저는 문을 열었어요.
>
> 심리치료자: 좋아요! 밖으로 나가요!

내담자: 이쪽이 아니에요. 여긴 도로 쪽이에요.

심리치료자: 아, 그래요.

내담자: 저는 제 여동생을 넘어서…….

심리치료자: 계속하세요.

내담자: 여동생 쪽 문을 열어요. 차에서 내리고 있어요! 내렸어요. 저는 자동차 밖에 있어요. 그들은 저에게 다시 타라고 말해요.

심리치료자: 안 돼요.

내담자: 엄마가 제게 소리치고 있어요. "다시 차를 타!"

심리치료자: 당신 자신을 생각해요! 그 차에 있는 건 너무 위험해요. 끔찍한 일이에요.

내담자: 안 돼요! 안 돼요! 안 돼요! 저는 다시 안 탈 거예요. 택시를 불러 주세요.

심리치료자: 뭐라고 말해야 할까요? "그가 우릴 죽이려 하고 있어요!" "엄마는 어떻게 아빠가 그렇게 운전하게 내버려 둘 수 있어요?" "엄마는 우릴 보호하지 않아요!"

내담자: 네.

심리치료자: 뭐라고 말해야 할까요?

내담자: (갑자기 운다. 눈물을 흘리며 큰 소리로) 어떻게 이럴 수 있어요? 다 죽을 거예요. 모르시겠어요? 오, 저는 엄마가 싫어요! 꺼져요! 떠나요! 엄마나 차에 타요! 저는 안 탈 거예요.

심리치료자: 좋아요!

내담자: 저는 안 탈 거예요. 저는 차에 다시 안 탈 거예요. 젠장.

심리치료자: 좋아요.

내담자: 젠장. 엄마나 저 망할 차에 타세요. 이제 저는 다른 쪽으로 걸어갈 거예요. 오! 신이여, 저는 그녀가 너무나 싫어요. 저는 엄마가 너무 싫어요!

심리치료자: 계속해서 감정을 느껴 보세요.

내담자: 저는 그녀가 싫어요. 저는 그녀가 차에 타고 있다가 죽어 버렸으면 좋겠어요. 저는 이 일 때문에 그녀가 싫어요. 저는 다른 쪽으로 걸어가고 있어요. 엄마가 소리치고 있어요. "이 차로 돌아와!" 안 돼요! 안 돼요! 엄마나 차에 타요! 저는 떠날 거예요!

심리치료자: 좋아요.

내담자: 저는 차에 돌아가지 않을 거예요.

심리치료자: 좋아요, 좋아요. 당신은 자신을 잘 보호하고 있어요.

내담자: 하지만 그녀는…… 그들은 저보다 몸집이 더 크고 저를 끌고 가려고 해요.

심리치료자: 그럼 도와달라고 소리쳐요. 다른 어른들이 당신을 구하게 하세요.

내담자: (소리치며) 안 돼요! 안 돼요! 안 돼요! 저는 차에 안 돌아갈 거예요! 안 돼애애애!

심리치료자: 누군가 나를 도와주세요! 아빠가 음주운전을 하고 있어요!

내담자: 도와주세요! 도와주세요! 아빠가 음주운전을 하고 있어요! 도와주세에요!

심리치료자: 좋아요.

내담자: 다른 어른들이 오고 있어요.

심리치료자: 좋아요. 물론 그들은 도와줄 거예요. 어른들에게 말해요. 어떤 일이 벌어지고 있는지 말해요.

내담자: 아빠가 음주운전을 하고 있어요! 저는 차에 안 돌아갈 거예요. 저기 있네요. 아빠는 술에 취했어요. 우리 차가 위태롭게 도로 위를 달리고 있어요. 더는 차에 안 돌아갈 거예요. (침묵) 그들은 경찰을 불러요.

심리치료자: 그들이 경찰을 부르는군요. 좋습니다.

내담자: 경찰이 오고 있어요. 그들은 아빠가 운전을 못하게 할 거예요.

심리치료자: 맞아요.

내담자: 그리고 경찰들은 제가 다시 차에 타지 않게 도와줄 거예요. (이 표현과 이어지는 두 표현은 자신을 보호하는 힘을 가진 그녀의 새로운 경험이 모순된 지식 역할을 할 만큼 정말 사실 같고 신뢰할 만하게 느껴지는 순간이었다. 그리고 이 경험을 차가 다리로 다가가는 상황과 관련된 무력하고 치명적인 위험한 구인과 병치해서 제거한다.)

심리치료자: 맞아요. 경찰들이 오고 있나요?

내담자: 도착했어요. 저는 다시는 술 취한 아빠가 운전하는 차에 안 탈 거

예요.

심리치료자: 좋습니다.

내담자: 그리고 그들은 제가 다시 차에 타지 않게 도와줄 거예요.

심리치료자: 맞아요.

이 시점에서 자율적 재현 작업이 완료되었다. 이 과정에서 심리치료자는 문제를 규정하는 표적구인(차 안에 무력하게 갇혀 있다는 정서학습)으로부터, 안전을 위해 차에서 바로 나올 자유와 힘이 있다는 모순된 지식과의 강렬한 불일치 경험으로 브렌다를 유도하였다. 양립될 수 없는 두 가지 지식의 병치가 조용하면서도 단호하고 반복적으로 이루어졌다. 그러나 다음에 제시된 것처럼, 작업을 지속하고 마무리하는 명시적인 병치경험을 유도하는 것이 최선의 방법이다.

> **심리치료자**: 당신은 그 상황에서 스스로를 보호하고 안전을 유지하는 대단한 일을 해냈어요. 당신이 이렇게 스스로를 보호할 능력과 자유를 활용한 것을 그냥 즐길 시간을 잠깐 가지세요. (침묵, 20초) 그리고 당신이 처음에 너무나 무력해서 차에서 빠져나올 수 없다고 느꼈던 때를 떠올려 보세요. 그리고 차에 갇혀 무력했던 느낌도 떠올려 보세요. 하지만 지금 당신이 떠올린 이 상황은 이전과는 무척 다르지요. 그 이유는 이제 당신은 자신을 보호할 능력과 자유가 있다는 사실을 깨달았기 때문이죠. (침묵, 20초) 눈을 뜨고 저와 함께 있는 이곳으로 돌아올 준비가 될 무렵 당신은 이 깨달음을 유지할 수 있을 거예요.

성과

11일 후의 다음 회기에서 브렌다는 말했다. "지난번 상담 이후로 두려운 마음이 좀 사라졌어요. …… 글쎄요, 뭔가가 정말 바뀐 것 같다는 생각이 들어요. …… 뭔가가 바뀌었다는 생각이 정말 강하게 들어요. 저는 이 공연을 하는 것이 크게 두렵지는 않았어요. 약간 두려웠죠. 제 말은 정상적인 두려움이라는 거예요. 제 상황이라면 누구든 어느 정도 걱정이나 두려움이 있을 거라고 생각해요. 하지만 이 정도는 정상이며 감당할 수 있어요." 나중에 그녀는 덧붙였다. "저는 지난주 상담 때 정말 제가 심리적으로 그 자동차 뒷좌석에 앉아 있는 것 같았어요. 차 안에서 뭐라도 잡으려 애쓰며 말이죠. 위태로운 자동차를 통제해야 한다는 의무감이 사라진 지금 매우 자유로워요. …… 저는 지금 이 공연을 하기에 아주 좋은 상태예요. 다행이죠." 이는 분명한 재활성화 부재와 증상 제거의 표식이었다.

브렌다는 만약 필요하면 추가 상담을 위해 연락하겠다고 말했다. 그녀는 4개월 후에 다른 문제로 추가 상담을 1회기 진행하였는데, 그 회기에서 공연을 잘 마쳤다고 말했다. 그로부터 4개월 후 그녀와 추가 상담을 2회기 진행했는데, 그것이 마지막 상담이었다.

어렸을 때 차에서 무력감을 느꼈던 공고한 기억을 바꿈으로써 브렌다의 무대공포증이 사라졌다는 사실은 무대공포증을 느꼈던 각 상황들이 끔찍했던 어렸을 적 기억에 대한 플래시백이었음을 입증한다(지각기억 플래시백과 전혀 다른 정서적 플래시백으로, 그녀의 지각기억은 상담 중 꿈작업 과정에서 드러나기 시작했다). 다음의 재현 작업 과정에서 심리치료자는 브렌다에게 공연이 가까워지는 것이 어떻게 혹은 왜 차에서 다리를 향해 달려가는 기억을 닮았고 이를 촉발시켰는지 알겠냐고 물었다. 상담 중 공유된 촉발적인 특징들이 이제 그녀에게 명확해졌다. 그녀는 이 두 가지 접근을 이렇게 설명했다. "똑같아요. 다리든 무대든 한번 올라가면 벗어날 수 없다는 점에서 말이에요."

동일 회기에 그녀는 재현 작업을 마친 후 야외에서 식탁에 둘러앉은 가족과 다른 사람들에게 안녕을 고하는 '생생한 천연색' 분위기의 꿈에 대해 이야기했다. "부모님께 안녕을 고하는 꿈은 정말 강력하게 느껴졌어요. 특히 아버지께 안녕을 말할 때요. …… 완전히 안녕을 고하고 …… 저는 울고 있었어요. 하지만 슬퍼서가 아니라 감동받아서였죠. 정말 감동적이었어요. ……

저는 그냥 다른 곳으로 가고 있었어요. 정말 희망찬 느낌이었어요. …… 제가 꿈을 중단시킬 수 있을 것 같은 느낌이 들 정도로 꿈이 정말 강력하게 느껴졌어요. 그리고 저는 궁금해졌어요. 만약 제가 자동차 뒷좌석에서 빠져나온 후 꿈을 꿨다면…… 안녕을 고하고 생명을 다시 얻은 것 같았어요. 그 꿈에는 제게 힘을 부여하는 무언가가 있었어요."

이 꿈은 차에서의 물리적 탈출 외에 재현 작업 동안 드러난 주요 주제, 즉 브렌다가 8세 때 생명의 위협이 느껴지는 차 안에서 겪은 무력한 감금 상태는 그녀가 가족체계 안에서 생명의 위협을 느끼며 무력하게 감금되어 있었다는 한 가지 징후로 이어졌다. 차에 갇힌 일에 대한 굳은 기억과 함께, 그녀가 가족체계 안에 갇혀 있었다는 암묵적 정서지식 역시 성인기까지 줄곧 지속되었다. 재현 작업에서 브렌다는 그녀의 부모가 좌지우지하던 규칙과 역할을 구분해서 반박할 수 있는 현재의 성숙한 능력을 경험한 것이 그 자체로 모순된 지식이었다. 이 꿈은 브렌다가 자신은 부모의 애착규칙 감옥에서 탈출할 수 없다는 암묵 모델의 변형적 변화, 즉 분화/개별화로 인한 엄청난 변화를 잘 보여 주고 있다.

해설

우리는 재현 작업을 어떻게 병치경험 구성에 적용할 수 있는지에 대해 설명했다. 외상 심리치료자들은 어떻게 재현이 외상기억에 영향을 주는지를 설명하기 위해 다양한 변화기제를 규명해 왔다. 예를 들어, 신체의 자연스러운 자기보호적 반응과 같이 원래 허용되지 않던 표현들을 허용함으로써 반응장애를 막고 다른 기제 사이에 막혀 있던 에너지를 방출할 수 있다(Levin, 1997). 치료적 재공고화 과정의 관점에서 보면, 자연스러운 자기보호 반응을 활성화시키는 것은 탈외상적 과정인데, 그 이유는 힘을 부여하는 반응을 경험함으로써 원래의 외상학습 경험에서 형성되었던 무력하다는 모델과 느낌을 부인하고 이를 제거하는 새로운 지식이 형성될 수 있기 때문이다.

재현과정에서 내담자가 더 빠르고 적극적이며 자기보호적으로 반응할 수 있고 그런 방식으로 상처를 피하는 능력을 경험할 수 있도록, 원래의 상황이 내담자에게 위험이나 문제의 초기 신호로 작용할 때에만 재현기법이 적절함을 주목해야 한다. 재현 작업에 부적합한 외상 사례는 폭발경험과 같은 사례다. 그런 사례에서는 그 이상 자기보호적으로 반응할 수 있는 방법이 없어서 재현 작업이 외상을 반복할 뿐이다. 이러한 사례에서는 외상기억 변형이라는 다른 전략이 필요하다.

기법의 요약

〈표 4-1〉에는 지금까지 소개한 사례들의 개요와 함께 불일치를 위해 인출된 증상을 요하는 표적구인, 발견된 모순된 지식, 모순된 지식의 원천, 모순된 지식을 발견하는 데 활용된 기법들이 제시되어 있다.

이들 증상 친화적 스키마 제거 사례에서는 치료적 재공고화 과정의 C단계 동안 모순된 생생한 지식을 발견하기 위해 세 가지 다른 기법을 활용하였다. 여기에 제시된 기법들은 치료적 재공고화 과정의 주요 단계에서 활용 가능한 여러 가지 언어적 · 상상적 · 신체 지향적 기법들을 맛볼 수 있는 예에 불과하다. 추가 전략들은 애착기반 작업에 대한 내용인 다음 장에서 설명할 것이고, 〈표 5-2〉에 요약되어 있다. 창의적인 심리치료자들이 고안한 방법들은 무수히 많을 것이다. 일관성치료에서의 병치경험을 위해 이러한 기법들과 일상 지침을 더 폭넓고 자세히 알고 싶다면 Ecker과 Hulley(2012)의 글을 참고하기 바란다.

〈표 4-1〉 3~4장의 일관성치료 사례에서 치료적 재공고화 과정의 C단계 동안 인출된 표적구인, 발견된 모순된 지식 및 이를 찾기 위해 활용된 기법

내담자의 증상	표적구인	모순된 지식	원천	기법
직장에서의 불안, 자신감 부족 (3장, 리처드)	문제 규정: 자신감 표현은 무조건 유해함	표현된 자신감에 대해 타인들은 편안함	회기 밖에서의 경험	현재의 정반대 경험 확인
강박 애착 (4장, 샬럿)	해결책 규정: 융합되는 게 더 나음	수용 불가능한 대가가 따르는 해결책	기존 지식	정반대인 기존 지식과의 부조화 탐지를 일으키는 명시적 진술
만연된 미성취 (4장, 테드)	해결책 규정: 아버지께서 사과하고 책임감을 갖게 하려 함	불가능한 해결책	기존 지식	정반대인 기존 지식과의 부조화 탐지를 일으키는 명시적 진술
무대공포증 (4장, 브렌다)	문제 규정: 물리적 · 대인관계적 무력함에 대한 외상	실제적인 주장과 자기보호 능력	회기 중의 새로운 경험	자율적 상상 재현

제5장 정서 일관성과 애착 논쟁

 심리치료는 인간의 행동에 대한 가설적 이론을 무리하게
적용하려고 개인을 맞추기보다 개인의 고유한 욕구를 충족
시켜야 한다.

– Milton H. Erickson

　많은 연구와 이론을 통해 심리치료를 비롯한 인간생활에서 애착의 중요성
이 강조되어 왔다(Cassidy & Shaver, 2008; Schore, 1994, 2003a, 2003b; Siegel,
1999, 2001, 2006). 그러나 Prenn(2011, p. 308)이 언급한 바와 같이, "많은 애
착 이론과 연구에 비해 애착이론을 실제로 임상에 적용하는 방법에 대한 지
침은 적은 편이다." 또한 애착 형성과정의 우여곡절이 개인의 발달과 증상
발생에 영향을 주는 정도는 임상가들뿐만 아니라 연구자들 사이에서도 논란
이 많다(Wylie & Turner, 2011). 임상 방법론, 사례 개념화, 애착역동 모델과
함께, 정서 일관성 체계가 이론과 임상 실제의 가교 형성에 새롭게 포괄적으
로 기여하는지에 대해서도 논란이 있다.

애착, 정서학습 및 기질

논란의 한편에는 애착경험과 역동성이 개인의 심리발달과 증상 발생 과
정을 좌우하기 때문에 사실상 모든 심리치료가 애착문제를 다룰 수 있도
록 규정되고 진행되어야 한다는 견해를 지지하며 폭넓은 연구를 인용하는
이들이 있다(Badenoch, 2008, 2001; Cassidy & Shaver, 2008; Connors, 2011;
Fosha, 2000, 2002; Lipton & Fosha, 2011; Schore, 2003b; Siegel, 1999, 2006). 가
령, Shore(1997, p. 829)는 "모든 정신병은 일차적이든 이차적이든 유대 혹
은 애착장애와 관련된 문제다."라고 말하는 다른 연구자의 견해에 동의한다
(2011, p. 255). 애착관계가 발달에 결정적 영향을 미친다는 관점은 Lipton과
Fosha(2011, p. 255)에 의해서도 다음과 같이 언급되었다.

> 초기 애착관계는 영아의 신경생물학적 기저를 형성하며 미래의 생물심
> 리사회적 자아에 많은 영향을 미친다(Schore, 1996, 2009). 대부분 사회
> 적 환경에 의해 매개되는 이러한 쌍방적 양자관계는 뇌의 최종 연결에 영
> 향을 주며, 미래의 사회 · 정서적 대처능력을 조직화한다.

논란의 다른 한편에는 애착을 너무 강조한 나머지 애착이 심리치료를 독
점하는 데 반대하면서, 연구와 임상경험에서 애착이 중요하긴 하지만 발달
과 증상 발생의 몇몇 강력한 요소 중 하나일 뿐이라고 주장하는 이들이 있
다. 즉, 심리치료자들이 모든 증상의 이면에 애착문제가 존재한다고 예상한
다면, 애착 이외의 요소들은 무시되거나 왜곡되어 내담자에게 해로울 수도
있다는 것이다.

예를 들어, 심리학자인 Jerome Kagan은 생물적 · 심리적 요인의 상호작
용, 성격, 타고난 기질에 대한 40년 이상의 연구를 바탕으로 다음과 같이 강
조했다.

사회계층, 성, 인종 및 문화가 성격발달에 큰 영향을 미친다. 어머니의 민감성과 별도로, 이 요소들은 초기 애착의 질 못지않게 중요하다. 연구에서는 사회경제적 요소가 발달에 막대한 영향을 미침을 입증하였다. 많은 문화권에서 성인 우울증이나 불안의 가장 강력한 예언요소는 사회적 혜택이 결핍된 계층에서의 성장과정이다. …… 사실, 두 집단의 심리학자들이 무작위로 추출된 30세 정도의 사람 5,000명 중 병리적 문제의 발생 빈도와 그들의 성격 특성을 예측하라는 질문을 받는다고 가정해 보자. 첫 번째 집단의 심리학자들은 그 사람들이 아동기에 어떤 사회계층의 가정에서 양육되었는지만 알고 있는 반면, 다른 한 집단의 심리학자들은 생후 2년 동안 어머니의 민감성과 영아의 애착 특성에 대해서만 알고 있다. 아마도 첫 번째 집단의 심리학자들이 성격과 기분장애를 훨씬 더 정확히 예측할 것이다. (Kagan, 2011, p. 50)

이 점(양자 간 애착관계 외의 사회적 조건이 주요 영향일 수 있다는)은 가족치료 분야의 대가인 Salvador Minuchin이 강조한 점과 매우 유사하다. "물론 안정된 초기 환경이 중요하긴 하지만, 애착문제에만 과도하게 집중하면 강력한 사회적·인종적 문제를 간과하게 된다. 즉, …… 내담자가 성장한 환경을 이해하기 어려울 뿐만 아니라 아동의 삶에서 가족적·사회적 현실을 아예 부정할 수 있다."(Wylie & Turner, 2011, p. 27) 부정적인 강력한 사회적 경험으로는 왕따, 인종차별, 민족 탄압, 친구나 동료의 배신, 해고와 실직, 난민 생활, 인기나 명성 실추 등을 들 수 있다.

Minuchin과 함께 심리학자이자 성 심리치료자인 David Schnarch는 애착중심치료의 회복적 접근에 대한 우려를 다음과 같이 표현하고 있다. "심리치료자가…… 내담자의 삶에서 중요한 존재, 어쩌면 유일한 회복적인 인물로 너무 중요시될 수 있다."(Wylie & Turner, 2011, p. 27) 그로 인해 의존성과 공동의존성이 강화되어 개인의 분화가 촉진될 수 없다.

이러한 관점은 많은 사례에서(모든 사례는 아니지만) 사회적 경험 및 애착

경험과 다른 의미 있는 실존경험을 자세히 들여다보면 더욱 확실해진다. 이러한 예로는 꿈 상실이나 장애의 원인이 되는 질병이나 상처, 부자였다가 망한 상황 악화, 사고로 인한 사망, 자연재해로 인한 질곡의 삶, 시한부 삶에서 죽음을 피할 수 없음을 느낄 때 등을 들 수 있다. 안정 애착이 형성된 사람들도 그러한 경험을 하면, 무의식적으로 문제의 정서적 스키마가 형성되어 치료해야 할 증상이 유발될 수 있다.

개인의 성격발달에 영향을 미치는 또 다른 주요 요인은 타고난 기질이다. Kagan 등은 생후 4개월 정도의 영아를 '고반응/저반응' 기질 유형으로 구분하고, 편도체의 활동을 보여 주는 뇌영상을 통해 이런 성향이 남자의 경우 18세까지 지속되는 경향이 있음을 제시했다(Schwartz et al., 2011). 이러한 연구들에 따르면, "이는 성인기에 신경활동 유형의 개인차를 예측하는 초기의 인간 행동 표현형(유전자 구조의 가시적 표현)이다. 영아기에 근원을 둔 이러한 기질 차이는 임상적 정신장애에서 나타나는 취약성과 회복탄력성의 개인차를 이해하는 바탕이 된다."

Kagan은 Mary Ainsworth(애착 연구자들은 그녀의 연구가 애착 연구의 기반을 다졌다고 봄)가 우간다의 모자 상호작용에 대한 연구를 바탕으로 내린 다음 결론에 주목하였다. "우리는 유아들마다 유전적 차이가 있음을 인정해야 한다. …… 환경적 영향을 유전, 태아기, 출생 직후의 영향과 구분하기는 어렵다(Ainsworth, 1967, p. 387). …… 그러므로 모친의 다정함이나 관찰된 애정 어린 접촉 행동으로 집단 간 차이를 설명할 수 없다."(p. 394)

영아와 아동이 부모의 양육방식에 어떻게 반응하는지에 대한 유전적 영향은 후속 연구에서 더욱 명확해졌다. 예를 들어, Dick 등(2011)은 방임형 부모 밑에서 자란 아동을 5세부터 17세까지 추적 연구한 결과, 학습 및 기억과 관련된 특정 유전자 변이를 물려받은 아동은 비행과 공격성 비율이 더 높은 것으로 나타났다. 열심인 부모를 둔 아동 중에서는 그러한 유전자를 가진 아동이 그렇지 않은 아동보다 비행 빈도가 적었다. 따라서 동일한 유전자 변이가 따스한 양육 및 방임적 양육에 대한 아동의 민감성 정도와 상관이 있다.

또한 아동이 부모의 양육방식에 영향을 받는 정도는 아동의 타고난 민감성에 따라 크게 좌우된다. Barry, Kochanska와 Philibert(2008, p. 1313)는 단형의 세로토닌 전달 유전자를 가진 영아의 경우에는 어머니의 "반응성이 낮을 때 불안정 애착이 나타나기 쉽다. [그러나 어머니의] 높은 반응성은 그렇게 될 위험을 보완한다."는 사실을 발견했다. 반면에, 장형의 세로토닌 전달 유전자를 가진 영아의 경우에는 "[어머니의] 반응성과 애착 형성 사이에 관련이 없다." 동일 유전자 변이에 대해 연구하던 Pluess 등(2011)은 임신 중 모친이 불안할 때 그런 유전자 변이가 없는 영아에 비해 단형의 대립형질을 가진 영아가 출생 후 부정적 정서성이 훨씬 더 높다고 보고하였다.

　따라서 애착 내력은 한 개인의 정서양식과 대인관계 양식을 형성하는 주요 요인 중 한 가지에 불과함을 알 수 있다. 이는 애착 내력이 한 개인의 어떤 증상의 유발에는 지배적인 영향을 미칠 수 있지만, 다른 증상의 경우에는 그렇지 않을 수 있음을 의미한다. 또는 애착 내력이 어떤 내담자의 모든 증상을 유발할 수 있지만, 다른 내담자에게는 전혀 증상을 유발하지 않을 수도 있다. 애착 논쟁에 따르면, 결국 모든 측면은 적절한 때가 있는 것 같다.

　이 장에서 우리는 정서 일관성 체계가 어떻게 이러한 논쟁을 줄이고 조화에 기여할 수 있는지를 제시할 것이다. 마치 두 개의 강이 한 지점에서 만나 바다로 향하는 것처럼, 앞에서 기술한 모든 학습 영역은 영향을 미치는 동일한 장소, 즉 개인의 암묵적 정서기억에서 만날 것이다. 애착, 사회적·실존적 경험들은(그리고 예술적·신체적·영적 경험과 같은 다른 것들도) 암묵적 스키마로 구성된 정서학습을 이룬다. William Faulkner가 "과거는 죽지 않는다. 실은 지나간 것도 아니다."라고 글로 표현한 것처럼, 그 경험들은 이들 지속적인 스키마를 통해 성격과 삶에 계속 영향을 미친다. 그러나 스키마가 제거되면, 이전 장들에서 이미 제시된 것처럼 스키마를 형성했던 원래의 경험이 현재의 반응에 대한 통제력을 잃는다. 정서 반응성에 영향을 미치는 유전적 요인들로 인해 한 개인이 특정 생활경험을 통해 어떤 정서학습(유전적 요인이 다르면 형성되지 않을 수 있는 스키마)을 형성하지만, 이후에 그런 스키마가 임상적으로 사라지면 유전적 영향으로 인한 특정 예도 사라진다. 물론 특정 정서학습을 제거했다고 해서 기여하는 유전적 성향 자체가 사라지지는 않는다.

따라서 각 영역의 경험이 특정 정서학습을 통해 지속적인 영향을 주기 때문에 우리는 이렇게 학습된 암묵적 스키마의 제거를 각 영역의 영향에서 자유로워질 수 있는 가장 근본적이고 효과적인 치료전략으로 본다. 일부 내담자가 인출한 증상을 유발하는 스키마는 한눈에 알아볼 수 있을 정도로 명료한 학습(애착이든, 사회적이든, 실존적이든, 또는 다른 종류든) 영역 내의 사례들이다. 그러나 인출된 스키마 중 상당수는 두 가지 이상의 영역이 복잡하게 얽힌 독특한 경험이다. 이 경험들은 분리할 수 없으며 또 그럴 필요도 없다. 심리치료자가 변형적 변화를 이끄는 것은 학습의 개념적 범주가 아니라, 실제로 인출된 내담자의 스키마 내용(정신 모델 내의 명료한 일부 구인)이다. 내담자가 모순된 지식을 경험한 다음, 심리치료자가 구인을 없애는 일련의 병치경험을 유도할 때 그 내용에 관한 지식이 필요하다. 스키마를 아주 정확히 인출하고 독특한 스키마의 특정 구인을 대상으로 작업함으로써 독특하게 작용하던 영향이 완벽히 치료되어 사라질 것이다. 고통을 유발하는 스키마가 더 이상 존재하지 않을 때, 유전적 요인 역시 더 이상 영향을 미칠 수 없을 것이다.

심리치료자들이 정서 일관성 접근을 통해 꾸준히 성공하려면 학습의 독특한 영향이나 유형에 대해 선험적으로 가정하지 않아야 한다. 즉, 심리치료자가 치료에 착수할 때부터 성에 대한 사회적 이야기가 문제의 근원이라고 가정하거나 혹은 불안정 애착을 문제의 원인으로 보고 회복적 애착 작업이 요구된다고 가정하지 않아야 한다는 의미다. 오히려 이러한 체계 내에서는 심리치료자가 모른다는 자세로 작업에 임하여, 마치 인류학자들처럼 증상을 유발하는 스키마의 내용이 무엇인지 내담자로부터 배워 나간다. 그러면 내담자가 모순된 지식을 경험하도록 안내할 적절한 방법을 선택하게 될 것이다. 회복적 애착이 성공적으로 보일 때도 있지만, 이 장의 후반에 제시할 사례들처럼 표적 스키마에 부적합할 때도 있다.

따라서 애착에 대한 상반된 의견을 종합하면, 애착기반 학습과 애착과 무관한 학습의 역할을 인식하고 심리치료자가 인출된 특정 스키마에 적합한 학습 내용을 내담자로부터 배우도록 안내할 포괄적인 메타수준의 체계를 구성할 필요가 있다. 그러면 그 내용에 대한 지식이 변형적 변화(치료적 재공고화 과정의 완성)를 적절히 촉진하도록 유도한다. 발견된 스키마에 애착기반 학습이 담겨 있으면, 일관성치료 체계는 심리치료자가 회복적 애착 작업을 활용하든 안 하든 애착 유형과 상처를 바꾸도록 안내할 것이다. 그 덕분에 심리치료자는 내담자의 고유한 특징, 즉 의존성, 공동의존성, 분화에 적합한 임상적 선택을 하게 된다.

애착학습

일관적인 정서학습의 관점에서 애착 유형을 이해하면 여러 가지로 심리치료자에게 유익하다. 이 책의 뒷부분에서 나오겠지만, 우선 한 가지 이점은 애착학습이 내담자의 증상을 유발하는 학습과 관련되는지를 파악하는 개념적 도구라는 점이다. 이를 위해 우리는 애착 이론가와 연구자들이 주요 애착 유형에 따른 정서학습을 어떻게 규정해 왔는지에 대해 간단히 살펴보려고 한다.

Connors(2011, p. 350)가 요약한 바와 같이, 특정 기준에서는 애착관계를 이루는 개인적 · 정서적 유대를 다음과 같이 정의한다.

유대는 정서적으로 의미 있고 지속적이며, 접근 추구와 관련되고, 특정 개인과 아주 특별하게 형성된다. 영아는 탐색을 위한 안전기지로 애착 대상을 활용하고, 스트레스, 위험 및 새로운 상황에서 애착 대상에게 더 접근하려 한다. 실제적인 신체적 근접성이 중요하긴 하지만, 애착 추구의 목표는 '안전감'(Scroufe & Waters, 1977)과 애착 대상의 접근성 및 반응성(Kobak, 1999) 유지다. 다른 동기체계 역시 인간에게 중요하지만, 애착체계는 생존 및 타인과의 관계 증진에 필수적인 것으로 보인다(Howe, 2005).

애착관계를 정의하는 위의 기준에 비추어 볼 때, 우리는 안정 애착이 형성된 아동, 청소년, 성인이 겪는 애착과 무관한 '문제의 경험'을 알 수 있다. 또한 그런 경험이 애착경험에 의한 학습과 마찬가지로 원치 않는 기분, 정서, 사고, 행동을 강력하고 지속적으로 유지·유발하는 강력한 암묵적 정서학습을 일으킬 수 있다는 사실도 알 수 있다. 이미 언급한 바와 같이, 애착과 무관한 영향력 있는 학습은 사회적·실존적 경험은 물론 예술, 내적 자기인식 및 영성과 같은 경험을 통해 형성될 수 있다. 심리학과 심리치료 분야에서 애착기반 학파를 창시한 John Bowlby의 글을 보면, 그 자신이 다음과 같이 폭넓은 경험을 인식하고 있었던 것으로 보인다. "분리와 상실 경험이나 버려진다는 두려움은 삶의 중요한 변화로 일컬어지는 큰 사건의 일부에 불과하다."(Bowlby, 1998, p. 370)

각 임상 사례들은 다양한 정서학습 영역이 존재한다는 직접적 증거를 보여 준다. 여기에 간단한 사례가 있다. '라울'은 36세의 기혼 남성으로, 두 자녀가 있다. 그는 욱하는 과도한 분노문제로 심리치료를 시작했다. 라울은 낯선 사람, 지인, 친구, 가족 등 다양한 사람에게 아무 때나 갑자기 화를 버럭 냈다. 심리치료자와 라울은 분노가 일어난 많은 상황, 즉 공통 주제가 있는 모든 상황을 상세히 짚어 보았다. 특히 라울이 화를 표출하기 직전의 순간을 말이다. 각 사례에서 라울은 다른 사람이 약속을 위반한 것을 인식할 때 화를 내고 있었다. 심지어 겉에서 보기에 조금만 다르더라도 화를 내었다. 심리치료자는 이를 양자 역동성으로 인식하고 곧 애착문제가 나타날 것이라고 예상했다.

라울은 약속 위반이라는 이전의 암묵적 주제를 명시적으로 새롭게 인식하자 굉장히 놀랐다. 이렇게 새롭게 인식하고 나서 몇 초 후, 그는 몽롱한 상태로 눈을 깜박이며 허공을 응시했다. 곧 심리치료자가 부드럽게 물었다. "무엇이 떠오르나요?" 라울이 떠올린 것은 5년 전의 끔찍한 경험에 대한 이미지, 생각, 느낌으로 어우러진 몽타주였다. 바로 그의 동업자가 둘 사이의 주요 약속을 다 저버린 것을 알고 놀랐던 일이다. 곧 라울은 그로 인해 상당한 투자금을 그에게 빼앗겼음을 알았다. 결국 라울은 자신이 열정을 쏟았던 사업을 그만두었다. 이후 몇 회기에 걸쳐 정서를 탐색하는 인출 작업(일관성치료의)에서, 라울은 그 고통으로 형성된 암묵적 정서학습을 직접 경험하였으며, 다음과 같이 언어화하였다.

- 약속 위반은 상대방의 삶을 망친다.
- 나와의 약속을 위반한 사람들은 내 삶이 망가져도 신경 쓰지 않으니, 그들은 내 적이다.
- 나는 나와의 약속을 위반한 사람이나 나와의 사소한 약속이라도 위반하려는 사람에게 화가 난다.
- 내가 화를 내지 않으면, 내가 또 배신당하는 것에 대해 무력하거나 무방비 상태라는 느낌이 들기 때문에 나는 화를 내야 한다.
- 내가 화를 내지 않으면, 나는 감정에 휩쓸려 아무것도 하지 못한 채 잃은 것에 대해 극심한 슬픔과 비통함을 느끼기 때문에 화를 내야 한다.
- 내가 화를 내지 않으면, 나는 그가 아예 도망가 버릴 것 같고 이 세상에 정의나 책임 따위는 존재하지 않을 것만 같다. 내가 화를 내지 않는 것은 내가 더 이상 정의나 책임감을 요구하지 않는다는 것과 같다. 이건 나에게 절대 있을 수 없는 일이다.

라울이 자신의 분노문제에 '약속 위반' 주제가 있음을 알고 놀랐다는 점을 고려할 때, 독자들은 그가 자기 내부에 존재하는 앞과 같은 일관된 정서적 사실들을 알고 얼마나 놀랐을지 충분히 상상될 것이다. 또한 라울은 그의 분노가 불공정한 세상에 대한 무력감, 슬픔, 절망의 세 가지 중요한 문제에 대해 꼭 필요한 해결책으로 작용하고 있다는 사실도 깨달았다.

일관성 접근에는 심리치료자가 새로 형성된 증상 친화적 스키마를 한 층씩 드러내기 위해 "그 아래에 뭐가 있을까?" 하고 자문하는 내적 연습이 있다. 이 연습을 통해 심리치료자는 인출 중인 스키마의 가장 깊은 곳을 드러내는 발견 작업을 진행할 수 있다. 이 질문을 적용할 때, 라울의 심리치료자는 약속 위반이 여전히 아동기의 애착관계에서 형성된 더 깊은 문제와 관련될 것이라는 생각이 들었다. 이에 심리치료자는 라울에게 다음과 같이 물으며 발견 작업을 계속했다. "살면서 약속 위반으로 이렇게 충격받은 경험과 유사한 일이 또 있나요? 오래전에 이런 종류의 뭔가를 느낀 적이 있나요? 이런 배신감을 느꼈던 것은 언제였나요?"

라울은 그의 정서기억을 되살려 보았고, 심리치료자는 그가 여러 가능성을 떠올리도록 유도했다. 그러나 그는 기억은 물론 어떤 신체반응도 찾을 수 없었다. 마침내 그는 말했다. "아시겠지만, 정반대가 아닐까 싶어요. 다시 말해, 내가 당신의 말을 믿고 정직하게 털어놓는 것은 자연스러운 일이에요. 가족에게도 마찬가지죠. 그래서 나는 내게 일어난 일에 전혀 무방비하고 어안이 벙벙한 듯해요." 라울의 관계에 대한 탐색에서는 그가 아동기에 안정 애착을 경험했다는 사실을 되짚어 주었다. 약속 위반과 관련된 문제의 정서학습은 아동기의 애착경험이 아닌 5년 전의 사회적·존재론적 경험으로 형성된 것이었다. 따라서 회복적인 애착치료는 그의 분노를 제거하는 데 효과적일 수 없었다. 즉, 심리치료자의 섬세하고 정확한 공감을 경험하는 것만으로는 라울의 분노를 유발하는 스키마를 부정하고 제거할 수 없었다.

라울의 사례는 심리치료자가 내담자의 증상 이면에 애착문제가 있는지를 알아보려면 이론적 방법보다 스키마를 인출하는 경험적·현상학적 방법이 필요하다는 사실을 보여 준다. 중요한 진실은 심리학 이론이 아닌 내담자 안에 존재한다. 그러므로 외부의 해석을 부여하기보다 암묵적 학습을 명시적으로 분명히 인식하도록 유도하는 인출방법을 활용해야 한다. 이는 현상학적 접근을 취하는 심리치료자들 사이에 널리 알려진 중요한 사항이다 (Gendlin, 1966, 1966; Husserl, 2010; Laing, 1995).

내담자가 인출한 스키마에서 애착학습이 확인될 때 그 구체적인 내용은 무엇일까? 이 질문에 답하려면 먼저 애착 연구자와 임상가들이 설명하는 정서학습 유형을 간단히 요약한 다음, 정서 일관성 체계의 몇몇 개념과 일관성 치료의 몇몇 임상결과로 보완해야 한다.

Connors(2011, p. 357)는 "애착이론이 초기 관계학습의 중요성을 강조한다."라고 말했다. 애착 관점의 기반을 다진 Mary Main에 따르면, 문제가 있거나 고통을 유발하는 양육자가 기르는 영아는 애착 대상의 반응과 효용성을 적극적으로 지각한다. 또한 만일의 사태에 대한 구인과 스키마를 형성하며, 어느 정도의 접근성을 유지하고 양육자의 특별한 부정적 반응을 막기 위해 행동적·정서적 자기표현 전략을 개발한다(Main, 1995). 그러한 학습과정을 통해 다양한 애착 유형이 형성된다.

불안정 회피 애착은 양육자가 지속적으로 거부할 경우에 나타난다. 이로 인해 영아는 고통이나 요구와 관련된 직접적인 정서 표현이나 접촉하려는 신체적 접근이 묵살당할 것을 예측하게 된다. 이러한 학습과정을 통해 영아는 자신이 직면한 문제를 확인하고 그에 맞추어 간다. 또한 영아는 자신의 고통을 최소화하기 위해 아예 소통하거나 접근하려 하지도 않고, 연결되거나 관심을 받으려는 욕구도 느끼지 않으며(이는 감정의 분리나 해리를 동반한다), 심지어 양육자가 원하더라도 직접적인 상호작용을 적극 피한다. 그러한 학습과정에서 문제에 대한 해결책을 찾는다. 영아는 똑똑하게도 접촉 욕구를 느끼거나 접촉을 원하면 거부, 외로움, 두려움 및 무력감을 겪게 된다는 암묵적 지식을 형성한다. 감정과 접촉을 피하는 해결책이 적응적인 전략인데, 그 이유는 영아가 그렇게 해서 동요나 고통을 거의 겪지 않고 자신의 정서 상태를 유지할 수 있기 때문이다. 그래서 학습된 정서적 스키마는 문제와 해결책 모두를 규정하며, 3장과 4장에서 살펴본 것처럼 심리치료에서 성인들이 인출한 정서적 스키마의 뼈대가 된다. 성인의 경우에 이러한 애착양식은 종종 무시하는 유형으로 나타나는데, 그 이유는 이러한 범주에 속하는 사람들은 대인관계의 영향과 중요성을 경시하고, 아동기에 대한 기억이 별로 없으며, 일반적으로 자신의 이러한 박탈경험이 정상이라고 가볍게 반응하기 때문이다(Main, 1995).

　불안정 저항(혹은 불안정 양가) 애착으로 알려진 애착 유형은 최대의 정서 표현을 하는 정반대 전략을 사용하는데, 이 전략은 전혀 다른 양육자, 즉 서툴고 자기집착적인 양육자 혹은 주의를 끌 만큼 영아의 행동이 강력할 경우에 반응하는 산만한 양육자에 대한 적응적 해결책이다. 그러한 학습 유형은 간헐적으로 강화되어 매우 지속적인 학습을 유도하는 것으로 알려졌다. 이러한 영아의 피질하부에서는 강렬한 요구와 정서성을 보일(떼를 쓰는 것과 같이) 필요가 있으나 자신이 필요한 시기에 자기집착적인 부모의 반응을 끌어내야 해서 그 효과가 확실치 않다는 것을 안다. 또한 영아는 필요한 상호작용이 일어날지 여부는 전적으로 그런 상호작용을 일으키는 자신에게 달려 있음을 안다. 따라서 영아는 적응적 필요에 의해 어쩔 수 없이 통제하고 조작하는 방식의 상호작용을 학습한다. 이러한 유형은 양육자의 존재 여부와 정서 상태에 대해 불안해하고 과도하게 신경을 쓴다. 성인기에 이러한 애착 유형은 관계문제에 지속적으로 높은 수준의 정서적 개입을 보이며 집착한다.

　불안정 혼돈 애착으로 불리는 세 번째 유형은 매우 불안해하는 애착 유형인데, 이는 그들이 겪고 있는 애착문제에 대한 영아의 적응전략이나 해결책이 부족하기 때문이다. 이 경우의 양육자는 예측 불가능하고 극단적이며 처벌적으로 행동하여 영아의 극심한 스트레스를 유발하면서도 정작 아무 위로나 도움도 주지 못한다. 이러한 영아들이 직면하는 가장 어려운 문제는 안정을 줘야 할 부모가 제멋대로 공격성을 표출하는 위험한 존재, 즉 '답없는 두려운' 존재라는 것이다(Main & Hesse, 1990). 이러한 영아들은 혼란스럽거나 경직되거나 두려움이 가득 찬 것처럼 보인다. 그들은 유해하고 위험한 상황에서 자기보호적 반응 대신 시종 부질없는 무력감과 절망감을 표현한다. 정서 일관성 체계에서는 영아의 반응이 혼란되고 무력하지만 양자관계(타인이 과도한 상처를 주고 끔찍한 일을 할 것으로 예측됨에도 불구하고 자신은 아예 무방비 상태인)에 대한 암묵적인 정서적 스키마가 형성되는 과정에서 여전히 일관적 학습이 일어난다는 사실을 강조한다. 그러한 예측 렌즈를 통해 개인은 이후의 관계에서 의미 있는 타인을 지각하고 그에 반응한다. 이러한 애착 유형은 때때로 성인기의 미해결 애착으로 이어지며, 이후의 공격성, 분리, 과잉통제 행동(Solomon & George, 1999)과 관련되고, 추론이나 협력적인 대화에서 실수를 저지른다(Hesse, 1999). 우리의 임상경험에 비추어 볼 때, 이러한 영아는 아동기에 이르면 대부분 과도한 공동의존(자신의 바람과 욕구 억제를 강박적으로 즐기며 어떤 경우에는 부모-자녀 간 역할 반전이 동반됨)이나 투명화(뻔히 보이는데도 눈에 띄지 않으려는 다양한 전략)와 같은 적응전략이나 해결책을 개발하며, 이는 성인기까지 지속된다. 그러나 이러한 해결책에도 불구하고 명확한 이유와 무관하게 양육자가 아무 때나 폭발할 수 있다는 점을 알기 때문에 아동의 불안 수준은 만성적으로 높다.

　불안정 애착관계에서 형성된 영아의 정서학습은 성인의 '실조(失調)되고' '부적응적'인(관습적이고 합리적인 행동과 얼핏 비교했을 때) 정서·행동 양식으로 이어진다. 그러나 이러한 양식을 유발하는 생활경험과 정서학습 상황에 비추어 보면, 적응적이고 일관된 특성이 뚜렷이 나타난다. 정서 일관성 체계에서는 이러한 정서·행동 양식이 통제 불능('실조'를 비롯해 다른 병리적 용어들이 내포한 상태)이라기보다, 개인의 정서 뇌와 암묵적 지식(고통을 피하기 위해 이러한 양식을 있는 그대로 표현하는 방법을 '아는')의 완벽한 통제를 받고 있다고 주장한다.

애착조건

　애착조건(terms of attachment)은 정서 일관성 체계에서 사용되는 용어로, 의미 있는 타인들과의 관계 형성과 이러한 관계 형성을 위해 요구되거나 금지된 특정 행동, 사고, 감정을 규정하는 개인의 학습을 일컫는다. 이는 사랑의 조건에 관한 상세하고 생생한 개인의 지식이다. 일차적 유대 연결 규칙에 대한 아동이나 성인의 전반적인 암묵적 정신 모델은 양육자가 부여하거나 개인이 양육자와의 상호작용에 대해 해석한 애착조건으로 이루어져 있다. 인출된 후에 언어화된 애착조건의 예는 다음과 같다. "나는 엄마나 아빠가 싫어하는 것을 절대 좋아하면 안 된다(그렇지 않으면 나는 망신당할 것이다)." "나는 엄마한테 내가 느낀 것이나 필요하다고 생각되는 것들을 말하면 안 된다(왜냐하면 엄마가 나를 몇 시간 동안 무시하는 데 나는 넌더리가 났기 때문이다)." "엄마와 아빠는 내가 똑똑하거나 재미있는 말을 할 때만 주의를 기울일 것이다." "어떤 일이 일어나든 울지 마라(그렇지 않으면 나는 두드려 맞을 것이다)." "긍정적이든 부정적이든 에너지나 강한 감정을 보이지 마라(그렇지 않으면 엄마나 아빠가 악을 쓸 것이다)." "아빠는 자기가 원하는 것을 내가 말할 때에만 관심을 보인다." "나는 엄마가 원하는 대로 행동할 때에만 수용될 수 있다." "만약 내가 잘못된 행동을 조금이라도 하면, 나는 아예 쓸모없는 사람이 될 것이다."

물론 이전 절에서 설명한 불안정 애착 유형들은 각 유형 나름의 고유한 애착조건이 있다. 그러나 어떤 애착 유형에 속하든 사람들은 나름의 애착조건이 있다.

애착조건은 일차적 애착학습으로 간주될 수 있으나, 이는 애착관계에서 나타나는 것으로 삶을 준비하는 일부 학습에 불과하다. 아동기에 애착관계에서 형성된 그 밖의 많은 강력한 학습은 애착조건이 아니라는 점에서 이차적 학습이라 할 수 있다. 예를 들어, 3장에서 리처드는 자신 있게 의견을 표현하는 것은 타인을 끔찍하게 억압하는 것이고, 그렇게 하면 타인의 미움을 산다는 것을 자기 아버지를 통해 배웠다. 리처드가 자신의 지식을 의심함으로써 무의식적으로 피하려 했던 미움은 직장에서의 지적 불안과 자신감 부족을 가져왔다. 이는 애착관계 내에서 형성된 학습이지만, 애착조건으로 볼 수 없다.

애착조건은 자신과 타인 사이의 유대가 어떻게 작용하는지를 규정하는 반면, 이차적인 애착 개념은 유대 자체가 어떻게 작용하는지를 보여 주는 학습이 아니라 애착 대상을 겪으면서 학습한 것이다. 일단 치료자들이 이러한 차이점을 찾는 방법을 알면, 대개 그것을 인식하기가 쉽다. 다음 절에서는 이러한 구분에 대해 더 자세히 설명할 것이다.

애착치료 최적화하기

애착학습은 다른 정서학습과 동일한 방식으로 작동한다. 즉, 과거에 구성되고 학습된 정서학습이 현재의 반응을 유발한다. 그래서 애착 스키마는 다른 스키마와 마찬가지로 새로운 학습에 의해 부정, 제거, 교체된다. 생생히 와 닿는 모순된 지식을 재활성화된 표적 애착 스키마와 병치시키는 경험, 즉 2, 3, 4장에서 설명했던 치료적 재공고화 과정에 의해서 말이다.

여기에서 모순된 지식의 구조는 임상에서 중요한 실제적 이슈다. 표적구인이 애착학습일 때, 모순된 지식은 어떻게 구성되어야 하며, 구성된 것은 어떠한가? 이러한 질문들은 이 장의 후반에서 우리가 관심 있게 살펴볼 사항이다.

Bowlby로 시작되는 애착 옹호자들에 따르면, 애착문제 치료는 원래 결핍되었던 것을 새로 배우는 경험으로 이루어져야 한다. 즉, 새로운 애착 대상인 심리치료자와 긍정적인 안정 애착을 경험하는 것이다(Bowlby, 1988). 이러한 회복적 애착 접근의 논리에서는 안정 애착을 형성했을 때와 같이 내담자가 선호하는 유익한 상태를 마련해 주는 것이 필수적이라고 보는 것 같다. 내담자의 불안정 애착 스키마가 아동기의 양자관계에서 형성되었다는 사실은, 성인기인 지금 안정 애착된 양자관계를 통해서만 불안정 애착을 형성했던 원래의 학습을 수정하여 새로운 학습이 일어날 수 있다는 의미다. 그리고 원래의 학습이 영아기와 아동기에 형성되었지만, 성인기에도 애착학습이 효과적으로 일어날 수 있다는 의미이기도 하다.

　　정서 일관성 체계에서 우리는 이러한 가정들을 재검토하고 다음과 같은 핵심 질문을 제시한다. 즉, 변형적 변화를 가져올 때 양자 간의 회복적 애착이 어떤 내담자에게 성공할지 여부를 좌우하는 것은 무엇인가? 심리치료자는 임상 상황에서 회복적 애착을 배제할지 여부를 판단할 때 어떤 기준을 사용할 수 있는가?

　　이러한 질문들에 대한 답은 치료적 재공고화 과정에 내재된 논리, 즉 암묵적 스키마를 제거함으로써 그렇게 한다는 논리에서 제시된다. 이러한 핵심 질문들은 스키마별로 다루어져야 한다. 내담자는 회복적 애착으로 제거될 수 있는 정서적 스키마를 가질 수도 있고, 그 방법으로 제거될 수 없는 스키마를 가질 수도 있다. 다음의 의사결정 과정은 회복적 애착이 인출된 스키마에 적절한지를 명료화해 준다.

- 스키마는 애착관계에서 형성된 학습으로 구성되어 있는가? 스키마가 초기 가족관계에서 형성된 것인지 살펴보라(라울의 사례에서처럼). 만약 그렇다면 질문 2로 가라. 그렇지 않다면 회복적 애착 작업은 부적합하다.
- 스키마에 나타난 핵심문제가 애착조건으로 구성되어 있는가? 이는 완전히 인출된 스키마 내용을 통해 확인할 수 있다. 만약 그렇다면 질문 3으로 가라. 그렇지 않다면 회복적 애착 작업은 부적합하다.
- 스키마의 구체적 애착조건을 적절한 내담자-심리치료자 상호작용으로 부정할 수 있는가? 만약 그렇다면 회복적 애착 작업이 적합하다. 그렇지 않다면 회복적 애착 작업은 부적합하다.

　　이러한 의사결정 과정을 활용한 사례가 다음에 제시될 것이다. 우리는 오랫동안 치료적 재공고화 과정을 적용하면서 내담자와 심리치료자의 새로운 안정 애착 경험이 기존의 불안정 애착 스키마를 제거할 수 있다는 사실을 발견했다. 이는 새로운 경험이 기존의 불안정 기대(애착조건) 경험과 모순되고 병치될 때 가능하다. 중요한 점은 내담자와 심리치료자의 안정 애착경험이 그 자체로 병치경험을 보장하지 않는다는 점이다. 다시 말해, 실제적인 병치경험을 위해 심리치료자가 한 번에 두 가지의 활성화를 유도하지 않으면, 내담자의 불안정 애착 스키마는 그대로 남아 있고 회기 내 안정 애착경험의 즐거움만 남는다. 예를 들어, 병치경험에서의 시도가 저항에 부딪힐 때 이러한 차단이 나타날 수도 있다. 왜냐하면 심리치료자로부터 충분히 공감받는 것과 그렇지 않았던 부모의 기억이 의식적으로 충돌할 때 강한 정서적 고통이 동반되기 때문이다. 내담자는 일시적으로 심리치료자의 공감을 기꺼이 받아들이지만, 해방적 변화로 이어지는 고통스러운 병치경험을 차단할 수 있다. 병치경험이 일어나야만 애착 스키마의 변화가 가능한데도 말이다.

　우리는 정서 일관성 체계가 애착 작업에 대한 전통적 접근에 가장 크고 폭넓게 기여한 점은 문제의 애착 스키마를 제거하는 데 필요한 모순된 경험이 심리치료자와의 안정 애착경험에 국한되지 않는다는 사실을 밝힌 점이라고 본다. 이러한 인식은 이론적 고찰이 아닌, 내담자가 인출한 불안정 애착 스키마의 실제 내용에서 나온다. 심리치료자의 공감적이고 지지적인 이해와 같은 경험 외의 다른 경험으로도 그러한 실제 내용을 부정할 수 있다. 그러므로 변형적인 새로운 학습의 선택 범위는 회복적 애착방법보다 훨씬 더 넓다. 이는 애착 유형 변형을 위한 임상방법의 범위를 넓혀 준다. 구체적 대안이 이렇게 많아질 경우에 치료자들은 효과적인 작업을 촉진하는 강력한 위치에 있을 것이다.

　최근에 암묵적 스키마를 정확하고 철저하며 신속하게 인출하는 현상학적 임상방법이 개발되면서(Ecker & Hulley, 1996, 2000a, 2011), 거의 대부분의 사례에서 증상을 유발하는 스키마의 내용을 알 수 있게 되었다. 그 덕분에 심리치료자들은 스키마가 애착학습으로 구성되어 있는지 여부(라울의 사례에서처럼)를 판단할 수 있게 되었다. 또한 애착학습으로 구성된 스키마가 심리치료자와의 안정 애착경험에 의해 부정될 수 있는지 여부도 알 수 있게 되었다. 만약 이 방법이 효과가 없다면, 병치경험에 통합할 모순된 지식을 구성하거나 찾기 위해 다른 방법을 활용해야 할 것이다. 그러나 애착 작업에 대한 기존 연구들에서는 이러한 선별 작업의 필요성을 인정하지 않았다. 모든 애착학습은 심리치료자와의 긍정적 경험을 통해 치료될 수 있다는 인식이 만연되어 있었다.

다양한 애착치료: 사례연구

다음의 사례는 애착관계에서 학습된 문제의 스키마를 부정하고 변형적 변화를 가져오기 위한 치료적 재공고화 과정을 활용한 예다. 첫 번째 사례는 치료자의 공감, 즉 회복적 애착 또는 양자의 정서 조절로 명명되는 접근을 통한 스키마 부정을 보여 준다. 그러나 이 사례는 치료적 재공고화 과정을 실행하는 명확하고 명시적인 병치경험을 구성하는 방식으로 활용되었다. 두 번째 사례는 회복적 애착을 통해 내담자의 애착 스키마를 바꿀 수 있으나, 스키마 부정을 위해 양자관계와 무관한 대안을 활용한 예다. 세 번째와 네 번째 사례는 회복적 애착으로 내담자의 증상을 유발하는 스키마를 부정할 수 없기 때문에 스키마 부정을 위해 양자관계와 무관한 방법을 반드시 활용해야 한다. 우리는 이들 사례를 설명하는 도구로 일관성치료를 활용하고자 한다. 다른 치료들이 어떻게 치료적 재공고화 과정을 통해 애착 유형을 변형적으로 변화시켰는지는 6장에서 설명할 것이다.

회복적 애착으로 스키마를 부정하기

다음 사례(전체 사례가 아닌 일부임)는 Toomey와 Ecker(2009)가 수정하여 제시한 사례다. 이 사례는 내담자가 한 번에 두 가지 모순된 경험을 인식하여 집중하도록 유도함으로써 심리치료자가 병치경험(양육자와 관련된 원래의 고통과 치료자의 공감적 이해 및 수용)을 위해 공감적 이해를 통한 소통을 어떻게 활용하는지를 보여 준다. 작업이 진행되면서, 〈표 3-1〉에 규정된 치료적 재공고화 과정의 단계가 나타났다.

42세의 남성인 트래비스는 살아가면서 부부관계에서든 연인관계에서든 정서적 친밀감을 느낀 적이 없으며, 결국 '실패한 모든 관계의 공통점은 나다. 내게 문제가 있을 것이다.'라는 사실을 깨달으면서 심리치료자를 찾게 되었다. 심리치료자는 정서적 친밀함을 피하는 경향이 현재의 문제(치료적 재공고화 과정의 A단계 확인)라면, 트래비스가 원가족에서 학습한 애착조건 구성이 증상을 요하는 스키마일 가능성이 높기 때문에 정서학습 인출(B단계)을 발견 작업을 위한 첫 과제로 파악했다.

트래비스는 5남매 중 중간이었으며, 인격적 이해나 정서적 조율로 자녀를 대하지 않는 매우 권위적인 부모 밑에서 자랐다. 유도된 시각화 과정에서, 트래비스는 6세 때의 가족생활을 떠올렸다. 그가 그 장면에 몰입하여 상세히 설명하고 있을 때 심리치료자는 물었다. "당신은 무언가로 인해 겁먹거나 상처받을 때 가족들과 함께 있는 것이 어떻게 느껴졌나요?" 심리치료자는 트래비스가 가족 구성원에 속하기 위해 따라야만 했던 구체적인 애착조건의 지표를 찾으려 하였다. 5분 동안 이렇게 집중한 후 바로 정서적 탐색으로 이어졌고, 평생 동안의 암묵적인 정서적 진실을 명시적으로 처음 인식했으며, 눈물을 흘리며 다음과 같이 표현했다. "내가 상처받는 이유를 이해하거나 알아주려는 사람이 전혀 없는 세상이었지요. 난 중요한 존재가 아니었고, 혼자였어요." 이와 같은 핵심 정서학습의 언어화(B단계)는 학습 내용이 해석된 의미(주로 심각한 문제의 일관된 정신 모델을 이루는)로 구성되어 있음을 한 번 더 보여 준다.

심리치료자는 다음과 같이 부드럽게 말하면서 공감하며 트래비스가 다시 그 생각을 들여다보게 했다. "그때 당신은 여섯 살의 어린 소년이었군요. 때때로 당신은 정말 상처받고 무서웠군요. 그래서 자신을 돌봐 주고 이해해 줄 어른이 필요했겠죠. 하지만 그런 사람은 없었고, 당신은 외로웠군요. 당신은 세상에 혼자 남겨진 것만 같았겠죠. 맞나요?" 트래비스는 고개를 끄덕이며 감정이 복받쳐 울었다. 심리치료자는 짧게 침묵한 다음, 트래비스가 방금 받은 공감이 모순된 지식(C단계)으로 작용했음을 인식하고, 다시 공감적으로 물어보면서 부정하는 병치경험을 마련하였다. "자신의 상처에 대해 절대 이해받지 못할 것이라는 확신(1단계)과 마주하니 기분이 어떤가요? 그리고 동시에 저로부터 실제로 그러한 정서적 이해를 지금 받았다는 것을 깨달은 뒤의 기분은 어떤가요(2단계)?"

이때 트래비스는 크게 울면서 오래도록 자신을 압박해 왔던 고통을 절감했으며 불가능할 것이라 여겼던 일이 일어나 놀라우면서도 달콤 씁쓸한 안도감을 느꼈다. 그가 진정된 뒤, 심리치료자는 트래비스가 병치경험을 하도록 유도하기 위해 동일한 질문을 반복해서 물어보았다(3단계).

트래비스는 잠시 생각하더니 대답했다. "만약 그런 일이 일어날 수 있다면, 나는 부모님께서 왜 그렇게 못하실 거라고 생각하고 있었을까요?" 이때 그는 다시 조용히 눈물을 흘렸다. 그의 질문은 그가 이제 아동기의 고통에 대한 정서적 진실을 인식하고, 그가 경험한 것에 대한 새롭고 일관된 의미를 찾으려 노력하고 있음을 보여 준다. 그는 "내가 상처받는 이유를 이해하려 하거나 알아주려는 사람이 전혀 없는 세상이었어요. 난 중요한 존재가 아니었고 혼자였죠."라고 말했던 의미와 정신 모델을 대체할 의미를 찾으려 하고 있는 것이다. 이처럼 문제를 규정하는 구인은 원래의 애착학습을 양육자로부터 모든 사람에게 일반화한 사례인데, 이는 많은 내담자에게서 관찰되는 정서기억 현상이다. 많은 애착 연구자와 구성주의 심리치료자가 언급한 바와 같이, 애착문제에 대한 개인의 적응적 해결책은 자기충족적 예언으로 작용하는 경향이 있다. 적절한 모순된 지식을 찾도록 유도하려면, 인출 작업에서 세상을 바라보는 완전하고 일반화된 구인을 파악해야 한다. 이 사례의 경우, 트래비스가 자신의 건너편에 앉아 있는 사람, 즉 심리치료자로부터 실제로 부드러운 이해와 공감을 받은 경험이 모순된 지식 역할을 한다. 그러나 정서 일관성 체계에서는 심리치료자라는 개인보다 정확한 구인 불일치를 더욱더 강조한다는 점을 주목해야 한다.

이후 두 달 동안의 회기에서, 심리치료자는 내담자-심리치료자 관계에서 병치경험으로 트래비스의 애착조건과 세계를 부정할 기회를 찾으려 했다. 예를 들어, 트래비스가 직장에서 상사가 모욕적으로 소리친 것을 무관심하게 사무적으로 설명할 때, 심리치료자는 다음과 같이 말했다. "내 생각엔 직장 상사가 당신을 그처럼 대한 것을 당신은 별것 아닌 것처럼 말하고 있는 것 같네요. 당신이 나를 당신의 부모님과 같은 사람이라 생각하고, 내가 당신의 감정에 무관심할 거라고 생각하고 있는지 모르겠네요. 아니면 당신이 나를 부모님과 다른 사람으로 여기고, 당신은 중요한 사람이기 때문에 내가 당신이 현재 겪고 있는 일에 진지하게 관심을 가질 거라고 생각하고 있는지도 모르겠고요. 이러한 점들에 대해 말해 주겠어요?" 이러한 방식으로(그리고 여기에 제시하지는 않았지만, 다른 회기에서도 마찬가지로) 심리치료자는 계속해서 그가 모순된 두 가지 정서적 실재에 대한 병치경험을 할 수 있도록 유도했다. 이러한 과정은 또 트래비스를 감정적이게 했다. 이에 따라 심리치료자는 즉시 두 번째 병치경험을 유도하기 위해 말했다. "아시다시피, 저는 이런 점이 정말 궁금해요. 만약 당신이 이 장면(당신이 상사의 사무실에 있고 그가 당신에게 소리치며 자존심 상하는 말을 하는)을 떠올리면, 당신이 원래 부모님에게 그랬던 방식('난 중요하지 않아. 이 세상엔 존중받고 이해받는 일이란 있을 수 없어.')으로 상사의 행동을 이해할 수 있나요? 아니면 당신은 상사의 행동을 당신이 새롭게 알게 된 지식('나는 중요한 존재이며, 그는 정말 여기서 옳지 못한 행동을 하고 있는 것이다. 내가 여기서 이런 대접을 받고 있을 수는 없다.')으로 이해할 수 있나요? 당신은 그의 행동을 이해하는 두 가지 다른 방식을 떠올릴 수 있나요?"

이 병치경험은 직장 상사와의 관계 맥락에서 이전의 애착기반 지식을 부정하기 위해 트래비스의 '새로운 지식(이전의 회복적 애착 작업에서 나타난)'을 그 맥락으로 이끌었다. 애착 스키마의 맥락 범위는 내담자에 따라 매우 다르다. 어떤 내담자의 애착 스키마는 오직 연인관계에서만 작용(특정 사고, 정서, 행동을 유발)하지만, 다른 내담자의 애착 스키마는 매우 많은 맥락에서 작용한다. 예를 들어, 권위 있는 모든 사람과 관련될 때 혹은 직장에서의 모든 관계를 내담자가 인기 있고 안전한 인간관계로 바꾸려 할 때 등이다. 애착 스키마의 맥락 범위가 넓을 때 상응하는 기억 네트워크 각각의 스키마를 제거하려면 각 맥락에서 병치경험을 해야 한다(애착과 무관한 스키마도 맥락 범위가 넓을 때에는 이와 동일하게 접근해야 한다.).

치료를 시작할 때, 트래비스는 연인관계의 정서적 소원함을 개인적 결점으로 간주했다. 그가 학습한 애착조건(스스로 자기가 중요한 존재가 아니라고 규정해서 자신의 감정을 항상 무시하는)을 경험적으로 깨닫는 과정에서, 트래비스는 그의 감정을 억압하고 숨기는 일이 사실 결점이 아니라 자신을 보호하는 효과적인 방법이었다는 사실을 깨닫고 안도했다. 그는 자신의 행동이 기능적이었음을 인식하자 주인의식이 나타났다. 즉, 트래비스는 주어진 상황에서 그렇게 자신을 보호할지 여부를 선택할 수 있는 자신의 능력을 깨달은 것이다. 문제가 되는 감정을 선택해서 표현한(처음에 심리치료자에게, 그다음엔 신중하게 선택한 다른 사람들에게) 몇 번의 성공적인 경험 후에 심리치료자는 농담으로 말했다. "불수의근을 수의근으로 만들었네요." 이러한 진전은 애착 작업이 일관성치료에서 어떻게 전개되는지를 특징적으로 보여 준다. 즉, 한 개인이 아동기에 학습된 특정 규칙과 전략에 따라 애착(유대, 사랑, 소속)과 자기보호를 열망하고 있음을 절실히 인식하고, 이로 인해 그러한 규칙 및 전략을 주도하고 선택하는 경험을 하게 된다.

정서 일관성 체계(일관성치료에서의)에서 회복적 애착 작업에 대한 해석에 따르면, 심리치료자의 공감은 그 자체가 애착문제를 바로 해결한다기보다 오히려 병치경험을 통해 문제의 애착 스키마를 부정하고 제거하는 새로운 경험을 구성하는 데 도움이 된다(다음에서도 나오겠지만, 다른 폭넓은 불일치 경험에서도 그 역할은 가능하다). 심리치료자의 공감이 갖는 치료능력은 내담자가 이를 수용적으로 경험해서라기보다, 그처럼 수용적인 경험이 어떻게 내담자 자신, 대인관계 및 세계에 대한 문제의 특정 모델을 부정하느냐에 달려 있다. 진정한 치료는 내담자가 무의식적인 암묵적 구인을 명시적이고 주관적으로 인식하고, 이를 병치시켜 경험적으로 부정하는 과정에서 이루어진다. 치료자가 얼마나 공감하고 내담자가 이를 얼마나 즐기느냐와는 무관하게, 그런 공감경험으로 불일치하는 병치경험을 구성하지 않으면 심리치료자의 공감경험에 의해 애착 스키마가 변하지 않을 것이다. 이러한 까닭에 정서 일관성 체계에서는 심리치료자들에게 자신의 공감을 내담자가 경험하여 기존 애착학습을 부정한다고 가정하지 말고 확실한 병치경험을 구성할 것을 요구한다. 앞에서도 설명한 바와 같이, 그러한 가정은 다양한 이유 때문에 실패할 수 있기 때문이다. 명시적으로 유도된 병치경험을 통해 심리치료자는 원가족과 관련된 애착조건 구인뿐만 아니라 트래비스처럼 일반화된 '세계관' 구인을 부정하고 바꿀 수 있다.

앞에서 기술한 트래비스와의 작업에는 많은 내담자에게 적용했던 회복적 애착 작업에서와 마찬가지로 또 다른 병치경험이 있었다. 이러한 병치경험의 한 측면에는 다음과 같이 평생 지속되는 암묵적 지식이 있다. '정말로 이러한 고통 속에서 내가 느끼는 감정이 너무 강렬해서 참기 힘들며, 이것이 나를 무너뜨리고 잠식하며 망가뜨린다. 그래서 생존하려면 내 감정을 회피해야만 한다!' 병치경험의 다른 측면에는 그러한 감정을 억누르지 않고 느낀 다음, 온전하고 기능적으로 유지하는 경험이 있다. 그리고 매우 깊이 저장되어 있던 감정도 그렇게 느끼면서 온전히 회복시킨다. 심리치료자의 이해와 동행은 이러한 병치경험을 구성하는 데 필요불가결한 촉진제 역할을 하지만, 느끼고 인식하는 내담자의 경험 덕분에 애착기반 스키마(감정과 인식을 감당할 수 없다고 스스로를 규정한)를 제거하고 해방될 수 있다. 이것이야말로 와해된 적응방식을 벗어난 중요한 치료적 변화다.

그러나 다른 별도의 애착 스키마도 여전히 존재한다. 예를 들어, 한 여성 내담자는 아동기에 똑똑한 행동을 하거나 자신이 아는 것을 말하면, 부모가 그녀에게 수치심과 모욕감을 주었으며 그녀를 사랑하지 않았다. 그녀가 고통받았던 것을 느끼고 인식하도록 자유롭게 바뀐 후, 그녀는 심리치료자의 질문에 다음과 같이 답했다. "그 당시 내가 상처받은 것을 당신에게 말하는 것은 안전해요. 왜냐하면 그것은 내가 여기에서 말하려고 마음먹었던 것이니까요. 하지만 내가 얼마나 똑똑한지를 당신에게 보이는 것은 여전히 불안해요. 그렇게 하면 당신이 나를 싫어하게 되지 않을까요?" 이러한 애착 스키마를 제거하려면, 각 스키마에 맞게 특화된 병치경험이 필요하다.

대안적인 방법 활용

회복적 애착 작업으로 해결할 수 있는 인출된 애착기반 스키마를 그 방법이 아닌 다른 방법을 통해 변형적으로 바꿀 수 있다. 36세의 레지나라는 여성과의 작업이 좋은 예다. 여기에서 우리는 대표적인 몇몇 작업 부분만 소개하고, 18회기에 걸친 모든 상담과정을 보여 주지는 못한다. 레지나는 타인과 상호작용하는 동안이나 그 직후에 강한 불안이나 공포를 느끼는 횟수가 잦아져 심리치료자를 찾았다. 레지나는 이런 일이 발생하는 이유를 모르고 있었으며, 자신이 '미쳐 가는' 것 같아 고통스러워했다.

심리치료자는 레지나가 외동이고 아동기 내내 그녀의 어머니가 자신에게 불쾌한 레지나의 모든 행동에 대해 자주 화를 내고 혐오하거나 폄하하는 잔소리를 해댔다는 사실을 알게 되었다. 심지어 그림을 그리려고 펼쳐 놓은 크레용과 종이를 발견하거나('난장판을 만드는 것'), 세발자전거를 타다가 나무에 부딪히거나, 옆집에 사는 소녀랑 놀고 싶다고 말하는 것과 같은 순수하고 평범한 행동에 대해서도 말이다. 잔소리 중에 어머니는 레지나를 종종 옆집 소녀와 비교하며 심하게 혼내면서 극단적인 언어폭력("아무짝에도 쓸데없는 계집애 같으니라고!")을 가하였다. 때로는 삼촌, 숙모, 사촌들 앞에서도 화를 퍼부으며 레지나를 수치스럽게 했다. 레지나를 몇 시간씩 방에 가둬 놓는 것이 가장 두려운 벌이었다. 어머니가 이렇게 무서운 벌을 끝내고 정상적인 생활을 하기까지 며칠씩 걸릴 때도 있었다. 그래서 어머니가 레지나에게 불쾌감을 느끼기 시작하는 순간마다 그녀는 멈출 수 없는 시련이 닥쳐온다는 걷잡을 수 없는 무력한 공포를 느꼈다. 레지나의 아버지는 유순한 사람이었으며, 때로는 이러한 상황의 레지나를 몰래 위로하고 지지해 주었다. 그러나 아버지 역시 자신의 아내를 두려워하였으며, 딸을 보호할 어떤 일도 하지 못했다. 이 사례는 심한 복합외상이 있는 경우였다. 어머니의 행동으로 인해 레지나가 불안정 혼돈 애착을 겪고 있음이 명확했다. 레지나는 이제 부모님과 멀리 떨어져 살고 있고 과거보다 나아지기는 했지만, 매주 전화를 하며 여전히 유사한 패턴이 지속되고 있었다.

이러한 발견 작업을 통해 레지나는 누군가가 자신에게 조금이라도 불쾌감을 느낀다고 인식하면 항상 불안발작이 나타난다는 사실을 알 수 있었다. 조금이라도 불쾌하거나 차가운 기색을 인식한 첫 순간은, 이제 잔혹하고 괴로운 벌이 뒤따를 것이라는 암묵적 정서학습의 강한 촉발제였다. 그러나 상담 전까지 그녀는 이처럼 분명한 연결고리를 전혀 깨닫지 못했다. 심리치료자는 레지나가 최근에 대인관계에서 겪은 그런 첫 순간의 경험을 어머니에 대한 기억과 비교해 보도록 하였다. 풀죽은 채 의자에 앉은 레지나는 고개를 불안하게 끄덕이며 이 둘을 동시에 느껴 보려고 하였다. 곧바로 레지나는 외상기억에 정서적으로 깊이 빠져들어 정서적 플래시백이 바로 재촉발되었고, 그로 인해 인출 작업을 조금씩 진행해야 했다.

세 번째 회기를 끝낼 무렵, 레지나의 애착기반 암묵적 정서학습 중 하나가 인출되고, 언어화되고, 문장카드에 다음과 같이 적혔다.

> 아주 사소한 결점만 있어도 나는 전혀 사랑받지 못하고 혐오스러운 존재가 된다. 그러면 엄마는 나를 증오하기 시작하며, 나를 버리고 대신 다른 딸을 키우고 싶어 한다. 나는 엄마가 진짜로 날 버릴까 봐 정말 두려웠다. 나는 모든 것을 완벽하게 잘해야만 인정받을 수 있고 사랑받을 수 있다. 내가 아는 사람들은 누구나 나의 결점이 보일 때마다 날 거부할 것이다. 따라서 나는 그런 일이 일어난다는 생각이 들 때마다 항상 두렵고 극심한 공포를 느낀다.

이러한 스키마는 완벽주의뿐만 아니라, 사회불안 증상의 근원적이고 일관적인 원인 혹은 정서적 진실이었다. 그 안에는 스스로를 사랑받을 수 없다고 보는 정신 모델, 문제(트래비스의 사례처럼 모든 사람에게 일반화되는)의 애착 조건에 대한 정신 모델, 피해야 할 예측된 특정 고통에 대한 정신 모델 및 완벽주의의 전략적 해결책에 대한 정신 모델이 있다.

그녀의 문장카드에 적은 이 구인들은 제거할 중요한 표적이었다. 마침내 주요 임상 작업(특히 일관성치료에서 그리고 일반적으로 치료적 재공고화 과정에서의)에서 레지나가 모순된 지식을 찾아 실제처럼 느껴서 병치경험을 통해 표적구인을 제거하도록 유도하였다. 회복적 애착 작업이 적합할까? 164쪽에 제시된 의사결정 과정에 의하면, 처음 두 개의 질문에 대한 대답은 '그렇다'였다. 왜냐하면 증상을 요하는 스키마가 애착조건으로 구성되어 있기 때문이다. 세 번째 질문이 남아 있다. 즉, 이 스키마의 특정 요소로 인해 내담자가 치료자와 상호작용하는 경험을 함으로써 불일치 가능성이 있는가? 이에 대한 대답 역시 '그렇다'다. 왜냐하면 내담자-심리치료자 관계에서 발생하는 직접적인 불일치 경험을 상상할 수 있기 때문이다. 예를 들어, 레지나가 상담에 늦거나 심리치료자의 카펫에 우연히 커피를 쏟았을 때, 심리치료자는 이러한 '실수'들이 그녀에 대한 심리치료자의 시각에 부정적 영향을 주지 않는다는 사실을 그녀가 깨닫고 느끼도록 상호작용할 수 있다.

그러나 심리치료자는 회복적 애착 작업을 사용하지 않고, 오히려 다음 회기에 명시적 진술기법(4장에서 소개된)을 활용하여 모순된 지식을 떠올리도록 유도하였다.

심리치료자: 지난번에 우리가 찾아서 카드에 적은 내용을 자주 보았나요?

내담자: 꽤 많이 보았어요.

심리치료자: 지금 당신이 느끼는 감정을 내게 표현한다면 뭐라 말할 수 있을까요?

내담자: 글쎄요. 나의 결점은 뭐든 정말 혐오스럽고 나에 대한 엄마의 생각이 옳기 때문에, 나는 내 결점을 다 숨기고 완벽한 부분만 보여 주고 싶어요. 그렇지 않으면 다른 사람들이 항상 나를 거부할 거예요.

심리치료자: 모두에게요. 음. [심리치료자는 잠시 생각한 다음, 명시적 진

술을 통해 레지나가 강한 모순된 지식을 경험할 방법을 생각해 본 후에 이를 실행하기로 했다.] 당신에게 특별한 사람, 즉 삼촌이나 숙모 혹은 조부모님이 계시나요?

내담자: 음.

심리치료자: 누구죠?

내담자: 테오 삼촌요. 아버지의 동생이에요.

심리치료자: 좋아요. 그럼 테오 삼촌을 상상해 보세요. 당신은 그와 함께 있어요. 그리고 정말 기분이 좋군요. [침묵] 상상하셨나요?

내담자: [그녀는 눈을 감고 있다.] 네.

심리치료자: [내적 상상과정을 유도하기에 적합하도록 다소 느리고 부드러운 목소리로] 당신은 테오 삼촌에게 따스한 호의를 느끼고 있군요. 그의 말, 행동, 유머러스함에 대해서요.

내담자: 그가 특별히 내게 윙크를 날려 주네요.

심리치료자: 네. 당신은 정말로 테오 삼촌을 향해 마음에서 우러나오는 따스한 호의를 느낄 수 있나요?

내담자: 네.

심리치료자: 좋아요. 그럼 이제 그에게 말해 보세요. 크게 말해도 되고, 속으로 말해도 됩니다. 더 자연스럽게 느껴지는 쪽으로 당신의 정서적 진실을 말해 보세요. "하지만 삼촌은 내가 완벽할 때만 나를 사랑해 주시잖아요. 만약 내가 불완전한 모습을 보이면 나를 사랑하지 않을 거잖아요." [이것은 부조화 탐지를 통해 기존의 모순된 지식을 인식하게 하는 명시적 진술기법을 활용한 것이다.]

내담자: [그녀는 테오 삼촌에게 속으로 말하면서 15초 정도 침묵하였다. 그녀는 아주 조용해서 숨쉬기를 멈춘 것처럼 보였다.]

심리치료자: 지금 어떤 일이 일어났나요?

내담자: [그녀의 뺨으로 눈물이 흘러내렸다. 조용한 목소리로] 내가 그렇게 말한 다음, 삼촌의 얼굴을 봤어요. 삼촌은 내 말에 매우 상처를 받았어요.

심리치료자: 그가 그 말에 상처를 받았군요. 당신은 매우 상처받은 그를 어떻게 생각하나요?

내담자: [10초간 침묵] 나에 대한 삼촌의 사랑을 크게 모욕한 것 같았어요.

심리치료자: 그래요. 큰 모욕이요. 그것이 왜 그의 사랑에 대한 모욕인지를 말해 주겠어요?

내담자: 내가 삼촌의 사랑이 가볍고 피상적인 것이라고 말하고 있고, 삼촌은 그렇지 않다는 것을 알고 있기 때문이에요.

심리치료자: 삼촌은 자기 사랑이 _____ 알고 있어요. [그녀가 문장을 끝맺을 수 있도록 문장을 불완전하게 남겨 둔다.]

내담자: [계속 눈물이 흘러내린다. 조용히 울면서 말한다.] 삼촌은 자신이 나를 정말로 깊이 사랑하고 있다는 것을 알고 있어요. [울음] 내가 부족해도 그런 점은 바뀌지 않아요. 내가 완벽해 보여서 삼촌이 나를 사랑한다고 내가 생각한다면 그건 정말 삼촌의 사랑을 하찮게 보는 것이죠.

심리치료자: [내담자의 의식적 지식체계에서 이 새로운 지식을 통합하도록 30초간 침묵한다.] 당신은 삼촌이 당신을 진심으로 사랑하고 있고, 당신이 불완전해도 그런 사랑이 변하지 않는다는 사실을 알고 있군요. 이러한 사실을 알고 느끼니 어떤가요? [침묵] 이게 사실처럼 느껴지나요?

내담자: [휴지로 눈물을 닦으며 고개를 끄덕인다.]

심리치료자: 사실처럼 느껴지는군요. 삼촌은 당신이 불완전하든 아니든 진심으로 당신을 사랑하고 있어요. [그녀가 고개를 다시 끄덕인다.] [내담자는 이제 병치경험을 하는 데 필요한 모순된 지식을 생생하게 경험하고 있기 때문에, 심리치료자는 이제 그녀를 병치경험으로 유도할 것이다.] 그러면 당신이 불완전한 점을 보여도 삼촌이 당신을 사랑한다는 사실을 떠올리며 다시 한 번 삼촌을 바라보세요. 그에게 당신은 사랑스러운 존재이며 당신이 불완전해도 삼촌의 사랑은 바뀌지 않아요. 이러한 사실을 알고 느끼면서 그를 바라볼 수 있나요?

내담자: 음. 네.

심리치료자: 좋아요. 그를 계속 바라보면서 그걸 계속 인식한 상태에서 상상을 좀 더 넓혀 보죠. 당신이 바라보고 있는 그 방의 한쪽에 당신의 어머니가 있어요. 상상할 수 있나요?

내담자: 네.

심리치료자: 당신이 어머니의 사랑에 대해 알고 있는 것은 매우 달라요. 왜 냐하면 당신이 불완전한 점을 보이면 그녀의 사랑은 빨리 사라지고 혐오감이나 거부로 바뀌어 버리기 때문이지요. 맞나요? [내담자가 고개를 끄덕인다.] 이 두 종류의 사랑이 한 번에 느껴지는 것을 가만히 바라보세요. 각각의 사랑은 분명하지만 매우 다르지요. 한쪽 은 어머니의 사랑이에요. 매우 불안한 사랑으로, 어머니를 불쾌하게 하는 결점이 보일 때마다 손바닥 뒤집듯 거부하기 일쑤죠. 당신은 다른 사람들 역시 이렇게 하리라 생각하기 쉽지요. [이는 의도적으로 표적구인을 명시적으로 재활성화시키는 것이다.] 다른 한쪽은 테오 삼촌의 사랑이에요. 그것은 꾸준하며 믿을 수 있는 사랑이지요. 어떤 것도 이 사랑을 바꿀 수 없어요. 이 두 종류의 사랑이 모두 실재처럼 느껴지지만, 이는 매우 다르지요. 당신은 동시에 그것을 느낄 수 있나요? [내담자는 고개를 끄덕인다.] 좋아요. 당신에게 이 느낌이 어떻게 다가오나요? 이 두 종류의 사랑을 분명히 알고, 두 종류의 사랑을 실제로 경험하고 있는 것 말이에요.

내담자: [몇 초간 침묵] 전에는 이런 식으로 생각해 본 적이 없어요. [침묵]

심리치료자: 네. 이러한 방식이 당신에게 매우 새로운 것이군요. 당신은 두 종류의 사랑을 실제로 이미 경험해 보았어요. [침묵] 그렇다면 당신이 어머니와 테오 삼촌을 번갈아 쳐다본다면 어떻게 되나요? [그들을 번갈아 보게 하는 것은 병치경험의 반복이다.]

내담자: [15초 정도 침묵] 이상해요. 하지만 엄마가 더 초라해 보여요. [이는 어머니에 대한 그녀의 구인이 변화하고 있다는 첫 번째 표식이다.] 그리고 이는 마치 내가 아닌 그녀가 잘못된 것처럼 보여요. [침묵] 문제는 내가 아닌 그녀 안에 있었어요. [이는 그녀가 문제의 원인을 엄마의 가혹한 거부 행동으로 보는 변형적 변화의 표식이다.]

심리치료자: 음. 이 사실을 깨닫고 나니 어떤가요?

내담자: 좀 무서워요. 왜냐하면 아시다시피, 나는 이걸 전혀 통제할 수 없거든요. 만약 그게 내 문제라면, 내가 이를 통제할 수 있을 텐데 말이죠. [그녀는 자신이 자기비난적 태도를 유지하는 그녀의 의도와 역할을 이제 깨달았다. 이는 암묵적 지식의 인출과정이다(B단계). 즉, 무력한 상태에 겁을 먹고 그녀가 문제에 대해 선택한 해결책은

어머니가 아닌 자신을 비난하는 것이었다.]

심리치료자: 불완전한 모습을 다 숨기고 통제한다는 건가요?

내담자: 맞아요. 정말, 정말 착한 아이가 되는 거죠. 하지만 만약 엄마가 내게 화를 낸 이유가 그녀가 엉망이기 때문이라면 나는 이걸 통제할 수 없고 겁을 먹겠죠. [무릎을 쳐다보며 침묵한다.] 하지만 나는 안도감도 들어요.

심리치료자: 안도감이요? 이유가……?

내담자: 만약 이게 엄마의 문제라면, 만약 내게 아무 문제도 없는 것이라면요, 아마 나는 나를 아는 다른 사람들에게 영원히 거부당하지 않아도 될 거예요.

심리치료자: 테오 삼촌이 당신을 매우 잘 알고 있나요?

내담자: [행복한 표정으로 활짝 웃으며] 네, 맞아요.

심리치료자: 그렇다면 이번에는 테오 삼촌을 다시 한 번 바라보며 이렇게 말해 보세요. "삼촌은 내가 부족한 점이 있어도 나를 사랑해 주시죠. 그게 나에겐 이 세상의 전부나 마찬가지예요."

내담자: [마음속으로 그에게 말한다.] 네.

심리치료자: 사실처럼 느껴지나요?

내담자: 네. 삼촌은 내게 웃어 주었어요. 그는 내가 이해하고 있다고 하니 행복해 보였어요.

심리치료자와 레지나는 간단한 변연계 언어(limbic language) 문장을 카드에 적어서 회기 사이에도 레지나가 이 과정의 핵심요소들을 접할 수 있도록 하였다. 그 문장카드의 내용은 다음과 같다.

어머니의 사랑이 있고, 테오 삼촌의 사랑이 있다. 테오 삼촌의 사랑은 사랑받기 위해 완벽해질 필요가 없는 사랑이다. 어머니의 사랑은 내가 아닌 그녀에게 문제가 있기 때문에 매우 취약한 사랑이다. 이는 어머니가 나를 거부하는 것을 내가 어찌할 수 없다는 뜻이다. 이러한 생각 때문에 나는 무섭고 슬프다.

　매일 읽은 그 문장들은 레지나가 병치경험뿐만 아니라 그로부터 얻은 지식을 반복적으로 경험하도록 유도했을 것이다. 또한 심리치료자는 레지나가 어머니와 통화하기 전에 이 카드를 읽고, 그녀와 대화하는 동안에도 카드를 가지고 있도록 하였다.

　레지나의 병치경험에서는 사랑이 어머니 방식으로만 작용하며 어머니가 적대감을 표출하는 원인이 레지나 자신의 결점이라는 암묵적 정신 모델을 제거하기 시작했다. 이러한 정신 모델은 어머니의 사랑뿐만 아니라 테오 삼촌의 사랑도 존재한다는 것을 깨닫게 되면서 새롭게 확장된 정신 모델로 대체되었다. 또한 어머니가 분노 표출을 하는 원인이 레지나 자신이 아닌 어머니의 '결점' 때문이라는 생각을 갖게 되었다. 이제 그녀는 지속적이며 안정된 사랑이 가능하며 그런 사랑을 누릴 수 있는 세상에서 살게 되었다. 그녀는 그럴 만한 가치가 있으며 온전하였다.

　다음 회기에서 심리치료자는 레지나의 친척, 친구, 선생님, 직장 동료들 중 또 누가 그녀에 대한 그들의 호의를 레지나가 그저 피상적인 것(레지나가 완벽할 때만 호의를 갖는)으로 여긴다는 것을 알고 상처받을지를 확인하도록 유도하였다. 레지나는 많은 사람이 자신의 그러한 생각에 상처받는다는 사실을 깨닫고 놀랐다. 치료적 재공고화 과정에서는 이러한 연습을 통해 다양한 상황에 존재하는 모순된 지식에 접근한다. 이를 통해 표적구인이 각 상황에서 부정되는 병치경험을 하는데, 이는 다양한 기억 네트워크와 다양한 상황에서 작용하는 표적 스키마를 철저히 제거하는 데 필수적이다. 이러한 과정은 10회기 동안 일관성치료를 따라 지속되었고, 그 치료의 다른 부분과 번갈아 가며 투입되었다.

　레지나의 사례처럼 상상 작업은 스키마를 성공적으로 제거하는 병치경험에 필요한 것으로, 애착 스키마와 모순된 지식을 강렬하게 경험하도록 유도할 때 아주 유용하다. 상상과정을 창의적으로 활용하는 심리치료자는 회복적 애착 작업을 위해 내담자의 경험에만 의존할 때의 한계를 넘어 더 나은 경험을 유도하는 무한한 방법을 가진 셈이다. 이처럼 상상 작업이 효과적인 이유는 정서 뇌가 실제로 경험한 것과 상상한 경험에 유사하게 반응하기 때문이다(Kreiman, Koch, & Fried, 2000).

또 다른 경험 작업으로, 심리치료자는 레지나가 통합경험과 병치경험을 모두 하도록 유도했다. 우리는 이를 '내 기억 속에 들어가기' 작업이라 부른다. 다섯 번째 회기를 시작하면서, 레지나는 바로 전날 직장 동료들과 점심식사를 마치고 자동차로 돌아왔을 때 갑자기 유발된 강한 공포감에 대해 말했다. 하루가 지났음에도 그녀는 아직도 불안해하고 있었다. 점심식사 동안에 몇 번이나 레지나의 거부경험을 유발하는 비난조의 말들과 애매모호한 사회적 신호들이 있었다. 사실, 심리치료자에게 이러한 일을 말할 때에도 레지나는 상당한 불안감이 유발되는 것 같았고, 그녀 역시 이에 동의했다.

심리치료자는 말했다. "좋아요. 저는 이제 당신에게 도움이 될 몇 가지를 시도하도록 유도할 거예요. 먼저 설명해 드리죠. 이전 회기들에서 우리는 당신이 불안이나 공포를 느낄 때 정말로 의미하는 것이 뭔지에 대해 여러 번 이야기해 왔어요. 즉, 누군가의 행동이 당신에게 부정적 반응을 보이는 것처럼 생각되면 당신이 왜 그렇게 두려움을 느끼는지를 우리는 알고 있지요. 당신은 어머니의 부정적 반응을 인식하자마자 수백 번이나 아뿔싸! 정말 고통스럽고, 수치스럽고, 두려운 일이 일어났을 거예요. 이러한 시련은 며칠 동안 지속될 수도 있지요. 당신의 정서 뇌는 당신에 대한 상대방의 불쾌감을 인식한 바로 그 순간, 끔찍한 시련이 다가오고 있다고 해석하고 있어요. 모든 정서학습과 고통은 당신의 정서기억이 되고, 시간이 흘러도 정서기억은 사라지지 않아요. 이는 뇌의 진화방식이지요. 누군가가 지금 당신에게 불쾌감을 느낀다고 여긴 순간은 어머니가 당신에게 불쾌감을 느낀 두려운 순간과 너무 닮은 거죠. 그 순간이 당신의 정서기억을 다시 촉발하고 당신의 정서 뇌는 이를 시련이 또 시작되는 것으로 해석하는 것이죠! 정서 뇌는 과거와 현재를 혼동하지요. 정서 뇌는 과거를 바탕으로 현재에 일어날 일들을 해석하지요. 그리고 동일한 시련이 일어날 것이라 생각해서 지금 불안이나 공포가 생기는 거예요. 지금 당신과 하면 좋을 것이 있어요."

먼저, "두려워하는 아이를 위로하듯, 당신의 손바닥을 심장 위에 대 보세요. 좋아요. 다음으로, 부드러우면서도 큰 소리로 그 점심 모임에 대해 다음과 같이 말하세요. '이 상황은 내가 과거에 겪은 고통을 떠올리게 하고 있어. 엄마가 나에게 불쾌감을 느끼기 시작했던 때 말이야.' [레지나는 이 말을 따라 했다.] 좋아요. 그리고 이렇게 말하세요. '내가 느끼고 있는 이 고통스러운 공포는 당시에 내가 느끼고 겪었던 강렬한 기억이야.' 좋아요. 이제 다음 문장들을 말하면서, 손으로 심장이 있는 쪽을 부드럽게 토닥이세요. '그건 나에게 정말 끔찍하고 두려운 경험이었어. 이 상황은 나한테 그걸 떠올리게 하고 있는 거야.' [레지나는 이를 실행했다.] 좋아요. 이 과정을 한 번 더 해 보세요. 제가 도와드릴게요……."

이렇게 자기연민적인 문장들을 두 번 말한 다음, 레지나는 자신의 불안이 매우 크게 줄었다고 놀라워했다. 즉, 10점 척도에서 8점 정도였던 불안이 2점 정도로 줄었다고 말했다. 이어서 그녀는 "불안이 시작된 뒤로 이렇게 빨리 사라진 적은 처음이에요(이는 특히 그 기법이 의도한 대로 효과적이었다는 표시다)!" 하고 덧붙였다. 또한 그녀는 "이러한 말을 하면서 전반적인 관점이 변한 것 같아요. 끔찍한 일이 지금 실제로 일어나지 않는다는 사실을 알고 나니 안심이 되었어요. 그리고 이렇게 미친 듯한 감정이 사실상 무언가로부터 나온 것일 뿐, 실제로 제가 미친 게 아니라는 것도 알게 되었죠." 하고 말했다.

심리치료자는 레지나에게 다음과 같은 문장카드를 주면서 회기 간 과제로 '내 기억 속에 들어가기' 작업을 제안하였다.

당신은 공포나 고통이 다시 유발되었다고 느낄 때마다, 한 손이나 두 손을 심장 위에 올린 채 스스로에게 말하세요. "이 상황 때문에 내가 과거에 겪었던 고통이 생각난 것뿐이야. 엄마가 내게 갑자기 그랬던 고통 말이야. 나는 내가 그때 느꼈던 기억을 생생하게 느끼고 있는 것뿐이야. [가슴을 토닥이며] 그건 나에게 정말 끔찍하고 두려웠지. 이 상황 때문에 내가 그

걸 떠올리는 거야." [이 말을 한 번 더 한다.]

매 회기에 레지나는 최근에 불안을 느낀 상황에 대해 이야기하였고, 그때마다 자기가 '내 기억 속에 들어가기' 작업을 어떻게 활용했는지도 말해 주었다. 그리고 심리치료자는 그때마다 그녀에게 떠오른 생생한 기억에 대해 말해 보라고 하였다. 이와 같이 레지나는 그녀가 원래 느꼈던 고통을 조금씩 다시 떠올려 통합시키는 과정을 계속하였다. 몇 번의 회기를 거쳐 레지나는 아동기에 경험한 강렬한 정서기억에 점차 깊이 들어가게 되었다. 처음에는 몇 초간 가볍게 회상하는 것마저 힘들어했음에도 말이다. 이렇게 깊은 회상에 몰입할 때 심리치료자와의 친밀감은 이 작업을 가능케 하는 매우 중요한 조건이다.

레지나가 아동기에 겪은 것을 더 분명하게 명시적으로 인식하자, 강력하고 자연스러운 효과가 나타나기 시작했다. 레지나가 인출한 지식은 바로 주요 생활경험에 대한 새롭고 일관적인 이야기로 바뀌었다. 그러한 경험은 이전에 걷잡을 수 없고 이해할 수 없으며 합리화로 덮여 있던 부분이다. 가령, 그녀는 말했다. "내 감정은 살아가면서 너무 큰 상처를 너무 많이 받았어요. 그리고 나는 누구에게도 그 이유를 말할 수 없었고, 나 자신에게조차 내가 왜 그렇게 민감한지를 말할 수 없었어요. 나는 잘못한 일도 없었고 착한 아이가 되기 위해 열심히 노력했음에도 엄마가 나를 나쁜 아이라 말해서 내가 항상 상처받았다는 생각을 못했어요. 하지만 이제 나는 어릴 적 작은 소녀였을 때 받았던 상처[그녀의 심장 쪽을 가리키며]를 그대로 떠올릴 수 있어요. 나오라 할 때까지 몇 시간 동안 방에 홀로 남겨져 있을 때와 같은 상처 말이죠."

레지나는 일관된 새로운 이야기의 또 다른 영역을 새롭게 인식하여 '내가 몰랐던 많은 것'이라고 표현했다. 이는 온정, 아낌, 이해, 배려를 받으며 안정된 느낌을 의미한다. 그 덕분에 자기연민적 슬픔을 느끼게 되어 정서기억에 그대로 저장되어 있는 몹시 괴로웠던 경험들을 반드시 정서적으로 처리하게 된다.

　일관된 자전적 이야기 구성은 심리치료의 중요한 목표로 널리 간주되고 있다(Schore, 2003b; Siegel, 1999, 2001). 정서 일관성 체계의 관점에서 가장 진정성 있고 치료적인 이야기는 내담자의 정서 뇌가 이미 암묵기억에 일관되게 기억하고 있던 것을 인출하고 언어화하면서 구성된다. 그 과정에서 새로 생기는 것이 아니라 발견되는 것이다.

　'내 기억 속에 들어가기' 작업은 암묵기억을 명시적으로 인식할 때 적용되는 특별한 형태의 마음챙김이다. 이는 다른 영역의 외상뿐만 아니라 애착관계의 복합적 외상을 비롯해 외상 수준의 극심한 고통이 담긴 암묵적 정서기억의 통합과 변화를 촉진할 때 매우 유용하다. 일관성치료에서는 이 기법을 활용하기 위해 앞에 기술된 경험적 형태로 구성했다. 그러나 이 작업(재활성화된 정서기억이 촉발된 상태로 있는지를 계속 인식하는)의 진수는 1970년대에 활발히 연구되었던 인간의 잠재력과 자기인식 운동에 기원을 두고 있다. 레지나의 사례에 나타난 것처럼, 이 작업의 가장 뚜렷한 효과는 재활성화된 고통스러운 기억을 현재의 외부 상황에 무의식적으로 투사하거나 원래의 고통스러운 시련을 다시 경험하는 식으로 현 상황에서 또 고통받는 것을 막아 준다는 것이다. 이 작업을 사용하기 전이라면 플래시백(재촉발된 외상기억)임을 인식하지 못한 채 플래시백에 휘둘렸을 것이다. 오히려 '내 기억 속에 들어가기' 작업에서는 재촉발된 정서기억에 대해 더 마음챙김을 해서 통합하기 위해 재활성화된 사건을 활용한다. 결국 원래의 고통에서 형성되고 학습된 의미, 기억, 모델을 인출하게 된다. 이는 병치경험에서 부정하고 제거할 표적이 되며, 치료적 재공고화 과정의 완성단계다. '내 기억 속에 들어가기' 작업을 활용하지 않았다면, 억압된 정서기억이 숨어 있어 그런 작업에서 다룰 수 없기 때문에 일상생활에 남아 있거나 수시로 촉발될 수 있다.

　〈표 5-1〉에 제시된 것처럼, 믿을 수 없을 정도로 간단한 '내 기억 속에 들어가기' 작업을 통해 꾸준히 외상기억을 조금씩 통합할 뿐만 아니라, 세 가지 다른 병치경험도 이루어진다. 이러한 작업을 통해 바로 나타난 정서적 고통 감소는 병치경험을 통해 다음의 세 가지를 제거한 직접적 효과라고 할 수 있

다. ① 정말 끔찍한 일이 지금 일어나고 있다는 생각과 느낌, ② 내 심각한 감정과 사고는 나에게 엄청난 잘못이 있다는 뜻이라는 생각, ③ 내적 분리, 분열, 비통합된 상태로 살아가는 것만이 내 길이란 가정(암묵적 지식)이다. 결과적으로는 이 세 가지 마음 상태에서 해방되어 큰 안도감을 느끼는 것이다.

당연히 이렇게 진정하고 위로하는 효과로 인해 내담자는 '내 기억 속에 들어가기' 작업에 끌린다. 그러나 더욱 전문적인 임상 방법론적 관점(특히 치료적 재공고화 과정과 관련해서)에서 보면, 이 작업의 더욱 큰 가치는 통합적 효과와 세 가지 병치경험이다. 이 작업은 현재 느끼는 고통의 근원에 대한 지각을 현재에서 과거로 바꾸면서도, 이러한 변화가 어떻게 일어나는지를 인식하게 한다. 이러한 변화는 원래의 고통을 정서적으로 다시 느끼는 깊은 몰입 작업이 선행될 때 나타난다. 즉, 내담자에게 현재 고통의 실제 근원은 과거의 고통에 대한 강렬한 기억에 불과함을 직접적이고 경험적으로 인식하게 하는 과정이 필요하다. 이러한 사전 작업이 없이 심리치료자가 내담자에게 그 고통은 과거의 일에 불과하고 지금 일어나지 않으며 그럴 가능성도 없다고 안심시키는 설명방식의 인지적 과거/현재 구분은 치료적 효과도 거의 없을뿐더러 그 효과가 지속되기도 힘들 것이다.

다시 레지나의 사례로 돌아가 보자. 대인관계 문제에 대한 반응으로 나타났던 그녀의 자기비난, 불안, 공포는 5회기 이후 계속해서 상당히 감소했고, 그녀의 완벽주의 역시 마찬가지였다(해결책이 점점 덜 필요해졌다). 16회기 무렵 레지나는 증상이 거의 없었으며, 그녀를 여전히 '힘들게' 하는 상황을 잘 다룰 수도 있었다. 레지나는 18회기 이후 더 이상 상담을 필요로 하지 않았다.

레지나의 치료는 원칙적으로 모순된 지식을 구성하기 위해 내담자-심리치료자 관계를 회복적으로 활용하여 문제의 애착학습을 바꿀 수 있는 사례에서도 다른 근원의 불일치하고 모순된 지식이 존재하며 그 이상으로 효과적일 수 있음을 보여 준다. 이러한 유형의 또 다른 사례는 4장에서 외상기억으로 인해 무대공포증을 겪던 브렌다에게 자율적 재현과정을 활용했던 것을

〈표 5-1〉외상기억이 재촉발될 때, '내 기억 속에 들어가기' 작업을 통한 병치경험

증상을 유발하는 구인 (오래된 기존 암묵지식)	모순된 지식 ('내 기억 속에 들어가기' 작업에 따른 새로운 지식)
정말 끔찍한(또는 절망적인, 충격적인, 외로운 등) 일이 지금 일어날 것만 같다.	내가 지금 느끼고 있는 것은 과거에 나에게 일어났던 일에 대한 정서기억이다. 현 상황에서는 그 기억을 떠올리고 있을 뿐이다. 그런 일은 나에게 다시 일어나지 않는다.
이렇게 극단적인 감정과 사고는 내가 미쳤다(또는 내가 잘못되었다. 역기능적이며, 비합리적이다 등)는 뜻이다.	이러한 극도의 느낌과 사고는 내가 과거에 겪었던 일에 대한 강렬한 기억일 뿐이다.
내가 고통받은 것을 직면하고, 알고, 느껴도 아무것도 해결되지 않은 채 여전히 내 안에 있을 것이다! 나는 내가 경험한 지식이나 감정과 차단될 필요가 있다.	나는 내가 경험한 일의 진실을 알고 느낄 수 있다. 나는 내 신체, 감정, 지식을 다 알 수 있다.

들 수 있다. 그 사례에서는 그녀의 정서적 세계를 지배하는 애착 규칙을 회복적 애착 작업으로 부정할 수도 있었지만, 부모님과의 상호작용을 상상하는 작업을 통해 제거하였다. 마찬가지로, 3장의 리처드의 사례에서 만약 그가 그의 지식이나 생각을 조금만 자신 있게 표현해도 그가 아버지처럼 아는 체하는 사람으로 여겨져 미움 받을 것이라는 그의 예상을 부정할 때에도 내담자-심리치료자 관계에서 회복적 작업을 활용할 수 있었다. 6장의 정서중심치료(EFT)의 사례에서도 내담자-심리치료자 관계와는 별도로, 생생한 지식과 병치경험을 구성하여 핵심적인 애착기반 학습과 증상을 제거하는 것을 보여 준다.

　이 시점에서 우리는 회복적 애착 작업의 중요성이나 가치를 폄하하려는

것이 아니다. 다만, 더 많은 심리치료자가 더 많은 환경에서 오랫동안 효과적일 수 있도록 애착 작업에 활용 가능한 효과적인 대안을 넓히려는 것이다. 물론 내담자-심리치료자 관계는 레지나와 브렌다의 사례에서처럼 중요한 촉진제지만, 그렇다고 해서 회복적 애착 작업만 효과적인 것은 아니다.

회복적 애착관계를 피해야 할 때

심리치료자와의 긍정적 경험이 증상을 유발하는 애착기반 스키마를 절대 부정하고 소거할 수 없을 때가 있다. 그러한 사례에서는 회복적 애착 작업이 결코 스키마의 변형적 변화를 이끌지 못한다. 이때 회복적 애착 작업 대신 다른 방법을 도입하는 것은 선택이 아닌 필수다.

4장에서 아버지를 비난하기 위해 자신의 삶을 엉망으로 만든다는 무의식적 의도를 가졌던 테드의 사례는 이를 잘 보여 주는 첫 번째 사례다. 만연된 미성취라는 현재의 증상이 암묵적인 정서적 스키마에 의해 유지되고 있음이 다음과 같이 언어화되었다.

> 나에게 가장 중요한 것은 아버지가 나에게 실패한 아버지였다는 사실을 깨닫게 하는 것이에요. 인정하고 싶지 않지만, 나는 아버지께서 얼마나 나를 끔찍하게 대했는지 깨닫게 하는 일이 너무 중요한 나머지 내 삶을 엉망진창으로 만들었고, 앞으로 나아가지 못하고 있어요.

이 스키마의 내용은 철저히 애착학습으로 이루어져 있으며 애착경험에 대한 기억이 명확했다. 그러나 이 특정 스키마는 애착조건으로 구성되어 있지 않아서, 심리치료자의 공감적 조율이나 수용에 대한 테드의 경험이 이 내용을 부정할 수 없기 때문에 회복적 애착 작업이 적절하지 않았다. 그 이유를 좀 더 자세히 살펴보기 위해, 내담자가 심리치료자를 경험할 수 있는 각 방법, 즉 스키마를 이루는 구인을 부정하거나 스키마에 구체화된 욕구나 해결책을 충족시키는 것과 관련된 방법을 고려해 보자.

- 만약 테드가 심리치료자는 아버지와 달리 자신을 절대 괴롭히지 않으며, 다른 누가 괴롭혀도 철저히 보호해 줄 것이라고 강하게 인식하고 느꼈다면, 그런 인식이 아버지로 인한 책임감과 정당성 욕구를 부정하거나 아니면 그걸 충족시킴으로써 그런 욕구를 다소 만족시킬 수 있을까? 아마 아닐 것이다.
- 만약 테드가 자기 아버지한테 끔찍한 상처를 받았으며, 그래서 그의 아버지께서 아버지로서 완벽히 실패했다는 사실에 대해 심리치료자(아버지 대신)의 진정성 있는 공감적 이해를 경험했다면, 그런 인식이 아버지로 인한 책임감과 정당성 욕구를 부정하거나 아니면 그걸 충족시킴으로써 그런 욕구를 다소 만족시킬 수 있을까? 아마 아닐 것이다.

심리치료자는 회복적 애착과정 대신 치료를 위해 필요한 모순된 지식을 테드가 경험할 수 있는 다른 방법을 활용했다.

두 번째 사례는 심리학자 Sara K. Bridges가 주도한 짧지만 심층적인 작업으로, 다나라는 열한 살짜리 딸을 둔 캐럴이라는 30대 중반 유부녀의 성적 혐오를 다루고 있다(Neimeyer & Bridges, 2003, pp. 291-292).

캐럴은 자신이 남편과 정서적으로 친밀한데도 왜 그렇게 성관계에 대해 혐오적인지를 몰랐다. 그저 그녀는 "성관계 갖기를 별로 좋아하지 않아요."라고 말할 뿐이었다. 일관성치료를 통해 캐럴의 증상을 요하는 스키마가 바로 인출되었으며, 그 스키마는 캐럴이 아동기 때 자기 부모의 노골적인 성적 행동으로 겪은 고통에 대한 인지적·정서적 기억과 같은 원자료에 바탕을 두고 있음을 알게 되었다.

캐럴은 다리를 꼬고 턱을 괸 채 조용한 어조로, 15세 때 어머니가 화장실에 들어와 자신의 자위행위를 목격했던 일을 회상했다. 그녀의 어머니는 화를 내기는커녕 매우 기뻐하며 캐럴의 아버지께 이를 말했을 뿐만 아니라 몇몇 친구에게 전화하여 이 '멋진 희소식'을 전했다.

캐럴은 바로 그 순간 자신의 성욕을 차단하기로 결심했다고 말했다. 캐럴은 일련의 기억과 관련된 감정에 대해 이야기하면서, 남편과 성을 즐기는 일이 마치 자기 어머니처럼 된 것 같은 느낌이 들었다고 말했다. 또한 이로 인해 자신이 가졌던 수치심을 자기 딸에게 줄 수 있다는 사실도 깨닫게 되었다고 말했다.

이 회기의 말미에 캐럴은 새로 인식한 강렬한 성 회피 의도의 정서적 진실을 다음과 같이 표현한 문장카드를 가지고 떠났다. 이 문장카드를 읽을 때마다 캐럴은 통합을 경험할 것이다.

인정하고 싶지 않지만, 남편과 성적 쾌감을 즐기는 일은 내가 어머니처럼 되는 것과 같다. 성관계를 회피해서 내 결혼생활이 어렵지만, 나는 계속 그렇게 해 왔다. 왜냐하면 내 딸 다나에게 내 어머니처럼 수치스러운 행동을 하느니, 쾌감과 친밀함을 포기하는 편이 훨씬 더 낫기 때문이다.

이 회기 바로 전에 캐럴은 그녀 부부의 성관계가 부모님의 성적 표현으로 인해 자신이 받은 고통과 상처를 딸에게도 겪게 할 것이라고 무의식적으로 예상했다. 그렇기 때문에 남편과의 성관계나 성적 감정을 회피하는 것이 중요하다고 하면서 말이다.

성을 회피하는 캐럴의 스키마를 회복적 애착 작업으로 바꿀 수 있을까? 이 질문에 답하기 위해 우리는 회복적 애착 결정과정을 활용했다. 그녀의 스키마는 부모와의 애착관계 문제로 인해 형성된 것이 명백한데, 이 스키마의 구인은 이차적 학습(다른 애착 관련)이 아닌 일차적 학습, 즉 애착조건인가? 우리의 관점에서 이 질문에 대한 대답은 '그렇다'다. 이는 일차적 학습이며, 다음과 같이 명백하다. 즉, 캐럴이 학습한 어머니의 애착조건은 대략 "나처럼 성에 자유로워지렴. 나와 내 친구들이 성을 즐기는 공개적인 곳에서 말이야.

이것이야말로 네가 나의 관심과 호의를 가장 많이 받고 나와 연결될 수 있는 방법이란다. 나한테 성적 행동을 숨기려 하지 마."와 같이 언어화될 수 있다.

이런 애착조건의 본질은 '우리 사이에 성에 대해 숨기는 것이 없어야 한다.'다. 이런 암묵적 구인이 가족에서 성이 어떻게 작용하는지에 대한 캐럴의 생각을 규정하였다. 그렇게 문제를 규정하는 구인을 가진 캐럴은 암묵적으로 그녀의 성이 딸의 영역을 침해할 것이라고 생각했던 것이다. 이 결정과정의 마지막 질문은 다음과 같다. '캐럴이 심리치료자의 공감, 민감성, 인정, 안전성 등을 경험함으로써 애착조건을 부정할 수 있는가?' 만약 이 질문에 대한 대답이 '그렇다'라면, 캐럴에게 회복적 애착 작업이 적합할 것이다. 불확실한 '아마도'와 같은 다음의 가능성이 있지만, 우리가 예측할 만한 확실한 불일치는 없다. 캐럴을 상담했던 여성 심리치료자는 캐럴의 증상을 요하는 스키마 구조를 알고 앞에서 기술한 애착조건이 개입됨을 인식한 다음, 심리치료자 자신과의 관계에서 캐럴의 성생활과 관련된 기본적인 사생활 부분에 대해 민감하고 분명하게 인정하고 존중하기 시작했다. 이로 인해 캐럴은 어머니와의 경험과는 극명하게 대비될 정도로 성에 대한 안정 애착을 경험할 수 있었다. 예를 들어, 심리치료자는 말했다. "물론, 당신은 여기에 성문제를 이야기하러 왔고, 당신은 당신의 성생활에 대해 내게 이야기할 거예요. 하지만 나는 (우리가 상호작용을 하는 동안 어떤 관점에서 궁금한 당신의 어떤 부분이 있을 경우에) 당신의 성생활에 대해 들어야 할 필요를 전혀 느끼지 않으며, 당신의 성생활을 사적 영역으로 깊이 존중하고 있다고 말하고 싶어요. 그리고 당신이 제게 들려주고 싶은 부분에 한해서만 우리는 이야기할 거예요. 왜냐하면 나는 이 부분이 당신의 사생활이라고 생각하기 때문이죠." 이는 어느 정도 지난 후에 이러한 질문으로 이어졌다. "당신은 내가 당신의 어머니와 다르다는 것을 깨달았을 때 기분이 어떠셨나요?"

그런 말을 하면서 진행된 작업이 캐럴을 구속하는 애착조건을 제거할 수 있을 정도로 충분히 강하고 적합한 불일치인지는 매우 불확실해서 예측할 수 없다. 그리고 만약에 그렇다 해도 그러한 변화가 캐럴의 성생활 혐오를 직접 유지하는 구인(캐럴이 어머니에게 받았던 상처처럼 그녀 자신의 성적 욕구가 딸에게 상처가 될 것이라는 예상)을 제거할 수 있을지도 확실하지 않다. 따라서 우리는 내담자-심리치료자 상호작용에서 발달된 상위구인을 명백하고 결정적으로 부정할 수 있는 것을 볼 수 없었다. 그런 까닭에 이 사례에서 우리는 회복적 애착 작업을 배제하게 되었다. 캐럴의 예상을 확실히 부정할 수 있는 모순된 지식은 내담자와 심리치료자의 상호작용 밖에서 찾아야 할 것이다. 스키마가 어떻게 제거되는지에 대해 Neimeyer와 Bridges는 다음과 같이 기술하고 있다.

> 다음 회기에서, 캐럴은 [문장카드의] 문장이 그 주 내내 너무 어리석게 느껴지기 시작했다고 보고했다. 비록 시간과 연습이 필요할지라도, 어머니가 아닌 그녀 자신의 성욕을 이해할 새로운 방법을 찾는 것은 그녀 자신에게나 남편과의 관계에서 해방적인 경험이었다. 일단 무의식적 영역을 벗어나 의식적인 상태를 유지하자, 이전에 지배적이던 생각이 바로 힘을 잃어 내담자의 정서적 현실을 지배하던 종전의 관점이 사라지게 되었다(Neimeyer & Bridges, 2003, p. 292).

여기에서 변형적 변화의 두 가지 표식이 나타난다. 하나는 그녀의 보고 중 "어머니가 아닌 자신의 성욕을 이해할 새로운 방법을 찾는 것은 해방적인 경험이었다."라는 진술이다. 그것은 카드에 있는 명시적 진술(자신의 성욕이 어머니의 것과 동일하다는 인출된 가정에 대한 인식을 유지시켰던)에 대해 캐럴이 인식하게 된 모순된 지식(이처럼 모순된 지식이 나타난 것은 4장에서 기술된 바와 같이 뇌의 부조화 탐지활동 덕분임), 즉 '자신의 성욕은 어머니의 성욕과 다르다.'를 기술한 것이다. 다른 표식은 일주일 전에 처음으로 인식했을 때 캐럴에게 몹시 진지하게 느껴졌던 카드의 정서적 진술이 지금은 '너무 어리석게' 느껴진다는 그녀의 보고다. 이는 불일치 지식이 성공적으로 병치경험을 구성해서, 동일한 성욕이라는 애착조건 구인 및 그녀의 성욕이 딸에게 상처를 줄 것이라는 예상이 사라졌음을 보여 준다.

테드와 캐럴의 사례는 인출된 스키마를 회복적 애착 작업으로 부정할 수 없어서 다른 방법이 필요했던 임상 사례다. 회복적 애착 작업을 적용할 수 없는 또 다른 상황을 여기에 제시하기로 한다. 이는 회복적 애착 작업이 적합할 것으로 보였던 성인 내담자들의 사례다. 이들은 불안정 애착 내력을 가졌고, 그로 인한 정서적 상처가 있으며, 회기 중에 별 저항 없이 깊은 정서적 고통과 상처를 깊이 경험하였다(내담자-심리치료자 관계에서 충분한 정서적 안정, 신뢰, 공감이 있었음을 보여 준다.). 그러나 심리치료자와의 상호작용을 통해 애착 욕구가 충족될 것이라는 예상은 아주 부적절하고 비현실적이며 불확실하고 불가능함을 알게 되었다. 그중 토머스라는 45세 남성은 그보다 나이가 많은 남성 심리치료자에게 솔직히 말했다. "저, 당신은 내가 대가를 지불하는 만큼 전문적 서비스를 제공해야 하는 전문 심리치료자예요. 우리는 5회기, 아니 50회기 이상의 상담을 할 수도 있겠죠. 하지만 상담이 끝나면 그뿐이에요. 당신은 부모님의 이해를 전혀 받지 못한 나에게 당신이 나를 이해해 주고 인정해 주니 기분이 어떠냐고 물으셨지만, 그렇다고 해서 텅 빈 내 마음이 채워지지는 않아요. 그 부분은 내 부모님이 채워 줘야 하는 부분이니까요. 내게는 이 방법이 안 맞는 것 같아요. 아마 내 삶의 누군가가 진짜로 그렇게 해 준다면 모를까." 물론 토머스의 그런 반응이 애착관계가 형성되면서 동반되는 정서적 의존성에 대한 무의식적 저항의 합리적 표현일 수는 있다. 그러나 내담자가 이전 회기에서 고통스러운 깊은 정서 작업에 개방적이었음을 고려할 때, 내담자의 이러한 반응을 그처럼 저항으로 보는 것은 전혀 이치에 맞지 않음을 관찰하였다. 오히려 잘 발달되고 진정한 성인의 정체성을 가진 개인의 특성으로 보는 것이 적절할 것이다. 사실, 회복적 애착은 확고한 성인의 정체성이 부족하고 아동기의 정체성이나 자아 상태에 주로 의지하는 성인(그로 인해 심리치료자가 합리적인 애착 대상이 되는)에게 아주 적합할 수 있다.

토머스의 사례는 내담자-치료자 관계에서 일반적 공통요인(신뢰, 공감, 동맹, 공유하는 치료목표 등)들이 충분히 존재하고 내담자가 그 작업에 정서적으로 성실히 참여한다 해도 내담자가 치료자를 꼭 애착 대상으로 느끼거나 안정 애착을 느끼지는 않음을 알려 준다. 내담자가 심리치료자를 애착 대상으로 느낄 경우에만 내담자가 심리치료자에게 안정 애착을 느낄 수 있다. 그러나 자신을 취약한 위치에 두고 치료에 협조하기 위해 전문적인 치료자를 신뢰하는 것 자체를 애착관계라 할 수 없다. 그러므로 공통요인들은 애착관계나 안정 애착경험과 무관하게 존재할 수 있다. 다시 말해, 공통요인들은 애착관계의 필요조건일 뿐 충분조건은 아니다. 그렇기 때문에 안정 애착이 형성되려면 공통요인 외의 요건이 필요하다.

게다가 우리가 이 장에서 논의한 바와 같이, 애착관계와 안정 애착이 유지되더라도 반드시 회복적 애착 작업이 일어나는 것도 아니다. 왜냐하면 회복적 애착은 내담자가 단순한 안정 애착 이상의 치료적 재공고화 과정, 즉 병치경험에서 불안정 애착 기대를 부정할 수 있는 안정 애착을 경험해야 하기 때문이다.

이러한 측면에서 치료적 재공고화 과정은 치료에서 일반적 공통요인의 존재, 안정 애착경험 및 회복적 애착 작업 사이의 관계를 분명히 하는 데 도움이 된다.

결론: 일관된 해결책

라울의 분노, 테드의 미성취, 캐럴의 성혐오, 토머스의 "나에게 효과가 없어요." 등의 사례들은 회복적 애착치료(양자의 정서 조절로도 불림)가 널리 활용되고 있지만 보편적으로 적용하기는 어렵기 때문에 심리치료 분야를 통합하는 포괄적인 틀이 아님을 시사한다. 애착 역동과 애착관계는 사실 정서적으로 건강한 모든 인간에게 매우 중요하지만, 애착에 문제가 있는 사람들은 임상 증상을 야기하는 그 밖의 차원이나 학습영역도 존재해서 심리치료가 필요하다.

　정서 일관성 체계 덕분에 심리치료자는 애착학습에 의해 유발되는 증상과 그렇지 않은 증상을 구분할 수 있다. 또한 그 덕분에 내담자를 모순된 생생한 지식(정서 뇌를 열어 뿌리 깊은 정서학습의 마력을 깨뜨리는)으로 이끌 수 있는 중요한 방법 중 하나인 회복적 애착 작업을 활용할 수 있다. 〈표 5-2〉는

〈표 5-2〉 이 장에 소개된 일관성치료 사례

내담자의 증상	표적구인	모순된 지식	원천	기법
정서적으로 소원한 연인관계 (트래비스)	문제 규정: 다른 사람들로부터 이해받는 일은 불가능하다.	내 부모님께 이해받는 일은 불가능하다.	회기 중의 새로운 경험	회복적 애착(심리치료자의 공감)
사회 불안, 공포 (레지나)	문제 규정: 사소한 결점만으로도 나는 사랑받을 수 없으며, 혐오스러워지기 때문에 모든 사람이 날 비난하고, 창피를 주고, 벌을 주며, 거부할 것이다. 엄마가 그랬던 것처럼.	1. 테오 삼촌의 나에 대한 사랑은 내 결점에도 불구하고 변하지 않는다. 2. 엄마는 내 문제가 아닌 엄마 자신의 문제 때문에 나를 부정했던 것이다. 3. 이 상황은 내가 과거에 엄마로부터 고통받았던 것을 떠올리는 것일 뿐이다.	기존 지식	• 1번과 2번: 상상 속 상호작용에서의 명시적 진술로 정반대인 기존 지식과의 부조화를 탐지한다. • 3번: '내 기억 속에 들어가기' 작업
부부간 성혐오 (캐럴)	문제 규정: 내 성욕으로 인해 내 딸이 성에 노출되고 상처를 입을 것이다. 엄마가 나에게 그랬던 것처럼.	내 성욕은 엄마의 성욕과 다르며, 내 딸에게 상처를 주지 않을 것이다.	기존 지식	명시적 진술로 정반대인 기존 지식과의 부조화를 탐지한다.

* 주: 이 표는 〈표 4-1〉의 확장으로 볼 수 있음. 치료적 재공고화 과정의 C단계에서 모순된 지식을 찾는 세 가지 기법을 추가함

치료적 재공고화 과정을 설명하는 이 장의 세 가지 사례를 요약하여 제시하고 있다. 이는 다음 장에 소개될 '심리치료 통합을 위한 체계'에 대한 독자들의 이해를 넓혀 줄 것이다.

제6장 심리치료 통합을 위한 체계

 극도의 복잡함에서 극도의 단순함이 나온다.
- Winston Churchill

앞 장에서 우리는 치료적 재공고화 과정을 적용하는 사례연구들을 검토하였다. 이 사례들은 증상의 근원인 동시에 증상을 유발하는 암묵적인 정서적 스키마를 지속적이고 심층적으로 바꾸는 순간적 경험들을 좀 더 자세하고 분명하게 보여 주었다. 이 장에서는 치료적 재공고화 과정이 다양한 심리치료를 어떻게 통합하는지 살펴보기 위해 시야를 넓혀 볼 것이다. 또한 이 장에서는 가독성을 높이기 위해 치료적 재공고화 과정(Therapeutic Reconsolidation Process: TRP)을 TRP로 간단히 기술할 것이다.

변형적 변화와 특수요인

TRP는 뇌에서 문제의 기존 암묵지식을 근본적으로 제거하는 데 필요한 일련의 경험을 구체적으로 제시하고 있다. 심리치료 분야에서 TRP가 통합적 역할을 수행할 수 있는 것은 자체의 고유한 특성 덕분이다. 즉, 이는 비이론적이고 기법과 무관한 경험적 신경과학에 바탕을 두고 있으며, 애착경험을 비롯해 실존적·사회적·외상적 경험에서 비롯된 모든 유형의 임상적인 암묵적 정서학습을 제거할 때 활용될 수 있다. 더구나 학습과 기억을 수정하는 주관적 경험과 신경학적 과정이 얼마나 복잡하고 일관적으로 작용하는지를 직관적으로 이해하게 해 준다. TRP는 완벽한 탈학습에 필요한 뇌의 규칙을 구현하며, 그러한 선천적 규칙 덕분에 우리는 각자 초기 학습의 제약에서 벗어나 우리의 지식, 삶에 대한 태도 및 의미세계를 계속 발전시킬 수 있다.

TRP의 단계는 〈표 3-1〉에 제시되어 있다. 여기에서는 이 장의 뒷부분에서 이 단계들을 언급할 때의 편의를 위해 다음과 같이 목록만 간단히 제시한다.

- A단계: 증상 확인
- B단계: 증상을 요하는 정서적 스키마 인출
- C단계: 접근 가능한 모순된 지식 확인
- 1단계: 증상을 요하는 정서적 스키마 재활성화
- 2단계: 모순된 지식을 생생히 병치하는 경험
- 3단계: 2단계의 병치경험 반복
- V단계: 중요한 표식을 관찰함으로써 변화 확인

TRP는 변형적 변화를 가져오며, 이는 신경과학자들이 정서학습을 제거하는 실험연구에서 사용한 것과 동일한 기준 또는 표식(V단계)으로 정의한다. 이전에 강하게 재활성화되었던 단서나 상황에서도 갑자기 증상이 제거되고 증상 박탈 상태가 유지되며, 증상을 유발하는 정서반응도 계속 부재하고, 심지어 아무런 노력이나 반작용적 조치가 없어도 그런 부재 상태가 유지된다. TRP의 1, 2, 3단계(변형절차)는 현재 신경과학계에서 이러한 변화 표식을 가져오는 유일한 방법이기 때문에, 심리치료자와 내담자가 이런 일련의 경험이 일어났음을 인식하는지 여부와 무관하게 치료과정 중 이러한 표식이 보이면 1, 2, 3단계가 확실히 발생했다고 추론할 수 있다.

따라서 TRP는 치료의 심층적인 지속적 변화과정을 명확히 설명하기에 적절하며, 반작용적 변화를 가져오는 심리치료와 달리 변형적 변화를 가져오는 심리치료들이 공유하는 일련의 변형 특수요인으로 이해된다. TRP의 1-2-3단계는 암묵적 정서기억 제거에 필수적이라는 엄격한 의미에서 변형 특수요인으로 여겨지지만, A-B-C단계(접근절차)는 다소 유연한 의미에서 변형 특수요인으로 간주된다. 즉, A-B-C단계를 거치지 않아도 1-2-3단계는 우연히 나타날 수 있지만, 보통 의도적 방법론인 1-2-3단계를 실행하려면 사실상 A-B-C단계가 필수적이라는 점에서 유연하다는 것이다. 따라서 대체로 우리는 변형적 변화 표식을 가져오는 모든 심리치료에서 이 6단계를 모두 발견하기를 기대하며, 이런 면에서 변형적 변화를 위한 필수요인들로 생각될 만하다. 이 장의 사례들(다양한 임상가가 다양한 방법을 활용하여 실시한)은 치료에서 변형적 변화 표식이 나타날 때마다 TRP 단계의 존재를 확인할 수 있었던 우리의 일관적인 관찰 중 초기 증거를 제시한 것이다. 변형 특수요인인 TRP 단계와 널리 활용되는 일반적 공통요인의 관계는 그 자체가 중요한 주제로 이 장의 뒷부분에서 다루어질 것이다.

TRP를 의도적으로 적용하는 심리치료자들은 일정한 증상을 유발하는 기존의 모든 암묵학습이 일어나는 경험의 범주를 미리 가정하지 않고, 그런 학습을 모두 찾아 바꾸도록 안내한다. 앞 장에서 언급한 대로, TRP의 모든 단계는 특정 기법이나 임상 학파, 이론, 체계와 무관한 과정기능으로서 추상적으로 규정된다. 따라서 TRP를 상담에 활용하는 임상가들은 그 과정을 실행하는 구체적인 방법과 개인적인 양식 전반을 모두 스스로 선택해야 한다.

필자들은 이 책에 기술된 정서 일관성 체계라는 좀 더 큰 맥락 안에서 TRP를 개념화하고 활용하기를 바란다. 왜냐하면 정서 뇌의 일관성이 암묵적 정서에 바탕을 둔 증상 발생과 공유하는 자연스럽고 한결같은 비병리적 관점 때문이다. 물론 심리치료자들은 각자 선호하는 메타심리학적 체계 내에서 TRP를 자유롭게 이해하고 활용한다.

TRP로 반작용적 심리치료의 범주를 규정할 수 있다는 점에 주목할 만하다. 반작용적 방법은 증상을 유발하는 정서적 스키마 제거를 위한 뇌의 요건(TRP 1-2-3단계)과 무관한 방법으로 바라는 마음이나 행동을 개발한다. 이런 심리치료는 성공한다 해도 정서적 스키마가 억눌려 있을 뿐 계속 존재한다.

간단히 말해, TRP는 다음과 같은 것들을 제공하여 다양한 방식으로 심리치료를 통합하는 데 크게 기여한다.

- 모든 유형의 학습(애착학습, 실존적·사회적 학습 등)에서 비롯된 정서적 스키마의 변형적 변화에 대한 통합적 이해
- 어떤 심리치료의 심층적인 지속적 변화기제가 주관적·신경적 수준에서 어떻게 작동하는지에 대한 설명
- 다양한 경향의 심리치료자들이 어떤 체계의 개념화 자체에 의심을 품지 않고 각자의 방법론과 기법들을 이해하고 논의하기 위해 공유할 수 있는 체계와 언어
- 심리치료자들이 내담자에게 적합한 방법과 접근을 유연하게 선택하고 효율적인 변형 작업을 활용하도록 안내하는 심리치료자들의 메타지도(meta map)
- 본래 반작용적(점진적, 재발되기 쉬운) 변화를 가져오는 치료체계와 달리, 변형적 변화를 가져오는 내재적 능력을 지닌 치료체계를 포착할 렌즈

그러나 TRP가 심리치료 통합에 유용한 접근일지라도 여전히 중요한 질문이 남아 있다. 즉, '변형적 변화가 확실히 일어날 때마다 다양한 심리치료 체계에서 TRP의 각 단계를 확인할 수 있는가?'다. 다시 말해, TRP는 변형적 변화를 가져오는 심리치료들이 공유하는 심층적 구조를 실제로 보여 주는가?

우리는 몇몇 집중적인 심층적 심리치료를 출간한 사례에 TRP 단계가 존재함(이전에 입증되지 않았던)을 제시함으로써 이 질문에 답하고자 한다.

- 가속-경험적 역동심리치료(Accelerated Experiential Dynamic Psychotherapy: AEDP)
- 정서중심치료(Emotion-Focused Therapy: EFT)
- 안구운동 둔감화 · 재처리법(Eye Movement Desensitization & Reprocessing: EMDR)
- 대인관계 신경생물학(Interpersonal Neurobiology: IPNB)

이 책의 앞부분에서는 일관성치료에서 TRP 단계가 나타난 대로 설명하였는데, 그 이유는 일관성치료의 방법론과 TRP 단계가 명쾌하게 맞아떨어져 설명 기반으로 삼았기 때문이다(〈표 3-1〉 참조). 다음의 예들을 통해 우리는 앞서 언급한 각 치료체계의 전개 모습을 살펴볼 수 있으며, 각 체계에서 TRP의 각 단계가 얼마나 명료하게 실행되는 지를 확인할 것이다. 우리의 목적은 TRP가 실제로 통합적 가치가 있는지를 독자들에게 보여 주려는 데 있다. 심리치료 통합과 관련된 더 많은 자료는 Norcross와 Goldfried(2005), Stricker 와 Gold(2006)를 참고하기 바란다. 사례를 선택할 때 우리의 유일한 기준은 전개되고 있는 경험적인 과정의 단계가 확인될 만큼 설명이 상세한가였다. 여기에 제시된 각 치료체계는 그 기준에 충족된 사례 중 초기에 출간된 것들이다.

각 사례를 제시할 때, 우리는 구체적이고 관찰 가능한 내담자-심리치료자의 상호작용과 그에 수반되는 현상학적 경험을 발췌했다. 내담자와 심리치료자의 말을 인용한 부분만 원문에서 그대로 가져왔다. 과정 전개에 대한 모든 추가 설명과 논평은 저자들이 쓴 것이다. 우리가 추가한 논평에서는 작업이 진행되는 동안 주로 TRP 단계가 드러난 부분을 다루었다. 내담자의 순간적인 말투와 태도를 기술하는 원래의 표현을 약간 수정했다. 즉, 우리는 정확성을 기하려고 노력했으며, 독자들이 더 확실히 알고 싶으면 원본을 참고하도록 하였다. 우리는 심리치료 체계에 대한 이론 창시자들의 개념적 · 이론적 설명은 가능한 한 배제하였다. 이는 각 사례를 발췌한 원문에서 바로 볼 수 있을 것이다. 여기에서 우리의 논의는 각 치료 자체의 관점에서 각 치료를 공부할 내용을 제시하기 위한 것이라기보다, TRP 자체가 그런 것처럼 오히려 특정 심리치료 체계를 각기 존중하는 보완적인 메타 개념화를 위한 것이다.

또한 우리는 다음의 예시들을 귀납적이고 일화적인 방식으로 제시하여 우리의 가설을 설명하고자 하였다. 즉, TRP의 단계들이 특정 치료체계에서 명시되지 않더라도, 어떤 형태의 치료에서든 심층적인 지속적 변화 표식이 TRP 단계(특히 병치경험으로 변형적 변화가 나타나는 1-2-3단계) 출현과 높은 상관이 있다는 가설을 설명하고자 한다. 다시 말해, 우리는 TRP가 그러한 변화의 보편적 표식으로 규정된 변형적 변화를 가져오는 대부분의 치료(모든 치료는 아니더라도)에서 작용하는 심층적 구조요소나 변형 특수요인으로 이루어져 있음을 입증할 것으로 믿는다.

가속-경험적 역동심리치료(AEDP)

이론의 창시자이자 심리치료자인 Diana Fosha가 애착 외상에 변형적 변화를 가져오는 방법으로 정의한 가속-경험적 역동심리치료(Accelerated Experiential Dynamic Psychotherapy: AEDP)는 애착이론, 신경생물학적 연구 및 모자 연구의 통합에 바탕을 두고 있다(Fosha, 2000, 2002, 2003). 이는 행복을 위해 개인의 내재적 능력과 노력을 동원하려는 비병리적 접근이다. AEDP는 경험적·정서적 작업을 강조하며, 심리치료자가 회복적 애착 작업을 실행하기에 적합한 혁신적 전략을 제공해 준다. 특히 내담자-심리치료자의 양자관계에서 명시적인 안정 애착경험을 순간적으로 구성하는 데 초점을 두고 있다.

임상사회사업가인 Benjamin Lipton이 수행하고 Lipton과 Fosha(2011)가 기술한 다음의 치료 작업 연구에서, 우리는 AEDP 방법론에 나타난 TRP의 단계에 주목한다. 이 사례에 대해 Lipton과 Fosha가 제시한 AEDP 관점의 논평이 궁금한 독자들은 원문을 참고하기 바란다. 여기에서는 내담자와 심리치료자의 모든 표현을 그대로 인용하기로 한다.

40세의 내담자인 대니얼은 어린 아들의 아빠이며 최근에 이혼했다. 그는 방치되고 고립된 '맞벌이 부부의 자녀'로 자라면서 사회적으로 서툴고 외로운 어린 시절을 보냈다. 그의 부모님은 '정서적으로 폐쇄적이고 일을 중시하는 과학자'였다. 중학교 때 11세였던 대니얼은 2개 학년을 월반하여 다른 학생들보다 훨씬 어렸고, 대니얼에게 아버지와 같은 관심을 보이며 외로움을 달래 주던 교사는 1년 동안 그에게 성적 학대를 가했다. 대니얼은 이혼한 지 2년이 되고 어머니가 암으로 돌아가신 지 1년이 지난 후에 20년 동안의 약물의존을 끝내고 6개월 동안 치료를 받아 왔다.

대니얼은 자신의 치료목표가 이제 자기 삶에 솔직해지고 싶고 자신이 줄곧 피해 왔던 많은 정서문제에 직면하려는 것이라고 말했다. 그는 '엉망진창인 삶에서 벗어나는 방법을 알기 위해 내가 누구인지, 내가 어떻게 여기까지 왔는지를 직시하고 완전히 솔직해지기'를 바랐다(과거에 자신에 대해 솔직하지 않았다는 그의 말은 TRP의 첫 단계인 A단계의 증상 확인에 도움이 된다).

두 번째 회기에 대니얼은 그의 부모에 대해 솔직하나 횡설수설하며 두서없이 정서적 거리를 두고 길게 설명했다. 예를 들면, 자기 아버지에 대해 말할 때 "아버지와는 통화가 불가능해요. 아버지께서 어떤 말에도 반응을 보이지 않기 때문에 '상대방'이 매 순간 불편해져요. 그는 완전히 무심하고 '상대방'에게 관심이 없어요."라고 말했다[대니얼의 객관화된 표현(상대방)은 증상을 확인하는 A단계에 도움이 된다.].

길고 장황한 말이 끝나자, 심리치료자는 물었다. "대니얼, 당신이 지금 나에게 이 말을 하고 나니 당신 안에서 어떤 느낌이 드나요? 대니얼, 방금과 같이, 거리를 두지 않고 대놓고 말해 보는 경험이 당신의 몸이나 감정과 연결되는 데 실제 도움이 되나요? 내가 당신을 도와줬으면 하는 것과 이전에 결코 도움을 받지 못할 것이라 생각했던 것은 어떤 것인가요?" 이 질문에서 심리치료자가 대니얼을 위해 어떻게 매우 개인적인 양자 간 안정 애착경험을 구성했는지에 대한 부분은 고딕체로 표시해 두었다. 심리치료자의 이러한 역할은 AEDP의 주요 특징으로 여러 번 더 반복될 것이다. TRP에서 이와 같은 초기의 안정 애착경험을 구성하는 것은 대니얼이 재활성화한 불안정 애착경험과 모순된 병치경험을 하는 2단계에 해당한다. AEDP의 경우, 핵심 전략이 회복적 애착이기 때문에 심리치료자는 치료를 시작할 때 바로 2단계에 착수한다. 즉, AEDP 심리치료자들은 내담자의 특정 증상이 무엇이든(A단계), 증상을 유발하는 스키마 인출(B단계) 시에 불안정 애착 학습이 나타날 것이라고 미리 가정한다. AEDP에 따르면, 결국 이것이 기존의 불안정 애착 학습에 변형적 변화를 가져오는 심리치료자와의 안정 애착경험을 규정한다(불일치한 지식을 확인하는 C단계 실행).

게다가 심리치료자와 마주 앉아 양자 간 상호작용을 하는 것만으로도 내담자의 불안정 애착 학습과 반응[일련의 규칙, 역할, 의미, 예상되는 타인의 반응, 자기보호 전략, 관련 정서 등으로 구성된 스키마(이 재활성화로 1단계가 실행됨)]이 재활성화되는 경향이 있다. 따라서 AEDP가 가정하는 체계에서는 TRP의 C단계와 1단계가 첫 회기 초반에 자동으로 실행되기 때문에 심리치료자는 치료에 착수할 때 바로 모순된 병치경험(안정 애착, 2단계)을 구성하게 된다.

그다음에 추가적인 안정 애착경험은 다음에 보게 될 두 가지 효과를 갖는다. 즉, 근원적인 불안정 애착 학습과 기억을 인식하게 하는 경향이 있고(B단계), 병치경험(3단계 실행)을 반복하게 한다. 이어서 변형적 변화 표식이 나타나는데(V단계), 이는 병치경험이 내담자의 불안정 애착 스키마를 제거하기 때문이다. 따라서 AEDP에서 TRP 단계는 C-1-2-B-3-V의 순서로 실행되는 경향이 있으며, 치료과정 전체에 걸쳐 A단계는 간헐적으로 나타난다. 이는 TRP라는 렌즈를 통해 AEDP를 이해하는 방식일 뿐, AEDP 지지자들이 AEDP를 설명하는 방식은 아니다.

질문에 대해 대니얼은 "슬퍼요." 하고 대답했다. 이렇게 말함으로써, 적어도 그 순간 그는 친밀하고 취약한 정서적 자기표출로 심리치료자의 초대, 짐

작컨대, 불안정한 대인기대와 모순되는 새로운 경험(TRP의 2단계로 첫 병치경험)에 응했다.

곧 심리치료자는 "당신이 우리가 슬픔을 함께 나누고 있다고 여기에서 잠시 나와 함께 상상한다면……." 하고 제안하며 대니얼이 다시 관계의 순간에 집중하도록 유도했다. 그러자 대니얼은 사색적이면서 지적인 몇 마디를 했다(잠시 망설이며). 이에 대해 심리치료자는 질문을 이어 갔다. "그러면 내가 슬픔을 나와 공유하자고 당신을 초대하면 어떨까요?" 대니얼은 그가 타인에게 슬픔이나 우울을 표현하면 부정적 반응이 나올 것으로 예상하고 그런 감정 표현을 조심스럽고 수치스럽게 생각한 나머지 대개 유머나 쾌활함으로 감췄다고 장황하게 설명하면서 다시 남의 일처럼 말했다(A단계 추가).

심리치료자는 자신의 임무를 단념하지 않고 다음과 같이 물었다. "그러면 우리가 말 그대로 나를 행복하게 하려고 시도하지 않으면 어떨지 그냥 느낌만 확인해 볼까요?" 이는 대니얼이 자신에게 친숙하고 긴급한 불안정 애착기대를 제쳐 놓고 심리치료자에게 진실한 감정을 표현하면서 안정 애착경험을 위해 스스로를 열게 하는 간단한 초대방식이다(이는 3단계에 기여하는 불일치 병치경험이다.).

이때 심리치료자의 제안을 받아들이며, 대니얼은 "나는 엉망이 되어 버릴 거예요." 하고 울기 시작했다. 그리고 눈물을 보이며 덧붙였다. "나는 울음이 터질 것 같은 기분으로 대부분의 시간을 보내는 것 같아요." 대니얼은 자신의 진실한 감정이 드러나는 데 더 이상 저항하지 않았다.

그 후, 심리치료자는 대니얼이 자신과 친밀한 정서적 경험을 갖고, 이에 대해 마음챙김을 하며 인식하도록 안내할 기회를 여러 번 찾았다(3단계를 실행하고 변형절차를 마무리함). 대니얼은 곧 이렇게 말했다. "나는 슬픔의 호수가 너무 커서 각오해야 할 게 무척 많다고 생각해요."

심리치료자는 대답했다. "나도 방금 그런 생각이 들었어요. 당신이 각오하는 게 놀랄 일이 아니에요. 견디기 위해 각오할 게 많은 거죠."

"그리고 나는 이런 식으로 느끼고 싶지 않아요." 대니얼은 전보다 취약성을 좀 더 드러내며 인정했다.

심리치료자가 "어떤 식으로요?" 하고 물었다.

대니얼은 좀 더 깊이 들어가며 분명하게 "나는 외로움을 느끼고 싶지 않아요." 하고 말했다.

양자관계를 심화시킬 수 있는 다음 기회를 찾기 위해(또 다른 3단계 경험) 심리치료자는 "지금 혼자라고 느끼나요?" 하고 물었다.

"좀 덜한 것 같아요." 대니얼이 대답했다.

대니얼의 수용성 증가를 감지한 심리치료자는 이제 모험적인 질문을 던졌다. "나와 함께 있다는 느낌이 드나요?"

"네." 대니얼이 대답했다(또 다른 3단계 경험 확인).

둘의 정서적 안정 애착경험을 유지하고 좀 더 심화시키기 위해, 심리치료자는 다음과 같이 물었다. "그게 당신에게 어떤 느낌이 드나요? 다른 사람이 당신을 버리지 않고 숨겨진 동기 없이 당신을 대한다면 어떤 느낌이 들죠?"

대니얼은 대답했다. "이상해요." 그에 대해 심리치료자는 "그럴 거라 생각했어요."라고 답했다. 그리고 대니얼이 덧붙였다. "나를 도와주려는 사람들이 있었네요. 그런데 당신은 그렇지 않지만, 당신을 도와주려는 사람들은 대부분 당신에게 그들이 어떻게 해야 할지 말해 달라고 할 거예요. 그리고 당신이 그들에게 이를 제대로 설명하지 못할 때 당신은 그들에게 폐를 끼치거나 끌고 간다는 느낌이 들 거예요."

AEDP 심리치료자는 내담자가 심리치료자의 공감을 정서적으로 좀 더 충분히 경험할 기회를 찾기 위해 내담자의 반응을 면밀히 살피며 물었다. "당신은 내게도 그렇게 느끼나요?"

"아니요." 대니얼이 말했다. 이는 또 다른 3단계 경험인 동시에 최초의 변화 표식이다(V단계). 왜냐하면 이때 대니얼은 보통 발생하는 정서반응이 나타나지 않는다고 말했기 때문이다.

심리치료자는 "그러면 만약 당신이 지금 이 순간 나와 함께 여기에 있다면……." 하고 유도했다. 이때 대니얼은 매우 심하게 울기 시작했고, 심리치료자는 부드럽게 말했다. "나는 바로 여기 있어요, 대니얼. 지금 여기요." 대니얼이 흐느꼈다. 대니얼이 흐느끼는 동안, 심리치료자가 덧붙였다. "그렇게 많은 슬픔이, 그렇게 많은 것이 그렇게 오랫동안 억눌러 있었어요." 이는 매우 깊고 강렬한 안정 애착의 순간이었다(3단계). 그리고 이때 대니얼이 오래도록 억눌러 온 슬픔도 느끼게 했다는 점에서 치료의 두 가지 역할이 이루어졌다. 이때 느낀 슬픔은 정서적 해결을 위한 새로운 통합과 진전이 이루어졌음을 보여 준다.

대니얼은 한참을 울었다. 그리고 마침내 수줍게 고개를 들어 심리치료자의 눈을 보며 말했다. "고마워요. 우와!" 깊은 한숨이 이어졌고, 한눈에 알아볼 수 있을 정도로 몸이 이완되었다(불안정 애착으로 인한 표적 정서반응이 완전히 사라지고 행복으로 바뀌었다는 추가적 표식).

"천만에요." 심리치료자는 대답한 다음, 다시 질문했다. "당신은 내게 뭐가 고마운가요?"

"나는 내 생애 내내 그렇게 해 왔어야 한다고 생각해요." 대니얼이 설명했다. "나는 그걸 알았으나, 잘 몰랐던 거죠. 휴." 생각하는 듯한 긴 침묵 후에 그는 따뜻한 미소와 함께 덧붙였다. "그래서 이게 내가 느끼는 바네요, 그렇죠?"

따뜻한 미소로 답례하며 심리치료자가 확인차 말했다. "네. 그게 당신이 느끼는 바네요. 당신과 함께 그걸 공유하니 매우 좋네요, 대니얼!"

대니얼은 말했다. "새로운 시작 같아요. 힘들고, 이상하고, 하지만 좋아요. 감사해요." 그의 삶 전반에 걸친 불안정했던 상태를 되돌아보는 동안, 그가 했던 마지막 몇 마디는 변화된 주관적 안녕 상태에서 나오는 말(안정 애착과 정서적 해방 상태) 같았다. 이 말이 불안정 상태의 제거 표식이라면, 이는 변화를 검증하는 V단계에 해당된다.

이 회기에서 대니얼은 재활성화된 그의 불안정 애착 학습과 극명하게 모순되는 안정 애착경험(심리치료자가 계획적으로 구성해서 TRP의 2단계와 3단계를 풍부히 경험하고 변형절차를 완성하는 병치경험)을 많이 했다. 이런 병치경험은 대부분 병치경험 자체를 명시적으로 인식하거나 언어화하지 않고 조용히 일어난다. 그러나 나타난 분명한 변화 표식에 비추어 볼 때, 침묵할 경우에 그 효과는 다소 감소한다. TRP와 병치경험의 중요한 역할을 인식한 AEDP 전문가들은 명시적 인식과 언어화를 쉽게 촉진할 수 있었다. 심리치료자는 그런 식으로 현재의 안정 애착경험이 실제로 불안정 애착에 대한 내담자의 생생한 기대와 병치해서 일어나고 있음을 확인한다(심리치료자가 모르는 순간에도 실제의 병치를 방해하는 분리와 억제가 일어날 수 있다).

같은 맥락에서 Lipton과 Fosha는 AEDP에서 내담자가 심리치료자와 안정되고 친밀한 유대와 같은 새로운 긍정적 경험을 하면서, 이와 대조되는 원래의 불안정 애착과 관련된 학습과 고통을 명시적으로 인식(B단계)하기도 한다고 말한다. 예를 들어 그들에 따르면, "지금-여기에서 새로운 긍정적 관계를 인식하고 통합하는 경험이 유기적으로 과거의 대조사항, 즉 기존의 고통스러운 관계적 외상경험을 불러일으킨다. 그렇게 함으로써 외상기억이 긍정적인 심리적 변형에 기여하는 방향으로 처리될 수 있다"(Lipton & Fosha, 2011, pp. 254-255). 앞에 나왔던 대니얼의 상담에서 그런 대조효과가 어느 정도 나타났으나, 대부분의 경우에 회복적 애착방법에서 주로 암묵적인 병치경험으로 TRP의 변형절차(1-2-3단계)를 실행하는 것은 AEDP의 특성으로 보인다. 이런 암묵적 병치경험은 불안정 애착이 심한 내담자 대상의 회복적 애착치료에서 확실한 효과를 보인다. 그 이유는 앞서 언급한 바와 같이 심리치료자가 종종 표적 불안정 애착 학습을 명시적으로 인출하지 않고도 표적 학습(B단계) 및 그와 매우 모순된 경험(심리치료자와의 안정 애착관계를 미리 가정함)을 정확히 예견할 수 있기 때문이다. 그러나 5장에서 논의한 바와 같이, 증상을 유발하는 표적 암묵학습이 불안정 애착 유형이 아닌 내담자가 많다. 이 주요 범주에 속하는 내담자들의 경우에는 치료자들이 적합한 모순된 지식을 선험적으로 모르기 때문에 표적학습을 명시적으로 인출(B단계)한 후에야 모순된 지식을 확인(C단계)할 수 있다. 즉, B단계와 C단계가 나타난 후에야, 작업이 1-2-3단계의 병치경험으로 나아갈 수 있다.

앞의 대니얼의 사례에서는 변형절차가 잘 수행된 덕분에 변형적인 변화 표식이 회기 중에 보이기 시작해서 전반적인 TRP가 성공적으로 실행되었음을 잠정적으로 검증(V단계)한 것은 당연한 일이다. 대니얼은 다음에 기술된 것처럼, 다음 회기에서도 중요한 변화 표식을 계속 보고했다.

2주 후의 다음(세 번째) 회기 후반에 대니얼은 이전 회기 이후에 일어난 변화를 설명하기 시작했다. "마치 어떤 구덩이가 있는 것 같았어요. 당신은 나에게 내가 건널 수 있다고 말하였고 나는 '싫어요. 그것은 구덩이에요.'라고 말하는 것 같았죠. 그리고 당신은 '아니에요. 눈에 보이지 않는 유리바닥이 있어요.'라고 말하고요. 나[불안과 확실한 기쁨이 뒤섞인 웃음]는 '좋아. 눈에 보이지 않는 유리바닥이 있어[멈춤].'라고 말하죠. 그리고 그것을 건너기 시작해요. 내 삶을 향해서요. 나는 눈에 보이지 않는 유리바닥이 있다는 것을 점점 더 믿기 시작해요. …… 나는 여러 가지로 악몽에서 탈출하고 있는 것 같은 느낌을 받았지만, 줄곧 그곳에 있을 수는 없어요. 음, 마치 내가 한 줄기 희망이나 그 비슷한 것 혹은 천장이 갈라지는 것처럼 빛[위를 가리키는 제스처]을 잡은 것 같아요. …… [긴 침묵] 내가 발전하고 있는 것 같아요……."

몇 분 후에 AEDP의 중요한 단계에서 심리치료자는 대니얼이 말해 왔던 행복감 증진에 집중할 수 있도록 다음과 같이 말했다. "나는 당신이 발전하고 있다는 것을 당신 스스로 어느 정도 알고, 당신이 자신에게 연민을 갖게 되어 놀라웠어요. 그건 어떤 느낌인가요? 잠시 그와 교감하면 어떨까요? 생각하려 하지 말고 느껴 보세요. 고개를 숙이고 숨을 깊이 쉬면서요." 대니얼이 증상을 유발하는 표적학습을 성공적으로 제거하자 그는 자연스럽게 본래의 행복을 되찾아 직접 경험하기 시작했다. 심리치료자는 대니얼이 이 새로운 긍정적 경험에 더 깊이 집중하고 언어화하도록 안내하면서, 그런 경험의 발현을 극대화할 뿐만 아니라 대니얼의 정체성 및 의식적인 이야기에 그런 경험을 최대한 통합하려 했다. TRP 측면에서 이는 추가적인(그리고 여기에서는 주로 암묵적인) 병치경험으로 보이며, 정체성과 생활사에서 기존의 부정적 구인을 제거한다. TRP에서 중요한 것은 내담자의 새로운 정체성과 이야기

구성이 기존의 부정적 구인과 경쟁하는 별도의 학습이 아니라 이를 제거할 수 있다는 점이다. 이렇게 새로운 것과 오래된 것을 병치함으로써 오래된 것이 제거되며, 이때 병치가 명시적일수록 그 효과는 더욱 좋다.

큰 한숨을 쉬며 대니얼이 대답했다. "다행이에요." 그는 밝게 웃으며 덧붙였다. "이웃에서 스토킹하던 괴물이 붙잡힌 것 같은 느낌이에요."

대니얼이 엄청난 변화를 갑자기 확인하자, 심리치료자는 놀라서 "와!" 하고 소리쳤다. "잠깐 그 생각에 머물러 볼까요? 정말 대단한 말이에요. 나는 방금 당신이 말한 게 뭔지를 당신 스스로 깨닫기를 바라요."

"해방된 기분이에요." 대니얼은 설명했다. "그것은, 음, 당신이 아시다시피 그렇게 나쁘지 않았어요."

정서적·신체적 집중을 유지하며 심리치료자가 물었다. "당신은 그것을 어디서 느꼈나요?"

"심호흡 같아요." 크게 숨을 들이마시고 자신의 가슴을 가리키며 대니얼이 말했다. "가슴속에 있어요. 그것은, 그것은." 그리고 그는 다시 한 번 깊은 숨을 들이마셨다.

"심호흡 같군요." 심리치료자가 따라 말했다.

대니얼은 계속해서 자기 생각을 말했다. "그리고 제 생각에 항상 심한 불안함을 느끼는 것은 아니에요. 제 생각에 어떤 신체 상태든, 당신이 아시다시피 나는 쫓기고 있지 않아요." 그리고 대니얼은 안심한 듯 싱긋 웃었다. 이전에 고통받던 정서적 의미와 사고가 해결되었다는 신체적·은유적 표식이 풍부히 나타나(V단계) 새로운 행복감을 반영하고 있다.

곧 심리치료자는 중요한 표식들 중 하나로 돌아가 경험을 확장하도록 돕기 위해 물었다. "그럼 우리 다시 돌아가 볼까요? 오늘 시간이 거의 다 되어 가지만, 나는 딱 이 순간으로 돌아가 보고 싶어요. 그 느낌을 느꼈던 [깊은 숨을 들이마시며] 그 순간으로 한 번 더요. [대니얼도 깊은 숨을 들이마셨다.] 나는 이웃에서 스토킹하던 괴물이 잡힌 것 같은 느낌을 받았을 때뿐만 아니라 나와 함께 여기서 그 경험을 나누었을 때의 느낌이 어땠는지가 궁금해요. 그

경험을 나에게 이야기해 주겠어요?"

　이전에 이 질문은 대니얼이 안정적인 양자관계를 새롭고 잠정적으로 경험
하도록 유도하기 위한 것이었다(TRP의 2단계와 3단계를 실행하는 병치경험).
그러나 지금은 대니얼이 분명하게 안정 애착을 성공적으로 재구성했기 때문
에 이 질문은 일어난 변화를 검증하는 다른 기능을 한다(V단계). 그 이유는
대니얼이 분명하고 선언적인 태도로 말했기 때문이다. "편안해요. 쉬워요."
이것만으로도 변형적 변화가 일어났음을 보여 주는 중요한 표식이다. Lipton
과 Fosha의 말에 따르면(p. 275), "그는 스스로 절대 가능하지 않을 것이라고
생각했던 그런 경험(그의 절차적 애착경험에 비추어 볼 때)을 하고 있기" 때문
이다. 이후 대니얼이 그의 최근 경험을 계속 설명할 때 몇 가지 다른 지표가
더 나타났다(V단계). "내 생각에 나는 내게서 발생한 그 많은 감정을 억눌러
왔거나 고통을 묻어 두고 있었어요. 그런데 이런 것들이 여러모로 사라지고
있는 것 같아요. 당신도 아시다시피 나는 여전히 상처가 있지만, 누적된 감
염으로 인한 어혈과 같은 것들은 사라졌다고 생각해요. 아시겠지만 그것은
어려운 일이죠. 나는 여전히 외롭기도 하지만 전보다는 덜해요. 고통도 덜하
고요. 그래요, 고통도 덜해요." 웃으면서 그가 덧붙였다. "나는 훨씬 더 즐거
운 시간을 보내고 있어요. 그리고 나는 마침내 내 어깨에 효과적인 소염제도
구했어요." 대니얼은 오랫동안 자신의 건강도 돌보지 못하고 있었던 것이다.

　"그래요. 당신은 자신을 더 잘 챙기고 있군요." 심리치료자가 인정했다.

　"맞아요." 대니얼이 분명히 말했다. "기분이 좋아요. 나는 나 자신을 파괴
하지 않고 있죠. 나는 나 자신이 망가지는 걸 원치 않아요. 전에는 엉망이었
거든요. 그런 방식은 도움이 되지 않았어요. 많이 상하게 되지요. 신은 그 모
든 것의 결과가 어떻게 될지 알고 계시죠."

　상담이 끝날 무렵 심리치료자가 말했다. "정말 감동적이었어요, 대니얼.
당신은 여기서 정말 놀라운 것을 이뤄 냈어요. 당신은 당신의 진실을 깊이
있고 솔직하게 말해 주었어요. 저는 정말 감동받았어요."

　밝게 웃으며, 대니얼도 동의했다. "나도 알아요. 저도 그래요. 저도요." 그

의 말에서 그의 새로운 행복능력과 증상을 유발하던 고통에서 벗어난 해방감이 분명히 드러났다(확실히 V단계 도달). 그가 설명한 변화는 양적인 변화라기보다 질적이고 변형적인 변화에 가깝다.

정서중심치료(EFT)

인본주의 심리치료 이론을 바탕으로 게슈탈트치료의 경험적 기법을 활용하는 정서중심치료(Emotion Focused Therapy: EFT)는 회피 정서를 느끼고 표현하며 정서의 적응적 역할을 수용함으로써 심층적 변화를 이끌어 낸다(Greenberg, 2011; Greenberg & Elliott, 2002; Greenberg & Watson, 2005; Johnson, 2004). EFT의 창시자 중 한 사람인 심리학자 Leslie Greenberg는 온라인 인터뷰(Van Nuys, 2010)에서 다음과 같이 말했다. "EFT에서 강조하는 바는 회기 내에 사람들의 실제 감정과 변화하는 정서를 다루는 방법입니다. 실제로 강조하는 바는 정서적 과정과 정서가 어떻게 변화하는지를 이해하려는 것입니다." EFT의 다른 개발자로는 Robert Elliott, Susan Johnson, Laura Rice 및 Jeanne Watson이 있다. EFT 전문가들은 내담자가 자신의 감정을 회피하거나 통제하기보다 그런 정서가 자기 삶에서 중요하고 필요함을 인식하도록 하기 위해 안전한 치료 상황에서 자신의 정서를 경험하도록 안내한다. 이 접근은 과정-경험적 심리치료법으로도 알려져 있다.

이 사례는 Greenberg(2010, pp. 39-41)에서 발췌한 것으로, EFT에서 TRP가 전개되는 과정이 잘 드러나 있다. 이 사례에 대한 Greenberg의 논평을 보려면 원본을 참고하기 바란다.

첫 접수면접에서 39세의 '트리시'라는 여성 내담자는 자신을 우울한 사람이라고 울먹이며 소개했다. 그녀는 삶의 대부분을 우울하게 보냈지만, 과거에는 훨씬 더 우울했다. 그로 인해 일을 그만둔 후에 집을 떠난 일이 거의 없으며 전화나 초인종에도 응답을 안 한다고 말했다. 그녀의 원가족과의 관계

는 특히 어렵고 고통스러웠다(우울 증상과 이로 인한 고립감을 확인하며 TRP의
A단계가 시작되었다.). 또한 심리치료자는 트리시와 세 자매가 알코올중독인
엄마와 더 이상 연락하지 않는다는 사실을 알게 되었다. 그리고 집단수용소
생존자인 아버지는 항상 가족과 정서적으로 소원하였으며, 종종 비판적이고
판단적인 성격으로 인식되었다. 그녀의 어린 시절 내내 체벌이 일상이었다.

심리치료자는 트리시가 내면에 집중하도록 도와주는 공감반응을 받을 때
에는 자신의 내적 경험에 집중할 수 있지만, 슬픔이나 분노와 같은 주요 정
서나 친밀감과 수용 욕구를 느낄 때마다 무력함을 느끼고 절망 상태가 되어
고통스럽고 힘겨운 정서를 피하는 경향이 있음을 관찰했다. 또한 트리시는
자신을 '실패자'라고 비난하며 수치스럽게 생각했을 뿐만 아니라 아버지께
원망과 슬픔을 느껴 왔다고 말했다. 가끔 그녀는 "맞는 것은 평범한 일이잖
아요."라는 시각으로 아버지의 신체적 학대를 축소시켰다(무력함, 절망감, 자
기비난, 수치 등의 감정은 A단계, 즉 증상 확인에 더 기여한다.).

증상에 대한 트리시의 진술을 바탕으로, 심리치료자는 아동기부터 성인기
까지 트리시가 언어적 · 신체적 충격(복합외상을 나타내며, 근원적인 정서학습
을 인출하는 B단계를 유도함) 때문에 종종 불안하고 버림받은 감정을 느끼며,
외롭고 수치스러웠을 것이라고 추론하였다.

3회기에 심리치료자의 공감적 조율로 지지를 받은 트리시는 아버지의 인
정을 받지 못한 것에 대해 이야기하며 다음과 같이 덧붙였다. "나는 내가 나
쁜 사람이라고 생각했어요. 하지만 마음 깊은 곳에서는 내가 나쁜 사람이라
고 생각하지 않았어요. ······ 네, 나는 내가 갖지 못한 것과 가질 수 없는 것
때문에 슬펐어요." ["나는 내가 나쁜 사람이라고 생각했어요."는 A단계인 증상 확
인에 추가되었다. 그녀의 말은 세 영역에서 모순된 지식에 대해 중요한 C단계 정보
를 주었다. 첫째, 내담자는 자신이 나쁜 사람이 아니라는 모순적 지식을 가지고 있
다는 것이다. 둘째, 그녀의 정서적 고통은 사실 그녀 자신의 어떤 결함이나 결점 때
문이라기보다 그녀가 겪은 정서적 어려움(배려 깊은 관심, 애정 어린 수용 및 부모
와의 유대 부재) 때문이라는 것이다. 셋째, 부모로부터 정서적 지지를 받으려는 노

력이 소용이 없다 보니 부모님이 변할 것이라는 희망이 없이 슬픔만 느낄 것이라는 것이다.]

심리치료자는 트리시가 그녀의 아버지와 빈 의자 대화를 하도록 유도했다. 그녀는 아버지가 맞은편에 앉아 있다고 상상하면서 아버지에게 고통스러운 정서의 구체적 의미를 직접 말하기 시작했다. "아버지는 내 감정을 파괴했어요. 아버지는 내 삶을 망쳤어요. 다 아버지 때문은 아니겠지만, 아버지는 나를 키우는 동안 아무것도 하지 않았고, 내 삶에 도움을 주지 않았어요. 아버지는 아무것도 하지 않았어요. 아버지는 어느 정도만 나를 먹이고 입혔던 거죠. 그게 다예요(전에는 말해 본 적이 없는 것을 말하는 것은 B단계인 인출 작업이었다.)."

트리시가 이전에 했던 말을 근거로, 심리치료자는 다음과 같이 말하며 그녀를 유도했다. "그에게 '악마'라고 불렸던 것이나 매일 교회에 가야 했던 것이 어땠는지 말해 보세요."

그녀는 상상 속 아버지에게 말했다. "끔찍했어요. 내가 어렸을 때 아버지는 내가 항상 나쁘다는 느낌이 들게 했어요. 지금은 그렇게 생각하지 않지만, 어렸을 때 나는 내가 죽으면 지옥에 갈 거라고 생각했어요. 왜냐하면 나는 나쁜 사람이니까요." (내담자는 TRP의 1단계와 2단계 경험으로 쉽게 들어갔다. 즉, 원치 않는 정서학습인 '나는 나쁜 사람이다.'를 본능적으로 재활성화하는 동시에 모순된 불일치 지식을 경험한 것이다.)

트리시는 아버지에게 계속 말하면서, 자신의 충족되지 않은 욕구를 회피하던 평소의 자기방어적 태도에서 벗어나기 시작했다. "나는 아버지가 나를 사랑하지 않아서 상처받았어요. 네. 내 생각에 아버지는 알고 있어요. 하지만…… 나는 아버지에게 화가 나요. 나는 사랑이 필요했는데, 아버지는 나에게 어떤 사랑도 주지 않았죠." (그녀는 이제 충족되지 않은 핵심 욕구에 수반되는 정서적 고통을 견딜 수 있었다. 왜냐하면 심리치료자의 공감적 동행이 있어 이전과 달리 혼자라고 느끼지 않기 때문이다. 그녀의 애정 욕구가 타당하다는 인식은 표적학습과 모순되는 또 다른 지식이므로 C단계가 실행되었다. 또한 그녀의 '나

는 사랑받을 가치가 없기 때문에 아버지가 나를 사랑하지 않았다.'라는 원래의 정
신 모델이, '아버지의 부정적 행동은 그가 나에게 사랑하는 아버지가 되지 못했다
는 뜻이다.'로 대체되는 암묵적이나 효과적인 병치를 구성하여 3단계를 실행하였
다. 이는 이전 병치경험의 핵심을 반복한 것으로, TRP의 3단계에 해당한다. 자신이
나쁘거나 무가치하거나 사랑받을 가치가 없다는 학습된 모델이나 구인은 수치심의
원천이다. 그래서 TRP를 통해 해당 구인을 제거하면 수치심이 중단된다.)

이후에 심리치료자가 더 격려하자, 트리시는 상상 속 아버지에게 자신의
두려움에 대해 이야기했다. "나는 외로웠어요. 나는 내 아버지를 몰랐죠. 내
가 아버지에 대해 아는 것은 항상 나에게 소리치고 나를 때리는 사람이라는
것뿐이었어요. 그게 다예요. 나는 아버지가 나에게 사랑한다고 말하거나, 나
를 걱정한다거나, 내가 학교에서 잘한다고 생각한다는 것과 같은 말을 들은
기억이 없어요. 내가 아버지에 대해 아는 것[원문 그대로 표기함]은 내가 두려
워했던 사람이라는 것뿐이에요." (트리시는 그녀가 아버지에게 받았던 특정 형
태의 고통에 대한 정서적 지식을 인출하면서 계속 견디고 있었다. 이것은 이전 단
락에 나타난 바와 같이 C단계와 3단계를 또 더 발전시켰다. 왜냐하면 아버지가 트
리시를 학대한 증거로 그에게 이러한 고통에 대해 말하는 것이 트리시가 아버지의
행동을 이해하는 자기비난적인 태도를 계속 부정하여 이전과 똑같은 암묵적 병치
를 구성했기 때문이다. 그녀가 아버지에게 한 다음의 말도 똑같은 역할을 한다.)

"당신이 맞을 때 얼마나 두려웠는지 그에게 말해 보세요." 심리치료자가
말했다.

"네, 그리고 아버지는 나에게 굴욕감을 주었어요." 트리시는 계속해서 말
했다. "아버지가 항상 나를 때렸기 때문에 나는 너무 화가 났어요. 아버지는
너무 비열했어요. 나는 히틀러가 비열하다고 들었기 때문에 아버지를 히틀
러라고 불렀어요." 그때 그녀는 덧붙였다. "줄곧 나는 아버지가 결코 부모가
될 수 없다고 생각했어요. 아버지는 전화기를 들고 나에게 잘 지내냐고 묻겠
죠. 아버지가 나를 사랑하지 않는다는 사실이 내게는 상처가 돼요. 네." 이
회기의 후반에 그녀는 아버지와 특히 강하게 직면했다. "아버지가 자신을 좋

은 아빠였다고 생각하기 때문에 나는 아버지한테 화가 나요. 아버지는 우리를 한 번도 때리지 않았다고 말했죠. 그건 세상에서 가장 큰 거짓말이에요. 아버지는 늘 우리를 죽도록 팼어요. 아버지는 그 어떤 사랑도 보여 주지 않았어요. 그 어떤 애정도 주지 않았어요. 아버지는 우리에게 청소를 시키거나 집안일을 시킬 때를 제외하곤 우리가 존재한다는 것마저 인식하지 못했어요." 그녀는 다음과 같이 말하며 회기를 마쳤다. "내가 아이였을 때, 나는 누군가가 나를 안아 주며 내가 괜찮은 아이라고 말해 주길 바랐어요. 내 생각에는 그게 정상이에요." (마지막 네 마디 말은 자신에 대한 그녀의 부정적 모델이 상당한 정도로 해체되었음을 나타내는 V단계, 즉 최초의 변화 표식일 수도 있다.)

다음(네 번째) 회기에서 심리치료자는 두 의자 기법을 사용했다. 이 방법은 내담자가 각 의자에 번갈아 앉아 다른 역할이나 하위 인격이 되어 말하는 것이다. 여기에서의 목적은 트리시가 자기 내면의 비판가에 접근하고 이를 느끼며 표현하고(B단계인 표적학습의 인출 촉진), 자기 자신의 그 부분과 대화하도록 유도하는 것이다(1단계와 2단계를 위해 비판가의 정서적 스키마를 비판가의 지식과 분리된 트리시의 불일치 지식과 병치시킨다.). 비판가의 목소리는 이 과정에서 부드러워졌다(비판가의 정신 모델이 성공적으로 제거되었음을 의미함). 그리고 더 이상 자신이 무가치하다는 생각에 억눌려 있지 않았으며, 자신의 내재적 가치를 느끼거나 사랑받지 못했던 것에 대한 슬픔을 표현하기 시작했다. 이것은 이전 회기에서 두드러졌던 지식이 다시 나타났음을 의미한다. "부모님이 나를 사랑하지 않거나 나에게 어떤 사랑도 보여 주지 않았다고 해서 그것이 곧 내가 사랑스럽지 않다는 의미는 아니에요. 부모님은 여전히 사랑하는 방법을 모르고 있어요." 이때는 이전 회기에 지배적이었던 절망적인 감정을 찾아볼 수 없었다(이전 모델이 제거되었다는 중요한 표식, V단계).

여기에서 원문의 설명이 7회기로 넘어간다. 이 회기에서는 트리시가 사랑받고 싶다는 자신의 감정을 차단한 것에 주목했다. 이는 충족되지 못한 욕구로 인한 고통에서 트리시가 자신을 보호하기 위한 것이었다. 이러한 방식으로 자신을 보호하려 했던 그녀의 부분을 '방해꾼'으로 명명했다. 이 치료는

9회기까지 계속되었고, 두 의자 기법에서 트리시가 방해꾼이 되어 의자에 앉고 다른 의자에 앉아 있다고 상상하는 그녀 자신에게 이야기했다. "네가 원하기 때문에 너는 나쁜 감정에 시간을 낭비하고 있어. 사실 그런 감정들은 존재하지 않아. 그러니까 네가 그런 감정을 차단하고 필요로 하지 않는 것이 최선이야. 그게 바로 내가 내 삶에서 했던 일이야. 사람들이 나에게 상처를 줄 때면 난 내가 실제로 상상할 수 있는 그 지점으로 가서 말 그대로 내 삶에서 그것들을 제외시켜 버렸어. 엄마가 나에게 그랬던 것처럼." (이것은 '방해꾼' 역할을 하는 학습을 암묵적 지식에서 명시적으로 인출하는 B단계에 해당한다.) 다른 의자에 앉아 있는 트리시는 사랑받고 수용되는 경험을 원하고 필요로 하는 자기 자신을 표현해 냈다(인출된 두 영역의 상호작용은 다음과 같이 두 영역의 접점을 만들어 내는 것으로 보인다. 첫 번째는 트리시의 사랑 욕구를 충족시켜서 사랑받지 못하는 고통에서 벗어나고 싶은 부분이며, 다른 하나는 실제로 사랑을 추구하다 더 큰 고통이 따른다는 것을 알게 된 부분이다. 이렇게 대화하는 부분은 다른 지식을 지녔지만, 이는 사실 실재에 대한 양립 가능한 모델이라서 이를 동시에 경험해도 병치경험이 되지 않는다.).

　9회기에 심리치료자는 다음과 같이 관찰했다. "초기 상담회기에서 지배적이었던 절망감은 이제 사실상 존재하지 않았다. 사랑과 수용을 원하는 목소리는 더욱 커졌고, 비판적 목소리는 그녀의 일부분으로 수용되면서 더 부드러워졌다. 동시에 그녀는 기분이 훨씬 더 좋아졌으며, 부정적 감정은 감소하였다."(몇 가지 변화를 증명하는 표식들은 V단계에 크게 기여한다.)

　10회기에 아버지와 두 번째로 빈 의자 기법을 활용하는 상담에서, 트리시는 좀 더 연민 어린 이해심으로 말했다(Greenberg는 경험적으로 나타난 핵심적 변화과정을 강조했다. 이러한 까닭에 V단계에 더 크게 기여한다.). 트리시는 상상 속 아버지에게 말했다. "나는 아버지가 아버지의 삶에서 얼마나 많은 고통을 겪어 왔는지 알고 있어요. 아마도 그 고통 때문에 아버지가 보아 왔던 것들 때문에[집단수용소 안에서], 아버지는 움츠리게 되었겠죠. 아버지는 아마 사랑을 주고 누군가와 가까워지는 것이 두려웠을 거예요. 왜냐하면 그건 아버지가 그들을 잃어버릴 수도 있다는 의미니까요. 아시다시피, 어렸을 때 난 이걸 이해할 수 없었지만, 지금은 이해할 수 있어요." 그녀는 아버지가 자신의 양육에 실패했고 상처를 주었던 것에 책임이 있음을 계속 설명했다. 동시에 그녀는 아버지께 연민을 보였으며, 그러한 연민은 그들의 삶이 어떻게 펼쳐질지를 새롭고 더 완전히 이해하는 데 중요한 역할을 했다(그녀는 이전의 정서반응에 더 이상 연연하지 않고, 그녀의 아버지에 대한 다른 지식, 즉 아버지의 행동을 바라보는 그녀의 초기 방식과 병치되고 이를 제거하는 지식에도 접근할 수 있었다. 이는 새로운 국면의 TRP 1, 2, 3단계였다.). 회기의 끝 무렵에 이 대화에 대해 논의하면서 트리시는 말했다. "나는 내 가슴에 더 이상 이 분노가 남아 있지 않아서 안심했어요."(이는 V단계의 매우 중요한 신체적 변화 표식이다.)

게다가 원래의 설명은 다음과 같다. "이 14회기의 치료가 끝날 무렵……사랑받고자 하는 욕구는 더 이상 절망감을 불러일으키지 않았다……." 트리시는 그녀의 욕구와 더 많이 소통할 수 있었으며, 이제 그녀의 자매들과 더 가깝게 연락하고 있었다(V단계의 표식). 트리시의 치료에 대한 내용은 이것이 마지막이다. 그래서 우리는 트리시의 원래 증상이 사라졌다고 추정할 수 있다. 왜냐하면 이 마지막에 언급된 변화는 그녀가 더 이상 고립되어 있지 않고, 절망감에서 벗어났으며, 더 이상 우울을 느끼지 않는다는 사실을 보여주기 때문이다.

EFT는 일반적으로 TRP를 A-B-C-1-2-3-V의 순서로 실행한다.

안구운동 둔감화·재처리법(EMDR)

원래 외상 후 스트레스 증상을 치료하기 위하여 Francine Shapiro가 개발한 안구운동 둔감화·재처리법(Eye Movement Desensitization & Reprocessing: EMDR)은 이제 다양한 호소 증상의 치료를 위해 사용되고 있다(F. Shapiro, 2001; R. Shapiro, 2005). EMDR은 정신역동적·인지행동적·대인관계적·경험적 · 신체적 치료방법과 더불어 구조화된 절차와 프로토콜을 활용하는 종합적 접근이다. EMDR에서 활용되는 중요한 절차요소는 '이중 시뮬레이션'이다. 이는 내담자가 한 번에 두 가지 경험 영역에 집중하는 것인데, 지각적 주의를 양측으로 왕복하도록 유도하는 외부의 물리적 자극(눈 움직임이든, 청각 신호든, 신체적 특징이든)을 그와 관련된 내적 요소(특정 이미지, 정서, 신체감각, 사고)와 결합하는 것이다.

EMDR의 개념 모델은 뇌의 적응적 정보처리 시스템(Adaptive Information Processing System)이라는 Shapiro의 명명에 바탕을 두고 있으며, 이는 항상 생존적 · 적응적 정신건강을 추구해 온 결과로 이해된다. 그러한 맥락에서 EMDR은 증상을 반작용적으로 다루기보다 부정적 정서경험을 확실히 제거함으로써 내담자의 기억 네트워크를 갱신하는 기능으로 이해되고 있다.

우리의 EMDR 사례는 전문상담사 자격증을 지닌 Beverly Schoninger가 실시한 5회기 상담이다. 이 사례의 내용은 Shapiro와 Forrest(1998, pp. 74-88)와 Schoninger(개인적 대화, 2011. 7. 25.)에서 발췌하였다. 내재된 TRP의 단계를 명확히 하기 위해 EMDR의 과정 전개에 대한 논평은 우리가 작성하였다. 심리치료자는 주관적 고통지수(Subjective Units of Distress Scale: SUDS) 평정을 비롯한 전체의 EMDR 과정을 실시하였다. 그러나 우리는 이중 시뮬레이션 작업과 이에 대한 내담자의 즉각적인 반응만을 발췌하였다. 더 상세한 내용을 알고 싶으면 원문을 참고하고, 개념과 방법론에 대한 정보를 얻고 싶으면 EMDR 관련 문헌들을 찾아보길 바란다.

내담자인 수전은 40대 초반의 재혼 여성으로, 첫 결혼에서 얻은 성인인 두 아들이 있다. 수전은 10년 전의 외상경험으로 인한 약 4년간의 공황발작에서 벗어나고 싶어 EMDR을 찾았다. 당시 수전은 600명 정도가 거주하는 미국 중서부의 농장 마을에서 첫 남편인 키스, 작은 아들인 어니와 함께 살고 있었다.

첫 회기에 수전이 외상에 대해 심리치료자에게 이야기하기 시작했을 때, 그녀의 얼굴은 상기되었고 공황발작이 일어날 것처럼 과호흡이 시작되었다.

그러나 그녀는 이야기를 계속했다. 그 사건은 1984년 6월 7일 취침시간에 일어났으며, 그날은 바람이 거칠게 불고 있었다. 그녀는 미국 중서부에서 자랐기 때문에 토네이도의 위험을 민감하게 감지했으며, 여러 상황에 대비하기 위해 가족을 지하실로 대피시켰다. 수전은 한때 집이 날아가서 보험금을 받아 새로운 삶을 시작하면 어떨까 하고 바란 적도 있지만 말이다. 키스는 수전과 함께 중서부에 온 지 몇 년 안 되었으며, 그녀의 걱정이 과도하다고 못마땅해하며 훈계하는 태도를 보였다. 그날 밤 수전은 키스에게 거친 바람소리가 약해질 때까지 에어컨이 있는 위층 침실 대신 아래층의 손님방에서 자라고 계속 말했다.

새벽 12시 50분, 수전은 큰 천둥소리와 번개에 잠을 깼다. 비가 퍼붓는 소리와 낮은 바람소리가 계속 들렸다. 이는 처마 밑에 부는 바람소리 같기도 했고, 다 된 배터리로 모는 자동차의 경적소리 같기도 했다. 그 후 어니도 소리를 듣고 일어나 방으로 달려왔다. 처음에 수전은 이 낮은 바람소리가 옆동네에서 오는 토네이도 경보라는 생각이 들었다. 창밖은 깜깜해서 아무것도 보이지 않았다. 마을은 불빛이 전혀 없었고, 심지어 집 옆의 소방서 불빛마저 보이지 않았다. 그녀는 낮은 바람소리가 토네이도 경보가 아니라 바로 토네이도임을 깨달았다.

수전은 소리쳤다. "키스, 이리 와요! 지하실로 가야 해요!" 그리고 달리기 시작했고 어니가 뒤따랐다. 키스는 일어났지만, 서두르지 않았다. 수전이 부엌으로 달려가 지하실로 가는 계단의 문을 힘껏 열어젖히고 안전하게 내려갔을 때에야, 키스가 바지를 입으려 하는 것을 보았다. 이어서 바로 그녀는 외벽이 무너지기 시작하는 큰 굉음을 들었고, 그다음 의식을 잃었다.

의식을 찾았을 때 앞은 아무것도 보이지 않았고, 수전은 지하실에서 3피트 높이의 돌무더기에 깔린 채 물에 젖어 있었다. 비는 계속 퍼부어 댔고, 그녀의 얇은 나이트가운은 흠뻑 젖어 있었다. 지하실의 기름 탱크가 깨져서 흘러내린 난방기름 냄새로 공기는 매캐했다. 계단은 흔적도 없었다. 물건을 높이 쌓아 천장까지 닿아 있던 선반도 없었다. 천장도 없었다. 그녀의 머리 위에 있어야 할 집이 사라져 버린 것이다. 어니는 그녀 옆에 있었지만, 키스는 없었다. 마침내 비가 잦아들자, 어니는 돌무더기 아래에서 기어 나와 지하실이었던 구멍 밖으로 기어 올라갔다. 그리고 도움을 청하기 위해 달려갔다. 긴급구조 팀이 도착했고, 어둠 속에서 수전을 지면 위로 꺼내 올려 밤을 지낼 대피소로 데려다 주었다. 어니는 구조대원들과 함께 남았다. 키스가 안 보이는 게 걱정되었지만, 수전은 그가 괜찮을 거라고 스스로를 안심시켰다.

아침이 되어 수전은 집으로 돌아왔다. 시간당 300마일의 토네이도 바람에 의한 참사는 상상 그 이상이었다. 인접해 있던 12개의 집 중 11개가 부서져 마을 자체가 사라져 버렸다. 후에 타임지에 기록된 바와 같이, 단지 20초 만에 마을이 '지도상에서 사라진 것이다'.

복구사령부센터를 방문한 수전과 어니는 지역 경찰관을 만날 수 있었다. 그는 초췌하고 슬퍼 보였으며, "수전, 키스가 죽었어."라고 말했다. 8명의 다른 사망자들도 있었는데, 그중 7명은 수전의 이웃들이었다. 이들 중에는 가장 친한 친구인 질, 질의 남편 그리고 그들의 여덟 살 된 딸도 포함되어 있었다. 그리고 그보다 훨씬 더 많은 사람이 부상당한 상태였다.

첫 회기에 안전한 장소를 이미지화하는 훈련을 했다. 이는 EMDR에서 회기 중이나 회기 사이에 심각한 수준의 스트레스가 재활성화되는 사건이 일어날 때 내담자의 정서 안정을 보장하고 자기위로를 위해 필요하다(필요할 경우에 정서를 비활성화하기 위해 안전한 장소를 이미지화하는 훈련을 활용한다. 이 경우에 그 내용이 꼭 내담자의 외상기억에 부합할 필요가 없으며, 기억 내용의 치료적 변화를 위한 EMDR 과정의 일부도 아니다.).

다음 날의 2회기에는 또 안전한 장소를 이미지화하는 연습을 하고 수전의 공황 증상(불안, 울컥함, 어지러움, 현기증, 방향감각 상실, 가슴, 목, 어깨의 통증, 손발 저림)을 철저히 확인하였다. "몸을 제어하기가 가장 힘들 때는 언제인가요?"라는 질문에 수전이 대답했다. "이해할 수 없는 일이 내 몸에서 벌어질 때요. 붐비는 가게나 사무실에서 말로 표현할 수 없는 고통이 생길 때요." (이는 수전의 증상이 무엇이며 언제 생기는지를 상세히 확인하는 TRP의 A단계다.)

2주 후의 3회기는 안구운동의 첫 단계에 주관적으로 집중할 '표적'을 선택하는 EMDR 단계로 시작하였다. 심리치료자는 수전에게 그 사건에 관한 기억 중 가장 고통스러운 부분으로 생각되는 순간이나 장면을 선택하게 하였다. 수전은 자신이 허겁지겁 지하실로 내려가는 계단을 향할 때 남편이 바지를 입으려는 장면을 선택했다. 그다음 심리치료자는 수전이 이 장면과 관련된 '부정적 인지'를 확인하도록 유도했다. 그런 목적으로 심리치료자는 그녀에게 부드럽게 물어보았다. "수전, 당신은 키스에게 일어난 일에 대해 죄책감을 느끼나요?"

"아니요. 아니요. 나는 죄책감을 느끼지 않아요." 수전은 주저하지 않고 말했다.

심리치료자는 인내심을 가지고 설명했다. "음, 어떤 사람들은 이런 것에 대해 죄책감을 느끼기도 하지요. 당신도 아시다시피, 사람들이 죽으면 그들이 사랑했던 주변 사람들은 그게 어떤 면에서 자기 잘못이라고 느끼기도 하지요. 그게 사실이 아님에도 그러죠. 심지어 절대 그럴 리가 없었던 일임에도요. 마음속을 깊이 들여다보세요. 당신의 생각이 아닌 당신의 본능이 대답하게 하세요. 당신이 생각하기에, 당신은 그것이 당신의 잘못이라는 생각을 가지고 있나요?"

"오!" 수전은 눈을 크게 뜨며 소리쳤고, 긴 침묵 후에 그녀는 인정했다. "내 본능은 그렇게 느끼는 것 같아요. 그게 내 잘못인 것 같아요. 키스의 죽음은 나 때문인 것 같아요." 눈물이 그녀의 뺨을 타고 흘러내렸다. 수전은 이때 슬픔과 같은 부정적 감정을 확인했고, 그것이 신체의 어디에 느껴지느냐는 질문에 가슴과 목을 가리켰다(이것은 "그것은 내 잘못이었어."라는 암묵적 의미를 인출하는 TRP의 B단계다. 이는 수전이 남편의 죽음을 이해하기 위해 만들어 냈던 정신 모델로, 지금 이 순간까지 인식하지 못하고 있던 것이었다.).

심리치료자는 질문했다. "대신, 당신은 어떻게 믿고 싶은가요?" 이것은 EMDR 절차의 다음 단계로, 내담자가 선호하는 '긍정적 인식' 확인은 내담자가 부정적 인식을 실제로 경험하는 대신 실제로 경험하고 싶은 것을 의미한다.

수전은 스스로 "나는 내가 할 수 있는 최선을 다했어."라고 믿고 느끼고 싶다고 말했다. EMDR에서 내담자의 긍정적 인식이 표현되면 종종 TRP의 C단계가 완료되었음을 의미한다. TRP의 C단계는 기존 증상을 유지시키는 지식과 모순되거나 이를 제거할 수 있는 지식을 확인하는 단계다. 모순된 지식이 실제 경험으로 제공될 수 있도록, 이 단순한 긍정적 인식을 생생한 정서적 현실로 유도하기는 어렵다(TRP의 2단계). 그럼에도 우리가 이제 살펴보게 될 EMDR 과정은 때로는 놀랍게 생생한 현실로 이끌어 준다.

첫 안구운동 세트는 수전이 표적 이미지와 그에 수반되는 요소들('그것은 내 잘못이었어.'라는 죄책감과 슬픔, 그녀의 가슴과 목에 느껴지는 감각)에 집중하는 것으로 시작되었다. 바로 그녀는 울기 시작했다. 그 후 이어지는 세트에서 그녀는 폭넓은 정서와 의미를 오락가락하기 시작했다. "나는 그가 죽는 것을 원치 않았어요." 그녀는 울어서 숨이 차 헐떡거리며 신음했다. 그리고 말했다. "그는 나 때문에 죽었어요." 이 말은 죄책감과 가슴 통증을 유발했다. 다음 몇 세트 후에 그녀는 한결 가벼워진 느낌을 받았지만, 그다음 "왜 나도 같이 죽지 않았을까요?"라고 묻기 시작했다. 그녀는 자신이 토네이도에 대해 잘 알고 있었기 때문에 키스를 구하지 못했다는 사실에 스스로 좌절감과 분노를 느끼고 있었다. 그다음 그녀는 토네이도가 키스의 모든 뼈를 부러뜨렸는데도 자기는 작은 상처 하나 없이 살아남았기 때문에 목구멍에서 새로운 죄책감이 끓어오르는 것을 느꼈다. 회기 중 마지막 안구운동 세트 후, 수전은 말했다. "내 안에 나는 좋은 사람이 아니라는 부분이 있어요. 나는 그 부분이 이해가 가지 않아요. 내가 나빴다는 이 생각을 내가 어디서 갖게 되었는지 모르겠어요."

수전은 공황발작 때문에 EMDR 치료를 찾았다. 그러나 토네이도 경험에 대한 기억에 집중하는 이 첫 번째 양측 작업 회기에 인식(TRP의 B단계)한 근원적인 핵심 구인은 분노 어린 자기비난(나는 키스를 보호할 수 있었는데도 그렇게 하지 못했다. 그래서 그는 나 때문에 죽었다. 그래서 나는 좋은 사람이 아니다.)과 상처도 없이 살아남은 것에 대한 죄책감으로 구성되어 있었다. 이런 구체적 의미와 감정들이 어떻게 공황발작과 관련될지는 아직 분명하지 않았다.

이틀 후, 다음 회기를 시작할 때 수전은 "내 안에 그런 감정이 있을지 몰랐어요."라고 말했다. 이제 표면 위로 드러나고 계속 진심으로 느껴 왔던 자기비난에 대해 언급하면서, 그녀는 다음과 같이 덧붙였다. "나는 키스에게 상황의 심각성을 이해시켰어야 했어요." 긴 침묵 후에 슬픈 목소리로 그녀가 말했다. "그랬더라면 언젠가는 그가 내 말에 귀를 기울여 주었을 텐데." 그리고 눈물을 흘렸다.

그 후 심리치료자는 이 회기의 첫 안구운동 세트 동안 그녀에게 '내가 키스를 이해시켰어야 했어요.'라는 말에 집중해 보라고 했다. 첫 세트 후 수전은 슬픈 감정이 더 심해졌다고 말했다. 슬픈 감정의 정도가 최고조에 이른 다음 세트 후, 수전은 가슴과 목에서 슬픔과 좌절이 느껴진다고 말했다. 그녀는 울면서 "왜 그는 나를 혼자 남겨 놓고 떠났을까요?"라고 물었다.

심리치료자는 아직 몰랐지만, 그 순간 수전은 그녀의 가장 깊은 곳에 억제되어 있던 정서적 고통을 인출해 냈다(TRP의 B단계: 증상을 유발하는 정서와 정서적 의미의 경험적 인출). 다음 몇 세트를 거치면서 그녀는 좀 진정되었다고 말했다.

한 세트 후, 수전은 중심을 찾고 차분히 말했다. "그것은 그가 한 선택이었어요. 나와는 아무런 관련이 없어요. 우리의 영혼이 선택한 거예요." 가로막혀 있던 그녀의 극도로 강한 슬픔이 그녀의 몸과 마음을 흘러내린 뒤, 수전은 방금 전까지 그녀에게 깊은 고통을 주던 자기비난적 구인과 아주 모순되는 전혀 다른 지식을 갑자기 경험하고 표현했다(TRP의 2단계: 표적학습과 모순되는 지식의 첫 병치경험). EMDR 전문가인 독자들은 수전의 마지막 말에 나타난 경험적 지식의 특성을 알 것이다. 그러나 이 접근에 낯선 독자들에게 이 마지막 말은 확인이나 긍정적 사고로만 이해될 수 있다. 그러나 명확한 진실을 그저 생각만 하는 것이 아니라 전신으로 경험하는 세트 동안에 표적 구인과 모순되는 새로운 지식이 예측 불가능하게 갑자기 나타날 수 있다는 것이 EMDR의 특징이다. 대개 이처럼 모순된 지식을 조용히 경험하더라도 그 강력한 특성은 전혀 감소하지 않는다. 몇몇 사례에서는 모순된 지식의 내용이 내담자에게 완전히 새롭고 전례 없는 것으로 느껴지기도 한다. 그러한 사례에서는 그 내용이 실제로 선행학습의 일부가 아닌 것 같다. 현상학적으로 이는 마치 개인의 내면에 숨겨진 직관적 지식창고가 있어 필요한 깨달음을 위해 적시에 활용되어 온 것처럼 보인다. 실제 원천이 무엇이든, 새롭게 나타난 모순된 지식은 표적구인을 성공적으로 부정하고 제거하는 데 필요한 구체성과 현실성이 있다. 이것이 바로 EMDR이 TRP의 C단계와 2단계를 실행하는 독특한 방식이다.

　심리치료자는 지금 막 나타난 것의 변형적 가치를 즉시 알아차리고, 수전에게 말했다. "거기에 머물도록 하세요." 그리고 또 다른 안구운동 세트를 실행했다.

　이 세트 후 수전은 말했다. "나는 나 자신을 돌볼 수 있을 것 같아요." 그리고 또 울고 난 뒤 말했다. "그러나 살든 죽든 그의 선택이었지요. 그는 갈 준비를 했던 거예요." (이는 2단계에 했던 병치경험을 처음 반복한 것으로, TRP의 3단계다.)

　여기에서 또 심리치료자가 수전에게 나타난 이 순간적인 과정의 본질, 즉 이제 3단계에 해당되는 병치경험을 한 번만 반복해도 변형적 변화가 이루어진다는 사실을 인식할 것이라고 예상하는 것은 무리다. 수전의 자기비난적 구인은 더 이상 그녀에게 정서적 현실로 느껴지지 않았다. 그녀는 비극적인 사건의 여파로 이 비난적인 구인을 만들었고, 이제 새로운 지식에 의한 병치경험을 통해 이를 제거하였다. 병치는 두 가지 지식을 동시에 경험하는 것이다. 그중 하나는 '나는 키스의 행동에 책임이 있었으며, 그가 내 말을 듣게 해서 안전한 곳으로 데려갈 수 있었다. 그렇기 때문에 그가 토네이도로 인해 죽은 것은 내 잘못이다. 나는 정말 나쁜 사람이다.'라는 자기비난적 지식이었다. 다른 하나는 '내가 안전한 장소로 가자고 그를 설득했을 때 어떻게 반응할지는 그의 선택이고 내 영향력을 벗어난 것이다. 나는 할 수 있는 한 최선을 다했고, 내가 삶의 모든 것을 통제할 수는 없다. 내 잘못이 아니라 그가 선택한 것이고, 그런 선택으로 인해 죽었다.'라는 모순된 지식이다.

이러한 변화가 실제로 발생했다는 유일한 단서는 정서적 고통이 덜한 새로운 영역에 주의를 기울이는 수전의 즉각적인 변화였다. 한 세트를 더한 후 그녀는 말했다. "내 자신에게 미안해요."라고 말했다. 이어서 그 감정에 집중한 세트 후에 그녀는 "나는 가족들에게서 버려진 느낌이었어요. 그들은 나에게 일어났던 일을 묵살해 버렸어요." 수전은 토네이도가 일어난 직후의 일들을 설명했다. 그녀의 부모님과 다른 가족들은 그녀에게 따스한 관심을 많이 보였지만, 그들의 동정 어린 관심 표현은 바로 줄어들었다. 몇 세트를 더한 뒤, 이런 생각과 느낌은 희미해졌고, 다음과 같이 말할 때 다른 영역의 고통으로 대체되었다. "나는 돈에 대한 죄책감을 느껴요. 이익을 봤거든요. 우리는 주택보험을 들었어요." 그다음 세트는 그 말에 집중하는 것으로 시작되었고, 수전은 이렇게 말했다. "나는 그가 할 수 있는 최선을 다했다고 느껴요. 아시다시피 그는 몽상가였어요. '그렇게 생각하지 마. 잘 지나갈 거야.'라고 말했었죠. 저는 현실주의자였고요." 그녀는 그 세트를 다시 한 후, 자신의 자기비난과 불일치하는 키스의 자주성을 그녀가 분명히 알고 있음을 또렷이 말했다(3단계, 즉 회기 초반의 병치경험을 또 반복했고, 이로 인해 이제 TRP의 변형절차가 마무리되었다.).

그녀의 마지막 말에 집중한 세트 후, 그녀는 말했다. "나 스스로 나를 여전히 신뢰할 수 있는 것은 뭘까요?" 무슨 의미인지 물으니, 그녀는 설명했다. "나는 내가 생각했던 사람이 아니에요. 나는 어떤 일을 처리하거나 해낼 정도로 아주 능숙한 사람이 아니에요. 그게 본래의 나예요. 이제 나는 어떤 사람이죠?" 수전은 이제 그날 밤 키스가 스스로 어떻게 행동할지를 선택했다는 것을 깨닫고 이로 인한 영향이나 파급효과에 대해 고심하고 있었다. 그의 선택임을 인식함으로써 이제 수전은 자신의 능력이 어떤 일에 영향을 미치는 (실존적) 한계를 수용하게 되었다. 수전은 자신이 바라는 최선의 상황으로 바꿀 수 있을 만큼 무한한 능력을 지녔다고 생각하고 있었는데, 이 새로운 지식은 자신에 대한 오랜 모델을 바로 반박하고 부정하였다(이것은 그녀의 학습된 개인적 정체성 모델과 관련된 TRP의 B, 1, 2단계다.). '나는 내가 생각했던 사람이 아니에요……. 이제 나는 어떤 사람이죠?'라는 수전의 말은 그녀의 정체성 구인에 변형적 변화가 일어났다는 표식(V단계)이며, 그녀의 자신에 대한 의식이 새롭게 성장하기 시작했다는 신호였다.

이 회기의 마지막 세트는 '이제 나는 어떤 사람이죠?'라는 그녀의 질문에 집중하면서 시작되었다. 그 세트 이후, 수전은 그녀의 고통이 사라졌다고 평가했다. 또한 심리치료자가 수전에게 원래 분명했고 바랐던 긍정적 인식의 정서적 진실을 평정해 보라고 했을 때, 수전은 "나는 내가 할 수 있는 한 최선을 다했어요."라고 말하며 '완벽한 진실'에 해당하는 가장 높은 점수를 주었다.

수전은 3일 후에 5회기이자 마지막 회기로 30여 분간의 추수상담을 하러 왔다. 그녀는 기분이 좋았으며 증상이 거의 다 사라졌다고 말했다. 그녀는 말했다. "내 몸에 일어났던 증상들이 더 이상 일어나지 않아요. 직장에서도 두 사람 몫의 일을 하고, 어떤 일들은 가볍게 넘겨 버리기도 해요." 강한 촉발제였던 이전의 정서적 · 신체적 반응이 사라진 것은 성공적 변화를 입증하는 명확한 표식이었다(TRP V단계).

그녀는 지난 회기 이후 가벼운 공황발작을 일으켰다. 그러나 이 경험 자체가 바로 변화과정(TRP)에 반영되었다. 왜냐하면 그 발작이 '물론, 가게 안에서' 일어났기 때문이다. 그리고 수전은 자기 직장의 어떤 부분처럼 백화점이 그녀에게 토네이도 외상을 강하게 상기시킨다는 것을 깨달았다. 물건들이 가득 쌓여 있는 머리 위의 높은 선반(그녀의 지하실 벽이 그랬던 것처럼), 쇼핑하는 사람들의 일상적인 대화와 장내 방송(토네이도 바람이 그녀의 집을 휘몰아칠 때 주변의 굉음처럼), 그녀 주변에서 일어나고 있는 많은 시각적 혼란 등이 그러했다. 이러한 특징들이 과거의 시련을 떠올리게 한다는 것을 수전이 깨달은 것은 단순한 인지적 통찰이 아니라 그 자체로 생생하게 느껴지는 경험이었다. 그래서 이러한 깨달음은 본질적으로 5장에 설명된 '내 기억 속에 들어가기' 작업과 본질적으로 동일하며, 병치경험과 동일한 해방효과를 갖는다(〈표 5-1〉 참조). 심리치료자에게 수전이 한 말은 해방효과를 나타낸다. "나는 여전히 그렇게 큰 상점을 좋아하지 않아요. 하지만 나는 내가 그것들을 좋아하지 않아도 괜찮다고 생각해요. 물론, 그것으로 인해 공황발작을 겪지는 않아요." 크고 혼잡한 상점에 다양한 상기요소들이 존재한다 해도 수전은 이제 더 이상 공황 상태에 빠지지 않는다(V단계).

수전의 상담에서 나타난 바와 같이, EMDR 치료의 전형적인 과정은 비선형적이다. 어떤 시점에서 다음에 어떤 문제가 일어날지 예측 불가능하다. 또한 외견상 예상하지 못했던 비연속적인 변화나 무관한 문제가 눈에 띄게 자주 나타날 수 있다. 따라서 수전의 문제가 어떻게 전개되었는지를 검토해 보면 꽤 유용할 것이다.

EMDR에서 내담자의 문제가 드러나는 과정을 통해 문제의 상대적인 정서적 강도나 긴급성뿐만 아니라 그 문제가 어떻게 암묵기억에 쌓여 있는지가 밝혀진다. 우리가 이처럼 즉각적이고 직관적인 원칙을 사용한다면, 우리는 가장 먼저 나타난 수전의 자기비난 구인이 어떤 의미에서 다음에 나타날 강렬한 슬픔 '앞에' 온다고 추론할 것이다. 그녀의 대가족 구성원들이 연민 어린 관심을 너무 빨리 철회했다는 것을 알고 자기비난이 생겼고, 그녀는 그들에게 버려졌다고 느꼈다. 이어서 보험금 수혜를 받은 것에 대한 자신의 죄책감을 의식하고, 마침내 그녀는 자기 남편이 스스로의 운명을 선택한 것이며, 이는 그녀의 영향력을 벗어나는 일이라는 사실을 깨닫고 정체성 변화를 느꼈다. 양측자극 작업에 의해 촉진된 수전의 마음과 뇌는 문제의 의미와 감정을 다섯 가지 별도 영역(자기비난, 슬픔, 버려짐, 죄책감, 정체성)으로 '풀어냈다'.

안구운동 작업 동안 수전이 호소하는 공황발작 증상과 분명히 관련된 것이 드러나지 않았다는 사실에 주목할 만하다. 외상 사건에 직접 집중하였음에도 불구하고 공포를 유발하는 사건이나 장면을 전혀 인식할 수 없었다. 사실, 짧은 마지막 추수회기에서 그녀는 3일 전의 마지막 안구운동 회기 후에 가벼운 공황발작이 있었음을 보고했다. 이는 안구운동 작업이 아직 공황발작을 완전히 제거하지 않았음을 의미한다. 그러나 수전은 그 공황발작에서 처음(4년 이상의 공황발작 후에)으로 그녀의 공포를 촉발시키는 환경적 인지 요소는 현재가 아닌 과거의 시련을 상기시키는 요소에 불과함을 경험적으로 깨달았다. 그리고 이런 인식으로 공황발작을 촉발하는 연결고리를 풀어서 분리시켰다. 분명히 공황발작에서 이렇게 해방된 것은 안구운동이 가져온 다섯 영역의 강력한 변화에 의해 가능해졌다. 그런데 정확히 어떻게 가능해진 것일까?

　정서적 일관성 원리는 정서 뇌의 일관성에 의지하여, 다음과 같은 질문을 던짐으로써 우리의 답을 이끌어 낸다. 수전이 자기비난, 애도받지 못한 슬픔, 비참하게 버려짐, 수혜로 인한 죄책감, 통제할 수 있다는 정체성에서 벗어난 후에 자신의 공황발작을 멈춘 것은 얼마나 깊은 정서적 일관성이 있는가?

　각 주제는 수전에게 토네이도 경험을 정서적으로 영원히 현 상태로 유지시켰다. 토네이도에서 키스를 구하지 못한 자신을 비난하고 자신을 나쁜 사람이라 여겼기 때문에 수전은 자신이 그 참사로부터 자유로워지는 것을 견딜 수 없었다. 수전은 강한 슬픔이 차단되어 느끼지 못했기 때문에 토네이도로 키스를 잃었다는 것을 수용할 수 없었다. 그리고 수전은 여전히 그를 지하실로 데려와 구할 수 있을 것처럼, 아직도 정서적으로 그 사건의 한복판에 있었다. 게다가 사건을 다 통제할 수 있다는 그녀의 정체성에 매달려 수전은 이렇게 어정쩡한 상태에 있었다. 집 보험금에 대한 죄책감과 마찬가지로, 엄청난 상실 속에서 가족에게 버림받았다는 느낌은 그 자체로 사건의 종결을 막아 버렸다. 각 영역을 인식하고 정서적으로 처리한 후에 수전은 토네이도로부터의 정서적 해방이 가능해졌다. 그로 인해 그녀는 그 후 바로 일어난 공황발작을 이용해 토네이도는 과거의 일이지 현재의 일이 아님을 인식할 수 있었다.

　그러한 주요 역동은 EMDR에서 마음속으로 복잡한 비선형적 처리를 하는 동안 암묵적으로 남아 있는 경우가 있다. 그러나 뇌와 마음을 정서적 일관성의 관점으로 생각해 보면, 초기에 헷갈리던 내담자의 경험이 보다 명확해질 수 있다. 우리가 발견한 바로는, 사례 개념화가 종종 정서적 일관성 원리를 적용하는 데 큰 도움이 된다. 예를 들어, 우리의 임상경험에서는 수전의 경우처럼 부정적 사건에 대한 내담자의 자기비난은 항상 사건을 다 통제할 수 있다는 개인의 정체성, 역할, 불안관리 전략을 유지하기 위해(무의식적이지만) 일관적으로 필요한 것으로 나타났다. 또한 많은 비난, 비판, 경멸 또는 혐오를 보이는 양육자와의 애착을 유지하기 위해서도 자기비난이 나타난다.

TRP와 관련하여 EMDR을 일반화하기 위해, 우리는 TRP의 단계가 EMDR에서는 일반적으로 A-(C)-B-1-2-3-V단계로 수행된다는 데 주목하였다. (C)는 내담자가 바라는 긍정적 인식을 확인하는 것으로, 2단계에 나타나는 실제의 모순된 내용일 수도 있고 아닐 수도 있다.

대인관계 신경생물학(IPNB)

심리치료자이자 소아정신과 의사인 Daniel Siegel이 창시한 대인관계 신경생물학(Interpersonal Neurobiology: IPNB)에 의한 심리치료의 주요 목적은 영아기나 아동기의 애착경험 문제로 인한 암묵적 정서기억으로부터의 해방이다. IPNB에서 중요한 것은 개인의 특정 정신 모델이 증상을 유발하는 암묵기억의 주요 부분이며, 초기부터 애착관계가 뇌 조직과 통합을 상당히 손상시킬 수 있다는 인식이다. IPNB의 임상적 시사점은 강한 영향력(현재 상담자-내담자 관계에서 양자관계 경험)을 통해 원래의 해로운 애착경험으로 인한 부정적 영향을 없앨 회복적 애착경험을 형성하는 것이다. IPNB에서 치료과정의 주요 특징으로는 네 가지를 들 수 있다. 첫째는 내담자가 심리치료자의 민감한 정서 조율과 동반의식을 느끼는 경험이고, 둘째는 암묵적 정서 지식과 반응을 담당함에도 불구하고 간과된 우뇌와 피질하부의 활동에 심리치료

자가 관심을 갖고 이를 언어화하도록 안내하는 것이다. 셋째는 현재의 촉발
제가 어떻게 과거의 경험과 닮았는지를 확인하도록 안내하는 것이고, 넷째
는 과거에 겪었던 것을 통합적으로 인식함으로써 과거를 현재 상황에 투사
하지 않는 것이다.

Siegel은 암묵기억 내용을 명시적이고 직접적인 정서경험으로 인출하도록
강조함으로써 임상 분야에 상당히 기여해 왔다(Siegel, 1999, 2006). 그는 정서
적 · 신경학적 통합의 관점에서 암묵기억을 명시적으로 재구성할 때의 효과
를 기술하고, 치료자들이 의도적으로 몇 가지 독특한 기능적 영역을 개발하
여 치료적 변화를 가져올 수 있도록 이들 영역을 통합할 계획을 세웠다. 또
한 Siegel은 내담자가 증상을 병리적으로 바라보지 않도록 뇌기능에 대해 가
르치는 방식을 도입함으로써, 많은 내담자가 자신의 증상을 수치스럽거나
부끄럽게 느끼지 않고 치료에 대한 희망과 동기도 촉진되었다.

부부-가족 치료자인 Bonnie Badenoch의 사례를 담은 〈표 6-1〉은 IPNB
를 설명하면서, TRP가 IPNB의 방법론 안에서 어떻게 실행되는지를 보여 준
다. Badenoch의 임상적 설명은 매우 간명해서 여기에 그대로 실었으며, 우
리는 그 옆에 해당 TRP 단계와 핵심 논평을 제시하였다. 이렇게 함으로써 이
론적 편견에서 벗어나 어떤 심리치료 체계든 그 작동기제를 밝히고 논의하
는 메타체제로서 TRP의 활용을 잘 보여 준다. IPNB의 개념과 방법에 대한
Badenoch나 Siegel의 해석에 관심이 있으면 직접 그들의 글을 읽어 보기 바
란다.

이 사례에서 보여 주는 것처럼, IPNB는 대개 TRP를 A-B-C-1-2-3-V의
순서로 실행한다.

〈표 6-1〉 IPNB 사례

원문	TRP
세리즈는 정서적 친밀감이 강해지기 시작하면 가까운 관계였던 모든 사람과 관계를 끝내 버리기[1] 때문에 상담실에 왔다.	[1] A단계, 증상 확인: 내담자는 정서적 친밀감이 깊어지면 관계를 끝낸다.
우리는 그녀가 어머니로부터 압박을 느껴 왔던 어린 시절의 많은 기억을 철저히 다루었다. 그러나 이 작업은 그녀의 관계불안에 큰 변화를 가져오지 못했다[2]. 우리는 그녀가 지속적인 두려움의 근원으로 나아가도록 그녀의 속마음을 물어보기[3] 시작했다. 거의 즉각적으로 그녀는 서로 외면한 채 발레를 추는 그녀 내면의 '부모'의 이미지를 보고 뒤로 물러서고 싶은 행동적 충동을 느꼈다[4]. 우리는 내면의 두 댄서에 주의를 집중하기 시작했다. 우리가 그녀 내면의 '아이'를 다룰 때와 마찬가지로, 우리는 어떤 것이 상처를 주고 겁을 주었는지를 내면의 '부모'에게 물어보았다[5].	[2] B단계의 첫 번째 시도인 인출이 이루어 졌으며, 증상을 유발할 것 같은 초기 정서 학습을 다루었으나, 그렇지는 않은 것으로 확인되었다. [3] B단계는 근원적인 정서 일관성을 가정하고 관련 내용의 지표를 암묵체계에 명시적으로 주의 깊게 조용히 요청함으로써 더 깊이 탐색한다. [4] 내용인출이 시작된다: 내담자는 서로 외면하는 그녀 내면의 '부모'의 이미지에 대한 반응으로 증상(떠나는)을 느끼기 시작했다. 증상을 유발하는 정서학습을 일으키는 '원자료'의 일부가 드러났다.
내면세계에 대한 안내를 다시 요청하자, 그녀는 그녀의 아버지부터 시작하기로 했다. 그의 내면에서 무슨 일이 일어났는지에 대한 그녀의 질문 후에 수용적으로 대기하던 세리즈는 애인이 관계를 발전시키려고 했을 때와 같은 행동적인 회피충동을 몸으로 느꼈다[6]. 이 순간에 머물러 우리가 그와 함께 있음을 그녀의 아버지에게 알리자, 그녀는 그가 그의 우울한 어머니와의 유대상실을 두려워함[7]을 직관적으로 느끼기 시작했다. 즉, 인지적인 방식이 아닌 본능적인 방식으로 경험한 것이다. 우리는 이해, 위안, 지속적인 유대를 제공했다. 이것은 그의 어린 시절에 없었던 중요한 핵심 요소이자 불일치 경험이기도 하다[8]. 그녀의 몸에서 그녀는 그의 정서적 긴장이 해소되는 것을 느낄 수 있었다[9]. 우리가 제공하는 새로운 관계경험 덕분에 고통에 갇힌 뇌회로가 열렸기 때문이다.	[5] 똑같이 단순한 질문기법을 이용하여 발견작업을 계속하였다. 역시 정서 일관성을 가정하고 그 질문을 한다는 사실에 주목하라. [6] 반복해서 암묵기억을 명시적 지식으로 인식하자, 그녀의 아버지가 내담자의 두려운 회피학습의 근원임이 드러난다. B단계의 발견단계가 잘 진행되고 있다. [7] 아버지에 대한 이미지는 그에 대한 내담자의 암묵적 정서기억이 명시적으로 인식된 표상이다. 불안정 애착으로 내면의 아버지가 겪은 고통에 대한 해결책은 자기방어적 철회전략이었다. 이것으로 이 정서적 스키마의 초기 발견은 거의 마무리되었다. C단계를 바로 마무리하기 위해 스키마의 내용을 이제 충분히 이해한다. 이는 심리치료자가 내면에 있는 아버지의 안정 애착경험을 구성해서, 모순된 지식경험을 유도하는 방법을 확인하는 단계다.
그다음 우리는 그녀 내면의 어머니에게 동일한 작업을 실시하였다. 그러나 세리즈는 이 상처가 너	

복잡하게 얼룩져 있음을 경험했다. 그녀가 아버지와 경험했던 만큼의 편안함을 내면의 어머니가 느끼려면 많은 내면의 경험이 필요했다[10]. 시간이 오래 걸리기는 했지만, 우리는 이 내면의 과정이 아주 좋은 방향으로 전개되고 있음을 알 수 있었다. 때때로 특정의 내면상태를 유지시키는 뒤얽힌 암묵기억들로 인해 우리는 심층으로 들어갈 때 계속 제자리를 맴돌게 된다. 안전과 배려 속에서, 친절하고 다정하게 고통스러운 경험이 드러날 수 있는 분위기를 유지할 때 치유가 빨리 일어날 것이다. 겉으로는 느리게 치료되는 것처럼 보일지라도 말이다.

우리가 그녀의 어머니와 작업할 때, 우리는 그녀의 내면에 있는 아버지가 우리와 그의 아내 사이의 과정을 지켜보고 있음에 주목했다. 뒷걸음치는 대신, 그는 호기심을 보이는 듯했고, 그녀 행동의 근원에 있는 상처의 특성을 이해하려는 것 같았다[11]. 그녀의 어머니에게 평화가 찾아오자, 그녀의 부모는 심적으로 더 긴밀한 관계를 형성할 수 있었다. 그들이 서로 외면하는 암묵적 댄스는 끝났다. …… 이러한 해결경험 회기를 마친 후에, 세리즈는 원래 이와 동일한 정서회피를 보였던 다른 기억 속의 부모를 만나도 전보다 그들을 부드럽게 대하고 서로 여유가 있었다[12]. 그것은 마치 그들 주변에 존재했던 고통과 두려움이 치료를 통해 갑자기 누그러진 것처럼 보였다. 그녀의 내면에 있는 부모의 회피에 대한 해결책은 세리즈의 외부생활 변화의 열쇠인 것으로 판명되었다. 일단 내면의 부모가 서로 공감하고 연결되자, 친밀한 관계에 대한 그녀의 두려움은 먼 기억이 되었다. 그녀는 물러나려는 행동적 충동을 잠깐 경험할 뿐, 더 이상 상담이 필요하지 않았다[13].

[8] 심리치료자는 안정 애착 메시지를 내면의 아버지에게 전달하기 위해 상상 속 상호작용 기법으로 매끄럽게 진행하였다. TRP의 1-2-3단계가 다음과 같은 방식으로 자연스럽게 진행되었다. 즉, 버림받을 수 있다는 재활성화된 불안정기대를 현재의 상호작용에서 안정 애착과 병치시키는 경험을 반복하였다.

[9] 내면에 있는 아버지의 긴장감 해소를 내담자가 신체적으로 경험한 것은 그녀가 그의 정서적 상태에 공감적이고 간접적으로 참여했음을 나타낸다. 이 초기의 이완은 아주 오랫동안 충족되지 않았던 애착욕구가 갑자기 충족되었을 때의 자연스러운 표현이다. 그래서 이 이완은 꼭 변형적 변화의 증거라기보다 일시적 반응일 수도 있다. 그러나 증거들이 이후에도 나타났다.

[10] 학습된 암묵적 문제가 점점 더 복잡해짐에 따라, 심리치료자는 내면의 아버지에게 했던 방식으로 내면의 어머니를 지속적으로 안내하는 작업, 즉 B, C, 1, 2, 3단계를 수행했다.

[11] 내면에 있는 아버지의 이전 문제인 소심한 철회와 같은 정서반응은 이전과 달리 더 이상 일어나지 않았다. 이는 변형적 변화의 증거다. 그러므로 이는 TRP가 성공적으로 수행되었음을 확인하는 부분이다(V단계).

[12] 이는 앞과 유사하게 추가적인 변형적 변화의 표식이다(V단계).

[13] 이것은 변형적 변화의 가장 중요한 표식이다. 이전에는 증상이 유발되었던 실제 상황에서도 내담자가 행동적·정서적으로 증상에서 벗어난다(완전한 형태의 V단계).

출처: Badenoch (2011), pp. 73-74.

TRP를 통한 심리치료 통합의 미래

우리는 이 장에서 몇 가지 집중적인 심층적 심리치료의 대표 사례들을 검토하였고, 〈표 6-2〉에 제시된 바와 같이 준비단계인 A-B-C의 순서가 독특하게 바뀐 일부 사례에서도 TRP 단계가 존재함을 보여 주었다. 각 치료 형태에서 TRP의 1-2-3단계인 변형절차의 존재는 이 책의 핵심 메시지를 지지한다. 즉, 표적학습이 재활성화되어 유지되는 동안 개인이 모순된 지식을 생생하게 경험할 때, 정서 뇌의 기억 네트워크에서 문제의 학습을 열어 변형적인 탈학습이 일어난다. 이와 같은 방식으로 평생 문제를 일으키는 무의식적인 주요 정서기억이 아주 빠른 시간에 완전히 제거될 수 있다.

이 장의 사례에 나타난 TRP 안내도는 〈표 1-1〉에 제시된 다른 심리치료 체계에도 적용될 수 있다. 이들 치료에서 TRP의 1-2-3단계를 발견한 것은 심리치료의 통합을 위한 TRP의 가치를 확인하는 데 매우 중요하다. 또한 이는 1-2-3단계로 규정된 경험이 심층적인 지속적 변화를 가져오는 심리치료들이 공유하는 변형 특수요인이라는 가설도 확인해 준다. 다시 말해, 우리는 그 어떤 심리치료라도 TRP의 1-2-3단계에 의한 경험절차가 성공적으로 일어난다면 심층적인 지속적 변화가 이루어질 것이라고 예측할 수 있다. 이는 심리치료자가 암묵적이든 명시적이든 이 단계가 실행되었음을 인식하는지 여부와 무관하다.

예를 들면, 정서중심치료, 안구운동 둔감화·재처리법, 내면 가족체계치료, 자아심리학, 일관성치료 등의 선도적인 전문가들이 다양한 치료에서 어떻게 TRP의 각 단계가 실행되는지를 논의하는 토론회를 한다고 상상해 보자. TRP는 그 자체로 어떤 한 가지 치료체계도 아니고 그에 속할 수도 없다. 토론자들이 TRP를 사용함으로써 경험적 근거를 바탕으로 공유하는 참조체계와 어휘가 만들어져, 전문가들은 서로 의미 있게 각 접근의 방식을 논의하고 다른 임상체계를 따르는 전문가와도 소통할 수 있게 되었다. 구체적으

〈표 6-2〉 심층적인 지속적 변화를 유도하는 다섯 가지 심리치료 사례에서 확인된 TRP 단계

심리치료	전형적인 TRP 단계
가속-경험적 역동심리치료	C-1-2-B-3-V(과정 전체에서 A는 내내 간헐적으로)
일관성치료	A-B-C-1-2-3-V
정서중심치료	A-B-C-1-2-3-V
안구운동 둔감화 · 재처리법	A-(C)-B-1-2-3-V
대인관계 신경생물학	A-B-C-1-2-3-V

로 그 시나리오는 우리가 TRP를 통해 예상하는 심리치료 통합 패러다임이다. TRP를 이렇게 활용할 경우에 심리치료 실제와 연구에 보편적 언어를 제공할 것이다. 또한 통합적인 체계를 통해 변형적 변화에 이르는 상이한 접근들을 의미 있게 비교할 수 있어 메타심리학적 · 방법론적 공통 기반이 밝혀질 것이다. 실제로 암묵적 정서학습의 변형적 변화를 위한 뇌 규칙을 확실히 체계화하려면 반드시 우리가 여기에 기술한 통합적 특성을 지녀야 한다. [물론 우리가 2장과 이 장의 앞부분에서 논의한 바와 같이, 심리치료 분야는 적어도 변형적 변화와 반작용적 변화라는 두 분야로 구성되어 있다. 정서 조절의 신경과학을 바탕으로 반작용적 치료를 통합하는 체계에 관심이 있는 독자들은 Toomey와 Ecker(2009)를 참고하기 바란다.]

공통요인, 특수요인 그리고 심리치료 과정 연구

TRP의 단계를 완전히 변형 특수요인으로 간주할 수 있다는 주장은 "이처럼 새롭게 등장한 요인은 이미 잘 알려진 일반적 공통요인 및 '공통요인이론'과 어떤 관계가 있는가?"라는 의문을 제기한다. 75년 이상의 심리치료 연구 결과에 바탕을 둔 지배적인 관점에 따르면, 심리치료의 결과로 나타난 긍정적 변화는 거의 전적으로 내담자의 특성이나 내담자-치료자 관계 때문이라는 것이었다. 그리고 오히려 심리치료자가 채택한 특정 방법, 과정, 이론과

같은 특수요인의 영향은 미미하다는 것이었다(Duncan, Miller, Wampold, & Hubble, 2009; Wampold, 2001). 여기에서는 그 가능성을 지지하는 심리치료 과정 연구와 함께 일련의 변형 특수요인으로 간주되는 TRP가 공통요인이론에 의미하는 바를 귀납적으로 제시할 것이다.

일관성치료를 실행하는 과정에서 특수요인에 관한 아주 흥미롭고 의미 있는 모습이 규칙적으로 관찰된다. 즉, 3장의 리처드, 4장의 테드, 5장의 레지나의 사례에서처럼, 내담자의 증상을 유발하는 정서적 스키마를 직접 인식하고 나서 불일치한 병치경험으로 나아가기 전에 증상 친화적 스키마는 여전히 회기와 회기 사이에 강력한 영향을 주며 내담자를 구속한다. 심리치료자가 여러 회기에서 공감, 정서적 안정, 좋은 작업동맹, 기타 일반적 공통요인들을 능숙하게 활용할지라도, 스키마를 암묵기억에서 명시적인 정서경험으로 인식했을 때 증상이 꼭 감소되거나 제거되지 않는다. 결국 모순된 지식이 발견되고 심리치료자가 병치경험을 성공적으로 유도할 때(변형절차인 1-2-3단계가 실행될 때)에야 비로소 증상 친화적 스키마가 갑자기 확실히 사라질 수 있다. 그다음에야 내담자는 관련된 증상이 나타나지 않았다고 보고한다(인출 직후에 스키마가 정서적 힘을 잃은 사례에서는 추가 회기가 없이도 4장에 나왔던 샬럿처럼 뇌의 부조화 탐지활동으로 인해 병치경험이 일어나는 것으로 나타났다.).

이러한 관찰 외에, 5장에서는 내담자-심리치료자 관계가 애착 작업에서도 변화과정에 광범위한 역할을 할 수 있는 것으로 나타났다. 즉, 일반적 공통요인인 관계의 질이 촉진적인 역할을 해서 공감이나 애착과 무관한 주요 영역에서 요구되는 경험적 작업을 가능케 할 수 있다. 혹은 어떤 사례에서는 심리치료자의 공감이 그 자체로 문제의 기존 학습과 불일치하여 이를 제거하는 새로운 학습경험의 역할을 하기도 한다.

종합해 보면, 이들 임상관찰에서 일반적 공통요인은 대개 전반적인 TRP의 촉진제로서 필수적이지만(그 과정의 핵심에 매우 중요한 역할을 하기도 함), TRP와 달리 그 자체가 본래 정서적 스키마를 제거하는 능력이 없음을 시사한다. 뇌 자체의 요건에 의하면, 기존에 습득된 반응을 변형적으로 바꾸는 근본적인 요건은 TRP의 변형절차다. 다시 말해, 변형절차는 임상 연구자들이 '특수 치료효과'로 일컫는 요인을 상당 수준 지니고 있다. 이는 내담자-심리치료자의 관계요인이 아니라, 주로 재공고화를 통한 기억의 재부호화라는 명확한 변화기제를 구성하는 특수절차(1-2-3단계)에 의해 증상이 제거됨을 의미한다[재공고화를 통한 기억 제거에 비추어 공통요인이론을 논의하는 데 관심이 있으면 Ecker와 Toomey(2008)를 참고하기 바란다.].

공통요인이론은 효과성 측정 역사를 통해 일반화되었으며, 변화를 위한 특정 절차와 기제가 유의미한 특수 치료효과를 가져올 수 없다고 주장한다. 이 관점은 변형절차가 유의미한 특수 치료효과가 있다는 우리의 제안을 기정사실로 보기가 다소 무리라는 치료자와 연구자들 사이에 널리 수용되고 있다. 그럼에도 불구하고 우리는 신경과학자들의 엄격한 변형절차 연구와 광범위한 임상관찰을 바탕으로, 우리가 변형절차라 부르는 일련의 경험이 오래된 문제를 타개할 돌파구로 진지하게 고려할 가치가 있다고 제안한다.

공통요인이론에 대한 비판자들 중 일부는 그 이론이 심리치료 결과 연구의 주요 형태인 무선통제 연구의 산물로 등장했다고 주장한다. 무선통제 연구에서는 각 사례들로 구성된 대집단의 성과를 통계적으로 비교한다. 따라서 무선통제 연구에서는 예외적으로 효과적이거나 변형적 변화가 일어나는 '이상치'나 개별 사례는 통계적 평균에 묻혀 그런 결과와 관련된 특수요인을 자세히 연구하지 않는다.

그러나 개별 사례를 검토하는 심리치료 과정 연구에서는 특수요인을 확인한다. 많은 과정 연구에서는 결정적이며 지속적인 변화성과와 높은 상관관계가 있는 특수요인이 존재하는 것으로 나타났으며, 이는 공통요인이론의 주요 예측과 대조된다. 예를 들어, McCarthy(2009)는 공통요인이 아닌 특수요인이 행동치료와 정신역동치료의 연구결과를 예측한다는 사실을 발견했다. 또한 정신역동치료에서 최고의 결과는 내담자가 억제하고 회피하는 정서경험을 촉진하기 위해 과정-경험적 방법을 활용하는 특수요인과 상관이 있는 것으로 나타났다. 개인치료 및 집단치료에 대한 연구에서, Oei와 Shuttlewood(1996, 1997)는 특수요인이 공통요인보다 증상 감소와 더 높은 상관이 있음을 발견했다. Weinberger(1995)의 메타분석에서 가장 널리 강조되는 공통요인 중 하나인 치료적 동맹은 성과변량의 불과 11%를 설명하는 반면, 40%는 내담자가 회피해 왔던 것에 직면하도록 유도하는 특수요인 덕분인 것으로 나타났다.

이전에 차단된 풍부한 정서경험과 이 경험을 통해 나타난 정서적 의미에 대한 의식적 반성을 결합하도록 촉진하는 것이 성공적인 치료적 변화에 매우 중요한 특수요인으로 보인다(의식하지 못했던 것을 의식하도록 주의를 이끄는 것은 일반적 공통요인에 내재되지 않은 특수과정이다.). 많은 연구가 이 요인의 치료효과를 증명하고 있다(Baikie & Wilhelm, 2005; Elliott, Greenberg, & Lietaer, 2003; Gendlin, 1966; Greenberg, Warwar, & Malcolm, 2008; Missirlian, Toukmanian, Warwar, & Greenberg, 2005; Pennebaker, 1997). 이 요인은 정서학습을 암묵기억에서 명시적 경험으로 인출해야 하고(B단계), 변형절차를 시작하기 위해 경험을 재활성화해야 하는(1단계) TRP에 집중적으로 포함되어 있다. TRP는 당연히 '경험적으로 지지되는 변화 원리' 체계에 적합할 것이다 (Rosen & Davidson, 2003).

결론: 정서 뇌 열기

이 책의 1부에서는 뇌와 행동에 대한 임상경험과 실험연구에서 얻은 핵심 지식, 즉 우리 인간은 매우 일관적인 적응적 존재임을 안내하였다. 우리의 일관성은 잘 짜인 의식적 이야기를 넘어 무의식적인 정서학습 세계에 이르기까지 깊이 확장된다. 이런 지식은 정서 일관성 체계라는 광범위한 패러다임의 기초가 되며, 이로 인해 임상가인 우리는 증상을 부적응적이거나 비합리적인 장애와 병으로 바라보는 심리치료 분야의 전통적 관점을 벗어나게 된다. 우리는 그러한 관점 대신, 의식적인 활동 못지않게 무의식적인 활동으로 마음에 스며든 일관된 지식과 복잡한 적응적 반응을 인식하고 존중하게 되었다. 이처럼 확장된 관점으로 우리의 본성을 바라볼 때, TRP는 새로운 경험이 어떻게 암묵적이고 일관된 심층학습과 상호작용해서 탈학습이 일어나는지를 설명한다. 실행하는 구체적인 방법이 무엇이든, TRP는 정서 뇌를 열고 심리치료 실제에서 새로운 수준의 효과와 만족도를 선사하는 소중한 열쇠인 듯하다.

2부에서는 수년 동안 이 접근을 연구·적용하여 이런 치료적 열쇠를 활용하는 자기 나름의 방식을 개발한 동료들이 수행한 멋진 일관성 중심 TRP 작업을 독자들이 맛볼 수 있는 장을 제공하려 한다.

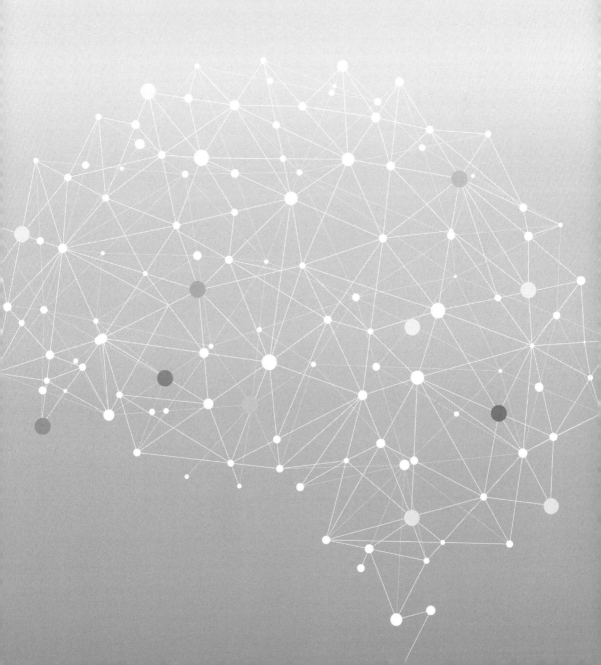

제2부

임상에서의 일관성치료

제7장   아버지의 괴로운 죄책감
해결

Paul Sibson[1]

갈색 머리에 건장하고 다부진 체격인 40세의 존을 처음 만났을 때 그는 아
주 긴장되어 있었다. 첫 만남에서 그는 의자에 뻣뻣이 앉아 땀에 젖은 몸에
서 옷을 자꾸 잡아당기며 깊은 갈등에 빠져 있는 전형적인 모습을 보였다.

1회기

존은 7년 전 딸이 뇌수막염으로 다리를 잃은 것에 대한 깊은 죄책감 위주
로 자신의 증상을 설명했다. 뇌수막염으로 생긴 혈전이 한쪽 다리로 가는 혈
액 공급을 차단하여 무릎 아래가 괴사되었기 때문에 딸은 다리를 절단하게

1) 상담과 심리치료 학위를 소지하고 영국 선더랜드에서 상담실을 운영 중이며, 영국상담 ·
심리치료협회(British Association for Counseling & Psychotherapy: BACP)와 영국심리치
료협의회(UK Council for Psychotherapy: UKCP)에서 인증받은 심리치료자임

되었다. 존은 알아차리기 어려운 징후들을 미리 파악하지 못한 자신을 탓하고 있었다. 그는 우울증과 불면증을 보였으며, 부인, 아들, 직장 동료, 친구들이 말을 걸면 공격성이 폭발하였다. 그리하여 존은 사람들에게서 점점 고립되기 시작했다. 존은 "난 그저 그들과 이야기하고 싶지 않을 뿐이에요."라고 말했다. 존은 달리기나 골프와 같이 사람들과 어울리던 활동도 줄여 나갔다.

우리는 우선 만연된 죄책감에 초점을 두기로 하였다.

2회기

존이 죄책감으로 인한 행동, 기분 및 사고에 대해 생생하게 설명을 잘해 주었기 때문에 두 번째 회기 초반에 나는 그의 증상 박탈을 위해 발견전략을 도입하기로 하였다. 나는 존에게 죄책감이 없는 상태뿐만 아니라 위축된 스포츠 활동, 사회활동, 직장생활에서 벗어나는 '상상'을 해 보자고 말했다. 그러자마자 그는 강력한 증상 친화 상태가 되어 격렬하게 말했다. "내 딸의 삶은 멈춰 버렸어요. 그래서 내 삶도 그래야 마땅해요!" 그런데 사실 그의 딸은 이미 몇 년 전부터 삶을 아주 잘 살아가고 있었다.

이런 책임감에 초점을 둔 추가적인 발견 작업을 통해 다른 사람들이 잘 살아가는 존을 보면 그들이 지금 존을 판단하는 것보다 훨씬 더 몹쓸 가혹한 사람으로 판단할 것이라는 생각이 존의 마음속에 존재하는 것으로 드러났다. 또한 존 스스로도 그들의 생각에 동의한다고 생각했다. '아무짝에도 쓸모없는 사람' '욕 먹어도 싼 인간' '최악의 아버지' '망신덩어리'와 같이 말이다. 그후에 난 존에게 가장 그렇게 평가할 동료와 가족을 상상하고, 그들에게 존의 정서적 진실을 명시적으로 진술해 보라고 요청했다. "나는 당신들의 생각에 모두 동의합니다. 앤에게 생긴 일은 나 때문이고, 나는 내 삶을 살아갈 자격이 없습니다." 존은 이러한 감정이 진짜처럼 느껴지며, 그의 상상 속에서 사람들이 모두 고개를 끄덕이고 그의 과오에 조용히 동의했다고 말했다.

내가 존에게 이렇게 명시적 진술을 하도록 유도한 것은 이러한 암묵적 의미와 의도를 그의 의식 영역으로 통합시키기 위해서였다. 나는 존의 잔인한 자기비난을 알아차렸고 어쨌든 잘 살아간다는 생각은 그의 자기혐오를 강화할 뿐임을 알았다. 회기 말미에 나는 다음 회기까지 우리가 인식했던 사항, 즉 고통스러운 자기비난에 머물려는 존의 의도에 그가 계속 접하도록 두 개의 문장카드를 적었다.

> 앤에 대한 내 죄책감은 매일매일 고통이지만, 자기비난을 멈추면 훨씬 더 힘들 것이다. 내가 그런 실수를 범하고도 잘 살아간다면 '욕먹어도 싸'고, 나는 '망신덩어리'가 될 것이다.

나는 존에게 매일 카드를 읽으라고 권하며 이번 회기를 마쳤다.

3회기

회기를 시작하면서 존은 매일 카드를 읽었고, 그의 난감한 곤경을 기술한 카드의 문장이 사실임을 계속 느꼈다고 말했다. 그는 카드를 읽으면서 자신이 평생 실수 없이 살았으며, 자신이 성취한 일들에 대해 항상 큰 자부심을 느껴 온 사실이 떠올랐다고 말했다. 그리고 그는 자신이 완벽주의자였다고 말했다. 사실, 문장카드에 정서적 진실을 통합하는 과정에서 존은 지금 자신이 말하고 있는 현상의 다른 측면을 새롭게 인식하였다. 그는 직장에서 자신이 단정하고 시간을 잘 지키며 평생 꼼꼼하고 정확하며 질서정연한 것을 중요시했음을 생생하게 떠올렸다.

이어서 나는 그렇게 큰 잘못을 저질렀다고 느끼면서 사람들과 함께 있는 기분이 어떤지를 물었다. 그는 매우 불편하고 결코 실수를 다시 저지르지 않고 싶다고 이야기했다. 그는 "내가 만약 다시 그렇게 큰 실수를 한다면, 그다음엔 어떻게 되죠?"라고 덧붙였다.

또 실수할까 봐 두려워하는 마음을 분명히 감지한 후, 나는 존에게 그가 가장 두려워했던 구체적인 실수를 생각해 보라고 말했다. 내가 묻자마자 그는 집에 도착한 후에야 중요한 기밀문서를 사무실 책상 위에 둔 사실이 생각날까 봐 항상 두려웠다고 말했다. 증상 박탈을 위해 나는 존에게 좀 더 자세히 그 장면을 상상해 보라고 말했다. 파일은 여전히 책상 위에 있고 그는 이미 집에 왔는데 파일을 문서함에 넣는 것을 잊고 온 것이 생각나는 장면 말이다. 그는 아주 불안한 느낌이 들며, '누가 알아채기 전에 실수를 덮기 위해' 당장 회사로 다시 돌아가고 싶은 충동을 강하게 느낀다고 하였다. 사람들이 알아차리기 전에 실수를 바로잡은 것을 상상하게 하자, 존은 눈에 띄게 편안해졌다.

그 후에 나는 발견 작업의 다음 단계로 존을 유도했다. 회사에서 같은 실수가 일어났는데 이번에는 그가 조치를 취하기 전에 그의 동료들이 다 알아버린 것을 상상해 보게 한 것이다. 다음 날 아침 그가 회사에 도착하기 전에 누군가가 먼저 회사에 출근해 서류가 원래 있어야 할 캐비닛에 있지 않고 존의 책상 위에 있는 것을 발견했다. 다른 동료들도 존의 실수를 듣게 되었고 소문이 퍼져 나갔다. 나는 존에게 다음 날 아침 회사에 도착했을 때 존의 실수를 알게 된 동료들이 존을 쳐다보는 얼굴을 상상해 보라고 하였다.

그는 괴로움으로 얼굴을 찡그리고 고개를 숙인 채 얼굴을 크게 붉히며 그런 일은 상상하기조차 힘들다고 이야기했다. 존은 사람들이 그를 비웃는 느낌이 들고 '창피하고 무능하게' 느낀다고 말했다. 발견 작업의 다음 단계로 나는 존에게 화를 내며 스스로 다른 사람들과 차단하는 것(이제 죄책감의 세계로 들어가는 것)과 실수를 또 들킬까 봐 두려워하는 것이 관계가 있는지를 물었다. 그는 고개를 끄덕이며 '그렇다'고 대답하고, 그것들이 관련됨을 인정하였다. 상상 속 동료와 가족에게 말했던 명시적 진술은 새로 발견한 증상 친화 상태의 진실을 확인하고 통합했다. "죄책감을 느끼고 차단하며 화를 내는 것이 내 실수를 다른 사람이 보는 것보다 낫다. 내 실수를 본다면, 그 사람들은 나를 무능하게 볼 것이고, 그것은 너무 창피스러운 일이다."

'무능한'이라는 단어가 이 문제와 특별한 관련이 있음을 감지한 나는 일관성치료의 일반적 과정에 따라 그 단어가 존에게 개인적으로 특별한 의미가 있는지를 알아보았다. 그로 인해 그의 완벽주의가 더욱 확연히 드러났다. 그에게 '무능함'은 상황을 완벽히 통제하지 못한 것, 즉 상황적 요인이 어떻든 딸을 보호하지 못한 것을 의미했다.

일주일 동안 존이 문장을 볼 수 있도록 회기 간 문장카드에 새로 발견한 증상 친화 상태를 적었으며, 그 내용은 다음과 같다.

> 내가 실수하면 난 가치가 없다. 그리고 당신들은 용서받을 수 없는 실수를 한 나를 이미 보았다. 만약 당신들이 나의 또 다른 실수를 본다면, 당신들은 나를 아예 무능한 사람으로 볼 것이고 난 그것을 참을 수 없다! 난 당신들을 영원히 멀리해서 내 실수를 다시 못 보게 할 것이다.

존은 이 말이 자신에게 딱 맞는 사실이라고 했다. 그는 이제 분노와 고립을 유지시키는 목적과 자신의 사고방식을 접하고 있었다. 이는 일관성치료에서 변화의 서막으로 요구되는 최소한의 인출 수준이다.

존과의 상담회기를 기록하면서 뒤늦게 깨달은 점은, 그의 구인이 죄책감 외에 수치심을 유발하고 있어서 결국 존이 '죄책감'이라고 표현했던 복잡한 정서 조합이 나왔다는 것이다. 우리가 정서를 분리하려 한다면, 존이 그렇게 할 수 있는지 혹은 그게 유용한지를 증명할 수도 있고 못할 수도 있다. 그러나 일관성치료를 실시할 때는 내담자가 자신의 정서를 명명하는 특정 단어보다 내담자가 자신의 정서를 느끼고 그 안에 들어가 정서의 바탕이 되는 자신의 독특한 개인적 구인이나 의미를 인식하도록 유도하는 것이 더 중요하다. 3회기가 끝날 무렵, 우리는 이러한 점에서 좋은 진전이 있었다고 생각했다. 그의 죄책감, 수치심, 분노의 근원에 있는 구인이 그에게 분명해졌다.

4회기

존은 지난 회기 이후에 내면에서 비난의 목소리는 여전히 들리지만 죄책감으로 인한 고통이 줄었다는 말로 상담을 시작하였다. 또한 직장 동료나 가족과 함께 있을 때 화를 덜 낸다고 말했다. 그의 긴장감이 줄어든 것이 확실했다. 3회기의 문장카드에 대한 반응으로 나타난 이러한 변화는 존이 정서적 진실(카드에 언어화된)을 통합하도록 그 카드가 잘 촉진했다는 표시다.

이제 나는 존이 무능하다는 평판을 들을까 봐 두려워하는 것을 그의 '증상'으로 본다. 나는 그가 다시 무능함을 느끼도록 유도했다. 내가 그에게 정말 무능하다고 느꼈던 구체적인 상황을 회상해 보라고 했을 때 그는 걸음마를 배우던 예쁜 딸을 떠올린 다음 그 모습이 한쪽 다리를 절단한 딸의 모습과 어떻게 비교되는지를 설명했다. 그 대조는 존의 무능함을 몹시 부각시켰고, 특히 그가 "그걸 막을 길이 없었어요."라고 말할 때는 더욱 그랬다. 존이 이렇게 고통스러운 무능함에 완전히 빠져 있을 때, 나는 다음의 문장을 완성해 보라고 했다. '내가 앤에게 일어난 일을 막을 수 없었다는 것을 그대로 받아들인다면 _____.'

그는 처음에는 꽤 긍정적으로 대답했다. "제 탓으로 돌리지 않았겠죠." 그리고 "다시 잘 살아갈 수 있었을 거예요." 나는 계속 대답을 요구했고, 그의 세 번째, 네 번째 대답은 "난 아무것도 할 수 없었어요." "모든 게 얼마나 불공평한지 속수무책이에요." 나는 질문을 통해 존의 관심이 이들 의미에 더 집중될 수 있도록 했다. "그렇다면 앤에게 일어난 일을 미리 막기 위해 당신이 할 수 있는 일이 아무것도 없음을 인정하면 어떤가요?" 존은 비통한 눈물이 고인 눈을 감으며 앤은 자기 딸인데 그것은 너무 불공평하다고 말했다. 나는 존이 실제와 유사한 슬픔을 더 깊이 체험하도록 하기 위해 앤의 모습을 상상한 다음, 그가 새로 발견한 정서적 진실을 앤에게 분명히 말하도록 했다. "앤, 난 너에게 일어난 일을 막을 수가 없었어." 즉시, 존은 슬픔에 더 빠져들기를 거부했으며, 그 일이 일어나는 것을 막을 방법이 분명히 있었을 것이라는 생각으로 돌아왔다. 그리고 그는 다시 자신을 비난했다.

굉장히 경쟁적이고 완벽주의자였던 사람(실수 없이 모든 것을 통제할 수 있는 자신에 대해 자부심을 가진)의 경우에는 자신을 비난하고 무능하게 볼 때 겪는 고통을 자신을 비난하지 않을 때 겪는 고통보다 무의식적으로 선호한다. 그 이유는 사랑하는 사람에게 발생한 일을 통제할 수 없음을 아는 것이 더 고통스럽기 때문이다. 그의 자기비난은 앤을 구할 수 있었다는 그의 핵심 구인을 보호하고 있었다. 그 구인에 따르면, 그가 무력함을 느끼는 것은 그가 용서받을 수 없을 정도로 실패했다는 의미다. 그의 자기비난이 고통을 안기지만, 계속 그 상태를 유지했던 것은 그렇게 하지 않으면 훨씬 더 심각한 다른 고통(존이 '패배'라고 말하는 실존적 무능을 인정하는 상태)이 나타날 것이기 때문이다. 이는 존이 슬픔에 더 깊이 빠져들기를 저항하는 것과 일관된 정서적 진실이었다. 그리고 나는 존이 그 내용을 의식적으로 인식하도록 다음과 같은 문장카드를 소지하게 하였다.

> 자기비난을 하고 앤에 대해 무능함과 죄책감을 느끼는 것은 끔찍하지만, 정말로 그 상황에서 내가 무력감을 느끼고 앤에게 일어난 일에 대해 불공평함을 느끼는 것은 패배를 인정하는 것이다. 그리고 그것은 너무나도 고통스럽다. 나는 스스로에게 계속 벌을 줘야 한다.

그는 카드에 적힌 말이 사실이고 새로운 감정이라고 말했다.

5회기

이번 회기는 존 스스로 부과한 죄책감 이면의 목적을 발견하고 통합하며 이제야 의식한 과정을 철저히 검토하면서 시작하였다. 그가 앤에게 일어난 일을 수용하지 않아서(그리고 그 후에 자기 삶을 살지 못하는 것이 확실해 보여서) 다른 사람들이 지금보다 존을 더 가혹하게 판단하지 않았다. 사람들을 멀리함으로써 다른 사람들이 존의 실수를 또 목격하고 그를 더 무능한 사람으로 여길 가능성이 줄었다. 이로 인해 긴급히 피해야 할 만일의 사태에 대한 통제감을 유지하였다.

존은 처음에 통합된 두 가지가 옳다고 느껴면서도, 여전히 그가 할 수 있는 일이 없었다는 사실을 받아들일 수 없다고 했다. 그렇게 되면 그는 '패배'한 것이기 때문이다.

나는 존이 앤에게 일어난 일을 통제할 수 없었다는 생각에 강력하게 저항하는 것이 그녀에게 발생한 일의 비극적인 불공평에 대한 존의 슬픔을 막기 위한 목적이라고 보았다. 존에게 일어난 일을 통제할 수 없는 상황들을 '상상'해 보라고 할 때마다 그는 바로 슬픔에 직면했고, 바로 슬픔에 저항하며 다시 회피하려 했다.

슬픔을 부정하고 자신에게 무슨 일이 생기든 상황에 대한 통제력을 갖는 것이 대체 왜 그렇게 중요한지 밝혀내려고 무수히 시도한 후에야 마침내 돌파구를 찾았다. 앤의 수술이 끝나고 침대 옆에 앉아 있는 존을 상상하게 한 후, 나는 그가 슬픔을 피하려 하는 감정에 집중해 보게 하였다. 그러고 난 뒤, 나는 존에게 저항할 때 느낀 감정으로 다음 문장을 완성해 보라고 하였다. '너에게 일어난 일의 비극을 정말로 나 자신이 느낀다면 _____.'

얼마나 속상했을지에 관한 두세 개의 답변을 말한 후, 그는 분노로 가득 차서 다른 문장을 완성했다. "모든 일을 잘한다 하더라도, 나쁜 일은 여전히 생길 수 있어." 그에게 이 말이 얼마나 깊은 의미가 있는지를 감지한 나는 존이 이 말에 잠시 집중하도록 유도했다. 이 말이 그에게 어떤 의미인지를 탐색하자마자, 그는 갑자기 자기가 오랫동안 간직해 왔던 신념과 이 말이 상충된다고 설명하기 시작했다. 바로 '만약 내가 모든 일을 잘하면, 나쁜 일은 일어나지 않을 거야.'라는 신념이었다. 이것은 존의 근본적인 세계관이었기 때문에 그가 앤의 다리 절단을 막을 수 없었다는 생각을 받아들이는 것은 그의 세계관을 부정하는 동시에 박살내는 것이었다. 세계관을 보호하는 것이 그가 저항한 일관적인 핵심 의도였음이 분명했다.

'만약 내가 모든 일을 잘한다면, 나쁜 일은 일어나지 않을 거야.'라는 명시적인 진술에 이어 관련된 다른 신념을 계속 접하면서, 존은 자신의 세계관을 더욱 깊이 탐색해 보았고, 이 세계관이 아버지로부터 비롯되었음을 알게 되었다. 이를 깨달은 후, 존은 자라면서 자신이 실수할 때마다 아버지께서 당연하다는 듯이 엄격히 처벌했던 일들을 많이 기억해 냈다. 특히 속상했던 기억은 존이 태클 중 다리가 부러졌던 풋볼 사건이었다. 아버지는 존이 태클을 제대로 못했기 때문에 그러한 사고가 생긴 것이라고 했다. 그의 아버지의 말에 따르면, 존이 완벽하게 하면 모든 것을 성공적으로 통제할 수 있고 또 그래야만 했다.

이러한 신념을 바탕으로 존은 자신이 잘못했기 때문에 앤에게 그러한 일이 생겼다고 생각했다. 또한 존은 다른 사람들의 사고방식 역시 자신의 이러한 세계관과 동일하다고 생각하였다. 이러한 존의 사고방식을 깨닫고 나서야, 우리는 존이 왜 다른 사람들이 자기를 비난하는 것처럼 받아들이고 또 실수를 범하는 것을 끔찍하게 두려워하는지를 알게 되었다.

이러한 변화들이 다소 놀랍고 갑작스러워 보였지만, 존과 나는 우리가 죄책감과 분노로 철회 증상을 유발하는 아주 일관된 구인에 의식적으로 직면했음을 알았다. 그가 새로 의식한 세계관, 즉 '만약 내가 모든 일을 잘한다면 나쁜 일은 일어나지 않을 거야.'와 마주한 존은 다소 당황스러워했다. 그러나 나는 존이 이러한 세계관을 낯설게 느끼는 것을 구인에 성공적으로 접근하는 표식으로 여겼다. 나는 존이 새로 의식한 구인과 더불어 그와 모순되고 더 친숙한 의식적 지식을 경험하고 있음을 알 수 있었다. 부조화로 인한 병치경험이 즉시, 적어도 어느 정도 일어나고 있었다.

이러한 병치경험을 더욱 촉진하기 위해 나는 존이 문장카드에 다음과 같은 문장을 완성하도록 하였다.

만약 일을 잘할지라도 안 좋은 일이 생길 수 있다면 _____.

내 목적은 통제력에 대해 그가 새로 발견한 정서적 진실과 의식적으로 병치할 구인을 더 유도하는 것이었고, 그 내용을 문장카드의 뒷면에 적었다.

모든 것을 잘한다면, 나쁜 일은 생기지 않을 것이다.

이것은 존의 세계에서 분명히 핵심적인 상위구인이다. 이러한 구인의 변화는 기분, 사고, 행동, 자세, 에너지 등 다양한 영역의 지속적 변화를 가져오는 경향이 있다. 세상이 어떻게 돌아가는지에 대한 규정은 일관성치료의 내적 심층지도에서 네 번째에 속하는 가장 심층의 구인이다(Ecker & Hulley, 2000b, 2011).

6회기

"그것은 비극적인 일이었지만, 내 잘못은 아니었어요. 그렇죠, 폴?" 이런 수사의문문으로 여섯 번째 상담이 시작되었다. 그의 말은 굉장한 변화를 보였다. 공감의 의미로 고개를 끄덕이며, 나는 말없이 그의 말을 인정했다. 존은 슬픔에 잠겨 울기 시작했다. 이어서 그는 한 주 동안 앤에게 일어난 일의 비극적이고 불공평한 점을 생각했고, 마침내 그의 잘못이 아니라는 데에서 오는 깊은 안도감으로 혼자서 종종 울었다고 하였다. 그는 스스로에게 7년 동안 벌을 주고 있었던 것이다.

지난 상담 후 존은 해변으로 가서 문장카드의 양면을 보고 또 보았다고 했다. 계속해서 다시 읽으면서, 그는 자신의 삶 속에서 모든 것을 잘했음에도 불구하고 나쁜 일이 일어났던 과거의 사례들을 떠올려 보았다고 했다. 그는 열심히 훈련했음에도 불구하고 올림픽에서 금메달을 따지 못한 육상선수,

완벽하게 샷을 날렸으나 공이 예상할 수 없는 바람에 의해 엉뚱한 곳으로 날아간 골프선수, 세심한 준비를 했음에도 불구하고 바다에 침몰된 타이타닉호에 대해 이야기했다. 그의 마음속에서 '내가 모든 것을 잘한다면, 나쁜 일은 일어나지 않을 거야.'라고 깊이 믿어 왔던 암묵적 신념을 부정하는 그러한 병치 사례들이 존의 핵심구인과 그 의미들을 부정하고 제거하였다. 마침내 이러한 변화로 인해 존은 그의 예쁜 딸에게 생긴 일에 대해 슬픔을 느끼게 되었으며, 그가 자처했던 죄책감 역시 핵심구인과 함께 제거될 수 있었다.

존은 이제 예전보다 훨씬 더 편안해 보였다. 그리고 그는 마치 영원히 무언가(애도받지 못한 슬픔)에 매달리던 사람의 신체적 긴장이 사라진 것처럼 보였다. 그는 그동안의 느낌보다 더 가볍고 에너지가 거의 회복되었다고 말했다. 또한 아버지께서 그에게 때때로 얼마나 가혹하게 대했는지를 생각하며 '실컷 울었다'고 말했다. 이 오래된 슬픔 역시 우리의 상담을 통해 해소되는 것 같았다.

그는 약간 어렵지만, 그전과 달리 운명을 더 수용하는 감정을 새롭게 인식하면서 상황을 통제하려는 생각이 덜 든다고 말했다. 게다가 지난 몇 년간 퉁명스럽고 화난 자신으로 인해 주변 사람들이 얼마나 힘들었는지를 알게 되었다고 말했다.

7회기

이번 회기를 시작하면서, 존은 지난주를 떠올리며 '회복적인' 주라 칭했다. 그는 편안한 모습이었으며 지난 몇 주간 자신이 한 행동에 자부심을 갖고 자기 행동에 놀란 듯 보였으며 자신의 변화된 행동이 '완전히 새로웠다'고 거듭 말했다.

지난 회기 다음 날 존은 직장 동료에게 지난 몇 년간 자신과 일하는 것이 어땠는지 솔직히 말해 달라고 했다. 그들은 이구동성으로 아주 '끔찍했다'고 말하고 그와 대화하는 것을 오래전에 포기했다고 말했다. 존은 그들의 말을 그대로 수용하고 그가 그간 왜 그렇게 행동했는지(딸의 운명을 자기 탓으로 여기고 다른 모든 사람에게 그렇게 평가되고 있다고 생각한 것)를 설명하고 사과했다. 또한 동료들에게 다시 새롭게 시작하고 싶다고 말했다. 그때부터 존은 다시 팀 속에서 업무를 즐기고 다른 동료들도 이를 잘 받아 주며 안정되었을 뿐만 아니라 눈에 띄게 좋아졌다. 그는 동료들이 자신을 거절하지 않을까 걱정했지만, 그들의 반응이 어떻든 자신이 관계 회복을 위해 노력해야 한다고 생각했다.

그 후에 존은 골프를 같이 쳤던 동료들, 친구들 그리고 가족 중에서도 특히 앤과의 관계를 회복해 나갔다. 몇 년 만에 열렸던 가족회의에서 존의 아내와 딸은 지난 몇 년간 그와 함께 사는 것이 얼마나 힘들었는지를 이야기했다. 그는 그러한 말을 듣기가 굉장히 괴로웠다고 했다. 앤은 발길을 끊었고, 그것이 존을 더욱 화나게 했다. 존이 그동안 왜 그렇게 행동했는지에 대해 설명했을 때 존의 부인과 딸은 충격을 받았다. 부인과 딸 둘 다 앤에게 일어났던 일을 존의 잘못이라고 생각하지 않았다고 말했다.

그것은 예전에 존이 자기비난을 하며 죄책감에 빠진 상태를 부정하는 병치 상황을 또다시 강력하게 보여 주었다. 그는 그 후 사회생활과 가족생활뿐만 아니라 그의 직장생활이 여러모로 '원상복귀되고 있다'고 말했다. 또한 존은 그가 감정을 다루는 방식이 완전히 변한 것 같다고 말했다. 즉, 타인을 배제하고 홀로 감정을 처리하는 것이 아니라 그의 아내나 가족과 함께 자신이 느낀 감정을 다루는 성향으로 말이다. 그리고 이것이 그가 변화 초반에 겪었던 취약함을 얼마나 완화시키는지를 말했다.

상담이 효과적이었는지를 알기 위해 우리가 초반 작업과 과정을 검토해 본 결과, 존과 나는 우리가 문제해결을 위해 시작했던 일들이 효과적인 결과를 가져왔다는 데 동의했다. 8주 후에 가진 그와의 짧은 대화에서 그런 결과가 지속되고 있음을 확인하였다. 7년 동안 괴롭혔던 죄책감이 7회의 상담으로 사라진 것이다.

제8장 강박적 음주 중단

C. Anthony Martignetti[1]

교외 정신과 병동에서 외래환자 담당부서의 비서인 노마는 한눈에 환자를 진단하는 능력으로 자부심이 대단하다. 노마는 인터폰으로 '클리프'가 온 것을 알리면서 다음과 같이 말했다 "선생님 다음 환자분 와 계세요. 귀엽고 굉장히 긴장해 있는데, 그래서 더 귀여워 보이네요." 내 진료실에 들어온 장신의 건장한 체격에 캐주얼을 잘 차려입은 클리프는 긴장하고 다소 수줍어하며 어색해하면서 남의 시선을 의식하고 있었다. 그의 어깨 너머로 노마와 눈이 마주쳤다. 그녀는 내게 윙크하며 아주 큰 소리로 "귀여워요! 귀여워요! 귀여워요!" 하고 말했다. 가끔 노마에게 환자를 받으면 환자들이 불시에 평가 세례를 받는 것처럼 호되게 당한다.

7세와 9세의 두 딸을 둔 기혼남인 42세의 클리프는 '음주문제'로 상담을 원

1) 매사추세츠 렉싱턴에서 상담실을 운영 중임. 자격증을 소지한 정신건강 카운슬러, 미국심리학회(American Psychological Association)의 인증을 받은 전문 임상가, 미국중독조사관위원회(National Board of Addiction Examiners)의 중독전문 박사학위 소지 임상가임

하였다. 그는 간기능 검사를 위한 채혈과 검진 후에 우리 병원의 정신과 간호사가 진행하는 프로그램에 들어왔다. 우리는 음주량을 줄이거나 금주를 도우려고 보통 알코올 욕구를 막는 약물과 고도로 구조화된 인지행동 기법을 동시에 적용한다. 클리닉에서 외래부서의 수석 임상가인 내 의무는 매주 처방을 내리고 클리프의 음주량만 지켜보면 되지만, 나는 그가 과음의 의미와 일관적인 정서적 논리를 발견하도록 도와주고 싶었다.

그는 자신을 '전업주부 아빠'로 소개했다. 그는 대형 이스트코스트 로펌의 시니어 파트너로 일하는 부인이 자기 연봉의 다섯 배나 더 받았기 때문에 좋은 직장과 자기 수입을 포기하고 일을 그만두었다. 그는 단호하게 "다른 사람을 고용하는 것보다 내가 직접 집안일과 양육을 하는 것이 더 나을 것처럼 보였어요."라고 말했다.

나는 클리프에게 일상생활을 이야기해 보라고 하였다. 그는 딸들을 깨우고 먹이고 학교에 보낸 다음, 빨래, 청소, 설거지, 침대 정리와 같은 집안일들을 한다고 말했다. 때로는 정원을 가꾸거나 자동차를 수리하기도 한다. 세탁소에 맡긴 옷을 찾고 필요에 따라 늙은 고양이를 동물병원에 데려가기도 하며 다른 네 마리의 애완동물도 보살핀다. 그리고 집안에 필요한 것들을 사러 다니고, 저녁거리를 사러 장을 보러 간다고 했다. 마트에 도착했을 때쯤, 그는 술 마실 시간이 되기 전에 해야 할 일을 마치지 못할 수도 있다는 중압감을 느낀다고도 했다. 그는 일상적으로 마켓 근처의 주류가게에서 위스키를 산다. 일단 트렁크에 술을 넣은 후, 그는 아이들을 학교에서 데려오는 일이라든지 아이들이 간식을 먹는 동안 아이들과 잠시 시간을 갖는 일에 대해 차분히 생각할 수 있다. 그는 아이들이 숙제를 시작하도록 거들기를 즐기는 편인데, 그 이유는 바로 아내가 돌아와 저녁 일을 인계하기 약 한시간 전인 5시에 술을 마실 수 있음을 알기 때문이다. 나는 이것을 그의 '근무 교대'로 여겼다.

클리프는 매일 10~12잔, 한 주에 약 75잔을 마셨다. 3년 전에 불안장애와 우울증 치료를 위해 8주마다 신경정신과에 방문해 항우울제를 처방받았다. 그는 알코올중독을 치료하기 위해 수년간 자신만의 방법, 금주 프로그램, 정신과 요법, 심리치료 개입 등 다양한 노력을 했음에도 불구하고 술을 줄이거나 금주를 할 수 없었다고 말했다.

우리의 대화가 클리프의 음주 이유로 전환되었을 때, 그는 심신불안 때문에 아내와 함께 사교 모임에 참석하기가 종종 힘들다고 말했다. 그녀는 지역 박물관의 임원이며 공립학교를 위한 기금모금 단체의 멤버이자, 교회에서도 자선행사, 저녁식사, 행사 및 예배에 활발히 참여하는 교인이다. 클리프는 대부분의 이런 행사에 참석하기가 힘들다는 생각이 들었다. 그래서 그의 아내가 힘들어했다. 그러나 클리프는 자기 아내가 굉장히 자신을 지지해 주고 이해해 주며 그를 '항상 도와주려고 한다'고 말했다. 그는 자기 이야기를 하면서 자신의 무기력을 인정했지만 전혀 우울해 보이거나 불안해 보이지 않았다. 사실, 그는 계속 살아가야 하는 자기 생활과 상황의 세세한 부분들을 단순히 보고하는 것 같았다. 나는 이것을 알아채고 그에게 그의 이러한 상황에 대하여 어떻게 생각하느냐고 물었고 그는 "그냥 그런 거죠. 내 삶을 내가 바꿀 순 없죠."라고 대답했다.

병원에서 처방해 준 약을 복용하고, 음주량을 측정해서 기록하며, 다른 규칙들을 충실히 지키기로 한 지 일주일이 지났지만, 클리프는 자기 음주량에 아무 변화가 없다고 말했다.

두 번째 만남에서 클리프는 자신이 주어진 대로 지시를 따르지 않았다고 실토했다. 그리고 처방하는 간호사가 확실히 이야기해 주지 않았다는 핑계를 댔다. 그것이 사실일 수도 있겠으나 믿기 힘들었다. 나는 약을 복용할 시간과 정량에 대해 주의 깊게 설명하고 궁금한 것이 있으면 참고할 수 있는 프로그램 지침서가 있음을 알려 주었다. 클리프는 다음 한 주간 한번 해 보기로 하고 자리를 떴다. 그가 돌아왔을 때, 그의 음주 습관은 변함이 없었다. 그는 처방받은 방법을 좀 더 창의적으로 활용하도록 허락받았으며, 규정에 좀 더 가깝게 따라 했으나 그의 음주 행태는 달라지지 않고 그대로였다. 그의 태도는 첫 만남에서 눈에 띈 무기력과 비슷해 보였다. 그것은 마치 그가 "보세요, 내가 말했죠. 소용없다니까요. 전 변할 수 없어요."라고 말하는 것과 같았다. 그 당시에 나는 아직 '저는 변할 수 없어요.'라는 말이 '저는 변하면 안 돼요.'라는 말임을 몰랐고, 예상할 수도 없었다.

클리프의 처지를 곰곰이 생각하면서, 나는 그의 음주가 어떠한 일관성(음주의 의미와 아직 발견하지는 못했으나 이를 필요로 하는 논리)이 있는지가 궁금해졌다. 나는 클리프의 정서적 실재를 이해하고 수용해서 '친숙'해질 필요가 있었다. 그 숨겨진 세계에 클리프의 행동을 이해할 만한 무언가가 숨겨져 있을 것이라는 희망이 있었기 때문이다. 세 번째 만남에서는 계획된 치료를 잠시 미루고 대신 그가 음주를 하는 숨겨진 의도와 정서적 진실을 찾으려고 했다. 그러나 나는 그에게 다음 주에 약을 복용해도 되며 그가 원하고 그것이 중요하게 여겨진다면 그의 음주량을 측정해서 기록하라고 하였다.

클리프의 음주 행동에 숨겨진 의미를 발견하기 위하여, 나는 증상이 일어나지 않으면 어떤 것을 경험할지를 조사하는 증상 박탈을 도입하기로 했다.

그러나 이러한 접근을 처음 시도했을 때 첫 15분 동안 아무 효과가 없는 것으로 나타났다. 그래서 나는 처음에 신체적으로 경험한 감각 인식을 촉진하기 위해 Eugene Gendlin의 집중하기 과정을 통해 증상 박탈을 시도해 보기로 하였다(Gendlin, 1996). 내 목적은 내가 알고 있는 그 방법대로 경험적인 작업을 통해 호소하는 알코올 남용 증상의 무의식적 의미를 발견하는 것이다.

다음은 상담회기 중에 내가 적은 노트에서 발췌한 것이며, 그 방법을 정확히 적용한 것이다.

> 심리치료자: 지금 좀 다른 것을 시도해 봐도 괜찮을까요? 해 보시겠어요?
> 내담자: 네. 뭔지에 따라서요.
> 심리치료자: 음, 제 생각에는 우리가 함께 한 번 더 이 문제에 다가갈 시도를 하면 유용할 것 같아요. 당신에게 때로는 나쁠 수도 있지만 당신의 삶에서 중요한 음주의 의미에 대해서요. 그냥 신체적 느낌을 상상해 보도록 하세요.
> 내담자: 상상이요?

심리치료자: 네.

내담자: 의미요?

심리치료자: 네, 제 생각에는 그게 당신에게 중요해 보이는데, 아닌가요?

내담자: 아, 그래요.

심리치료자: 네?

내담자: 아, 무엇이든요. 괜찮아요. 상상할게요.

심리치료자: 좋아요. 제가 한 장면을 그려 볼게요. 마음을 편안하게 하시고 요. 원한다면 소파에 누워도 되고 최대한 편안한 상태를 유지하세 요. [클리프는 소파에 누워 별 기대 없이 눈을 굴리며 천장을 바라 보았다.] 좋아요. 당신은 집에 있어요. 부인 멜리사가 들어오기 전 에 딸들은 집에 있고 일상적인 일들에 둘러싸여 있어요. 멜리사는 행복하게 열심히 일하고 곧 집에 올 거예요. 그리고 이제 당신이 버 번 위스키를 따를 시간이에요. 아직 잠시 동안 딸들을 돌볼 수 있고 그녀가 와서 아이들을 보기까지는 괜찮을 거라는 걸 알고 있어요. 맞지요?

내담자: 맞아요. [이 실험에 별로 열정적이지 않는 것처럼 보인다.]

심리치료자: 좋아요. 그러면 거기서 바로 당신이 어떻게 느끼는지 상상해 보세요. 당신의 몸 그 어딘가에서 당신이 술을 마시지 않는다면 어 떻게 느낄지 말이에요. 당신은 음료수, 차갑고 사각얼음이 가득 찬 크리스털 유리잔, 마시고 싶은 생각, 버번 위스키 병까지 마실 준 비가 완벽히 되어 있어요. 위스키를 따서 붓기만 하면 되죠. 그런데 당신은 그렇게 할 수 없어요. 위스키가 없네요. 모든 게 완벽한데, 위스키가 없어요. 당신의 몸에서 어떤 느낌이 들죠?

내담자: 아, 맞아. 그런 적이 있어요.

심리치료자: 오 그래요. 물론이죠. 당신이 그런 적이 없다는 의미가 아니었 어요. 나는 당신이 이번에 하는 것을 그냥 연습 삼아 했으면 좋겠어 요. …… 상상해 보세요. 오늘은 당신이 술을 마시기로 한 날이에 요. 당신이 술을 마시기로 완전히 기대하고 모든 게 준비되어 있고, 당신도 술을 마시려고 하죠. 그런데 술을 마시지 못해요. 빼앗긴 것 같은 거죠. 버번 위스키를 말이에요. 당신이 바로 마시려고 한 그 순간에 말이에요.

내담자: 아…… 알겠어요. …… [1분이 경과했다.] 질문이 뭐였죠?

심리치료자: 아, 술을 마시려고 완전히 기대한 그 순간에 술을 마실 수 없었을 때 당신의 몸 어딘가에서 무언가가 느껴지나요? 어떤 신체적 감각을 느끼죠?

내담자: [다시 1분이 경과하고 클리프는 소파에 더욱 깊숙이 누웠다.] 음, 내 심장과 위 가운데가 타 들어가는 것 같아요.

심리치료자: 좋아요. 타 들어간다. 좀 더 말해 줄 수 있나요? 좀 더 설명해 주세요. 그래서 그것이 당신에게 어떻게 느껴지는지 제가 정확히 알 수 있게요.

내담자: 죄어드는 느낌이에요.

심리치료자: 좋아요. 죄어든다. 저는 온도를 예상했는데, 온도가 얼마나 되는지 말해 줄래요?

내담자: 뜨거워요. 타고 있어요. 뜨겁게 죄어 와요.

심리치료자: 뜨겁게 죄인다. 음…… 이상한 질문이지만, 색깔은요? 색깔이 있다면 어떤 색일까요?

내담자: 당연히 빨간색이죠. 빨갛고, 뜨겁고, 단단히 죄어 와요.

심리치료자: 좋아요. 죄어 있고, 뜨겁다. 강렬하게 들리네요. 그래요 좋아요. 좀 더 나아가 봅시다. 만약 이 빨갛고 뜨겁고 딱딱하게 죄인 덩어리가, 바로 당신의 위와 심장 가운데 있는 그것이 무언가를 말할 수 있다면, 물론 이상한 질문이긴 하지만 그게 당신에게 말하고 싶은 무언가가 있다면, 빨갛고 뜨겁고 딱딱하게 죄인 덩어리가 뭐라고 말할까요?

내담자: 말한다고요? 네, 좀 이상하네요. [긴 침묵이 흘렀다.]

심리치료자: 그래요. 그것이 생명이 있고 당신에게 할 말이 있고, 당신에게 중요한 말이라고 해 봅시다. 어떤 말일까요?

내담자: [새로운 열정을 보이며] 그것이 뭐라고 소리치냐면, "뛰어! 이걸 피해! 멜리사에게 말 걸지 마. 난 멜리사에게 아무것도 말할 수 없으니까."

심리치료자: 뛰어, 아무것도 말하지 마, 그래요. 와우. 더 없나요?

내담자: 아니요. 그냥 "아무것도 말하지 마."라고 해요.

심리치료자: 그래요. 아무것도 말하지 마.

내담자: [침묵]

심리치료자: 목소리는 어떻죠? 그 목소리는…….

내담자: 굉장히 똑똑해요. 그것은 뭘 해야 할지를 알고 있어요. [이것은 내가 일관성치료 사례에서 암묵적 혹은 무의식적 '지식'에 대해 들어본 것들 중 최고의 설명이었다.]

심리치료자: 똑똑한 것이군요. 그것은 그러니까 "아무 말도 하지 마."라고 할 정도로 똑똑하네요. 할 말이 많아도 아무 말도 하지 말라는 것이지요?

내담자: 아마도요.

심리치료자: 좋아요. 계속 상상해 봅시다. '아무것도 말하지 마.'라는 말에 어떻게 대답할 수 있을까요? 힘든 상상인 것은 알지만, 그래도 한번 노력해 보죠. 당신은 대답할 거예요. 그것에게 뭐라고 대답할까요?

내담자: [시도 중 얼굴을 찌푸린다.] 저는 "알았어. 그냥 시키는 대로 할게."라고 할 거예요.

심리치료자: 그냥 그대로 하는군요.

내담자: 네.

심리치료자: 말하지 않는군요.

내담자: 네.

심리치료자: 왜냐하면 그것은 똑똑하니까요. 그리고 무슨 일이 일어나는지 알고 있으니까요.

내담자: 네. 말을 재미있게 하시네요. 알고 계신가요?

심리치료자: 하하. 그런 말 들어봤어요. 전 생각기차를 타고 있는 것 같아요. 그게 방해가 되나요?

내담자: 아니요. 그냥 당신이 재미있게 말하는 것같이 느껴서요. 아니면…… 모르겠어요. 그냥 괜찮은 것 같아요.

심리치료자: 좋아요. 기차가 잠시 탈선을 합니다. 뭐 좀 물을게요. 이것이 친근하게 들리나요? 그냥 말하지 말고, 아무것도 말하지 말라는 것이요.

내담자: [잠시 생각하더니] 네. [전보다 더 진지해지고 더 집중한다.]

심리치료자: 확실히, 그런 것 같군요. 그것에서 느껴지는 친근함은 뭐죠?

내담자: [바로 대답한다.] 내 엄마와의 관계 같아요. 엄마한테 말을 안 했죠.

심리치료자: 아. 그래요. 엄마와의 관계와 같군요.

내담자: [좀 더 활기차게 이야기하려고 몸을 세워 소파에 바로 앉는다.] 네. 전 완전 쓸모없는 아이였어요. 전 항상 매우 불안정했어요. 학교에서도 전 매우 불행했고, 지금도 전 잘생겼다거나 몸이 좋다고 생각하지 않아요. 제 생각에 제 성기는 너무 작고 코는 너무 커요. 전 항상 그렇게 생각했어요. 전 항상 제 자신을 싫어했어요! 어렸을 때 여자들에게 채이기만 했고, 잘 나가는 아이들과 친구도 되지 못했어요.

심리치료자: 저런. 형편없는 실패자였다는 말이군요.

내담자: 완전히 실패자였죠. 브라이언이라는 애가 있었는데, 그는 운동도 잘하고 친구도 많고 여자들은 그에게 뿅 갔죠. 전 그 애처럼 되고 싶었어요. 그는 승자였고, 저는 패자였어요. 전 제 자신이 싫었어요.

심리치료자: 그래요. 당신을 패자처럼 느꼈군요. 그와 비교하면 특히 더요. 그러면 당신이 말하고 있으면, 당신의 엄마는……?

내담자: 엄마는 저랑 앉아서, 6학년쯤이었어요, 저랑 소파에 앉아서 방과 후에 저에게 말을 시켰죠. 왜냐하면 저는 항상 암울하고 시무룩하고 낙담했거든요. 그러나 전 말하지 않았어요. 저는 제가 어떻게 느끼고 왜 그렇게 느끼는지 한 마디도 하지 않았어요. 그냥 입 다물고 있었어요.

심리치료자: 아, 말하지 않았군요. 그러면 어떤 일이 일어났을까요? 만약 당신이 엄마에게 이야기했다면?

내담자: 아무 일도 일어나지 않았을 거예요. 엄마는 안심했을 거예요. 엄마는 "아가, 네가 말하지 않으면 엄마는 도와줄 수가 없단다."라고 말하곤 했어요.

심리치료자: 당신이 말을 했다면 엄마가 안도했을 거군요. 그러나 당신은 말하지 않았죠. 말할 것이 많았지만, 무슨 일이 있더라도 당신은 그냥 말하지 않았어요.

내담자: 맞아요. 바로 그거예요.

심리치료자: 바로 그거예요?

내담자: 네.

심리치료자: 그래요, 그렇다면 만약 엄마에게 말을 해서 엄마가 원하는 대로 해서 엄마가 안도하게 했더라면 어떤 일이 일어났을까요?

내담자: [침묵이 흐르고 고민하였다.] 그럼 엄마가 이긴 거죠.

예상치 않았던 이 단어로, 나는 증상을 필요로 하는 근원적인 정서적 논리의 일면을 처음 들었음을 깨달았다. 나는 아직 클리프가 말하지 않는 것과 알코올 남용과의 관계에 대해서는 모르지만, 말하지 않고 변하지 않고 변할 수도 없고 다가갈 수 없는 것이 그에게는 안전하고 강력하며 자율적인 상태임을 이제 알았다.

심리치료자: 오, 그녀가 이겼겠군요. 누가 먼저 포기하는지 보자, 뭐 이런 거군요?

내담자: 맞아요.

심리치료자: 그래서 말하지 않으니 어땠나요?

내담자: 좋았어요. 엄마를 통제할 수 있는 것 같았어요. 내가 부루퉁하게 있고 비참하게 말하지 않고 있으면, 엄마 역시 비참해졌어요. 제가 가진 유일한 진짜 능력이었죠.

심리치료자: 그래요. 마침내 당신은 통제권과 힘을 갖게 되었네요. 학교에서는 당신이 아무것도 아니었지만 집에서는 그렇지 않네요.

내담자: 바로 그거죠! 내가 모든 걸 다 망쳤지만, 제가 그걸 주도했다는 거죠. 제가 카드를 쥐고 있었던 거예요. 그때 그 소파에서는요.

시무룩하고 자신을 혐오하고 불안정했던 소년으로서 클리프의 '망가진' 겉모습 이면에 비밀스러운 승리의 공간이 있었던 것이다. 그곳에서 어머니를 좌절시킴으로써 얻은 자아는 어머니가 원하는 협력적인 아들이 되는 것이 아니라 '망가진' 상태를 유지하는 것에 성공한 것이다. '알코올중독에 빠진 실패자'가 되는 증상 이면의 일관성이 점점 드러나고 있었다.

심리치료자: 아! 그렇군요. '소파 제왕'이었네요. 이제 알 것 같아요. 그러니

까 당신은 좀 망쳐진 모습, 말을 하지 않고, 우울하고 비참해 보이는 모습을 보인다 하더라도 중요한 진실은 당신이 힘을 가지고 있었다는 것이네요. 그리고 당신이 원하는 것을 진짜 찾아냈네요.

내담자: 그래요. 적어도 엄마에게는 그랬죠.

심리치료자: 어린애치고는 굉장히 지략이 있었네요.

내담자: 네, 제가 정말로 알고 했는지는 모르겠지만, 어떤 가치나 기쁨을 거기서 찾아낸 것 같아요.

심리치료자: 가치나 기쁨이라. 그래요.

내담자: 네. 전 그게 즐거웠어요.

심리치료자: 그래요. 그럴 만하죠. 마침내 뭔가가 기분 좋게 느껴졌네요.

내담자: 맞아요, 마침내.

심리치료자: 이런 것들을 당신에게서 들으니 좋네요.

내담자: 네.

심리치료자: 이제 이런 생각이 드네요, 제 생각에…… 이게 어떻게 들릴지 알고 싶네요. 이게 사실로 들릴지…… 제 생각에, 전 당신을 위해 여기에 있습니다만. 추측하건대, 제 상상으로는 당신이 몇 분 전에 하려는 의지가 있었으니까요. "멜리사의 행사에 참여해야 할지에 대해 전전긍긍하느라 과음하는 것은 나쁘지만, 멜리사의 자선행사, 저녁식사 혹은 교회에 가서 다른 사람들을 만나 우울해지는 것보다, 다시 말해 멜리사와의 관계에서 문제를 초래할지라도 무능한 사람이 되는 것보단 망가지는 게 훨씬 낫다는 거군요. 왜냐하면 내가 여기에서 지더라도, 사실은 내가 엄마와 했던 것처럼 정말로 이기고 지배하기 때문이죠."

내담자: [클리프의 얼굴은 상기되고, 목소리는 변했다. 나를 똑바로 보고 꽤 진지하게 내가 놀랄 정도로 말했다.] 당신이 나를 도와준다면, 난 정말 화가 날 것 같네요.

심리치료자: 내가 도와주면 화가 날 거군요.

내담자: 네. 맞아요. 당신이 나를 돕는다면 당신이 이기게 되고, 그것은 아주 큰일이죠. 난 지게 되고, 당신이 말하는 대로 살게 되겠죠. 그러면 난 다시 당신의 성공을 질투하게 되고 화가 날 것입니다.

클리프의 증상 친화 상태(원래 하던 일들을 그대로 유지하려는 의도와 지략)가 이제 완전히 제대로 개입하여, 그의 음주, 사회불안과 고립, 불행을 끝장내려는 내 모든 노력을 물거품으로 만들었다. 오직 그의 증상 일관성을 찾아내기 위하여, 우리는 어떤 변화든 격렬히 부정하는 그의 진짜 모습과 그러한 태도가 정서적으로 필요한 이유를 밝혔다. 나는 상담이 시작되고 나서 처음으로 클리프와 내가 진정으로 한 방에 있음을 느끼게 되었다.

심리치료자: 내가 당신을 돕는다면 질투가 나고 열받겠군요. 그래요. 그래요. 알아들었어요. 내가 당신을 도와준다면 그건 돕는 게 아니겠군요? 맞지요?

내담자: 맞아요.

심리치료자: 그러니깐 당신이 계속 우울하고 불안한 상태로 간다면 당신은 힘을 갖게 되는 거군요. 그래서 내가 모든 계획을 망칠 수 있는 거고요. 그 문제를 해결하더라도 우리는 모든 걸 망쳐서 끝장날 수 있겠네요. 결국 생각해 보니 나는 그 브라이언과 같은 캐릭터가 될 수 있겠어요. 나는 인기 있는 사람이 되고 당신은 나에게 화가 나겠죠.

내담자: [몇 분간 그는 침묵을 지켰다.] 아마도요.

나는 이 일이 줄곧 얼마나 복잡했는지를 이해하기 시작했다. 클리프와 그의 증상의 상충하는 두 측면을 제대로 이해한다 할지라도 그의 안전의식이 사라질 위험에 처해 있었다.

심리치료자: 클리프, 그렇게 하고 싶진 않아요. 당신도 알다시피, 당신이 내게 말하고 싶지 않다면 당신이 해야 할 말이나 어떤 일이 일어나고 있는지만 들을게요. 당신이 바뀔 준비가 되어 있지 않다면 나는 당신을 바꾸고 싶지 않아요.

내담자: 그래요. [클리프는 잠시 동안 좀 멍하고 혼란스러워 보였으나, 다시 말하였다.] 좀 더 생각해 봐야 할 것 같아요.

클리프는 음주문제, 사회불안 그리고 몇 년 동안 시달려 왔던 답답한 마음 때문에 나를 찾아왔다. 이것들은 그가 호소했던 증상들이었으며, 그가 알고 있는 증상들이었다. 우리가 방금 함께 발견한 것에 의하면, 클리프는 드러나지 않은 고통스러운 증상도 있었으며 그의 자아감에도 상처가 있었다. 그것은 깊은 무능감이었으며, 그를 구하려는 다른 사람의 시도를 무너뜨릴 비밀스러운 능력을 발휘하지 않으면 다른 사람들이 항상 자신을 '이길 것'이라는 예상이었다. 이것에 초점을 맞추면 우리의 치료는 새로운 국면으로 접어들 것이다.

이번 회기는 이런 대화 후에 바로 끝났다. 클리프는 여전히 얼굴이 붉은 채로, 잠시 동안 아직 건재하다는 듯이 결코 관심을 두지 않았던 영역을 그대로 남겨 두었다. 이러한 혼란은 내담자들이 자신의 증상 친화적 내용과 증상을 유지시키는 의도적 기능(이전에는 무의식적이었던)에 의식적으로 처음 몰입할 때 흔히 겪는다. 그들이 줄곧 심각한 인생문제를 해결하기 위해 노력해 왔다는 사실을 우연히 깨달음으로써 냉정한 재평가를 하게 된다. 증상은 갑자기 그 자체가 '개인적 결함'이 아니라, 중요하지만 인식하지 못한 핵심적인 인생 딜레마의 의식적인 부분으로 떠오른다. 딜레마를 다루면 깊고 익숙한 고통은 되살아나지만, 내담자 자신이 누구인지에 대해 더 공감하게 된다.

나는 회기 간 과제로 문장카드 두 장에 그의 정서적 진실과 함께 증상의 밝혀지지 않은 논리적 측면을 마음에 새기라고 상태 진술문을 써 주었다.

나는 스스로 아무것도 할 수 없어서 항상 무능함을 느꼈다. 내 자존감은 아주 낮다. 나는 인기 많고 성공한 아이들에게 열등감을 느끼며 여성들에게도 인기가 없었다. 내가 가진 유일한 힘은 엄마를 부루퉁하고 우울하며 침묵하게 만드는 것뿐이었으며, 이로 인해 엄마가 힘들었다. 그러나 나는 엄마가 원하는 대로 변화하기를 거부했다. 내가 엄마와 나 사이의 관계를 통제하는 사람이었던 것이다. 멜리사와의 관계에 있어서도 똑같다. 그녀가 돈을 벌어 오고 더 성공했을지 모르지만, 나는 그녀를 내 감정으로 고문하고 통제할 수 있다. 나는 마음을 열지 않을 것이다. 나는 어떤 일이 있

어도 발전하길 거부할 것이다. 당신은 나를 그렇게 만들 수 없다! 내가 여
기에서도 결정권을 가지고 있다.

나는 당신이 나를 돕는 것을 거절할 것이다. 나는 이 힘을 지키기 위해
내가 끔찍해지고 엉망이 된다 할지라도, 약간이라도 힘을 가지고 타인을
통제하는 쪽을 택할 것이다. 나는 무능함을 느끼느니 차라리 낮은 자존감
을 겪으며 음주문제로 고통받을 것이다.

나는 클리프가 말한 것을 그대로 적으려 노력했으며, 그가 발견한 사실 이
외에 내 의미나 해석을 덧붙이지 않았다. 카드를 정확히 적는 것은 매우 중
요하다. 왜냐하면 내담자 스스로 했던 말과 그 의미를 잘 망각하는 변성 상
태에서 숨겨진 정서적 진실을 종종 발견하기 때문이다. 그런 까닭에 발견한
것들이 자칫 의식적 인식에 통합되지 못할 수 있다.

카드를 적어 클리프에게 준 것은 우리를 그의 증상 친화적 세계로 통합시
키는 효과가 있었다. 처음으로 클리프는 자아를 위한 고독한 전략을 접했으
나 판단하지 않았다. 나에게는 이처럼 가장 취약한 부분을 알고도, 극복하고
논쟁하며 벗어나려는 아무런 시도도 하지 않은 것이 아주 배려 깊은 합류처
럼 느껴졌다.

다음 회기에 클리프는 자신의 음주량이 상담 첫날보다 훨씬 더 심각하다
고 이야기했다. 그는 그의 상태 진술문을 여러 번 읽었고, 그의 아내와 함께
그것을 보았다고 했다. 그리고 그녀도 그것이 사실 같다고 말했다고 했다.
그가 사실 그녀에게 자신에 관해 아무 '말'도 하지 않았지만, 아무 말을 하지
않으면서도 카드를 매개로 그의 힘을 포기하지 않고 그가 느꼈던 바를 전달
하는 것 같았다. 나는 클리프가 아내와 그의 상태카드를 공유한 것이 그가
어느 정도 자신의 덫, 딜레마 그리고 고통에서 빠져나오고 싶다는 의미인지
가 궁금하였다.

클리프는 "나는 약을 우리 엄마처럼 대하고 있었어요. 약이 나에게 도움이
될 수 없게 만들었죠."라고 말했다. 그리고 제한된 방식으로 술을 먹기 위해

그 스스로 고안한 계획의 가능성에 대해 말하기 시작했다. 그는 다른 사람의 격려나 방해를 받고 싶지 않았고, 차라리 그가 원하는 대로 통제하기를 원했다.

비록 클리프의 음주량이 늘었지만, 나는 이런 진전을 진정한 변화가 일어나는 표식으로 받아들였다. 나는 그가 약을 복용하지 않고 자신만의 치료 일정을 세우려는 계획에 담긴 그의 생각을 알 수 있었다. 클리프는 성인이 된 후 처음으로 증상 친화적 내용을 완전히 의식함으로써 멜리사에게 자신의 고집 뒤에 숨겨진 정서적 진실을 드러내려는 것이었다.

일관성치료에서는 자신이 어떤 상태에 속하는지 모르면 그 상태에서 벗어날 수 없다고 전제한다. 벗어나기 위해서는 자신의 실제 심리 상태를 찾아내야 한다. '그러한 상황에 있을 때'에만 그곳을 벗어날 수 있으며, 다른 말로 표현하면 '변화'할 수 있다. 클리프는 '나는 금주하고 싶다.'라는 의식적인 상태를 실천할 수 없었다. 왜냐하면 이러한 상태는 그의 자아보호 전략과 완전히 상충되기 때문이다. 바로 클리프가 계속 술을 마셔 '엉망'인 상태를 유지해서 변하지 않으려는 전략 말이다.

클리프가 자신만의 방법을 찾으려는 동안, 우리 사이에 많은 일이 일어났고, 그에게 많은 변화가 있었다. 나는 그가 어머니와의 주도권 다툼에서 어머니가 그랬던 것처럼 음주량을 늘려 내가 그를 '도우려 하는지' '개선시키려고 하는지' 아니면 '엉망진창인 것에서 벗어나게 하는지' 등 나를 유도하고 시험하는 것은 아닌지가 종종 궁금했다. 어쨌든 가능한 한 나는 중립을 유지하고 해석하지 않으면서 '돕지 않고' 무기력한 자세로 그가 호소하던 기저선 음주량보다 20%를 넘어서도 신경 쓰지 않으려 노력했다.

상담 초반에 깊은 정서적 세계에서 소극적으로 어떤 통제력을 느끼고 자기 세계를 지배하는 클리프의 방법에 대해 오랫동안 인식하지 못했던 논리를 우연히 발견하면서, 치료과정은 오르막길을 오르는 것처럼 천천히 신중하게 이루어졌다. 나는 클리프의 진짜 문제가 음주가 아니라 자신의 존재를 증명하기 위한 주도권 다툼이라는 발견을 수용하게 되었다. 이런 점에서 음주, 사회적 관계 회피, 부정적 일상에 빠진 현재의 증상들은 사실상 클리프가 무능함에서 벗어나기 위해 택한 해결책이었다. 클리프의 증상에 존재하는 2층 구조(파괴적이고 역기능적으로 보이는 표면과 자기확인을 위한 근원적 의도)를 분리시킬 수 있어서, 나는 그의 지속적인 증상에 대해 반작용적 태도를 취하지 않았다. 나는 이제 무엇이 중요한지 이해하기 때문에 클리프가 자아를 위해 하는 행동에 반하는 어떤 시도도 하지 않았다. 그렇지 않았다면 음주를 금하는 어떤 반작용적 시도든 취했을 것이다.

여전히 나는 클리프와 줄타기를 하는 것처럼 느끼곤 했다. 아니, 좀 더 정확히 말해서 그를 실제로 도와주려는 쪽과 '도와줘요/돕지 말아요'의 주도권 다툼에 유혹당하지 않으려는 쪽 사이를 오가고 있다. 그가 '졌다'고 생각하지 않게 하면서, 그를 어떻게 도울 수 있을까? 우리가 함께한 몇 달간 클리프는 때때로 내가 그에게 한 말이나 내가 상담 때 '너무 열심히' 질문했던 것들을 해석하였다. 반대로, 그는 과음이나 아내와 하는 사회적 모임들을 피하는 것에 대해 내가 침묵을 지키면 그의 일에 '신경 쓰지 않는 것'으로 여겼다. 나는 어떻게 해야 할지 판단하기가 힘들었다.

내가 그에게 내 어려움과 그와의 연결방법을 찾으려는 내 열망에 대해 두세 차례 말하자, 그는 종종 "전 의사가 아니에요. 나에게 묻지 마세요."라고 대답하였다. 그럴 경우, 나는 이 방에는 우리 둘만 있고 그와 상호작용을 잘하려면 그의 도움이 필요하다고 이야기하였다. 내 생각에 그는 내가 그의 도움을 필요로 하는 것을 좋아했지만, 대개 도와주기를 꺼렸다.

그리고 나는 우연히 그가 벌이고 있는 '도와줘요/돕지 말아요' 팔씨름 게임에 응하였다. 물론 나는 내가 그의 손을 잡는 순간 그의 손등이 테이블 위에 부딪혀서 내 손이 그의 손 위에 위치해도 그는 아래에서 '이길' 것임을 알고 있었다. 나에게 진 그는 그의 승리를 보여 주고 힘을 느끼기 위해 다음 주에 음주량을 더 늘려 올 것이기 때문이었다. 그리고 내가 이렇게 알고 있으면서도 때로는 '도와주려는' 나 자신을 막을 수 없었다. 클리프는 또다시 나에게 '너무 열심히 한다'고 지적했다. 그에 대한 반응으로, 나는 때때로 침묵을 유지하고 엄격해졌다. 그가 그 주에 '실패'한 일을 이야기할 때, 그냥 들으면서 속으로는 나도 실패한 것처럼 느꼈다. 그는 여전히 과음했고, 사람들과 어울리지 못했으며, 따라야 할 치료 지침을 따르지 않았다.

내 관심은 가끔 클리프와 함께 있는 상담실 창문 밖의 키 큰 대나무 숲 바람이나 다른 장소들을 헤매곤 했다. 가끔은 어릴 적 손가락에 걸어서 빼려고 할수록 더 세게 죄어지던 밀짚 '수갑'을 생각했다. 종종 난 클리프에게 집중하지 않고 내 앞에서 끝없이 말하는 해골을 생각하기도 했다. 또한 종종 그와 있던 순간에 옳거나 그른 말이나 행동이 뭔지 생각하다 흐름을 놓치기도 했다.

클리프는 내가 질문하거나 정보를 추적하는 방식을 '이상하다'고 생각하고 그에 대해 가끔 농담을 하곤 했다. 그것이 우리가 함께 한 첫 놀이였으며, 우리의 관계가 더 발전한 것처럼 느껴졌다.

나는 이 남자로 인해 여러 번 몸을 비틀 정도로 답답했음을 인정한다. 외래 간호사는 내가 그에게 프로그램을 더 이상 진행하지 않기를 바랐는데, 왜냐하면 그가 지시를 따르지 않았기 때문이었다. 그녀는 그가 '제멋대로 하는데' 왜 그를 계속 치료하는지에 대해 적어도 한 번 이상 물었다. 내 대답은 정말 애매했고, 그런 답에 그녀는 만족하지 않았다. 그녀는 능숙한 직원이었으며, 스태프들과도 좋은 관계를 유지하고 있었다. 그러한 그녀의 반대에도 불구하고 나는 클리프와 계속 작업을 해야 한다고 생각했다. 그리고 약물치료, 인지행동치료 또는 '지시를 따르라'고 그를 격려하기보다 인내심, 꾸준한 치료, 그가 처한 딜레마에 대한 공감을 통해 더 많은 것을 얻을 수 있다고 생각했다. 나는 규정을 따르기보다 그에 대한 나 자신의 순수한 관심을 보이고 있었다.

나는 가끔 나는 겨우 초보 수준인데 클리프는 마스터 경지의 정서기술을 발휘하고 있는 듯한 생각이 들었다. 불교 선종의 개념인 '싸우지 않고 싸우기'는 반작용적 행동을 하지 않는 방법이다. 이것은 내 지침이 되었으며, 나는 되도록 흐름을 따라가려 노력하였다. 적어도 나는 클리프가 그와 함께하는 방법을 이해하려는 내 노력을 존중하고 있다고 생각했다. 그리고 아마 이 것이야말로 그가 나에게 계속 오는 이유일 것이다.

그가 상담에 계속 와서 결국 우리는 달아나거나 싸우지 않고 서로의 앞에 있는 일종의 양성종양을 발견하게 되었다. 우리는 우리가 함께하는 법을 어 떻게 배웠는지를 묘사하기 위해 고안한 표현들이 있었고, 그것을 자주 의미 있고 유머러스하게 사용했다. 그건 '이봐, 나 여기 있어.'였다. 이것은 우리가 현재에 있고, 우리가 어딜 가거나 숨거나 고통스러워하거나 설득할 필요 없 이 그냥 여기 있다는 뜻이었다. 우리가 치료를 종료하기 바로 전에 나는 그 에게 그가 변화를 느꼈는지, 속으론 어떻게 느끼는지를 물어보았다. 그는 변 화를 느꼈다고 이야기했다. 나는 그걸 경험할 때의 차이에 대해 물었고 그는 평범한 것과 엄청난 것을 다 느꼈다고 했다. "전 화가 나고, 지옥처럼 두렵고 불안정하곤 했어요. 그리고 지금은 전 그냥 여기에 있는, 당신에게 말을 하 고 있는 한 남자예요. 그리고 그것만으로 대단하고 충분하게 느껴져요." 그 순간 나는 그가 자기 힘을 유지하고 있고, 그 힘은 밑바닥 깊은 곳에서 나왔 으며, 이를 세계의 현실적인 관계에 적용한다고 느꼈다. 그는 다른 사람과 함께할 수 있었으며, 자아를 보호하기 위하여 행복을 희생할 필요가 없었다.

상담을 오랫동안 진행하면서, 내가 클리프를 수용하고 반작용적 행동을 하지 않았기에 클리프는 타인의 요구를 따르지 않고 자신에게 최우선인 욕 구에 의식적으로 접하면서 병치경험을 여러 번 하였다. 나는 클리프가 지닌 자아의 상처를 이해했기 때문에 그의 음주, 기분, 그의 전략(나를 싸움에 끌어 들이려는)에 휘둘리지 않았다. 또한 이로 인해 나는 그와 동행하고 그의 증상 이면의 진실을 그저 수용하고 목격할 수 있었다. 이러한 내 방식은 그가 일 생 동안 겪어 왔던 반작용적이며 어머니의 그것과 유사한 모든 시도인 '도와 주기' '통제하기' '개선하기' 등과 정반대였다. 시간이 지나면서 그는 힘을 유 지하는 유일한 방법이 쇠약하고 위축된 상태에서 힘을 행사하는 것이라는 그의 신념을 부정하고 변화시킬 수 있었다.

우리가 서로를 믿고 알아 가며 함께하는 방법을 찾아가는 동안, 클리프의 음주량이 줄기 시작하였다. 병원에서 실시한 추수조사와 내가 그와 나눈 몇 번의 전화 통화를 통해 나는 그가 술을 거의 끊었음(중독은 아니고 가끔 마심)을 알게 되었다. 현재 그는 오랫동안 관심을 가졌던 분야의 학위를 받기 위해 강의를 듣기 시작했으며, 그 분야에서 시간제로 일하고 있었다. 물론 자기 아이들을 돌보는 일을 하면서 말이다.

이처럼 그의 모든 증상이 제거된 결과는 클리프와 내가 핵심 열쇠(그의 증상 친화 상태를 다스릴 수 있는)를 찾았다는 의미다. 음주에서 사회적 위축까지 그의 모든 증상은 사실 그가 능력감을 가지려는 의도에서 할 수 있는 유일한 방법이었다. 클리프가 일상적으로 주요 상처를 의식하는 동안, 그 상처를 개방적으로 민감하게 수용하고 그가 타인에게 깊이 존중받는 자율성을 새롭게 경험하는 병치가 이루어지면서, 그의 호소 증상들이 사라지고 상담이 더 이상 불필요했다.

알코올 남용은 복잡한 문제다. 즉, 근원적인 정서적 이유, 습관, 심리적 의존, 신체적 의존 등 다양한 요인이 관련된다. 한 사람의 음주에 얽힌 정서적 논리를 풀어 갈 때, 우리는 여러 가지 복잡한 문제들을 다루어야 한다. 그러나 만약 내가 클리프가 지닌 고통의 근원에 다가가려는 노력을 하지 않았다면 혹은 그의 삶과 이야기의 정서적 핵심까지 동행할 의도가 없거나 할 수 없었다면, 나는 더 피상적인 과정에만 매달렸을 것이다. 우리는 진실을 놓칠 수도 있다. 알코올 남용의 근원적이고 무의식적이며 숨겨져 있는 논리들을 샅샅이 살피고 풀어내며 해결함으로써, 적어도 그는 증상의 핵심을 찌르는 과정을 제대로 시작할 수 있었다. 그리고 클리프의 알코올 남용의 논리를 이해함으로써, 나는 그가 평생 가지고 있던 이중구속을 수용할 수 있었다. 바로 술을 마시는 것을 증오하는 동시에 그 행동을 필요로 하는 일관성 말이다.

클리프의 이야기는 인식하지 못한 강력한 논리가 깊은 근원에 있어서, 상담을 시작할 때 적절히 추측하거나 예상할 수 없었다. 나는 충분히 '인류학자의 관점'을 유지할 수 있었는데, 이는 내가 그에게 듣기 전까지 클리프가 무엇을 느끼고 생각하는지를 모르며 그가 하는 것이 의미 있다고 줄곧 믿는 것을 의미한다. 나는 클리프의 '진실'에 대한 나의 엄청난 무지를 기꺼이 인정했고, 그것이 사실인지 아닌지를 알 수 있는 전문가는 내가 아닌 그였음을 깨닫게 되었다.

제9장 강박적 식습관 제거

Niall Geoghegan[1]

　60세의 데비는 위우회술을 받기 전에 심리 상태 진단을 요청한 일차 진료의의 추천으로 나를 방문했다. 나는 대형 건강관리기구(Health Maintenance Organization: HMO) 클리닉에서 두 가지 업무를 담당한다. 하나는 진단과 자문이고, 다른 하나는 심리치료다.

　데비의 체중은 약 145kg으로, 어렸을 때부터 비만이라는 말을 들어 왔다. 그녀는 다이어트를 시작한 지 오래되었지만, 목표 무게를 유지하지 못해 좌절하였다. 사실, 단기간의 체중 감량에 여러 번 성공하였으나, 바로 심각한 요요현상이 일어났다. 데비의 주치의는 그녀의 무릎과 허리 통증을 줄이는 유일한 방법이 위우회술이라고 말했다.

---

1) 심리학 박사로서 캘리포니아 버클리에서 면허를 소지한 심리학자로 활동함. 또한 캘리포니아 발레이오에 있는 카이저 퍼머넌트 의료센터(Kaiser Permanente Medical Center)의 심리학자이고 일관성심리연구소(Coherence Psychology Institute)에서 인증받은 트레이너임

위우회술을 받으려면 데비가 체중의 10%를 감량해야 했다. 데비는 이를 명심하고 유명한 국가 체중감량 프로그램에 재등록했다. 그녀는 단것을 강박적으로 먹는 습관 때문에 목표 도달이 어려움을 깨달았다.

첫 회기가 20분가량 남았을 때, 나는 그녀에게 이 상담에서 그저 진단 정도나 원하는지, 아니면 수술하지 않고 살 빼는 치료 작업을 원하는지를 물었다.

그녀는 웃으면서 말했다. "저는 오랫동안 심리치료를 받아 왔지만, 당신이 태어나기 전부터 심리치료로 살빼기에 실패해 왔어요." 그러나 그녀는 수술하지 않고 살을 뺄 수 있다면 더 좋을 것이라고 말했다.

나는 그녀에게 '상상실험'을 할 의향이 있는지 물었고, 그녀는 해 보겠다고 말했다. 나는 그녀에게 눈을 감으라고 말한 다음, 증상 박탈과정을 시작했다. 나는 유도된 상상 작업을 하기에 적합한 느린 톤으로 시작했다. "한번 상상해 보세요. 아주 놀랍게도 우리가 여기에서 아주 효과적인 치료 작업을 해서 1~2회의 작업 후에 당신에게 큰 변화가 일어나요. 단것을 먹고 싶은 욕망이 사라지고…… 간식을 끊게 되고…… 1~2kg 살이 빠지기 시작하더니…… 우리의 치료 작업이 계속 되고…… 당신은 건강한 음식을 먹기 시작하네요. …… 당신은 다이어트 계획을 충실히 잘 따르고…… 한 주 한 주가 지나면서 몸무게가 계속 빠져…… 1년 반 정도 후에는 살이 점차 많이 빠져서 당신이 원하는 목표 체중에 이릅니다. [긴 침묵] 그렇게 상상해 보니 무엇이 느껴지나요?"

여전히 눈을 감은 채로 얼굴에 옅은 미소를 띠고 그녀가 대답했다. "음. 아마도 굉장히 성공할 것 같고 나 자신에게 만족을 느낄 것 같아요. 더 건강해지고 힘이 넘치겠죠. 외출해서 내가 하고 싶었던 것을 더 할 수 있을 거예요. 내 강아지도 행복해질 거예요. 우리가 산책을 더 많이 나갈 테니까요!"

열정에 가득 찬 그녀에게 내가 말했다. "네, 간식을 끊고 살을 빼면 긍정적인 결과들이 많이 생길 것으로 기대하는 것처럼 들리네요. 그리고 '아마도' 기분이 좋을 것 같다고 했는데요. 그것이 간식을 끊고 살 빼는 것을 상상하면서 '실제로' 느낀 건가요, 아니면 그저 '아마도 그렇게 되면 얼마나 좋을까'

하고 생각하는 정도인가요?" 내가 이렇게 묻자, 그녀의 얼굴에서 미소가 사라졌다.

그녀가 입꼬리를 내린 채 말했다. "아니요. 어떤 이유인지 사실 지금 역겨운 기분이 드네요." 그리고 그녀는 자신의 명치를 가리켰다. 중상 박탈과정이 효과가 있었던 것이다. 비만이 아니라는 상상을 하면서 고통이 나타나고 있었다.

나는 그녀에게 말했다. "지금 불편하게 느끼는 당신의 부분에 대해 좀 더 알고 싶네요. 사실 두 번째 실험을 해 보고 싶네요. 나는 이를 불편하게 여기는 당신의 부분이 이 문장을 어떻게 완성할지 궁금하네요. '내가 만약 간식을 끊고 살을 뺀다면 _____.'을 완성해 보세요" 나는 그녀를 중상 박탈경험으로 더욱 깊이 유도하기 위해 문장을 완성하도록 했다.

그녀는 잠시 생각하더니 내 말을 따라 했다. "내가 만약 간식을 끊고 살을 뺀다면, 내가 좋아하는 맛있는 것들을 먹지 못하게 될 거예요."

"좋아요!" 나는 그녀를 격려했다. "다시 한 번 해 보세요. 정답은 없어요. 그러니 또 다르게 문장을 완성해 보세요. 완성이 마음에 들지 않아도 괜찮고 완성된 문장이 무엇을 의미하는지 몰라도 괜찮아요."

그녀는 계속했다. "내가 만약 간식을 끊고 살을 뺀다면, 나는 박탈감을 느낄 거예요. 내가 만약 간식을 끊고 살을 빼게 된다면, 내 남편이 날 더 많이 보겠죠. 내가 만약 간식을 끊고 살을 뺀다면, 다른 사람들도 나를 더 많이 볼 거예요. 내가 만약 간식을 끊고 살을 뺀다면, 난 안전하지 않을 거예요."

이 말에 나는 말했다. "그래요. 마치 당신이 살을 빼면 당신의 일부에서 안전하지 않다고 생각하는 것처럼 들리네요. 당신의 그 부분이 그것에 대해 얼마나 더 알고 있는지 궁금하네요."

그녀는 눈에 띌 정도로 의자에 몸을 움츠린 채 조그맣고 낮은 목소리로 말했다. "내가 아주 어렸을 때, 나는 귀엽고 매력적인 아이였어요. 여섯 살 때쯤 삼촌과 그의 친구들이 나에게 못된 관심을 가졌죠. 난 그게 싫었어요. 그리고 그들이 나를 내버려 두길 바랐어요. 그러나 그들은 계속 내 주위를 맴

돌았어요. 그때 나는 많이 먹기 시작했고, 내가 살이 찔수록 그들이 나에게 무관심한 것을 깨달았어요." 나는 탐욕스러운 남성의 성적 관심을 벗어나는 안전대책으로 뚱뚱해지기를 선택한 어린 시절의 구체적인 암묵학습 내용을 방금 들은 것이다. 그녀는 이에 대해 잠시 생각한 다음 기억을 떠올렸다. "수년 후, 20대 초반에 처음으로 살을 많이 뺐어요. 그리고 직장 동료였던 한 남자가 나에게 관심을 갖기 시작했죠. 난 굉장히 무서웠고 다이어트를 그만두고 굉장히 빨리 다시 살을 찌웠어요."

나는 별로 놀라지 않았다. 왜냐하면 비만은 어려서 추행당한 경험이 있는 성인들에게 흔한 증상이기 때문이다. 그러나 나는 살찌는 것과 안전의 관계에 대한 데비의 인식이 살을 빼고 싶다는 그녀의 의식적 바람과 별도의 영역에 존재한다는 데 흥미를 느꼈다.

"그래요." 나는 대답했다. "그 시절에 당신은 위험과 원치 않은 관심을 피하는 길이 많이 먹고 살찌는 것이라고 생각했던 것처럼 들리는군요." 내가 말하자, 그녀는 힘차게 고개를 끄덕였다. 나는 계속해서 말했다. "그리고 당신의 그 부분은 여전히 당신이 만약 살을 빼면 남자들이 당신을 알아챌 것이고, 그러면 당신이 굉장히 불안전할 것이라고 생각하는 것처럼 들리는군요!"

그녀가 계속해서 끄덕였기 때문에 나는 계속해서 말했다. "그래서 나는 이 상담이 끝나기 전에 한 가지 더 시도해 보고 싶네요. 당신의 그 부분에게 말할 기회를 주고 싶어요. 나는 당신의 그 부분이 말할 것이라고 생각되는 내용에 근접한 문장을 찾을 거예요. 나는 당신이 이 문장들을 계속 크게 말하고, 필요하다면 당신에게 진실로 느껴지는 문장으로 계속 바꾸세요. 내가 정확하게 들은 거라면, 그 일부는 아마도 이렇게 말하지 않을까 싶네요. '나는 살을 빼고 싶지 않아! 내가 살을 빼면 남자들이 나에게 주목할 것이고, 그건 매우 위험해! 난 계속 뚱뚱한 상태로 있어야 해. 그것이 나를 안전하게 지키는 유일한 길이야!'"

데비는 편안해 보였으며, 더 이상 6세 때의 정서기억에 '움츠리지' 않고 다시 의자에 몸을 펴고 앉았다. 반면에 미소를 띠며 그녀는 열정에 차서 외쳤다. "나는 가능한 한 뚱뚱하고 이상해질 정도로 더 살찌고 싶다. 그러면 아무도 나를 해치지 않을 것이다!"

"그래요!" 나는 흥분해서 말했다. "그리고 당신의 그 부분은 당신이 다이어트를 하는 것이 전혀 좋은 방법이 아니라고 생각하는 것 같네요."

문제에 완전히 몰입해서 눈을 여전히 감은 채로 데비가 외쳤다. "말도 안돼요! 나는 전에 더 뚱뚱했어요. 아직도 더 살찔 수 있고 그렇게 되면 아무도 나를 신경 쓰지 않을 거예요!" 목표 체중에 대해 무의식적인 그녀는 의식적인 데비와 굉장히 다르게 말하였다.

회기가 끝나기 전에 우리는 문장카드에 문장들을 써 내려갔다. 다이어트를 하려는 데비의 부분과 전혀 다른 데비의 부분이 새로 발견한 정서적 진실을 정리하여 적었다. 카드에 적힌 것은 다음과 같다.

> 나는 살을 빼고 싶지 않다!
> 내가 만약 날씬해지면 남자들이 나에게 주목할 것이고, 그것은 너무 위험하다!
> 그래서 나는 가능한 한 뚱뚱하고 이상한 모습을 유지할 것이다. 그러면 아무도 나를 해치지 않을 것이다!
> 살을 빼면 무릎과 허리가 덜 아플 것이다. 그러나 나에게는 뚱뚱함을 유지해서 안전을 유지하는 것이 더 중요하다!

2주 후에 데비가 왔을 때, 나는 매일 몇 번씩 카드를 읽는 것이 어땠는지를 물었다. 그녀는 카드를 읽으면서 의식적인 인식이 크게 변하였다고 말했다. 그녀는 이미 어린 시절의 성추행을 알고 있었으며, 그 문제로 오랫동안 개인상담과 집단상담을 받고 있었다. 그러나 그녀는 이전에 어린 시절의 성추행이 현재의 식습관 및 비만과 관련됨을 전혀 인식하지 못했다고 한다. 상담 후에 카드를 읽으면서, 그녀는 남자들의 관심을 두려워한다는 사실과 이러한 두려움으로 인해 자신이 다이어트에 저항하고 있다는 사실을 계속 인식했다. 그녀는 지난 10일 동안 다이어트 계획을 잘 지켜서, 이미 살이 몇 파운 드나 빠졌다고 자랑스럽게 말했다.

얼핏 역설적인 행동 변화의 이유가 그녀의 설명을 들으며 더욱 분명해졌다. "처음 며칠 동안 카드에 적힌 그 말들이 그저 완전히 사실인 것처럼 여겨졌을 뿐이에요. 그러나 그다음에 저의 또 다른 부분이 내가 삶의 다른 시점에 와 있고, 지금 아무리 살을 빼도 그런 관심을 또 받지 않을 것임을 깨닫게 해 주었어요. 설사 그런 성추행을 받는다 할지라도, 이제는 내가 그것에 대해 무언가를 할 수 있다는 사실도 알게 되었죠!" 데비는 일관성치료의 변화과정을 정확히 설명하고 있었다. 그녀는 '나는 살을 빼면 안 돼. 왜냐하면 내가 날씬해지면 나는 안전하지 않기 때문이야.'라는 증상 친화적 상태를 직접 의식하고 경험하였으며, 이를 일상적인 의식으로 잘 통합했던 것이다. 그 후에 이로 인해 기존 지식이 극명하게 모순된 개인적 지식과 병치되었다. 즉, 이 사례에서 '데비의 다른 부분'에 있는 기존 지식이 그녀가 더 이상 아이가 아닌 성인이며, 그 일이 어렸을 때 일어난 일이고 암묵학습 내용이라서 지금은 위험하지 않다는 새로운 지식과 병치된 것이다. 이렇게 정반대의 지식을 병치하면서 증상 친화적인 핵심구인이 제거되었다. 나는 데비를 비롯한 내담자들에게서 병치경험으로 증상을 유발하는 근원적 구인이 제거되자마자 오랫동안 지속되었던 증상들이 사라지는 것을 많이 목격해 왔다.

이것으로 우리 작업이 끝나지는 않았지만, 그 후 수년에 걸쳐 데비가 꾸준히 건강하게 체중을 감량한 일의 시발점이 되었다. 데비는 한 달 후쯤 무릎과 허리의 고통을 덜기 위한 체중감량 수술이 불필요하다는 사실을 깨달았다.

데비가 6세 때 당한 성추행은 외상기억을 남긴 외상경험으로, 이전의 광범위한 치료 작업을 통해 거의 해결되었다. 그러나 비만을 통한 안전대책은 이전 치료에서 다루어지지 않은 구체적인 정서학습(외상에 기인한)이었다. 내 경험에 비추어 볼 때, 식이문제와 체중문제에 일관성치료를 활용하면 언제나 데비의 경우처럼 아주 구체적인 근원적 의도와 주제가 드러나는데, 이는 Ecker와 Hulley(2008a)의 연구와 일치한다. 나는 지속적인 해방적 변화를 가져오려면 굉장히 많은 상담이 필요한 것을 알고 있다. 그러나 나는 데비와 같은 사례를 통해 아무리 내담자의 증상이 오래되고 심각해도 치료의 시작 단계에서 몇 가지 일관성치료 절차가 진정한 돌파구가 될 수 있음을 고려할 필요성을 깨닫게 되었다.

제10장 정신이상의 근원제거

Timothy A. Connor[1]

  나는 엠마를 상담하면서 치료가 거의 끝날 무렵에야 상담 사례를 쓰기로 마음을 먹었다. 사실, 항상 내 작업일지는 간단했다. 이를테면 내담자의 핵심 진술을 상기하거나 다음 회기에 진행할 방향에 대한 단서로 일지를 활용하는 정도였다. 그러다 보니 이 글을 위해 복원하는 과정이 필요했다. 그 과정에서 확실히 기억나지 않는 대화는 복원하지 않아 분량이 많지 않다. 만약 독자들이 이 장을 읽으면서 비약을 느낀다면, 이는 발생한 일을 추측해서 쓰는 것을 자제했기 때문일 것이다. 그래도 엠마는 초안을 읽은 후에 그녀의 기억과 이 글의 내용이 일치한다고 말했다.

  나는 상담 대기실에서 엠마를 처음 만났다. 턱과 억센 얼굴을 볼 때, 엠마는 드센 인상을 풍기는 40대 후반의 깡마른 여성이었다. 그녀는 휠체어를 타

---

1) 면허를 소지한 심리학 박사로, 오리건의 포틀랜드에 있는 오리건 주립병원의 스태프로 근무함

고 있었으며, 그녀에게 처방을 내린 정신과 의사가 그녀를 상담실로 보냈다는 것 외에 나는 그녀에 대해 전혀 몰랐다. 나는 그녀의 휠체어를 밀고 아래층의 내 사무실로 내려왔고, 그녀에게 문제에 대해 이야기해 보라고 하였다.

엠마는 땅콩집에 함께 사는 이웃이 그녀의 집 쪽에 마이크와 카메라를 설치하여 자신을 엿본다고 말했다. 게다가 그들이 벽에 스피커를 몰래 심어 놓고 그녀의 행동에 대해 쑥덕거리고, 휠체어에 탄 엠마를 조롱하며 그녀가 장애인 행세를 한다며 흉본다고 하였다.

나는 깜짝 놀랐다. 정신병 증상을 보이는 사람들을 여러 명 만나 상담해 봤지만, 당시 일하던 외래환자 병동에서는 이러한 환자를 거의 만나지 못했기 때문이다. 엠마에게 그녀의 망상, 환각 그리고 지난 일에 대해 질문하는 과정에서 나는 더욱 혼란스러워졌다. 엠마는 대부분의 측면에서 유능하며 '일을 꽤 잘하는' 여성이었다. 그녀는 집과 차도 있었고, 자산 관리도 잘하고 있었다. 교회에서도 적극적으로 활동하고 지역 실버타운에 거주하는 연로하신 아버지도 보살피고 있었다. 이웃에 대한 그녀의 허무맹랑한 생각과 별도로, 엠마의 사고는 논리적이고 일관적이었다. 그녀는 다소 우울하고 불안해 보였으나, 자신의 정서를 잘 통제(아마도 지나칠 정도로)하고 있는 것처럼 보였다. 그녀는 정신분열증 진단을 받았지만, 일반적인 정신분열증과는 다른 양상을 보였다.

이후 몇 개월 동안 나는 엠마의 과거에 대해 더 알게 되었다. 그녀의 과거는 아주 서서히 드러났는데, 이는 당시의 실제적 어려움이나 눈앞의 고통과 같은 긴급한 사안과 그녀의 타고난 과묵함 때문이었다. 이는 우리가 작업했던 2년 동안 거의 계속되었다. 그녀는 다른 도시의 큰 병원에서 간호사로 근무하다 13년 전인 36세에 장애가 생기면서 그 일을 그만두었다. 엠마는 블라인드를 달려고 2층 아파트의 창가에 서 있다 창밖으로 떨어졌다. 바닥에 등을 부딪힌 후, 그녀는 꼼짝 못하고 누워 누군가 자신을 발견해 주기만을 기다렸다. 그녀는 척추를 심하게 다쳐 휠체어를 타야만 했고, 재활을 위해 굳은 결심을 하고 치료를 받았지만 다시 걸을 수 없었다. 사고 전에 그녀는 자전거, 하이킹, 농구 등을 섭렵할 정도로 굉장히 운동을 즐기는 사람이었다. 그녀는 그런 운동을 다시 할 수 없다는 데 큰 상실감을 느꼈다. 그녀는 일도 할 수 없었다. 생활하기에 넉넉할 정도의 장애연금이 있었지만, 직장인이자 조력자로서의 상실감을 보상해 주지는 못했다.

엠마는 우울감에 빠졌고, 주치의는 약을 처방해 주었으며, 이는 어느 정도 도움이 되는 듯했다. 그녀는 심리치료를 받으려 하지 않았다. 사고가 일어나고 몇 년 후, 엠마에게 신경계 증상이 나타났으며 이는 다발성 경화증으로 밝혀졌다. 사고가 발생한 지 10년 후, 그녀는 부모님이 은퇴하여 살고 계신 조그만 마을로 이사했다. 연로하신 부모님 가까이서 부모님을 돌봐 드리기 위해서였다. 그녀는 땅콩집을 지어 한쪽을 팔고 다른 한쪽에 거주하였다. 그쪽 집에는 중년 여성이 살았는데, 주말에 딸과 사위가 놀러오곤 했다.

부모님이 계시는 이 마을로 이사 온 지 1년 후쯤, 그녀는 쓰레기통을 비우러 밖에 나갔다가 휠체어가 뒤집히는 사고를 당했다. 그렇게 휠체어가 뒤로 넘어져 바닥에 등이 부딪힌 채로 무기력하게 고통을 견뎌야만 했다. 인적 없는 교외에서 대낮에 일어난 일이었다. 그녀는 45분간 누워 있다가 겨우 몸을 일으켜 집으로 돌아왔다.

결국 그녀는 척추를 다시 다쳤고, 그 사고로 그녀의 제한된 움직임은 더욱 제한되었다. 몇 주 후, 그녀의 어머니가 갑자기 돌아가셨다. 아버지는 우울해하셨고, 술을 과하게 마셨으며, 그로 인해 그녀의 기분도 우울해졌다.

가을이 되고 그녀가 첫 사고를 당한 지 12년이 채 되기 전에 그녀는 환청이 들리기 시작했다. 처음에는 아주 작고 잘 알아들을 수 없었지만, 얼마 지나지 않아 아주 또렷해졌다. 그 소리들은 엠마의 행동에 대해 서로 쑥덕거리고 있었다. 또한 엠마에게 대놓고 무능한 절름발이라고 놀렸으며, 그녀가 마음만 먹으면 일어나 걸을 수 있을 것이라고 말했다. 심지어 어둠 속에서도 엠마를 볼 수 있는 듯했고, 집안 구석구석을 볼 수 있는 것처럼 보였다. 심지어 침대 이불 속까지도 말이다.

옆집 사위가 케이블 TV 회사에 근무한다는 사실을 알고 난 후, 엠마는 그가 그녀를 괴롭혀서 쫓아내려고 그녀의 집에 마이크, 카메라, 스피커를 설치했다고 확신했다. 그녀는 훨씬 더 우울해졌다. 자살 생각이 들기 시작한 후, 그녀는 2주간 입원하였고, 항정신성 약을 처방받았다.

입원했을 때에는 아무 소리도 들리지 않았으나, 집으로 돌아온 후 다시 환청이 시작되었다. 그리고 얼마 지나지 않아 그녀는 최근의 사고로 다친 허리를 치료하기 위해 수술을 받았다. 수술결과가 좋지 않았다. 이번에도 역시 입원 동안에는 소리가 들리지 않았지만, 집에 오자마자 다시 들렸다. 이로 인해 그 소리가 '그녀의 머릿속'이 아니라 밖에서 들려온다는 확신이 더욱 확고해졌다.

엠마는 입원해 있는 동안 그녀를 치료해 주었던 정신과 의사를 계속 만났다. 그는 다양한 항정신성 약을 처방하고, 용량도 늘려 보았지만, 아무 효과도 얻지 못했다. 엠마는 계속 우울해하였으며, 이웃들이 자신을 괴롭히고 있다고 확신했다. 그녀는 점점 더 위축되어, 병원이나 마트에 갈 때만 집을 떠날 정도였다. 그녀가 심리치료를 위해 나를 만난 것은 바로 이 무렵이었다.

엠마가 자신의 문제를 전혀 증상으로 여기지 않았기 때문에 정신과 증상으로 보이는 문제들을 직접 해결하려는 것은 효과가 없었다. 그녀는 자신의 우울증은 증상으로 여기면서도, 정작 환청문제는 이웃의 괴롭힘에 대한 합리적이고 어쩔 수 없는 반응으로 보았다. 그래서 그녀는 이웃들의 행동이 바뀌지 않는 한 자신이 편안해질 가능성이 없다고 하였다. 49세 전에 환각이나 망상 증세가 없었다는 점에서, 나는 엠마의 정신분열증 진단에 의문을 가졌다. 그럼에도 불구하고 나는 처음에 약 처방이 환각과 망상을 바로 없애 줄 것이라는 기대와 희망이 있었다.

그러나 약은 전혀 효과가 없었다. 오히려 환청이 더욱 강하고 거슬렸으며, 메시지의 내용이 더욱 적대적으로 변해 갔다. 약 처방이 실패하면서 이 소리가 실제라는 엠마의 확신이 더욱 커졌다.

환청을 객관적 실체로 철저히 확신하는 엠마를 보면서, 나는 일관성치료로 이를 없앨 방법이 떠오르지 않았다. 그래서 나는 증상을 완화시키고 조절할 수 있는 다양한 반작용적 방법을 시도해 보았다. 사실, 그런 방법들은 평소 내가 해 왔던 방식과는 사뭇 달랐다. 엠마가 상담으로 목소리를 없앤다는 생각을 이해하지 못했기 때문에 나는 그녀가 소리와 더불어 살아갈 방법을 익히게 하려고 했다. 이는 그녀의 주의를 소리가 아닌 다른 생각이나 활동에 집중하도록 하는 마음챙김 기법이었다.

우리는 호흡에 집중하고, 생각이나 정서가 산만해지면 다시 호흡에 집중하는 기본적인 명상법부터 시작했다. 그런 다음 우리는 이를 확대하여 사고나 정서를 바꾸거나 억제하려 하지 않고 비판단적으로 관찰하였다. 그리고 고통스러운 경험마저도 아무런 반응을 하지 않고 수용하는 전략을 개발했다. 그 외에 우리는 특정 경험에 주의를 기울일지 여부를 선택하는 능력도 익혔다(Hanh, 1999; Kabat-Zinn, 1990). 또한 나는 소리의 정서적 중요도를 줄이기 위해 인지 재구조화(Beck, 1979)도 시도하여, 엠마가 자신에 대한 이웃의 생각이 문제가 있다는 신념에 합리적으로 반박하도록 도왔다.

마음챙김 연습은 그녀에게 안도감을 주었으나, 일반적인 인지치료는 별 효과가 없었다. 그녀의 기분은 약간 나아졌다. 그러나 소리는 사라지지 않고, 거친 내용도 수그러들지 않았다. 어쨌든 나는 그녀가 매주 온다는 사실이 놀라웠다.

효과적인 상담방법을 찾는 과정에서 나는 소리의 내용에 좀 더 주목하기로 했다. 나는 소리의 내용이 그녀에게 어떤 의미인지를 알고 싶었다. 바로 이 접근을 통해서 비로소 일관성치료를 엠마에게 적용할 수 있다는 사실이 분명해졌다.

상담 첫 회기부터 나는 엠마의 증상을 일관성치료(Ecker & Hulley, 1996, 2008a) 체계로 접근하려 했으나, 실행에 옮기기가 쉽지 않았다. 엠마가 환청을 증상으로 인식하지 못하고, 이웃이 자신을 그만 괴롭히기만을 바랐기 때문이다. 그녀 스스로 변하려는 목표는 없었지만, 이제 나는 정서 일관성을 찾으려고 노력하기 시작했다. 나는 엠마에게 '그녀가 장애가 있고 휠체어에 앉아 기본적인 일마저 도움이 필요한 무능한 존재라고 비난하는' 소리가 그녀에게 어떤 의미인지를 물었다. 또한 그녀의 장애가 가짜이며 마음만 먹으면 쉽게 일어나 걸을 수 있다고 말하는 그 소리가 어떤 의미인지에 대해서도 물었다. 그제야 엠마는 그녀의 장애가 자신에게 어떤 의미인지를 설명하기 시작했다.

엠마는 자신에게 운동이 얼마나 큰 의미였으며, 더 이상 격렬한 신체활동을 할 수 없게 된 것이 얼마나 큰 상실감을 주었는지에 대해 이야기했다. 그녀는 다시 걷지 못할 것이라는 의사의 말을 믿지 않기로 결심했고, 그동안 다시 걸을 수 있을 것이라고 믿어 왔다고 말했다. 엠마는 두 번째 사고 후에야 희망을 버렸다고 말했다. 엠마는 일상적인 일로 다른 사람들의 도움을 필요로 하고, 이에 보답하지 못한다는 생각이 들 때 수치심을 느낀다고 토로했다. 또한 엠마는 아버지를 돌봐야 한다는 불만뿐만 아니라, 사지 멀쩡한 자매도 멀리 산다고 거의 돕지 않는데 자신은 아버지를 돌보기 위해 살던 곳을 떠나 이사 온 것에 대해서도 분노를 표했다.

나는 이러한 감정들이 소리의 공격 내용과 얼마나 유사한지를 알고 놀랐다. 나는 소리를 유발하는 증상 친화 상태의 윤곽을 희미하게나마 알 수 있었지만, 엠마가 소리를 증상으로 인식하지 않는 이상 이를 직접 알아볼 방법을 찾을 수 없었다. 이유인즉, 문장 완성이나 증상 박탈과 같은 일관성치료 기법을 통한 몇몇 발견 시도는 증상 친화 상태를 전혀 유발하지 않았기 때문이다.

나는 엠마에게 사고 자체에 대한 이야기와 그에 대한 그녀의 감정과 기억에 대해 더 물어보기 시작했다. 내 질문에 그녀는 내가 그녀로부터 처음 본 정서를 격렬하게 표현했다. 강철과도 같았던 그녀의 자제력이 무너지면서, 그녀는 눈물을 흘리며 뒤집힌 휠체어에 누워 있을 때 그녀를 덮쳤던 무력감과 절망에 대해 설명하기 시작했다. 그녀의 깊은 고통은 미해결된 외상 스트레스임을 시사했으며, 좀 더 평가한 후에 나는 EMDR(안구운동 둔감화 · 재처리법)을 해 보자고 했다. 이때는 내가 엠마와 상담한 지 4개월 무렵 될 때였다.

첫 EMDR 회기에서 엠마는 두 번째 사고(그녀는 첫 번째 사고는 더 이상 자신을 괴롭히지 않는다고 이야기했다)에 초점을 맞추고 특히 휠체어에 등을 대고 누워 결국 오지 않았던 구원자를 기다리던 일을 떠올렸다. 그 기억과 관련된 부정적 인지는 다음과 같았다. '아무도 나를 도와주려 하지 않고, 나 스스로도 일어날 수 없어요.' '나는 혼자예요.' '나는 무능해요.' 반면에, 그녀가 믿고 싶은 긍정적 인지는 다음과 같았다. '나는 사람들에게 다가갈 수 있어요.' 그녀는 자신의 두려움, 무력감, 고통을 떠올릴 때 몸 구석구석이 긴장하고 있음을 의식했다.

안구운동 첫 세트를 마치고 엠마는 고통과 두려움을 더욱 강렬하게 의식했다고 말했다. 두 번째 안구운동 세트 후에 그녀는 울음을 터뜨리며 거의 울부짖었다. "나는 이 휠체어에 앉아 있는 나 자신이 너무 싫어요!" 나는 놀라지 않을 수 없었다. 엠마가 여태껏 자신과 분리되어 외부의 소리로만 나타나던 자기혐오를 갑자기 자신의 감정으로 경험하게 된 것이다. 사실, 나는 증상 친화 상태가 이렇게 바로 나타나 강렬하게 진술되기를 기대했다. 그리고 그녀는 다소 차분하게 "나는 무력한 내 자신이 싫어요."라고 바꿔 말했다.

엠마가 상담을 계속 진행할 수 있고 상담을 원하는지 체크하기 위해 잠시 휴식을 취한 후, 나는 그녀가 집중적으로 자기혐오를 인식하도록 유도했다. 그리고 양측 안구운동 세트를 계속했다. 그다음 EMDR과 일관성치료를 즉흥적으로 통합하여 진행하되 나의 지시보다 엠마의 반응 위주로 안내하였다. 이 과정에서 나는 엠마의 정서적 각성 수준과 근원적인 외상경험에 주의를 기울이며 그녀의 증상 친화 상태를 더욱 이끌어 내려 했다. 처음에 나는 EMDR을 적용하면서 일관성치료 관점으로 생각하는 것이 혼란스러웠다. 즉, 내가 해결하고자 하는 외상경험으로 엠마의 주의를 다시 유도해야 하는가(표준 EMDR 절차에 따라), 아니면 이제 막 열린 무의식적인 증상 친화 상태를 단계적으로 탐색하는 일관성치료 방법을 따라야 하는가?

알게 되겠지만, 엠마 스스로가 나의 이 딜레마를 해결해 주었다. 그녀는 두 번째 사고인 신체적 사고에 다시 집중하려고 하지 않았다. 오히려 그녀는 안구운동을 하는 동안 이미지나 기억에 집중하려 하기보다, 새롭게 드러나는 각각의 정서적 진실에 집중하려 했다. 안구운동 덕분에 그녀는 평소에 다가가지 못했던 감정이나 그와 관련된 의미를 인식하는 듯했다. 이와 같이 일관성치료의 발견과정은 거의 저절로 전개되는 것처럼 보였다. 각 안구운동 세트를 하면서, 그녀는 다른 사람들의 도움과 지지를 받고 싶다는 이기적인 감정을 처음으로 상세히 인출하여 언어화하였다. 특히 아버지를 돌봐야 한다는 생각과 돌보고 싶지 않다는 이기적인 생각이 든다고 이야기하였다. 그녀는 아버지를 보살필 책임을 혼자 떠맡고 싶지 않고 또 그럴 능력도 없다고 생각하면서, 자신을 무가치한 사람으로 여기게 되었다. 그녀는 그런 무가치함을 강렬하게 느끼고 있었다. 그녀는 "나도 다른 사람에게 어느 정도 도움을 청할 수는 있어요. 하지만 그게 힘들어요." 하고 말했다. 그다음에 그녀는 자신이 타인을 도울 수 있는 만큼만 자신도 도움을 받아야 한다고 생각하는 자신을 발견했다. 그녀가 타인을 도울 능력이 굉장히 제한되어 있음에도 말이다.

이번 회기에 드러난 그녀의 증상 친화 상태 혹은 그녀의 '일부'에서는 그녀의 전반적인 정체성과 가치가 타인을 도울 수 있느냐 여부에 달려 있었다. 그 어떤 것도, 심지어 장애마저도 이를 뒤집을 만한 이유가 되지 않았다. 그녀가 자신의 장애를 극복하고 타인을 도울 힘이 부족한 이상, 그녀는 경멸, 조롱, 괴롭힘을 당해 마땅했다. 확실히 그녀는 자신이 도움을 받을 자격이 없었다. 이러한 가치/무가치 모델이 그녀의 정서적 진실이었다. 그리고 여태껏 그녀는 이를 직면하거나 느끼기가 너무 고통스럽고 두려웠다.

엠마는 이제 자신에 대한 스스로의 부정적 관점을 인식할 수 있었다. 그렇다고 해서 어떤 해결책이 나온 것은 아니었지만, 그녀의 주관적 고통이 약간이나마 줄었다. 우리는 안구운동을 계속 했으나, 안구운동 덕분에 증상을 요하는 구인을 바로 경험적으로 인식하게 되었다는 점에서 일관성치료에 좀 더 가까웠다. 그래서 나는 계속 일관성치료 체계를 따르면서, 엠마에게 그녀의 자기혐오에 대해 밝혀진 정서적 진실을 적은 문장카드를 과제로 제시하였다. 이는 정서적 진실의 통합을 촉진하기 위해서였다. 문장카드의 정확한 문구는 기억나지 않지만, 그 의미는 다음과 같았다.

나는 사람들에게 도움을 요청하고 싶지만, 그렇게 하지 않는 편이 낫다. 왜냐하면 나는 장애로 인해 내가 다른 사람들을 돕지 못하는 나 자신을 싫어하는 것처럼 그들 역시 나를 싫어할 것이라고 확신하기 때문이다.

이를 통해 기본적으로 엠마 스스로 환청이 그녀에 대해 말하고 있는 것(장애가 있고 도움을 필요로 한다고 혐오하는)과 얼마나 똑같이 느끼는지를 경험하는 데 상당한 진전이 있었다. 그녀의 냉혹한 문구는 다음 회기의 출발점이자 전환점으로 작용했다. 엠마는 이 문구를 매일 읽기로 했다. 나는 엠마가 자신을 무시하는 직설적인 문구에 압도되지 않을까 염려되어 그에 대해 그녀에게 물었다. 그러나 그녀는 자신이 그에 대처할 수 있다고 확신했으며, 나는 그녀의 말을 믿기로 했다.

다음 회기 때 엠마는 지난주 동안 자신이 얼마나 외롭고 자기 삶이 힘겨웠는지에 사로잡혀 있었다고 말했다. 그녀는 회기 중 안구운동 작업을 그녀가 휠체어를 타고 넘어져 길에 누운 채 '나는 약하고 무능하며 이런 나 자신이 혐오스럽다.'라는 부정적 생각을 하던 기억에 집중하기로 했다. 그녀가 바라는 신념은 바로 '휠체어를 타더라도 나는 스스로를 돌볼 수 있으며 괜찮은 사람이다.'인 것이다.

다시 엠마는 바로 사건의 구체적 특징에서 벗어나 그에 따른 정서적 진실에 집중했다. '나는 못생겼으며 무가치하다.' '나는 아무 데도 갈 곳이 없다.' '내가 장애를 갖게 된 것은 내 탓이며 나는 멍청해서 그런 것이다.' 안타깝게도 그녀는 다른 사람들의 도움을 받고 싶다는 기대나 타인의 도움을 바라는 것과 스스로 무가치한 사람이라는 확신이 상충되는 내면의 갈등에 직면하였다. 이러한 갈등은 내가 엠마에게 안구운동 세트와 일관성치료의 발견 작업을 활용하면서 점차 드러났다. 나는 이 갈등을 의식 상태로 이끌어 내는 질문들을 던졌고, 안구운동을 하는 동안 이 질문들에 집중하도록 유도했다. 그리고 그때 떠오르는 의미들을 탐색하도록 했다. 그녀의 새로운 인식이 순간적으로 한계에 도달한 것처럼 보이면, 나는 그녀가 이를 정서적 진실을 나타내는 새로운 질문이나 진술로 구체화하도록 도와준 다음, 또 다른 안구운동 세트를 수행하도록 하였다. 이것이 Ecker와 Hulley(1996)가 '순차적 접근(serial accessing)'이라 부른 일종의 연속적 인출방법이다. "당신이 정말로 스스로를 돌볼 수 있다고 느낀다면, 그것은 무슨 의미일까요?" 라는 질문은 독립적이고 '괜찮'지만 지나치게 외롭다는 느낌을 유발한다. 반면에, "만약 누군가가 당신을 돌보려 했다면, 이는 어떤 의미일까요?" 라는 질문은 무가치함과 버려질 수 있다는 느낌뿐만 아니라 '그냥 침대에 누워 누군가가 나를 도와줬으면 하는' 바람도 유발한다.

회기가 끝나갈 무렵, 나는 엠마에게 이 두 가지 마음 상태(완전히 독립적인 사람이 되고 싶은 바람과 보살핌을 받고 싶다는 열망)를 동시에 느껴 보라고 하였다. 이 두 가지 감정에 집중하면서 우리는 안구운동을 계속했다. 나는 직감적으로 분열된 갈등 상태를 동시에 접하여 통합하도록 유도하면 엠마의 전반적인 딜레마가 어느 정도 밝혀질 것이라고 느꼈다. 우리가 이 과정에서 무엇을 발견하든 말이다. 2~3세트의 안구운동을 하는 과정에서 엠마가 장애를 자기 탓으로 여기고 완전히 회복할 수 있다는 믿음이 강하였기 때문에 그녀가 무력감과 수동성에 굴복하지 않았음을 깨닫게 되었다. 그 결과 그녀의 구인에 따르면, 엠마는 아예 무가치하고 경멸당해 마땅하며 영원히 배려받지 못하고 외로워야 할 사람이었다. 이러한 주요 발견과 함께 여태껏 무의식 속에 있어서 풀리지 않을 것 같던 딜레마를 새롭게 인식하였다. 이를 요약하여 그녀의 문장카드에 담았다.

나는 아직 장애를 갖게 된 나 자신을 용서하고 싶지 않다. 왜냐하면 이를 인정하면 아예 포기해서 남은 생 동안 무가치하고 외로울까 봐 두렵기 때문이다.

나는 이제 엠마의 자기비난이 필요하며, 그것이 그녀에게 아예 무력해져서 포기 상태로 추락하게 하지 않는 유일한 버팀목이었음을 이해하게 되었다. 어떤 의미에서 자기비난은 자신에게 일어난 일을 통제할 수 있다는 환상을 주어 그녀가 장애와 맞설 힘을 주었다.

그다음 주에 엠마는 기분이 좀 나아졌다. 그녀는 여동생을 만났기 때문에 그렇다고 말했다. 다른 사람들과 함께 있을 때는 항상 환청이 들리지 않기 때문에 아마 그것이 기분이 좋았던 요인 중 하나였을 것이다. 의도한 대로 문장카드가 통합을 촉진했는지 확인하면서, 나는 엠마에게 자기비난을 인식한 후 지난주의 생활이 어땠는지를 물었다. 그녀는 자신이 타인을 도울 수 없어서 자신이 바라고 필요로 하는 사랑, 존경, 보살핌을 받을 가치가 없는 사람이 되어 버렸다는 느낌이 깊이 와 닿았다고 말했다. "내가 다른 사람들을 돌볼 수 없으면 나는 무가치해요."라는 그녀의 말은 여전히 정서적 진실처럼 느껴졌다. 그러나 이러한 상태를 점점 더 의식하게 되면서, 그녀는 그것이 자신을 제외한 누구에게도 적용될 기준이 아님을 인식할 정도로 그로부터 분리될 수 있음을 알아차렸다.

나에게는 엠마가 끔찍한 일들의 정서적 영향을 실제로 경험하기보다 그녀가 말하고 있는 끔찍한 일들에 대해 주지화하기 시작한 것처럼 보였다. 그래서 성공적인 일관성치료에 필요한 경험적 개입을 회복하기 위해, 나는 엠마에게 자신을 무가치한 존재라고 생각할 때의 우울감에 집중해 보라고 했다. 그다음에 나는 그녀가 Gendlin(1982, 1996)의 집중기법(내담자가 어떤 경험을 할 때 느껴지는 신체감각에 집중하여 느낀 감각을 직접 인식하면서 의미가 드러나는 과정)을 활용하도록 안내했다.

이 과정을 몇 분간 거친 후, 나는 엠마에게 우울감이 모두 사라지면 그녀의 몸이 어떤 감각을 느낄지 상상해 보라고 요청했다. 이 증상박탈 절차에 대해 그녀는 우울감이 사라진 상태를 상상하기만 해도 '저항'이 생긴다고 말했다. 일관성치료에 의하면, 우울감 제거에 대한 그녀의 저항은 우울감을 요하는 그녀의 증상 친화적 지식에서 유발된 반응이라 할 수 있다. 이는 엠마가 우울감을 느낄 이유가 많지 않다는 뜻이 아니라, 그녀가 우울감을 포기할 때 불편함을 느낀다는 발견은 우울감이 그동안 몰랐던 일관적 목적에 기여함을 의미한다. 이 저항 자체가 그녀의 우울감을 유발하는 증상 친화 상태와의 접점이었다. 그래서 나는 엠마에게 신체에 느껴지는 저항을 극복하려 하지 말고 그저 집중해 보라고 했다. 그녀는 우울감을 제거하는 것에 대해 두려움과 죄책감이 혼합된 감정을 느낄 수 있었다.

엠마는 이전에 희미했던 경험적 특성을 이제 완전히 회복하였다. 그녀는 자신이 방금 설명한 두려움을 다른 사람들이 자세히 살펴보는 것 같은 느낌에 사로잡혔다고 말했다. 그러나 그 회기에는 새롭게 드러난 이 사실을 좀 더 살펴볼 시간이 부족했다. 그래서 나는 다음 문장카드를 써서 그녀에게 주었다.

> 나는 아직 내 우울감을 포기할 수 없다. 왜냐하면 내가 나 자신을 보살 필 수 없다면, 나는 행복해질 자격이 없기 때문이다.

그녀는 이것을 크게 소리 내어 읽고, 무언가를 깨달은 듯 웃음을 터뜨렸다. 나는 그녀가 웃는 것을 이때 처음 보았다! 일관성치료에서 증상 친화 상태에 직면할 때 나타나는 갑작스럽고 힘없는 웃음은 이러한 상태가 근본적으로 변화하기 시작했음을 보이는 표식일 수도 있다. 그녀의 웃음이 그러한 의미인지는 두고 봐야 할 것이다.

다음 회기에도 엠마의 기분은 계속 괜찮았으나, 지난 회기에 나타난 우울감 유지의 중요성과 관련된 정서적 진실에 집중하려는 의지가 이전보다 약해 보였다. 엠마가 우울감 제거를 꺼린다는 사실을 인식하도록 유도하려던 나의 시도는 완전히 실패했고, 결국 그녀는 우울감에 집중하는 것이 무의미하다고 말했다.

엠마에 대한 다른 사람들의 생각에 대해 그녀가 상상한 내용의 의미를 탐색하는 것이 더욱 효과적인 것으로 밝혀질 무렵, 엠마는 '사람들이 나를 보지 않고 내 휠체어만 본다.'는 생각 때문에 집에서 나가기를 피했다고 말했다. 그녀는 다른 사람들(낯선 이들, 적어도 그녀와 그리 가깝지 않은 사람들)이 자신의 장애를 이해하지 못하며 그녀가 무난히 했던 일마저 이제는 얼마나 힘든지 모른다고 생각했다. 엠마는 심지어 친구나 가족에게도 마지못해 도움을 요청한다고 말했다. 왜냐하면 그녀는 도움을 받고 나서 갚을 수 없기 때문이다. "내가 그들을 위해 할 수 있는 일은 아무것도 없어요." 나는 일련의 문장 완성 연습을 시도했다. 문장은 '내가 다른 사람들을 보살필 수 없다면……'으로 시작되어 '나는 내 자신이 아니다.' '나는 무가치하다.' '나는 공허함을 느낀다.' '나는 별 볼 일 없는 사람이다.'로 끝났다. 타인을 보살피는 사람(간호사라는 직업생활과 원가족 내에서)이라는 그녀의 오랜 정체성은 그녀가 가치감을 느끼던 방식이었다. 공허함, 무존재감 그리고 정체성 상실은 그녀에게 중력처럼 피할 수 없는 우울감을 주는 것처럼 보였다. 분명히 그녀의 우울한 기분 깊은 곳에 이해 가능한 절망감이 있을 것이다. 회기 끝 무렵에 주어진 문장카드에는 발견된 정서적 진실에 대한 문장이 쓰여 있었다.

내가 나 자신과 다른 사람들을 보살필 수 없다면 나는 별 볼 일 없는 사람으로 느껴지며, 나는 본연의 나보다 못하기 때문에 우울할 수밖에 없을 것이다.

일주일 후, 카드에 대한 그녀의 반응을 물었다. 그녀는 더 적극적으로 생각하게 되었으며 특정 활동(그녀를 위해 특별히 고안된 자전거 타기와 같은)에 참여하는 데 더 흥미를 느끼기 시작했다고 말했다. 그러나 이는 다른 사람들이 그녀를 판단하거나 눈길을 줄 것이라는 불안을 높였다. "집 밖으로 나가 이런 것들을 하면 기분이 좋아져요. 하지만 다른 사람들의 눈길을 생각하면 겁이 나서 그냥 침대로 돌아가 이불을 머리 위까지 덮어쓰고 눕고 싶어요."

우리는 시각화 훈련과 집중기법을 결합하여 엠마의 두려움을 탐색하였다. 그녀는 활동하는 자신의 모습을 다른 사람들이 관찰하는 장면과 그들이 그런 그녀를 어떻게 생각하고 있을지를 상상해 보았다. 그녀는 그들이 '저건 휠체어를 타고 있는 사람이 할 수 있는 행동이 아닌데.' 라는 생각을 한다고 상상하였다. 만약 그녀가 스스로 무언가를 할 수 있다면, 그녀는 더 큰 기대를 받게 될 것이다. 즉, '그녀가 혼자 밴을 타고 내릴 수 있다면, 왜 걷지는 못하지?'와 같은 생각 말이다. 그녀가 더 활발하고 유능해질수록, 그녀는 더 큰 기대를 받게 되며, 다른 사람들에게 보살핌을 받으려고 장애를 가장한다는 의심을 더 받을 것이다. 그리고 그들과 그녀 자신의 기대에도 불구하고 그녀는 공허함과 부적절함을 더 느낄 것이다. 다음 주 동안 그녀의 문장카드는 다음과 같다.

> 나는 할 수 있는 한 모든 일을 스스로 하고 싶다. 하지만 내가 그렇게 한다면, 모든 사람이 나에게 더 많은 것을 요구하고 어떤 일을 할 때 내가 도움을 요청하면 안 된다고 생각할까 봐 두렵다. 그건 끔찍하고 우울한 일이다. 그래서 회피하고 아무것도 하지 않는 것이 우울하지만, 거짓처럼 보이는 것보다는 낫다고 생각한다.

엠마는 여동생이 방문했을 때 환청이 사라졌다고 말한 것 외에는 상담기간에 환청에 대해 거의 언급하지 않았다. 그리고 다음 회기에 엠마는 여동생이 3주 전에 떠났음에도 환청이 들리지 않는다고 말했다. 또한 그녀는 환청이 멈추기 전 여동생이 도착할 무렵에 항정신성 약을 복용하는 것도 중단했다고 했다.

내가 엠마에게 문장카드를 읽으면서 어떤 경험을 했는지 물어보자, 그녀는 다른 사람들의 판단에 대한 자신의 두려움을 인식하고 보니 그녀 자신에 대한 스스로의 판단이 실제 문제임을 깨닫게 되었다고 말했다. 그리고 그녀는 "다른 사람들이 어떻게 생각하느냐는 이제 그렇게 큰 문제가 되지 않는 것 같아요."라고 말했다. 그녀가 다른 사람들 눈에 어떻게 보일지 괴로워하던 예전 생각들이 더 이상 실제처럼 느껴지지 않는다는 엠마의 말은, 그녀가 자신의 생각과 자신을 타인에게 투사하던 것이 똑같다는 사실을 서서히 깨닫기 시작함을 나타냈다. 엠마는 이제 그녀의 기분에 7점을 주었다(10점이 가장 높은 기분 상태임). 그리고 우울 변별검사에서도 정상 범위로 나타났다. 또한 그녀는 두 번째 사고에 대해서도 정서적으로 민감하게 반응하지 않았다. 그녀는 활동계획을 세우기 시작했으며, 점차 다른 사람들에게 다가가 교류하기 시작했다.

엠마의 가장 심각한 증상이 갑자기 멈추자 그녀와 나는 무척 안심했다. 그러나 이는 나에게 심각한 오류를 가져왔다. 환청이 사라지자, 나는 이를 유발하던 증상 친화 상태(엠마가 다른 사람을 돌볼 수 없게 되면서 생긴 자기혐오와 그것을 느끼지 않으려는 욕구)가 완전히 사라졌다고 생각했다. 엠마의 증언은 이런 내 생각을 뒷받침하는 것처럼 보였다. 그러나 내가 좀 더 자세히 탐색했더라면, 엠마가 환청 유발요인을 아직 실제로 경험하지 않았으며, 엠마가 부정적인 자기판단에 대한 인식으로부터 스스로를 보호하려는 목적도 제대로 깨닫지 못했음을 알았을 것이다. 그녀가 나중에 말해 준 것처럼, 그녀는 여전히 환청에 대해 당황스러워하고 있었으며, 이 목소리가 환청이 아니라 실제로 그녀를 괴롭히는 어떤 실체일지도 모른다는 생각을 버리지 못하고 있었다. 그럼에도 불구하고 오랜 난제를 확실히 해결했다는 사실에 너무 기쁜 나머지, 나는 그녀의 치료에서 집요한 마지막 장애물을 잊고 있었던 것이다.

엠마의 증상 완화는 약 4개월간 지속되었다. 그러나 4개월 뒤 아버지의 건강이 악화되자, 보호자로서 그녀의 부적절한 감정이 되살아났다. 우울증과 더불어 전반적인 증상이 재발했으며, 이로 인해 환청이 다시 괴롭힐지도 모른다는 불안까지 생겼다. 그로 인해 그녀가 더 이상 스트레스를 받지 않는다고 말했던 첫 번째 사고(창문에서 떨어졌던)가 일어났던 날이 되기 2주 전에 환청도 다시 들리기 시작했다.

환청이 재발하자, 엠마는 이전의 경험들이 결국 환청이 아님을 확신하게 되었다. 그래서 사실상 우리는 처음부터 다시 시작해야만 했다. 이제 그녀는 목소리를 증상으로 여기던 1년 전보다 적극성도 훨씬 더 떨어졌다. 그러나 내가 이웃의 괴롭힘을 실제로 멈출 방법이 없다고 지적하자, 그녀는 어쩔 수 없이 이를 증상으로 간주하기로 동의했다. 나는 그녀에게 그녀가 처음 증상에서 '벗어날' 때 안구운동 활용이 도움이 되었음을 상기시켰다. 그리고 이를 다시 한 번 해 보기로 했다. 나는 이번에는 14년 전의 첫 번째 사고에 엠마를 집중시켰다. 물론 그녀는 여전히 그 기억이 고통스럽다는 사실을 부정하고 있었지만 말이다. 그 사고가 일어났던 날 즈음에 증상이 재발했다는 사실은 비록 그것이 무의식적일지라도 이 사고가 여전히 중요한 유발 단서임을 암시했다.

사고가 일어난 날로부터 일주일 후에 했던 다음 안구운동 회기에서 이는 더욱 분명해졌다. 사고 발생과 무력함에 대한 그녀 자신의 분노가 되살아났다. 게다가 그녀는 창문 아래에 떨어져 바닥에 누워 있는 동안 그녀의 부모님이 와서 그녀를 도와주기를 절박하게 기다리며 버려졌다는 느낌을 깊이 재경험하였다. 이제는 명확해진 증상 친화적 의미의 또 다른 요소는 '누구나 나를 쳐다볼 수 있다'는 것이었다. 이는 그녀의 무력함과 굴욕이 과하게 노출되는 것을 의미했다.

이 두 번째 회기에서는 대체로 첫 번째 치료와 동일한 접근을 활용하여 동일한 증상 친화 상태를 재발견하였다. 이 증상 친화 상태로는 도움을 필요로 하는 자기혐오, 타인을 도울 수 없다는 수치심, 지나치게 독립적으로 보이는 것에 대한 갈등(어떻게 그녀가 도움을 구하거나 비난을 피할지 때문에)을 들 수 있다.

그러나 치료는 더 더디고 힘들었다. 어느 날 엠마는 환청과 피해의식보다 아버지의 쇠약함에 대처하는 직접적인 문제에 대해 이야기했다. 그녀는 어느 순간 자살 생각까지 하기 시작해서 결국 다른 문제들을 제쳐 두고 그녀의 안전을 지키느라 몇 회기를 할애하였다.

그러나 상담에서 가장 큰 장애물은 환청이 그녀의 마음속에서 생긴다는 사실을 아예 수용하지 않으려는 그녀의 태도였다. 그녀가 나를 비롯한 모든 사람이 그녀 스스로 환청을 유발한다고 생각한다는 사실을 인정하면서도 말이다. 환청을 유발하는 사람이 그녀 자신임을 경험하게 하려는 나의 노력은 아예 수포로 돌아갔다. 비록 그녀가 그녀에 대한 환청의 부정적 내용이 대부분 자기 생각과 같다는 사실을 인정했음에도 그랬던 것이다.

결국, 성공이냐 절망이냐의 순간인 회기 말미에 나는 그녀가 소리를 유발하는 그녀의 부분을 찾을 방법을 시도하고 싶다고 제안했다. 그녀는 때때로 자신이 소리에 대답하면서, 이제 날 그만 내버려 두고 떠나라고 이야기한다고 말했다. 나는 그녀가 그 소리에 동의하는 '실험'을 해 보기로 했다. 소리가 그녀에게 장애가 있는 척한다고 비난하면, 그녀는 이렇게 말해야 한다. "네, 나는 걸을 수 있어요. 나는 걸을 수 없는 척하는 것뿐이에요." 만약 소리가 그녀를 욕하면 그녀는 그냥 받아들이고 욕에 동의해야 한다. "그냥 실험일 뿐이에요."라고 나는 말했다. "당신은 그 소리들이 예상하지 못할 무언가를 하게 될 거예요." 그녀는 내켜 보이진 않았으나, 그렇게 하기로 했다.

다음 주 그녀는 내가 시킨 대로 했다고 보고하면서, "그렇게 했더니 환청이 멈췄어요."라고 놀라워하며 말했다. 특히 그녀가 걸을 수 있다고 동의하며 그 소리에 대답했을 때 그러했다. 또 이는 엠마가 자기비난적 관점이나 느낌을 부인한 결과로 환청이 나타났다는 사실을 보여 준다. 나는 그녀로부터 그녀가 걸을 수 있다는 동의를 들었을 때 '소리'가 어떤 느낌을 받았을지 상상해 보라고 했으나, 그녀는 그런 관점에서는 바라볼 수 없었다. 그러나 그녀는 '나는 걸을 수 있다.'는 말에 진실로 느껴지는 무언가가 있다고 인식했다. 물론 미친 것처럼 들릴지도 모르지만 말이다. 나는 그녀에게 그녀가 걸을 수 있다는 데 동의하는 것이 진실로 느껴진다고 진술한 문장카드를 주었다.

놀랍게도 다음 회기에서 그녀는 인정하기 시작했다. 엠마는 그녀의 한 부분에서 걸을 수 없다는 사실을 인정하지 않으려 한다는 사실을 발견했다. 그녀는 환청에 동의하면서 이런 점을 경험하게 되었다고 말했다. 나는 그녀가 그토록 '증오'한 이유에 대한 암묵적 일관성을 우리가 이제야 발견했다고 생각했다. 그녀는 숨기고 있었던 것이다. 그녀의 증상 친화 상태는 복잡한 미로와도 같았다. 그녀는 걸을 수 없는 여성이었지만, 그녀의 한 부분에서는 그녀가 걸을 수 없는 것처럼 속이고 있다고 생각했던 것이다. 나는 자문해 보았다. "그렇다면 왜 이렇게 해야만 할까? 왜 걸을 수 없다는 사실을 그토록 강하게 부정해야 할까?" 이 질문에 답하기 위해 나는 잠시 동안 '나는 걸을 수 없어.'라는 구인을 증상으로 보고, 왜 그렇게 믿어야 하는지를 밝히기 위해 증상박탈 훈련을 유도하기 시작했다. 나는 그녀에게 그녀가 정말 걸을 수 없다는 사실을 깨닫게 되면 그녀의 그 부분이 어떨지 상상해 보게 하였다.

긴 정적이 흐르고 그녀가 말했다. "다 제 잘못 같아요." 우리는 그녀의 말이 무슨 뜻인지 면밀히 생각해 보았다. 그 의미는 다음과 같았다. 중요한 것은 그녀의 부주의로 영구적인 장애가 생기고 보호자로서 정체감 상실과 그로 인해 인간으로서의 가치마저 상실한 것에 대해 스스로를 비난해야 한다는 생각을 피하려는 것이었다. 이를 피하는 유일한 방법은 장애가 일어난 것을 부정하고, 그녀가 이를 꾸며내고 있는 것처럼 생각하는 것뿐이었다. 이는 마치 엠마가 다음과 같이 말한 것과도 같다. "그런 일은 일어난 적이 없어요. 나는 여전히 사고가 일어나기 전처럼 용감하고, 활동적이고, 운동을 잘하고, 다른 사람을 도와주며 충분히 자급자족하는 사람이라고요. 나는 여전히 그런 사람이에요."

엠마는 이제 매우 분명히 '부인'이라는 증상 친화 상태에 접하고 있었다. 이는 엠마가 창문에서 떨어져 장애가 생긴 일을 자신의 잘못이라 생각하는 데에서 오는 강렬한 고통으로부터 자신을 보호하는 주요 목적도 포함되어 있다.

그러고 나서 그녀는 이런 내용들을 말하면서 자신이 경험하는 신체 감각에 집중했다. 엠마는 자신의 또 다른 부분(보살핌을 원하지만 무시당하고 버림받았다고 느끼는 부분)이 장애가 있는 척한다고 주장하는 심각한 자기비난적 부분에 얼마나 분노하고 이를 부인하는지를 스스로 깨닫게 되었다. 이번 회기에서 그녀에게 주어진 문장카드는 다음과 같았다.

나는 내가 걸을 수 있다고 믿어야만 했다. 왜냐하면 그렇게 믿지 않으면 나는 사고에 대해 나 자신을 비난할 것이고, 이를 참을 수 없기 때문이다. 그래서 나는 증거가 어떻든 내가 걸을 수 있다고 믿어야 했고, 걷지 못하는 나 자신을 비난할 수밖에 없었다.

이때 치료가 잘 진척되지 않았다. 이는 그녀의 아버지께서 몇 차례 건강이 악화되었기 때문이었다. 그래서 우리는 엠마의 다른 두 부분 간에 나타나기 시작하던 암묵적 불일치를 더 이상 찾아낼 수 없었다. 그녀의 아버지는 이 회기를 마치고 약 한 달 후쯤 돌아가셨다. 그녀는 여러 가지 일로 인해 상담을 취소했으며, 이어진 상담은 치료를 위한 탐색보다 지지를 통한 위로에 더 가까웠다. 엠마는 문장카드를 읽거나 생각할 만한 시간과 여유가 없음을 인정했다. 나는 문장카드를 들고 다니면서 할 수 있을 때 읽어 보라고 격려했다.

이후 5주간 별일 없이 환청 빈도나 강도 모두 약해지면서 엠마는 이것이 실재가 아니라는 느낌을 받기 시작했다. 그녀가 아버지의 장례식을 마친 후 첫 번째 상담을 왔을 때에는 환청이 일주일 내내 전혀 들리지 않았다. 우리는 환청이 엠마의 마음속에서 생겨난 것이라는 사실이 그녀에게 어떤 의미인지에 대해 이야기했다. 엠마는 나에게 자신이 환청을 듣는다는 사실이 수치스러웠으며, 자신이 이를 유발한다는 사실도 믿고 싶지 않았다고 말했다. 그러나 환청은 이제 장애가 생겨 도움을 필요로 하는 자신을 증오하는 것과 다름없어 보인다고 말했다. 엠마는 별 어려움 없이 환청을 그녀의 곤경을 부인한 분노 표현으로 수용하는 것처럼 보였다. 또한 이제는 보호받으려는 그녀의 욕구를 더 이상 부정하거나 거부할 필요가 없었다. 이제 엠마는 '간호사이자 남을 보살펴 주는 엠마'라는 관점에서 벗어나 자신을 볼 수 있게 되었다. 그리고 자신을 증오하기보다 연민의 감정으로 바라보게 되었다. 마침내 첫 번째 추락사고에서 생긴 처음 며칠간의 엄청난 자기비난이 밝혀지면서, 엠마는 이러한 분노와 비난 구인을 그녀의 또 다른 부분인 연민 어린 간호사로서 지녔던 다른 태도, 신념, 성인기의 경험, 학습과 불일치시키기 위해 이용하였다. 주요 치료경험은 이 두 가지 상반되는 지식 또는 귀인된 의미가 서로 만나 결국 통합되는 과정으로 구성되었다.

몇 주 후에야 나는 엠마에게 이러한 자기비난이 생긴 이유를 알게 되었다. 환청이 사라지면서, 엠마는 힘든 정서 표현과 친구와의 교류에 대한 불안 등의 긴급한 문제들에 집중할 수 있었다. 이 상담과정에서 그녀는 장애라는 현실을 거부하던 그녀의 증상 친화 상태가 왜 그렇게 깊이 자리 잡고 있었는지를 밝혀 주는 중요한 과거를 드러냈다. 그녀는 다음과 같이 말하며 회기를 시작했다. "전에 한 번도 말하지 않았던 것에 대해 이야기하고 싶군요." 그녀가 9세 때 아이들에게 드문 척추 손상인 허리 디스크가 있었다는 사실을 털어놓았다. 그녀는 수술을 위해 2주간 병원에 입원해 있었는데, 그때 처음 다발성 경화증이라는 진단을 받았다. 그녀의 부모님은 그 후 6개월 동안 미국 서부 전역의 전문의들을 찾아다니며 그녀에게 필요한 의료적 지원을 하였다. 그럼에도 불구하고 그녀는 부모님으로부터 강한 무언의 메시지를 받았는데, 이것이 곧 암묵적 정서학습이 되었다. 이 메시지는 바로 그녀가 그 상황에 대해 어떤 고통도 드러내면 안 된다는 것이었다. 왜냐하면 이는 그녀의 약한 모습을 드러내는 것이기 때문이라는 것이다. 그녀는 "나는 어머니를 위해서라도 강해져야만 했어요."라고 말했다. 더구나 그녀의 다발성 경화증은 그 후 오랫동안 증상이 없었기 때문에 그녀는 이 기억을 아예 덮어 버렸다. 때로는 그 진단이 오진이었다고 스스로 확신할 정도였다. 이러한 그녀의 과거로 인해 나는 그녀가 아주 어렸을 때부터 부인을 활용하였으며, 가정에서 수용받고 인정받기 위해 부인의 필요성을 학습했음을 알게 되었다. 어린아이가 병원에서 그렇게 오랜 시간을 보내고 다발성 경화증으로 진단받았다는 것은 매우 두려운 일이었을 것이다. 그러나 그녀는 아무 일도 아닌 것처럼 행동해야 했다. 현실임에도 불구하고 현실이 아닌 것처럼 대해야 했다. 엠마의 어머니(아마도 그녀의 부모님 두 분 다)는 장애에 굴복하거나 이를 인정하는 것마저 실패로 여겼다. 나는 엠마에게 왜 미리 이 사실을 이야기하지 않았는지를 물었다. 그녀는 나에게 그것이 항상 부끄러웠다고 말했다. 그녀는 상담을 시작한 지 1년이 넘어서야 그녀가 아동기 때 버림받고 사랑받지 못했다고 느낀 것을 내가 약점으로 여기지 않을 것이라고 생각했던 것이다. 적어도 그녀가 40년간 척추 질환과 다발성 경화증에 대해 그렇게 강한 수치심을 지녔다는 사실을 알았다면, 처음부터 치료 시도가 훨씬 더 집중적이고 효과적이었을 것이다. 분명히 우리의 관계 덕분에 괴로운 환청을 만들어 내는 증상 친화적 구인이나 자기비난과 자연스러운 불일치가 일어난 것처럼 보였다. 엠마의 가족이 은연중에 했던 것과 달리, 나는 그녀의 신체적 고통과 같은 어려운 현실을 인정한다고 해서 그녀의 고통을 과소평가하거나 그녀를 약하게 여기지 않았다. 엠마에게는 이처럼 비판단적인 수용이 매우 새로운 경험이었던 것이다.

내가 다른 도시로 상담실을 옮기면서 엠마의 상담은 끝나게 되었다. 당시 그녀는 몇 달 동안 환청이 들리지 않았다. 그녀는 기분이 좋았으며, 인간관계 개선과 좀 더 편안한 감정 표현 및 정서 욕구 표현에 집중하고 있었다. 우리의 마지막 상담은 그녀의 첫 번째 사고가 일어난 지 15년이 되는 날로부터 1주 후에 있었다. 그날이 다가오자 그녀는 환청이 다시 들릴까 봐 불안해하고 두려워했다. 그녀는 "나는 내가 환청을 유발한다는 것을 알아요. 하지만 확신하지는 못하겠어요."라고 말했다. 다행히 환청은 재발하지 않았다.

나는 엠마에게 작별인사를 하며, 다른 치료자를 소개해 주었다. 그러나 몇 달 후 내가 추수상담을 위해 그녀에게 전화해서 이 글의 초고에 대해 검토를 요청할 때, 그녀는 더 이상 그를 만나지 않는다고 말했다. 그녀는 밝았으며, 그녀의 사교활동 역시 활발했다. 또한 그녀는 이제 이웃들과도 더 이상 문제가 없었다. 엠마는 1년 동안 그녀의 주요 증상이 없었던 것이다.

변화가 일어난 이유는?

엠마의 다양한 증상 친화 상태는 항상 장애라는 현실에 직면하기가 너무 괴로워 감당할 수 없다는 암묵적 의미들이었다. 그녀의 모든 증상 친화적 의미와 전략뿐만 아니라 그 표현인 증상은 엠마가 부모의 애착 요구를 따르기 위해 자신의 장애를 수용하면 안 된다는 핵심지식에서 나온 것이다. 암묵적 지식은 '장애에 굴복하면 안 된다.'는 것이었다. 이 암묵적 지식과 '실제 장애를 직시하고 그렇게 해도 치명타를 입지 않는다.'는 모순된 경험을 반복적으로 병치하였다. 내가 그녀에게 비판단적·수용적 태도를 보이면서 그녀는 나에게 신뢰를 쌓아 갔다. 이는 그녀가 부모님으로부터 학습했던, 버림받을지도 모른다는 평생에 걸친 불안감을 부정하고 제거하였다. 이로 인해 그녀는 부정을 필요로 하던 학습 상태를 인식하고, 부정 상태에서 벗어나 타인을 보살피는 유능한 간호사였던 자신에게 연민과 이해를 보일 수 있게 되었다. '장애에 직면하면 모든 것이 치명타를 입을 거예요.'와 '나는 내 장애를 직시할 수 있어요.'에 대한 암묵적 병치가 반복되면서 마침내 '장애를 직시하면 내가 치명타를 입을 거예요.'라던 실체가 사라졌다. 장애로 인한 고난과 실체를 인정하지 않으려 했던 것(그렇게 하지 않으면 어머니가 자신을 나약하고 혐오스러운 아이로 볼 것이라 생각했기 때문에)이 엠마가 보이는 증상 대부분의 목적이었다. 따라서 특정 목적이 사라짐에 따라 증상들 역시 자연스럽게 사라졌다.

엠마의 치료에서 주요 의문점은 양측 안구운동의 역할이었다. 나는 엠마에게 사고로 인한 미해결 외상 후 스트레스를 해결하기 위해 EMDR 프로토콜의 일부를 도입했다. 그러나 여기에서 병행한 안구운동은 일반적인 EMDR 프로토콜을 따르지 않았다. 그 이유는 그녀의 치료과정이 단편적 외상기억으로 인한 일관된 이야기(가장 흔한 외상 해결과정)와 관련된다는 증거가 거의 없었기 때문이다. 안구운동으로 구체적인 무의식적 정서문제와 목적을 저절로 인식하게 되면서, 다른 기법과 달리 일관성치료의 발견과정에 도움이 되었다. 이는 정서 인식과 표현이 엠마의 마음속에서 약점 및 욕구와 관련되어 그녀에게 꽤 위협적이었기 때문에 더욱 인상적이었다. 엠마가 언어적 접근을 통해 변연계에 이르기는 매우 어려웠다. 그리고 집중기법(Gendlin, 1982)

이나 게슈탈트 신체지각 기법 등을 활용해도 그녀의 몸이 정서를 인식하지 못했다. 그때야 나는 일관성치료와 EMDR을 함께 활용하는 다른 상담치료자들이 다른 전략으로 실패한 후에 안구운동이 일관성치료의 정서 인출에 효과적임을 발견했다는 사실을 깨닫게 되었다.

일단 엠마가 근원적인 정서적 진실의 문을 열자, 우리는 필요에 따라 안구운동이나 구조화된 기법들을 활용했으나, 주로 아주 일반적인 일관성치료 방법을 활용하였다. 발견 작업을 위해 이런 기법들을 유연하게 활용함으로써, 엠마는 자신의 치료과정을 안내하고, 장애로 인한 수치심과 두려움에 직면해서 극복할 용기를 찾게 되었다.

|주요 어휘 풀이 |

- '내 기억 속에 들어가기' 작업: 극심한 공포나 절망감, 강박적인 행동반응, 끈질긴 무력감 등과 같은 정서적 고통을 유발하는 이 전략은 현재의 상황이 어떻게 내담자에게 이전의 가혹한 고통을 상기시키는지를 인식하고 느낄 단서로 활용되는 경험 작업방법으로 이때의 감정은 원래 느꼈던 것처럼 생생한 기억이다.

- 경험 작업: 내담자의 관심이 거의 대부분 비언어적이고 비지적인 회기의 작업 단계로, 카타르시스나 아주 강력하고 극적인 기법과 동일시할 정도로 편협하지는 않다. 일관성치료에서 '경험적'이라는 말은 내담자가 증상을 유발하는 정서적 스키마의 정서적 진실을 현재시제로 일인칭 시점에서 주관적으로 몰입하여 말하는 것을 의미한다.

- 경험적 부조화: 인지 부조화 현상의 확장으로, 부조화를 이루는 양립 불가능한 지식의 정서적·감각적 측면을 총체적으로 경험하는 것과 관련된다.

- 구성주의: 마음이 지식을 어떻게 형성하고 조직하는지를 설명하고 그 지식에 따라 반응하는 개념적 패러다임 또는 인식론이다. 지각자(perceiver)의 마음이 경험된 '실재'를 무의식적으로 적극 형성하고 구성하며, 이런 '실재' 자체에 존재하는 것처럼 보이는 의미 역시 지각자가 적극 부여한다는 견해에 바탕을 둔다. 심리치료를 이끌어 갈 때 다양한 형태로 활용되며, 심리치료자

가 내담자에게 줄 객관적인 '정확한' 지식을 지녔다는 사고를 지양한다는 시
사점을 준다.

- 구인: 감각적·지각적, 서사적·언어적·개념적, 정서적·체감각적 방식 등
  어떤 경험방식으로든 자신과 세계에 대한 내적 표상이다. 구인은 지식단위
  로 작동하는 실재에 대한 모델이다. 구인이 적용되면 그 표상은 사실처럼
  보인다. 연계된 구인의 모임은 스키마, 즉 단일 구인보다 더욱 정교한 정신
  모델을 이룬다.

- 기억 재공고화: 뇌에 필요한 특정의 연속경험이 시작될 때 표적 정서학습과 관
  련된 시냅스가 열려 새로운 경험에 의한 기억 재부호화가 가능해짐으로써
  (몇 시간 동안) 새로운 학습의 특징에 따라 원래의 학습이 제거, 약화, 수정
  또는 강화되는 신경가소성 유형이다.

- 명시적 진술: 증상의 정서적 진실(증상을 필요로 하는 암묵적 지식이 인출된 것)
  의 일부 혹은 전체를 간결하고 정서적으로 솔직한 현재시제의 나 전달법(변
  연계 언어)으로 말하는 기법으로, 심리치료자의 안내에 따라 상담 중에 크게
  말한다. 상상 속이든 개인적으로든 정서적으로 관련된 사람이나 심리치료
  자에게 직접 말한다. 발견, 통합, 변형 및 변형 확인을 촉진하기 위해 활용
  되는 일관성치료의 기본 전략 중 하나다.

- 모순된·불일치 지식: 개인의 표적 정서학습과 근본적으로 양립 불가능한 생
  생한 지식이다. 이 두 지식을 함께 경험할 경우 둘 다 실재처럼 느껴지기도
  하지만, 둘 다 실재일 수는 없으며, 그 결과는 치료적 재공고화 과정의 C단
  계다.

- 문장 완성: 여러 분야에서 오래도록 활용되어 온 경험적·투사적 방법으로,
  증상 발생을 필요로 하는 무의식적 정서지식을 발견하기 위한 일관성치료
  의 기본 방법(즉, 초기의 유도)이다. 문장의 첫 부분이나 줄거리는 심리치료
  자가 고안하며 내담자는 이를 큰 소리로 말해야 한다. 내담자는 이 문장을
  미리 생각하거나 의식적으로 끝맺으려 하지 말고 그냥 떠오르는 대로 완성
  하도록 지시받는다. 이는 새로운 끝맺음이 떠오를 때까지 동일한 줄거리를

반복한다.

• 문장카드 과제: 일관성치료에서 증상 친화 상태의 발견, 통합, 변형을 유지 · 촉진하기 위해 고안된 회기 간 과제를 구조화하는 기법이다. 내담자는 주머니에 들어갈 만한 문장카드에 쓰인 짧은 문장을 매일 읽어야 한다. 내담자는 회기 동안에 도달한 핵심 내용을 정서적 수준에서 계속 유지하기 위해 이 카드를 활용한다.

• 반작용적 변화: 새로운 학습을 통해 선호하는 반응을 개발하고 원치 않는 반응을 억제하고 중지시키지만, 원치 않는 반응을 생성하는 기존 학습을 제거하지 못한다는 점에서 변형적 변화와 크게 다르다.

• 발견단계: 행동, 정서, 사고로 드러난 증상을 유지시키는 내담자의 암묵적 정서지식을 처음으로 명시적 인식 상태로 이끌어 내기 위해 경험적 방법을 활용하는 과정으로, 치료적 재공고화 과정의 인출단계(B단계)의 첫 부분이자 일관성치료의 첫 단계다.

• 변연계 언어: 암묵적 정서지식의 인출과 경험을 촉진하기 위해 일관성치료에서 활용되는 언어양식이다. 내담자가 자신의 증상 친화적 지식에 대한 주관적 경험을 말할 때 정서적으로 아주 솔직하고 간결하고 현재시제로 표현하며 인칭대명사와 개인적 용어를 최대한 활용하여 생생하다.

• 변연계: 포유류의 뇌와 내측 측두엽으로 알려진 부위로, 이 피질하부는 정서학습과 정서기억에 주요 역할을 하는 편도체나 해마와 같은 수많은 구조로 이루어져 있으며, 이 체계에 대한 지식은 특히 심리치료와 관련된다.

• 변형단계: 내담자의 증상 친화적 스키마를 구성하는 핵심구인을 영구적으로 제거하거나 수정하여 증상을 수반하는 반응을 유발하는 정서적 현실(혹은 부분이나 자아 상태)이 더 이상 존재하지 않는다. TRP의 2단계와 3단계에서 병치경험을 통해 이루어지며, 일관성치료의 세 번째 단계이자 마지막 단계다.

• 변형적 변화: 문제가 되는 정서학습이 실제로 없어지고 제거되는 변화로, 이때 이 학습에 바탕을 둔 증상들이 사라지고 재발하지 않는다. 이는 근원적

인 정서학습이 그대로 남아 증상을 지속적으로 관리하고 억제해야 하는 반
작용적 변화와 다르다.

- 변형절차: 치료적 재공고화 과정의 1-2-3단계로, 증상을 요구하는 스키마의
재활성화, 불일치 지식의 활성화, 부조화된 지식과 스키마의 반복적인 병치
로 구성된다. 제거절차와 동일한 의미로 일관성치료의 변형단계에서 일어
난다.

- 변형 특수요인: 치료적 재공고화 과정을 구성하는 과제와 경험 절차로, 변형적
변화를 위해 필요한 요인으로서 변형적 변화를 가져오는 심리치료들이 서
로 공유한다.

- 병치경험: 양립 불가능한 두 가지 개인적 지식을 동일한 인식 상태에서 동시에
경험하는 것이다. 그 둘을 각기 정서적 실재처럼 느끼며, 그중 하나는 증상
을 유발하는 지식을 인출한 것이다. 일관성치료의 변형단계나 치료적 재공
고화 과정에서 핵심적인 변화과정으로, 제거(변형)절차인 2단계와 3단계에
일어난다.

- 부조화 탐지: 새롭고 낯선 지식을 의식적으로 경험할 때 나타나는 뇌의 자동
적 기능으로, 많은 경우에 기존의 모순된 지식을 효율적으로 인식하게 한
다. 기존의 의식적 지식이 축적된 한 개인의 광대한 기억과 비교하여 새로
인출된 각각의 암묵적 구인을 조사한다. 증상 친화적 스키마가 인출된 후
(TRP B단계), 모순된 지식을 찾기 위해(TRP C단계) 일관성치료에서 활용되는
가장 중요한 자원 중 하나다.

- 순차적 접근: 순차적이고 경험적인 발견과정이다. 증상을 유발하는 정서적 스
키마의 어떤 출현요소든 주의를 완전히 기울일 때 경험되며, 이후에 직접
관련된 구인이 자발적으로든 심리치료자의 유도에 의해서든 주관적으로 자
명하고 접근 가능한 인식 상태가 된다.

- 스키마: 자신 또는 세계의 기능에 대한 모듈식 정신 모델로, 연계된 구인(비교
적 좀 더 간단한 내적 표상)의 모임으로 구성된다. 정서 뇌에 의해 형성된 스
키마는 비언어적이며 암묵적이기 때문에 의식적 인식 상태로 드러나지 않

는다(그 적응반응은 의식적으로 확실함에도 불구하고). 의식할 때, 스스로 형성한 모델로 경험되기보다 실재의 본질로 경험된다.

• 신경가소성: 신경회로나 네트워크를 수정하거나 재조직하는 뇌의 다양한 적응활동으로 다양한 신경생물학적 메커니즘을 활용한다.

• 심리치료의 통합: 다양한 심리치료 체계를 종합적으로 이해하고 활용하는 체계다. 몇 가지 다양한 통합 지침 원리에 따라 개발된 다양한 체계의 특징이 정해진다. '공통요인' 원리에서는 특수 변형요인(치료적 재공고화 과정에 의해 제공되는 통합 유형)의 다양한 체계뿐만 아니라 일반적 공통요인 체계를 포함하는 범주를 규정한다.

• 암묵적 지식/암묵적 기억: 행동, 기분, 정서, 사고에 반응하고 이에 대한 반응을 일으킴에도 불구하고 개인이 지녔거나 학습했음을 인식하지 못하는 습득된 지식이다.

• 애착조건: 애착관계에서 의미 있는 타인과 유효한 관계 형태뿐만 아니라, 그런 관계에서 수용되기 위해 필요하거나 금지된 특정 행동, 사고 및 감정을 규정하는 내담자의 습득된 지식이나 개념(대부분의 경우에 거의 무의식적이고 암묵적임)이다. 사랑의 조건에 대한 개인의 상세하고 생생한 지식이다.

• 일관성치료: 적응적 · 암묵적 정서학습에 따라 필요에 의해 증상이 존재한다는 임상적 관찰을 기반으로 개인, 부부, 가족 상담을 경험적으로 실시하는 방법과 개념들을 종합한 치료법이다. 반작용적 변화와 크게 다른 변형적 변화를 가져오는 치료법으로, 치료적 재공고화 과정의 각 단계를 명시적으로 요구하고 안내하는 절차지도(procedural map)와 방법론을 지닌 심리치료 형태다.

• 일관적 공감: 증상의 정서적 진실, 즉 근원적인 적응적 정서학습에 따라 왜 내담자의 증상 유지가 필요하고 당연한지에 초점을 둔 공감이다. 일관성치료의 전문화된 공감 활용법으로, 증상을 유발하는 암묵적 정서학습을 신속하게 성공적으로 인출하는 핵심요소다.

• 재공고화: 기억 재공고화를 참조하라.

- **접근절차**: 치료적 재공고화 과정의 초기 준비단계(A-B-C)다. 증상 확인, 표적학습 인출(일관성치료의 발견단계 및 통합단계와 일치), 불일치 지식 확인(일관성치료의 변형단계의 초기 절차)으로 구성된다.

- **정서 뇌**: 의식적 · 무의식적인 정서경험의 여러 측면과 관련된 피질하부와 피질 영역을 총칭한다. 피질하부의 변연계와 우반구 영역을 포함하며, 정서 뇌의 기능으로는 정서학습과 정서기억의 형성, 이미 형성된 정서기억의 탈학습 및 제거를 들 수 있다.

- **정서 일관성 체계**: 다음의 세 가지와 관련된 임상적 · 신경생물학적 지식의 총체다. 이는 ① 정서학습과 정서기억이 특히 무의식적 정서학습 및 정서반응에 내재하는 깊은 의미나 적응적 적절성과 관련하여 어떻게 작동하는가, ② 실험실 연구에서 밝혀진 바와 같이 기억 재공고화를 통한 암묵적 정서지식의 탈학습과 제거, ③ 치료적 재공고화 과정을 활용한 재공고화의 임상적 적용이다.

- **정서학습/정서기억**: 강한 정서가 존재할 때 일어나는 학습으로, 개인은 뇌의 무의식적 또는 '암묵적' 기억 네트워크 내에 지각이나 정서와 같은 원자료를 적응적으로 일반화하는 정신 모델(템플릿 또는 스키마)을 형성한다. 암묵적 정서기억은 유사한 상황의 발생을 탐지하기 위해 작동하며, 강력하고 신속하게 자기방어적이거나 이익 추구적인 반응을 일으킨다.

- **정신 모델**: 어떤 것의 본질, 의미, 기능에 대한 내적 표상으로, 개념적 · 지각적 · 정서적 · 체감각적으로 습득된 지식의 주요 형태와 내용의 일종이다. 이는 경험을 조직하고 그에 반응하는 개인의 마음에 의해 적극적이고 적응적으로 형성된다.

- **제거절차**: 치료적 재공고화 과정의 1-2-3단계로, 증상을 요하는 스키마의 재활성화, 동시에 불일치 지식의 활성화 및 스키마를 부조화 지식과 반복적으로 짝짓는 과정으로 구성되며, 임상적 맥락에서 활용되는 '변형절차'와 동의어로 뇌과학과 실험실 상황에서는 '제거절차'로 부른다.

- **증상 일관성**: 일관성치료에서 증상 발생과 증상 중단의 핵심 원리다. 내담자

의 무의식적·적응적인 정서학습이나 스키마 중 적어도 한 가지로 인해 강력한 필요에 따라 현재 증상이 나타난다는 관점으로, 그 증상을 필요로 하는 어떤 정서적 스키마가 없으면 증상이 일어나지 않기 때문에 증상을 중지시킬 다른 방법이 필요하지 않다고 본다.

- **증상 대립 상태**: 호소 증상에 대한 내담자의 초기의 의식적 관점이다. 이는 증상을 무의미하고 전혀 바람직하지 않으며 원치 않을 뿐만 아니라 결핍, 결함, 질병, 비합리성 또는 해로움에 기인한다고 규정하는 구인으로 구성된다.

- **증상 박탈**: 증상을 유발하는 암묵적인 정서적 스키마를 명시적 인식 상태로 이끌어 내는 경험적 발견전략으로, 증상의 근원적인 정서적 필요성을 활용한다. 증상이 일어나던 상황에서 증상이 중지될 때 나타나는 원치 않는 결과를 알아차리는 상상경험을 안내함으로써 증상의 적응적 필요성이 드러나기 시작한다. 일관성치료의 기본 전략 중 하나다.

- **증상의 정서적 진실**: 안전, 복지 또는 정의를 위해 현재의 증상을 강력히 요구하는 내담자의 무의식적인 정서지식으로, 증상을 요하는 스키마, 증상 친화 상태 및 증상의 일관성 등으로 일컬어진다.

- **증상 친화 상태**: 일관성치료에서 내담자가 이전에 무의식적으로 학습한 정서적 스키마를 칭하는 용어로, 현재의 증상을 강력하게 필요로 한다. 증상을 필요로 하는 스키마와 증상의 정서적 진실은 동일한 의미다.

- **치료적 재공고화 과정(TRP)**: 현재 증상의 근원인 표적 정서학습을 없애는 기억 재공고화를 활용하기 위해 심리치료 회기에서 필요한 일련의 과제와 경험이다.

- **통합단계**: 스키마의 내용이나 정서적 진실을 바꾸려 하지 않고 스키마나 상태를 반복적으로 확인하고 의도적으로 표현하는 경험을 통해 내담자가 최근에 발견한 증상 친화적 스키마를 일상적으로 의식하도록 촉진하는 과정이다. 치료적 재공고화 과정의 인출단계(B단계)의 두 번째 혹은 마지막 부분이자 일관성치료의 두 번째 단계다.

| 참고문헌과 더 읽을거리 |

Ainsworth, M. (1967). *Infancy in Uganda: Infant care and the growth of love.* Baltimore, MD: Johns Hopkins University Press.

Arden, J. B,. & Linford, L. (2009). *Brain-based therapy with adults: Evidence-based treatment for everyday practice.* Hoboken, NJ: Wiley.

Badenoch, B. (2008). *Being a brain-wise therapist: A practical guide to interpersonal neurobiology.* New York, NY: W. W. Norton.

Badenoch, B. (2011). *The brain-savvy therapist's workbook.* New York, NY: W. W. Norton.

Baikie, K. A., & Wilhelm, K. (2005). Emotional and physical health benefits of expressive writing. *Advances in Psychiatric Treatment, 11,* 338-346.

Bandler, R., & Grinder, J. (1979). *Frogs into princes: Neuro linguistic programming.* Moab, UT: Real People Press.

Barry, R. A., Kochanska, G., and Philibert, R. A. (2008). G×E interaction in the organization of attachment: Mothers' responsiveness as a moderator of children's genotypes. *Journal of Child Psychology and Psychiatry, 12,* 1313-1320.

Bateson, G. (1951). Information and codification: A philosophical approach. In J. Ruesch & G. Bateson (Eds.), *Communication: The social matrix of psychiatry* (pp. 168-211). New York, NY: W. W. Norton.

Bateson, G. (1972). *Steps to an ecology of mind.* New York, NY: Ballantine.

Bateson, G. (1979). *Mind and nature.* New York, NY: Bantam Books.

Beck, A. (1979). *Cognitive therapy and the emotional disorders*. New York, NY: Plume.

Bouton, M. E. (2004). Context and behavioral processes in extinction. *Learning and Memory, 11*, 485–494.

Bowlby, J. (1988). *A secure base: Clinical applications of attachment theory*. London, UK: Routledge.

Bowlby, J. (1998). *Attachment and loss, Vol. 2: Separation*. New York, NY: Vintage/Ebury.

Brewin, C. R. (2006). Understanding cognitive–behaviour therapy: A retrieval competition account. *Behaviour Research and Therapy, 44*, 765–784.

Cammarota, M., Bevilaqua, L. R. M., Medina, J. H., & Izquierdo, I. (2004). Retrieval does not induce reconsolidation of inhibitory avoidance memory. *Learning & Memory, 11*, 572–578.

Cassidy, J., & Shaver, P. (Eds.). (2008). *Handbook of attachment: Theory, research, and clinical applications* (2nd ed.). New York, NY: Guilford Press.

Connors, M. E. (2011). Attachment theory: A "secure base" for psychotherapy integration. *Journal of Psychotherapy Integration, 21*, 348–362.

Cozolino, L. (2002). *The neuroscience of psychotherapy: Building and rebuilding the human brain*. New York & London, UK: W. W. Norton.

Cozolino, L. (2010). *The neuroscience of psychotherapy: Healing the social brain* (2nd ed.). New York, NY: W. W. Norton.

Deacon, B. J., Fawzy, T. I., Lickel, J. J., & Wolitzky-Taylor, K. B. (2011). Cognitive defusion versus cognitive restructuring in the treatment of negative self–referential thoughts: An investigation of process and outcome. *Journal of Cognitive Psychotherapy, 25*, 218–228.

Debiec, J., Doyère, V., Nader, K., & LeDoux, J. E. (2006). Directly reactivated, but not indirectly reactivated, memories undergo reconsolidation in the amygdala. *Proceedings of the National Academy of Sciences of the United States of America, 103*, 3428–3433.

DeCasper, A. J., & Carstens, A. A. (1981). Contingencies of stimulation: Effects on learning and emotion in neonates. *Infant Behavior and Development, 4*, 19–35.

Dell, P. (1982). Beyond homeostasis: Toward a concept of coherence. *Family*

Process, 21, 21-41.

Della Selva, P. C. (2004). *Intensive short-term dynamic psychotherapy: Theory and technique.* London, UK: Karnac.

Dick, D. M., Meyers, J. L., Latendresse, S. J., Creemers, H. E., Lansford, J. E., Pettit, G. S., et al. (2011). CHRM2, parental monitoring, and adolescent externalizing behavior: Evidence for gene-environment interaction. *Psychological Science, 22*, 481-489.

Dobson, D., & Dobson, K. S. (2009). *Evidence-based practice of cognitive-behavioral therapy.* New York, NY: Guilford Press.

Dodes, L. (2002). *The heart of addiction.* New York, NY: HarperCollins.

Dudai, Y., & Eisenberg, M. (2004). Rites of passage of the engram: Reconsolidation and the lingering consolidation hypothesis. *Neuron, 44*, 93-100.

Duncan, B. L., Miller, S. D., Wampold, B. E., & Hubble, M. A. (Eds.). (2009). *The heart and soul of change: Delivering what works in therapy* (2nd ed.). Washington, DC: American Psychological Association Press.

Duvarci, S., Mamou, C. S., & Nader, K. (2006). Extinction is not a sufficient condition to prevent fear memories from undergoing reconsolidation in the basolateral amygdala. *European Journal of Neuroscience, 24*, 249-260.

Duvarci, S., & Nader, K. (2004). Characterization of fear memory reconsolidation. *Journal of Neuroscience, 24*, 9269-9275.

Ecker, B. (2003). The hidden logic of anxiety: Look for the emotional truth behind the symptom. *Psychotherapy Networker, 27*(6), 38-43, 58.

Ecker, B. (2006). The effectiveness of psychotherapy. Keynote address, 12th Biennial Conference of the Constructivist Psychology Network, University of California, San Marcos, CA. Transcript: www.coherencethnography.org/files/ecker2006cpnkeynote.pdf

Ecker, B. (2008). Unlocking the emotional brain: Finding the neural key to transformation. *Psychotherapy Networker, 32*(5), 42-47, 60.

Ecker, B. (2011, January 13). Reconsolidation: A universal, integrative framework for highly effective psychotherapy. Retrieved January 31, 2012, from www.mentalhelp.net/poc/view_index.php?idx=119&d=l&w=487&e=41665

Ecker, B., & Hulley, L. (1996). *Depth oriented brief therapy.* San Francisco, CA: Jossey-Bass.

Ecker, B., & Hulley, L. (2000a). Depth-oriented brief therapy: Accelerated accessing of the coherent unconscious. In J. Carlson & L. Sperry (Eds.), *Brief therapy with individuals and couples* (pp. 161-190). Phoenix, AZ: Zeig, Tucker, & Theisen.

Ecker, B., & Hulley, L. (2000b). The order in clinical "disorder": Symptom coherence in depth oriented brief therapy. In R. A. Neimeyer & J. D. Raskin (Eds.), *Constructions of disorder: Meaning-making frameworks for psychotherapy* (pp. 63-89). Washington, DC: American Psychological Association Press.

Ecker, B., & Hulley, L. (2002a). Deep from the start: Profound change in brief therapy. *Psychotherapy Networker, 26*(1), 46-51, 64.

Ecker, B., & Hulley, L. (2002b). DOBT toolkit for in-depth effectiveness: Methods and concepts of depth-oriented brief therapy. *New Therapist, 20*, 24-29.

Ecker, B., & Hulley, L. (2008a). Coherence therapy: Swift change at the core of symptom production. In J. D. Raskin & S. K. Bridges (Eds.), *Studies in meaning 3* (pp. 57-83). New York, NY: Pace University Press.

Ecker, B., & Hulley, L. (2008b). *Compulsive underachieving.* [Video, transcript, commentaries.] Oakland, CA: Coherence Psychology Institute. Online: www.coherence-therapy.org/resources/videos.htm

Ecker, B., & Hulley, L. (2008c). *Down every year.* [Video, transcript, commentaries.] Oakland, CA: Coherence Psychology Institute. Online: www.coherencethnography.org/resources/videos.htm

Ecker, B., & Hulley, L. (2008d). *Stuck in depression.* [Video, transcript, commentaries.] Oakland, CA: Coherence Psychology Institute. Online: www.coherencethnography.org/resources/videos.htm

Ecker, B., & Hulley, L. (2011). *Coherence therapy practice manual and training guide.* Oakland, CA: Coherence Psychology Institute. Online: www.coherencethnography.org/resources/manual.htm

Ecker, B., & Hulley, L. (2012). *Manual of juxtaposition experiences: How to create transformational change using disconfirming knowledge in Coherence Therapy.* Oakland, CA: Coherence Psychology Institute. Online: www.coherencethnography.org/resources/juxt-manual.htm

Ecker, B., & Toomey, B. (2008). Depotentiation of symptom-producing implicit memory in coherence therapy. *Journal of Constructivist Psychology, 21*, 87–150.

Eichenbaum, H. (2004). An information processing framework for memory representation by the hippocampus: The cognitive neuroscience of knowing one's self. In M. S. Gazzaniga (Ed.), *The cognitive neuroscience III* (pp. 1077–1089). Cambridge, MA: MIT Press.

Eisenberg, M., Kobilo, T., Berman, D. E., & Dudai, Y. (2003). Stability of retrieved memory: Inverse correlation with trace dominance. *Science, 301*, 1102–1104.

Elliott, R., Greenberg, L., & Lietaer, G. (2003). Research on experiential psychotherapy. In M. Lambert (Ed.), *Bergin & Garfield's handbook of psychotherapy & behavior change* (pp. 493–539). New York, NY: Wiley.

Feinstein, D. (2010). Rapid treatment of PTSD: Why psychological exposure with acupoint tapping may be effective. Psychotherapy: Theory, Research, Practice, *Training, 47*, 385–402.

Festinger, L. (1957). *A theory of cognitive dissonance*. Stanford, CA: Stanford University Press.

Fisher, R. (2011). Dancing with the unconscious: An approach Freud never dreamed of. *Psychotherapy Networker, 35*(4), 59–63.

Foa, E. B., & Kozak, M. J. (1986). Emotional processing of fear: Exposure to corrective information. *Psychological Bulletin, 99*, 20–35.

Foa, E. B., & McNally, R. J. (1996). Mechanisms of change in exposure therapy. In R. M. Rapee (Ed.), *Current controversies in the anxiety disorders* (pp. 329–343). New York, NY: Guilford Press.

Folensbee, R. W. (2007). *The neuroscience of psychological therapies*. New York, NY: Cambridge University Press.

Forcato, C., Argibay, P. F., Pedreira, M. E., & Maldonado, H. (2008). Human reconsolidation does not always occur when a memory is retrieved: The relevance of the reminder structure. *Neurobiology of Learning and Memory, 91*, 50–57.

Forcato, C., Burgos, V. L., Argibay, P. F., Molina, V. A., Pedreira, M. E., & Maldonado, H. (2007). Reconsolidation of declarative memory in humans. *Learning & Memory, 14*, 295–303.

Fosha, D. (2000). *The transforming power of affect*. New York, NY: Basic Books.

Fosha, D. (2002). The activation of affective change processes in AEDP (Accelerated Experiential-Dynamic Psychotherapy). In J. J. Magnavita (Ed.), *Comprehensive handbook of psychotherapy, Vol. 1* (pp. 309-344). New York, NY: Wiley.

Fosha, D. (2003). Dyadic regulation and experiential work with emotion and relatedness in trauma and disordered attachment. In M. F. Solomon & D. J. Siegel (Eds.), *Healing trauma: Attachment, trauma, the brain and the mind* (pp. 221-281). New York, NY: W. W. Norton.

Fosha, D., Siegel, D. J., & Solomon, M. F. (Eds.). (2010). *The healing power of emotion: Affective neuroscience, development & clinical practice.* New York, NY: W. W. Norton.

Franklin, T. B., Russig, H., Weiss, I. C., Gräff, J., Linder, N., Michalon, A., et al. (2010). Epigenetic transmission of the impact of early stress across generations. *Biological Psychiatry, 68,* 408-415.

French, G. D., & Harris, C. J. (1998). *Traumatic Incident Reduction (TIR).* Boca Raton, FL: CRC Press.

Freud, S. (1916/1966). The sense of symptoms (Lecture 17 in *Introductory lectures on psychoanalysis*, James Strachey, Ed. & Trans.). New York, NY: W. W. Norton.

Freud, S. (1923/1962). *The ego and the id (The standard edition of the complete psychological works of Sigmund Freud*, James Strachey, Ed. & Trans.). New York, NY: W. W. Norton.

Frojan-Parga, M. X., Calero-Elvira, A., & Montano-Fidalgo, M. (2009). Analysis of the therapist's verbal behavior during cognitive restructuring debates: A case study. *Psychotherapy Research, 19,* 30-41.

Gable, S. L., & Haidt, J. (2005). What (and why) is positive psychology? *Review of General Psychology, 9,* 103-110.

Galluccio, L. (2005). Updating reactivated memories in infancy: I. Passive-and active-exposure effects. *Developmental Psychobiology, 47,* 1-17.

Gazzaniga, M. (1985). *The social brain.* New York, NY: Basic Books.

Gendlin, E. T. (1966). Research in psychotherapy with schizophrenic patients and the nature of that "illness." *American Journal of Psychotherapy, 20,* 4-16.

Gendlin, E. T. (1982). *Focusing* (2nd ed.). New York, NY: Bantam Books.

Gendlin, E. T. (1996). *Focusing-oriented psychotherapy: A manual of the experiential method.* New York, NY: Guilford Press.

Gorman, J. M., & Roose, S. P. (2011). The neurobiology of fear memory reconsolidation and psychoanalytic theory. *Journal of the American Psychoanalytic Association, 59,* 1201-1219.

Greenberg, L. S. (2010). Emotion-focused therapy: A clinical synthesis. *Focus, 8,* 32-42. Online: http://focus.psychiatryonlne.org/cgi/reprint/8/1/32

Greenberg, L. S. (2011). *Emotion-focused therapy.* Washington, DC: American Psychological Association Press.

Greenberg, L. S., & Elliot, R. (2002). Emotion focused therapy: A process experiential approach. In J. Lebow & F. Kaslow (Eds.), *Comprehensive handbook of psychotherapy* (pp. 213-241). New York, NY: Wiley.

Greenberg, L. S., Rice, L., & Elliott, R. (1993). *Facilitating emotional change: The moment-by-moment process.* New York, NY: Guilford.

Greenberg, L. S., Warwar, S. H., & Malcolm, W. M. (2008). Differential effects of emotion-focused therapy and psychoeducation in facilitating forgiveness and letting go of emotional injuries. *Journal of Counseling Psychology, 55,* 185-196.

Greenberg, L. S., & Watson, J. C. (2005). *Emotion-focused therapy for depression.* Washington, DC: American Psychological Association Press.

Guidano, V. F. (1995). A constructivist outline of human knowing processes. In M. J. Mahoney (Ed.), *Cognitive and constructive psychotherapies* (pp. 89-102). New York, NY: Springer.

Hanh, T. N. (1999). *The miracle of mindfulness.* New York, NY: Beacon Press.

Hardt, O., Wang, S.-H., & Nader, K. (2009). Storage or retrieval deficit: The yin and yang of amnesia. *Learning & Memory, 16,* 224-230.

Hayes, S. C., Strosahl, K. D., & Wilson, K. C. (2003). *Acceptance and commitment therapy: An experiential approach to behavior change.* New York, NY: Guilford Press.

Heatherton, T. F., & Wagner, D. D. (2011). Cognitive neuroscience of self-regulation failure. *Trends in Cognitive Sciences, 15,* 132-139.

Held, C., Vosgerau, G., & Knauff, M. (Eds.) (2006). *Mental models and the mind: Current developments in cognitive psychology, neuroscience and philosophy of mind.* Amsterdam, The Netherlands: North-Holland Publishing.

Hernandez, P. J., & Kelley, A. E. (2004). Long-term memory for instrumental responses does not undergo protein synthesis-dependent reconsolidation upon retrieval. *Learning & Memory, 11,* 748-754.

Hesse, E. (1999). The Adult Attachment Interview: Historical and current perspectives. In J. Cassidy & P. Shaver (Eds.), *Handbook of attachment: Theory, research, and clinical applications* (pp. 395-443). New York, NY: Guilford Press.

Hesse, E., & Main, M. (2000). Disorganized infant, child, and adult attachment: Collapse in behavioral and attentional strategies. *Journal of the American Psychoanalytic Association, 48,* 1097-1127.

Högberg, G., Nardo, D., Hällström, T., & Pagani, M. (2011). Affective psychotherapy in post-traumatic reactions guided by affective neuroscience: Memory reconsolidation and play. *Psychology Research and Behavior Management, 4,* 87-96.

Howe, D. (2005). *Child abuse and neglect: Attachment, development, and intervention.* New York, NY: Palgrave Macmillan.

Hupbach, A. (2011). The specific outcomes of reactivation-induced memory changes depend on the degree of competition between old and new information. *Frontiers of Behavioral Neuroscience, 5,* 33.

Hupbach, A., Gomez, R., & Nadel, L. (2009). Episodic memory reconsolidation: Updating or source confusion? *Memory, 17,* 502-510.

Hupbach, A., Gomez, R., Hardt, O., & Nadel, L. (2007). Reconsolidation of episodic memories: A subtle reminder triggers integraion of new information. *Learning & Memory, 14,* 47-53.

Husserl, E. (2010). *The idea of phenomenology.* Norwell, MA: Kluwer Academic Publishers.

Johnson, S. M. (2004). *Creating connection: The practice of emotionally focused marital therapy* (2nd ed.). New York, NY: Brunner/Routledge.

Judge, M. E., & Quartermain, D. (1982). Alleviation of anisomycin-induced amnesia by pre-test treatment with lysine-vasopressin. *Pharmacology Biochemistry and Behavior, 16,* 463-466.

Jung, C. G. (1964). *Man and his symbols.* Garden City, NY: Doubleday.

Kabat-Zinn, J. (1990). *Full catastrophe living: Using the wisdom of your body and mind to face stress, pain, and illness.* New York, NY: Delta.

Kagan, J. (2011). Bringing up baby: Are we too attached to attachment theory? *Psychotherapy Networker, 35,* 28-33, 50-51.

Kandel, E. R. (2001). The molecular biology of memory storage: A dialog between genes and synapses. *Bioscience Reports, 21,* 565-611.

Kegan, R., & Lahey, L. L. (2001, November). The real reason people won't change. *Harvard Business Review,* 85-92.

Kindt, M., Soeter, M., & Vervliet, B. (2009). Beyond extinction: Erasing human fear responses and preventing the return of fear. *Nature Neuroscience, 12,* 256-258.

Kobak, R. (1999). The emotional dynamics of disruptions in attachment relationships: Implications for theory, research, and clinical intervention. In J. Cassidy & P. Shaver (Eds.), *Handbook of attachment: Theory, research, and clinical applications* (pp. 21-43). New York, NY: Guilford Press.

Kreiman, G., Koch, C., & Fried, I. (2000). Imagery neurons in the human brain. *Nature, 408,* 357-361.

Kurtz, R. (1990). *Body-centered psychotherapy: The Hakomi method.* Mendicino, CA: LifeRhythm.

Lah, M. I. (1989). Sentence completion tests. In C. S. Newmark (Ed.), *Major psychological assessment instruments, Vol. II* (pp. 133-163). Boston, MA: Allyn and Bacon.

Laing, R. D. (1967). *The politics of experience.* New York, NY: Pantheon.

Laing, R. D. (1995). The use of existential phenomenology in psychotherapy. In J. R. Zeig (Ed.), *The evolution of psychotherapy: The 3rd conference* (pp. 203-210). New York, NY: Brunner/Mazel.

LeDoux, J. (1996). *The emotional brain: The mysterious underpinnings of emotional life.* New York, NY: Simon & Schuster.

LeDoux, J. E., Romanski, L., & Xagoraris, A. (1989). Indelibility of subcortical emotional memories. *Journal of Cognitive Neuroscience, 1,* 238-243.

Lee, J. L. (2009). Reconsolidation: Maintaining memory relevance. *Trends in Neuroscience, 32,* 413-420.

Lee, J. L., Milton, A. L., & Everitt, B. J. (2006). Reconsolidation and extinction of conditioned fear: Inhibition and potentiation. *Journal of Neuroscience, 26,* 10051-10056.

Levine, P. (1997). *Waking the tiger: Healing trauma.* Berkeley, CA: North Atlantic Books.

Lewis, D. J., & Bregman, N. J. (1973). Source of cues for cue-dependent amnesia in rats. *Journal of Comparative and Physiological Psychology, 85,* 421-426.

Lewis, D., Bregman, N. J., & Mahan, J. (1972). Cue-dependent amnesia in rats. *Journal of Comparative and Physiological Psychology, 81,* 243-247.

Lipton, B., & Fosha, D. (2011). Attachment as a transformative process in AEDP: Operationalizing the intersection of attachment theory and affective neuroscience. *Journal of Psychotherapy Integration, 21,* 253-279.

Mactutus, C. F., Riccio, D. C., & Ferek, J. M. (1979). Retrograde amnesia for old (reactivated) memory: Some anomalous characteristics. *Science, 204,* 1319-1320.

Mahoney, M. J. (1991). *Human change processes: The scientific foundations of psychotherapy.* New York, NY: Basic Books.

Mahoney, M. (2003). *Constructive psychotherapy: A practical guide.* New York, NY: Guilford Press.

Main, M. (1995). Recent studies in attachment: Overview, with selected implications for clinical work. In S. Goldberg, R. Muir, & J. Kerr (Eds.), *Attachment theory: Social, developmental, and clinical perspectives* (pp. 407-474). Hillsdale, NJ: Analytic Press.

Main, M., & Hesse, E. (1990). Parents' unresolved traumatic experiences are related to infant disorganized attachment status: Is frightened and/or frightening parental behavior the linking mechanism? In M. Greenberg, D. Cicchetti, & E. Cummings (Eds.), *Attachment in the preschool years: Theory, research, and intervention* (pp. 161-182). Chicago, IL: University of Chicago Press.

Mamiya, N., Fukushima, H., Suzuki, A., Matsuyama, Z., Homma, S., Frankland, P. W., et al. (2009). Brain region-specific gene expression activation required for reconsolidation and extinction of contextual fear memory. *Journal of Neuroscience, 29,* 402-413.

Martignetti, C. A., & Jordan, M. (2001). The use of DOBT in pastoral psychotherapy. *American Journal of Pastoral Counseling, 4,* 37-51.

Matzel, L. D., & Miller, R. R. (2009). Parsing storage from retrieval in experimentally induced amnesia. *Learning & Memory, 16,* 670-671.

McCarthy, K. S. (2009). *Specific, common, and unintended factors in psychotherapy: Descriptive and correlational approaches to what creates change.* Unpublished doctoral dissertation, University of Pennsylvania. Available online: http://repository.upenn.edu/edissertations/62

McGaugh, J. L. (1989). Involvement of hormonal and neuromodulatory systems in the regulation of memory storage. *Annual Review of Neuroscience, 2,* 255-287.

McGaugh, J. L. (2000). Memory—A century of consolidation. *Science, 287,* 248-251.

McGaugh, J. L., & Roozendaal, B. (2002). Role of adrenal stress hormones in forming lasting memories in the brain. *Current Opinions in Neurobiology, 12,* 205-210.

McLeod, J. (2001). *Qualitative research in counselling and psychotherapy.* London, UK: Sage.

Mileusnic, R., Lancashire, C. L., & Rose, S. P. R. (2005). Recalling an aversive experience by day-old chicks is not dependent on somatic protein synthesis. *Learning & Memory, 12,* 615-619.

Miller, S. D., Hubble, M. A., & Duncan, B. L. (1996). *Handbook of solution-focused brief therapy.* San Francisco, CA: Jossey-Bass.

Milner, B., Squire, L. R., & Kandel, E. R. (1998). Cognitive neuroscience and the study of memory. *Neuron, 20,* 445-468.

Misanin, J. R., Miller, R. R., & Lewis, D. J. (1968). Retrograde amnesia produced by electroconvulsive shock following reactivation of a consolidated memory trace. *Science, 16,* 554-555.

Missirlian, T. M., Toukmanian, S. G., Warwar, S. H., & Greenberg, L. S. (2005). Emotional arousal, client perceptual processing, and the working alliance in experiential psychotherapy for depression. *Journal of Consulting and Clinical Psychology, 73,* 861-871.

Mones, A. G., & Schwartz, R. C. (2007). The functional hypothesis: A family systems contribution toward an understanding of the healing process of the common factors. *Journal of Psychotherapy Integration, 17,* 314-329.

Monfils, M.-H., Cowansage, K. K., Klann, E., & LeDoux, J. E. (2009). Extinction-reconsolidation boundaries: Key to persistent attenuation of fear memories. *Science, 324*, 951-955.

Morris, R. G., Inglis, J., Ainge, J. A., Olverman, H. J., Tulloch, J., Dudai, Y., et al. (2006). Memory reconsolidation: Sensitivity of spatial memory to inhibition of protein synthesis in dorsal hippocampus during encoding and retrieval. *Neuron, 50*, 479-489.

Nader, K. (2003). Memory traces unbound. Trends in Neuroscience, 26, 65-72.

Nader, K., & Einarsson, E. O. (2010). Memory reconsolidation: An update. *Annals of the New York Academy of Sciences, 1191*, 27-41.

Nader, K., Schafe, G. E., & LeDoux, J. E. (2000). Fear memories require protein synthesis in the amygdala for reconsolidation after retrieval. *Nature, 406*, 722-726.

Neimeyer, R. A. (2009). Constructivist psychotherapy. New York, NY: Routledge.

Neimeyer, R. A., & Bridges, S. K. (2003). Postmodern approaches to psychotherapy. In A. S. Gurman & S. B. Messer (Eds.), *Essential psychotherapies* (2nd ed., pp. 272-316). New York, NY: Guilford Press.

Neimeyer, R. A., Burke, L. A., Mackay, M. M., & vna Dyke Stringer, J. G. (2010). Grief therapy and the reconstruction of meaning: From principles to practice. *Journal of Contemporary Psychotherapy, 40*, 73-83.

Neimeyer, R. A., & Raskin, J. D. (Eds.). (2000). *Constructions of disorder: Meaning-making frameworks for psychotherapy*. Washington, DC: American Psychological Association Press.

Neimeyer, R. A., & Raskin, J. D. (2001). Varieties of constructivism in psychotherapy. In K. S. Dobson (Ed.), *Handbook of cognitive-behavioral therapies* (2nd ed., pp. 407-411). New York, NY: Guilford Press.

Norcross, J. C., & Goldfried, M. R. (Eds.). (2005). *Handbook of psychotherapy integration* (2nd ed.). New York, NY: Oxford.

Ochsner, K. N., & Gross, J. J. (2005). The cognitive control of emotion. *Trends in Cognitive Science, 9*, 408-409.

Oei, T. P. S., & Shuttlewood, G. J. (1996). Specific and nonspecific factors in psychotherapy: A case of cognitive therapy for depression. *Clinical Psychology Review, 16*, 83-103.

Oei, T. P. S., & Shuttlewood, G. J. (1997). Comparison of specific and nonspecific factors in a group cognitive therapy for depression. *Journal of Behavior Therapy and Experimental Psychiatry, 28*, 221–231.

Ogden, P., Minton, K., & Pain, C. (2006). *Trauma and the body.* New York, NY: W. W. Norton.

Olineck, K. M., & Poulin-Dubois, D. (2005). Infants' ability to distinguish between intentional and accidental actions and its relation to internal state language. *Infancy, 8*, 91–100.

Panksepp, J. (1998). *Affective neuroscience: The foundations of human and animal emotions.* New York, NY: Oxford University Press.

Papp, P., & Imber-Black, E. (1996). Family themes: Transmission and transformation. *Family Process, 35*, 5–20.

Parnell, L. (2006). *A therapist's guide to EMDR: Tools and techniques for successful treatment.* New York, NY: W. W. Norton.

Pedreira, M. E., & Maldonado, H. (2003). Protein synthesis subserves reconsolidation or extinction depending on reminder duration. *Neuron, 38*, 863–869.

Pedreira, M. E., Pérez-Cuesta, L. M., & Maldonado, H. (2002). Reactivation and reconsolidation of long-term memory in the crab Chasmagnathus: Protein synthesis requirement and mediation by NMDA-type glutamatergic receptors. *Journal of Neuroscience, 22*, 8305–8311.

Pedreira, M. E., Pérez-Cuesta, L. M., & Maldonado, H. (2004). Mismatch between what is expected and what actually occurs triggers memory reconsolidation or extinction. *Learning & Memory, 11*, 579–585.

Pennebaker, J. W. (1997). *Opening up: The healing power of expressing emotion.* New York, NY: Guilford Press.

Pérez-Cuesta, L. M., & Maldonado, H. (2009). Memory reconsolidation and extinction in the crab: Mutual exclusionor coexistence? *Learning & Memory, 16*, 714–721.

Phelps, E. A., Delgado, M. R., Nearing, K. I., & LeDoux, J. E. (2004). Extinction learning in humans: Role of the amygdala and vmPFC. *Neuron, 43*, 897–905.

Pluess, M., Velders, F. P., Belsky, J., van IJzendoorn, M. H., Bakermans-Kranenburg, M. J., Jaddoe, V. W. V., et al. (2011). Serotonin transporter polymorphism moderates effects of prenatal maternal anxiety on infant negative emotionality. *Biological Psychiatry, 69*, 520–525.

Polster, E., & Polster, M. (1973). *Gestalt therapy integrated: Contours of theory and practice*. New York, NY: Brunner–Mazel.

Prenn, N. (2011). Mind the gap: AEDP interventions translating attachment theory into clinical practice. *Journal of Psychotherapy Integration, 21*, 308–329.

Przybyslawski, J., Roullet, P., & Sara, S. J. (1999). Attenuation of emotional and nonemotional memories after their reactivation: Role of beta adrenergic receptors. *Journal of Neuroscience, 19*, 6623–6628.

Przybyslawski, J., & Sara, S. J. (1997). Reconsolidation of memory after its reactivation. *Behavior and Brain Research, 84*, 241–246.

Quirk, G. J., Paré, D., Richardson, R., Herry, C., Monfils, M. H., Schiller, D., et al. (2010). Erasing fear memories with extinction training. *Journal of Neuroscience, 30*, 14993–14997.

Repacholi, B., & Gopnik, A. (1997). Early understanding of desires: Evidence from 14 and 18–month–olds. *Developmental Psychology, 33*(1), 12–21.

Rhode, A. R. (1957). *The sentence completion method*. New York, NY: The Ronald Press.

Richardson, R., Riccio, D. C., & Mowrey, H. (1982). Retrograde amnesia for previously acquired Pavlovian conditioning: UCS exposure as a reactivation treatment. *Physiology of Psychology, 10*, 384–390.

Rodriguez–Ortiz, C. J., De la Cruz, V., Gutierrez, R., & Bermidez–Rattoni, F. (2005). Protein synthesis underlies post–retrieval memory consolidation to a restricted degree only when updated information is obtained. *Learning & Memory, 12*, 533–537.

Rodriguez–Ortiz, C. J., Garcia–DeLaTorre, P., Benavidez, E., Ballesteros, M. A., & Bermudez–Rattoni, F. (2008). Intrahippocampal anisomycin infusions disrupt previously consolidated spatial memory only when memory is updated. *Neurobiology of Learning and Memory, 89*, 352–359.

Roediger, H. L., & Craik, F. I. M. (Eds.). (1989). *Varieties of memory and consciousness: Essays in honour of Endel Tulving*. London, UK: Psychology Press.

Roozendaal, B., McEwen, B. S., & Chattarji, S. (2009). Stress, memory and the amygdala. *Nature Reviews Neuroscience, 10,* 423-433.

Rosen, G. M., & Davidson, G. C. (2003). Psychology should list empirically supported principles of change (ESPs) and not credentialed trademarked therapies or other treatment packages. *Behavior Modification, 27,* 300-312.

Rosenberg, M. B. (1999). *Nonviolent communication: A language of compassion.* Encinitas, CA: Puddledancer Press.

Rossato, J. I., Bevilaqua, L. R. M., Medina, J. H., Izquierdo, I., & Cammarota, M. (2006). Retrieval induces hippocampal-dependent reconsolidation of spatial memory. *Learning & Memory, 13,* 431-440.

Rossato, J. I., Bevilaqua, L. R. M., Myskiw, J. C., Medina, J. H., Izquierdo, I., & Cammarota, M. (2007). On the role of hippocampal protein synthesis in the consolidation and reconsolidation of object recognition memory. *Learning & Memory, 14,* 36-46.

Rothschild, B. (2000). *The body remembers: The psychophysiology of trauma and trauma treatment.* New York, NY: W. W. Norton.

Roullet, P., & Sara, S. J. (1998). Consolidation of memory after its reactivation: Involvement of bets noradrenergic receptors in the late phase. *Neural Plasticity, 6,* 63-68.

Rubin, R. D. (1976). Clinical use of retrograde amnesia produced by electroconvulsive shock: A conditioning hypothesis. *Canadian Journal of Psychiatry, 21,* 87-90.

Rubin, R. D., Fried, R., & Franks, C. M. (1969). New application of ECT. In R. D. Rubin & C. Franks (Eds.), *Advances in behavior therapy, 1968* (pp. 37-44). New York, NY: Academic Press.

Rumelhart, D. E., & McClelland, J. L. (1986). *Parallel distributed processing: Explorations in the microstructure of cognition* (2 vols.). Cambridge, MA: MIT Press.

Sara, S. J. (2000). Retrieval and reconsolidation: Toward a neurobiology of remembering. *Learning & Memory, 7,* 73-84.

Satir, V. (1972). *Peoplemaking.* Palo Alto, CA: Science & Behavior Books.

Shiller, D., Monfils, M.-H., Raio, C. M., Johnson, D. C., LeDoux, J. E., & Phelps, E. A. (2010). Preventing the return of fear in humans using reconsolidation update mechanisms. *Nature, 463,* 49-53.

Schore, A. N. (1994). *Affect regulation and the origin of the self: The neurobiology of emotional development.* Mahwah, NJ: Lawrence Erlbaum Associates.

Schore, A. N. (1996). The experience-dependent maturation of a regulatory system in the orbital prefrontal cortex and the origins of developmental psychopathology. *Development of Psychopathology, 8,* 59-87.

Schore, A. N. (1997). A century after Freud's project: Is a rapprochement between psychoanalysis and neurobiology at hand? *Journal of the American Psychonanalytic Association, 45,* 807-840.

Schore, A. N. (2003a). *Affect dysregulation and disorders of the self.* New York, NY: W. W. Norton.

Schore, A. N. (2003b). *Affect regulation and the repair of the self.* New York, NY: W. W. Norton.

Schore, A. N. (2009). Right brain affect regulation: An essential mechanism of development, trauma, dissociation, and psychotherapy. In D. Fosha, D. J. Siegel, & M. F. Solomon (Eds.), *The healing power of emotion: Affective neuroscience, development, clinical practice* (Chapter 5). New York, NY: W. W. Norton.

Schwartz, C. E., Kunwar, P. S., Greve, D. N., Kagan, J., Snidman, N. C., & Bloch, R. B. (2011, September 6). A phenotype of early infancy predicts reactivity of the amygdala in male adults. *Molecular Psychiatry.* Retrieved December 16, 2011 from www.nature.com/mp/journal/vaop/ncurrent/full/mp201196a.html

Schwartz, R. C. (1997). *Internal family systems therapy.* New York, NY: Guilford Press.

Schwartz, R. C. (2001). *Introduction to the internal family systems model.* Oak Park, IL: Trailheads Publications.

Sekiguchi, T., Yamada, A., & Suzuki, H. (1997). Reactivation-dependent changes in memory states in the terrestrial slug Limax flavus. *Learning & Memory, 4,* 356-364.

Shapiro, F. (2001). *Eye movement desensitization and reprocessing: Basic principles, protocols and procedures* (2nd ed.). New York, NY: Guilford Press.

Shapiro, F. (2002). EMDR treatment: Overview and integration. In F. Shapiro

(Ed.), EMDR as an integrative psychotherapy approach: Experts of diverse orientations explore the paradigm prism (pp. 27-55). Washington, DC: American Psychological Association.

Shapiro, F., & Forrest, M. S. (1998). EMDR: The breakthrough "eye movement" therapy for overcoming anxiety, stress, and trauma. New York, NY: Basic Books.

Shapiro, R. (Ed.). (2005). EMDR solutions: Pathways to healing. New York, NY: W. W. Norton.

Siegel, D. J. (1999). The developing mind: Toward a neurobiology of interpersonal experience. New York, NY: Guilford Press.

Siegel, D. (2001). Toward an interpersonal neurobiology of the developing mind: Attachment, relationships, mindsight, and neural integration. *Infant Mental Health Journal, 22*, 67-94.

Siegel, D. J. (2006). An interpersonal neurobiology approach to psychotherapy. *Psychiatric Annals, 36*, 248-258.

Siegel, D. J. (2010). *Mindsight: The new science of personal transformation.* New York, NY: Bantam.

Siegel, D. J., & Solomon, M. F. (2003). *Healing trauma: Attachment, mind, body, and brain.* New York, NY: W. W. Norton.

Soeter, M., & Kindt, M. (2011). Disrupting reconsolidation: Pharmacological and behavioral manipulations. *Learning & Memory, 18*, 357-366.

Soley, L. C., & Smith, A. L. (2008). *Projective techniques for social science and business research.* Milwaukee, WI: The Southshore Press.

Solomon, J., & George, C. (1999). The place of disorganization in attachment theory: Linking classic observations with contemporary findings. In J. Solomon & C. George (Eds.), *Attachment disorganization* (pp. 3-32). New York, NY: Guilford Press.

Solomon, R. W., & Shapiro, F. (2008). EMDR and the adaptive information processing model: Potential mechanisms of change. *Journal of EMDR Practice and Research, 2*, 315-325.

Sroufe, L. A., & Waters, E. (1977). Attachment as an organizational construct. *Child Development, 48*, 1184-1199.

Stollhoff, N., Menzel, R., & Eisenhardt, D. (2005). Spontaneous recovery from extinction depends on the reconsolidation of the acquisition memory in an appetitive learning paradigm in the honeybee (Apis mellifera). *Journal of Neuroscience, 25*, 4485-4492.

Stricker, G., & Gold, J. (Eds.). (2006). A casebook of psychotherapy integration. Washington, DC: American Psychological Association Press.

Sullivan, H. S. (1948). The meaning of anxiety in psychiatry and in life. *American Journal of Psychiatry, 11*, 1-13.

Suzuki, A., Josselyn, S. A., Frankland, P. W., Masushige, S., Silva, A. J., & Kida, S. (2004). Memory reconsolidation and extinction have distinct temporal and biochemical signatures. *Journal of Neuroscience, 24*, 4787-4795.

Thomson, J. E., & Jordan, M. R. (2002). Depth oriented brief therapy: An ideal technique as hospice lengths-of-stay continue to shorten. *Journal of Pastoral Care & Counseling, 56*, 221-225.

Toomey, B., & Ecker, B. (2007). Of neurons and knowings: Constructivism, coherence psychology and their neurodynamic substrates. *Journal of Constructivist Psychology, 20*, 201-245.

Toomey, B., & Ecker, B. (2009). Competing visions of the implications of neuroscience for psychotherapy. *Journal of Constructivist Psychology, 22*, 95-140.

Tronson, N. C., & Taylor, J. R. (2007). Molecular mechanisms of memory reconsolidation. *Nature Neuroscience, 8*, 262-275.

Tryon, W. W. (2005). Possible mechanisms for why desensitization and exposure therapy work. *Clinical Psychology Review, 25*, 67-95.

Tsankova, N., Renthal, W., Kumar, A., & Nestler, E. J. (2007). Epigenetic regulation in psychiatric disorders. *Nature Reviews Neuroscience, 8*, 355-367.

Vaknin, S. (2010). The big book of NLP, expanded: 350+ techniques, patterns & strategies of Neuro Linguistic Programming. Prague, Czech Republic: Inner Patch Publishing.

van der Kolk, B. (1994). The body keeps the score: Memory and the evolving psychobiology of post traumatic stress. *Harvard Review of Psychiatry, 1*(5), 253-265.

van der Kolk, B. (1996). Trauma and memory. In van der Kolk, B., McFarlane, A., & Weisaeth, L. (Eds.), *Traumatic stress: The effects of overwhelming experience on mind, body, and society* (pp. 279-302). New York, NY: Guilford Press.

Van Nuys, D. (2010a, May 1). An interview with Bruce Ecker, MA, on memory reconsolidation and psychotherapy. Text and podcast retrieved January 31, 2012 from www.mentalhelp.net/poc/view_doc. php?type=doc&id=36397&cn=91

Van Nuys, D. (2010b, June 1). An interview with Leslie Greenberg, PhD, on Emotion-Focused Therapy. Text and podcast retrieved January 17, 2012 from www.mentalhelp.net/poc/view_doc.php?type=doc&id=36618

Volkman, V. R. (2008). *Traumatic Incident Reduction: Research and results* (2nd ed.). Ann Arbor, MI: Loving Healing Press.

Walker, M. P., Brakefield, T., Hobson, J. A., & Stickgold, R. (2003). Dissociable stages of human memory consolidation and reconsolidation. *Nature, 425,* 616-620.

Wampold, B. E. (2001). *The great psychotherapy debate: Models, methods, and findings.* Mahwah, NJ: Lawrence Erlbaum Associates.

Wang, S.-H., & Morris, R. G. M. (2010). Hippocampal-neocortical interactions in memory formation, consolidation, and reconsolidation. *Annual Review of Psychology, 61,* 49-79.

Weinberger, J. (1995). Common factors aren't so common: The common factors dilemma. *Clinical Psychology: Science and Practice, 2,* 45-69.

Minters, B. D., Tucci, M. C., & DaCosta-Furtado, M. (2009). Older and stronger object memories are selectively destabilized by reactivation in the presence of new information. *Learning & Memory, 16,* 545-553.

Wylie, M. S., & Turner, L. (2011). The attuned therapist: Does attachment theory really matter? *Psychotherapy Networker, 35,* 19-27, 48-49.

Xue, Y.-X., Luo, Y.-X., Wu, P., Shi, H.-S., Xue, L.-F., Chen, C., et al. (2012). A memory retrieval-extinction procedure to prevent drug craving and relapse. *Science, 336,* 241-245.

Zinker, J. (1978). *Creative process in Gestalt therapy.* New York, NY: Vintage.

온라인 보충자료

『뉴로사이코테라피』독자들을 위한 자료는 www.CoherenceTherapy.org/discover/ueb-supplements.htm에서 온라인으로 이용가능하다.

보충자료에는 대부분 무료로 다운받을 수 있는 증상별 사례연구 출판물 목록,『뉴로사이코테라피』독자들을 위한 온라인 토론집단, 일관성 치료의 중요한 특징 목록, 이 책의 주제색인과 어휘를 검색할 수 있는 자료 및 기타 관련 자료가 들어 있다.

| 찾아보기 |

인명

내용

저자 소개

●

Bruce Ecker와 **Laurel Hulley**는 일관성치료의 창시자이자 『심층지향 단기치료 (Depth Oriented Brief Therapy: How to Be Brief When You Were Trained to Be Deep)』, 『일관성치료 실제 매뉴얼과 연수 가이드(the Coherence Therapy Practice Manual and Training Guide)』 및 『병치경험 매뉴얼: 일관성치료에서 불일치 지식을 활용하여 병치경험을 구성하는 방법(the Manual of Juxtaposition Experiences: How to Create Transformational Change Using Disconfirming Knowledge in Coherence Therapy)』의 공저자다. Ecker는 일관성 심리연구소의 공동 대표로, 오랫동안 대학원에서 강의해 왔으며, 1986년 이후 샌프란시스코에서 개인 상담실을 운영해 왔다. Hulley는 일관성 심리연구소의 교육과 패러다임 개발 책임자이자 캘리포니아 오클랜드의 줄리아 모건 여자중학교의 공동 설립자다.

Robin Ticic은 일관성 심리연구소의 연수 및 개발 책임자로, 독일 쾰른에서 외상치료를 연구하며 외상치료자를 슈퍼비전하는 개인 상담실을 운영 중이다. 그녀는 오랫동안 쾰른 대학교의 심리외상학 연구소에서 심리학자로 근무해 왔으며, 부모들에게 저렴한 상담 서비스를 제공하면서 『자녀와의 유대형성 방법(How to Connect with Your Child)』이라는 부모교육 지침서를 영어와 독일어로 출판하였다.

역자 소개

●

김유미(Kim You-Me)

현재 서울교육대학교 교수로,『교육에서의 사회신경과학』(공역, 학지사, 2016),『두뇌를 알고 가르치자』(학지사, 2002),『뇌를 알면 아이가 보인다』(해나무, 2009),『위너 브레인』(역, 문학동네, 2011),『자연몰입』(역, 해나무, 2014) 등을 출간하였다. 최근에는 서울교육대학교 브레인업연구센터 소장으로, 서울시교육청, 한국건강가정진흥원, 육아정책연구소 등과 자기주도학습, 감정코칭, 상담역량, 진로, 신가족, 다문화교육, 힐링, 행복과 관련된 다양한 자료 및 연수 프로그램을 개발 · 운영해 왔다.

이혜미(Lee Hye-MI)

서울교육대학교에서 초등교육으로 학사학위를 받고, 동 대학교 교육전문대학원 초등상담교육전공으로 석사, 박사과정을 수료하였으며, 현재 서울경인초등학교에 근무하고 있다. 서울시교육청 감정코칭 프로그램, 여성가족부 다문화 프로그램과 신가족가치 프로그램 등 다양한 교육프로그램을 개발한 바 있으며, 대전교육청 영재교육 강사및 서울시교육청 상담역량개발, 어울림 프로그램, 진로프로그램, 다문화 프로그램 등의 강사로 활동해 왔다.

황예린(Hwang Ye-Rin)

서울교육대학교에서 초등교육으로 학사학위를, 초등상담교육전공으로 석사학위를받고, 현재 서울장충초등학교 교사로 재직 중이다. 그동안 서울교육대학교에서 개발 · 운영한 자기주도학습 캠프, 브랜드업 캠프, 감정코칭 프로그램, 상담역량 프로그램, 어울림 프로그램 등의 각종 자료 및 연수 프로그램에서 개발자와 강사진으로 활동해 왔다. 주요 역서로는『교육에서의 사회신경과학』(공역, 학지사, 2016)이 있다.

뉴로사이코테라피

기억의 재구성을 통하여 정신질환 제거하기

Unlocking the Emotional Brain:
Eliminating Symptoms at Their Roots Using Memory Reconsolidation

2017년 6월 5일 1판 1쇄 인쇄
2017년 6월 15일 1판 1쇄 발행

지은이 • Bruce Ecker · Robin Ticic · Laurel Hulley
옮긴이 • 김유미 · 이혜미 · 황예린
펴낸이 • 김진환
펴낸곳 • ㈜ 학지사
　　　　 04031 서울특별시 마포구 양화로 15길 20 마인드월드빌딩
대표전화 • 02)330-5114　　　　팩스 • 02)324-2345
등록번호 • 제313-2006-000265호

홈페이지 • http://www.hakjisa.co.kr
페이스북 • https://www.facebook.com/hakjisa

ISBN 978-89-997-1278-4 93180

정가 18,000원

이 도서의 국립중앙도서관 출판시도서목록(CIP)은 서지정보유통지
원시스템 홈페이지(http://seoji.nl.go.kr)와 국가자료공동목록시스템
(http://www.nl.go.kr/kolisnet)에서 이용하실 수 있습니다.
(CIP 제어번호: CIP2017011624)

교육문화출판미디어그룹 **학지사**

심리검사연구소 **인싸이트** www.inpsyt.co.kr
원격교육연수원 **카운피아** www.counpia.com
학술논문서비스 **뉴논문** www.newnonmun.com